사할린 한인사

– 19세기 후반기에서 21세기 초까지 –

아나톨리 쿠진 지음 | 문준일 · 강정하 옮김

HUEBOOKs

러시아 과학아카데미 극동지부

극동 민족 역사, 고고학, 민속학 연구소

사할린 한인사

(19세기 후반기에서 21세기 초까지)

아나톨리 쿠진 저

문준일, 강정하 역

학술편집인 : L. I. **갈랴모바**, 역사학 박사, 교수

책임위원 : **서진길**, 사할린 이중징용광부 피해자 유가족회 회장

이 책은 19세기 후반기에서 21세기 초까지 사할린 주에서의 한인 이주과정에 대한 러시아에서 첫 번째인 총체적 학술연구의 결과이다. 방대한 문서를 기반으로 해서 사할린 섬으로의 자발적 그리고 강제 이주의 전제, 조건 그리고 원인들을 명확하게 특징지었으며, 한인들의 역사적 삶의 특별한 특수성을 보여주고 있다. 그렇게 해서 사할린 한인이라는 연구 주제에 대한 새로운 개념적 접근을 이루고 있다.

이 책은 국가 행정 기관, 정치가, 국제 문제 전문가, 법률인, 역사학자, 사회학자, 정치학자, 민족학자, 학술 단체와 청소년들, 그리고 사할린 한인들의 역사적 운명, 현대의 국제적 문제, 한-러 협력관계의 발전에 관심이 있는 모든 독자를 고려하여 쓰여졌다.

아나톨리 쿠진, 2014

A History of
Koreans in
Shakhalin

화 보

1. 한인들의 주거
2. 한인 피난민들
3. 한인 도적에 대한 재판
4. 죄인 (사형선고 받은 교사)

5. 한인들도 수감되어 있었던 사할린의 알렉산드로프스크 감옥 담벽. 1901년.

6. 사할린 서부 해안가에서의 미역 채취
7. 사할린에서의 청어잡이

8. 연어잡이

9. 1910년 조선 강제합방과 관련해 일본에서 발행된 우편엽서

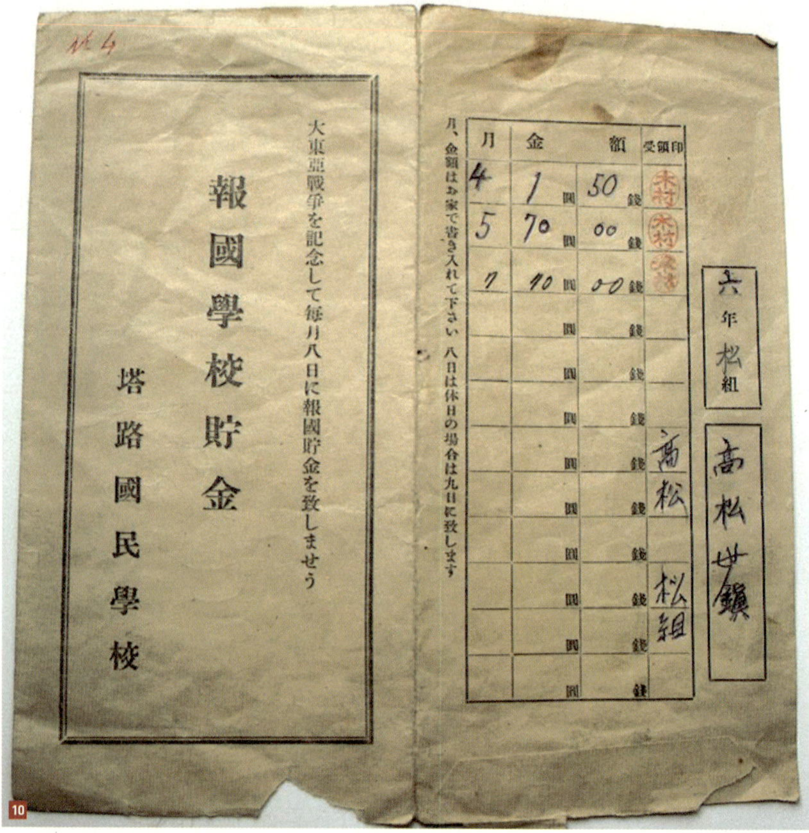

10

10. 이러한 저금통장들은 일본정부에 의해 학생들에게서 전쟁비용을 거두어들이는 데 쓰였다.
11. 1945년까지 일본에서 발행된 전시 국채 중 하나

戰報1
第壹回
貳拾貳ノ組
008389
割増金附
戰時
報國債券
金五圓
此ノ債券ハ臨時資金調整法ノ規定ニ基キ發行シタルモノニシテ債券賣出ニ依ル收入金ハ大藏省預金部ニ於テ運用スルモノナリ
昭和十七年二月
株式會社日本勸業銀行
大東亞戰爭
報國債券
此ノ附票ヲ切取リタルトキハ抽籤ニ依ル割増金ノ支拂ヲ爲サズ
附票
貳拾貳ノ組
008389
戰時
報國第壹回
(五圓券)
割増金
圓
戰報1

12. 일본 전시 국채(10엔)

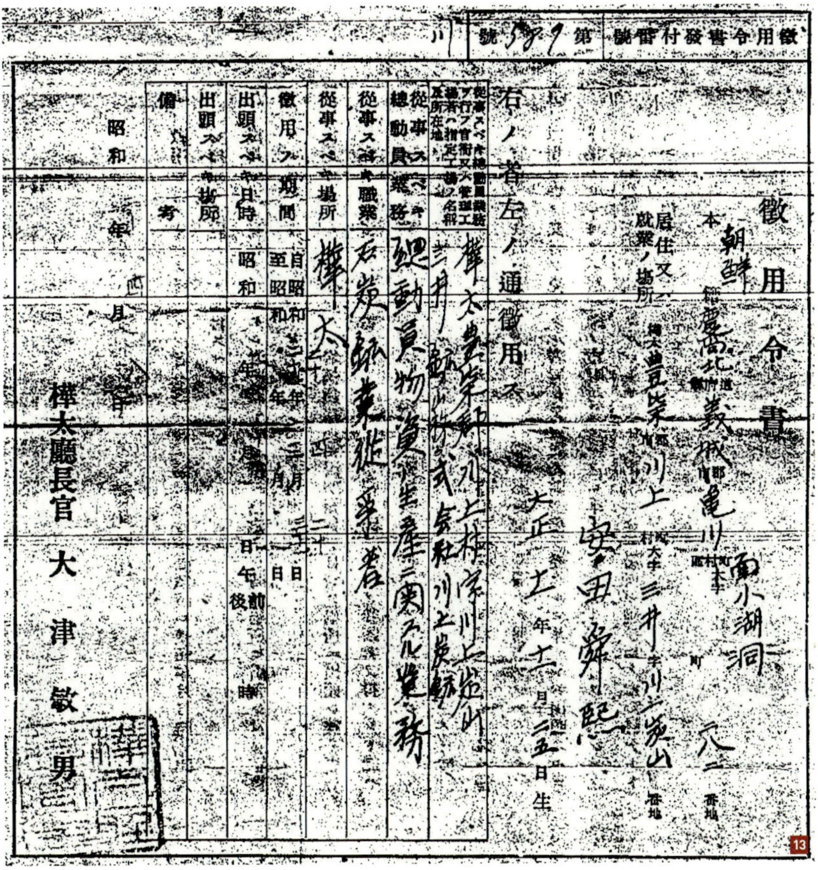
徵用令書發付簿 第589號

徵用令書

本籍 朝鮮 慶尚北道 義城郡 亀川面 小湖洞 八二 番地

居住又ハ就業ノ場所 樺太 豊栄郡 川上村 大字 三井 字 川上炭山 番地

安田舜熙

大正十一年十一月二五日生

右ノ者左ノ通徵用ス

従事スベキ総動員業務ヲ行フ官衙又ハ管理工場又ハ指定工場ノ名称及所在地	樺太豊栄郡川上村字川上炭山 三井鉱山株式会社川上炭鉱
従事スベキ総動員業務	総動員物資ノ生産ニ関スル業務
従事スベキ職業	石炭鉱業従業者
従事スベキ場所	樺太
徵用ノ期間	自昭和二十年三月 [illegible] 日 至昭和 [illegible] 年 [illegible] 月 [illegible] 日
出頭スベキ日時	昭和 年 月 日 午前 午後 時
出頭スベキ場所	
備考	

昭和 年 [illegible] 月 日

樺太廳長官 大津敏男

13. 조선인들에 대한 가라후토(남사할린) 강제징용 영장. 이것은 1945년 3월에 발급된 제 589호 영장으로 안순희(일본명 야스다 준키)를 시네고르스크 마을의 탄광으로 징용하고 있다.

14~16. 일본정부의 조선인 노동력 남사할린 강제징용

3057
16

17

17. 남사할린의 미주호 마을에서 일본군부에 희생된 한인들. 1945년 8월.
18~19. 남사할린의 일본인 피난민들. 1945년 8월.

18

19

20

21

20~21. 일본인들의 남사할린에서의 본국송환. 1947년.
22. 한국 남부지방에서 온 이규남. 사할린에서 광부가 되었다.
23. 남사할린 일본 우체국 직원인 황용문. 1944년.

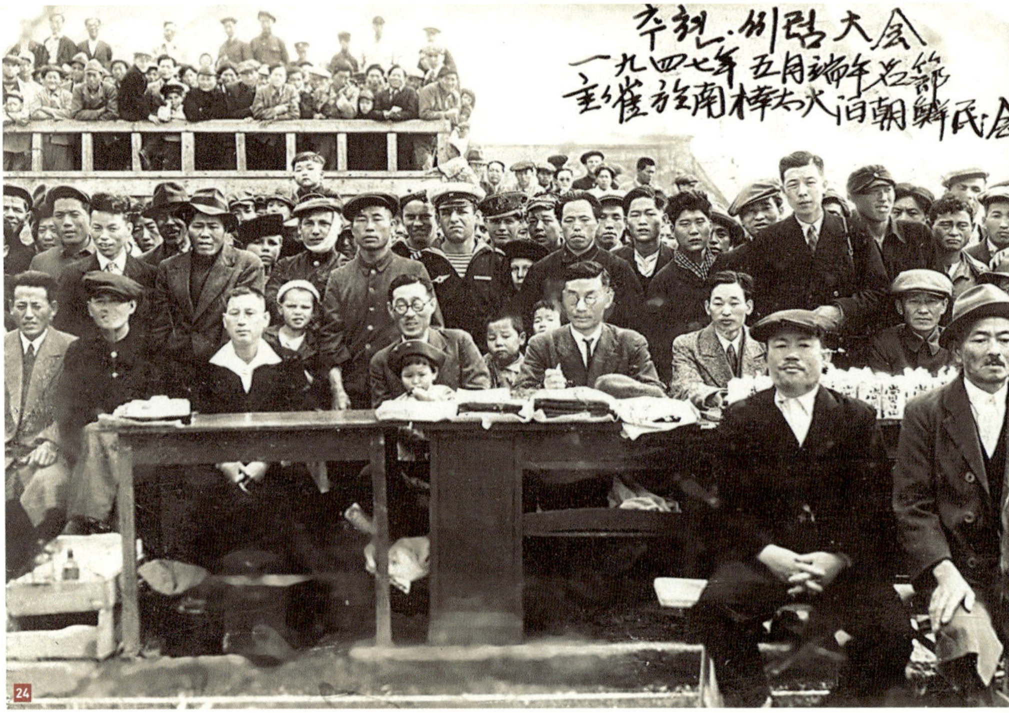

24. 한인, 일본인 그리고 러시아인 주민이 참가한 어린이날 축하. 남사할린. 코르사코프 시. 1947년 5월 5일.

25

25. 조선어문법책. 김병하 저.

26. 돌린스크 시 조선인초급중학교 학생들과 선생님들. 1948년.
27. 고르노자보드스크 시 7년제 조선인 학교 건물 주위의 소년단원들. 1953년 4월 8일.

28. 한국어과가 개설된 포로나이스크 시의 사범대학 건물. 1953년.

29. 남사할린에서 1948년에서 1958년까지 존재했던 조선인 콜호즈 "티호아키안스카야 즈베즈다" (태평양의 별) 관리부 회의. 뒤쪽 오른편이 콜호즈 소장 콘스탄틴 임이다.
30. 정치 소조의 모임. 1950년대.

31. 한국어과가 개설된 유즈노사할린스크 사범대학. 1958년.

32. 돌린스크 지역 조선인 소인연예단원들.
33. 사할린 한인 이동 드라마극장의 연주단. 1950년대.

34. 사할린 주 필하모닉의 재즈 오케스트라 단원들. 1962년.

35. 사할린 한국어 라디오방송 편집국원들 : 오른쪽에서 왼쪽으로. 첫 번째 줄. 박성훈 - 편집국장, 김옥례 - 아나운서, 박 니콜라이 - 편집자. 두 번째 줄. 이한표 - 기자, 조상천 - 기자, 이한수 - 아나운서, 김정수 - 기자, 김 블라디미르 - 통역. 유즈노사할린스크. 1968년.

36. 임판교 가족. 그는 한국의 경산에서 가라후토(남사할린)로 징용되었다가 다코베야(강제노동수용소)에 갇혔었다.

37. 유즈노사할린스크 시 소재 사할린희생사망동포위령탑. 사할린 건축가 김영철 작. 1992년 11월 17일 건립. "사람들이여. 잠깐 걸음을 멈추고 두 손 모아 영혼들의 명복을 비소서"라고 쓰여있다.

38. 사할린한인 이중징용광부 추모비. 2007년 유즈노사할린스크 시에 건립.

39. 포로나이스크 지역 레오니도보 마을에 있는 희생자 추모비. 비에 새겨진 글귀는 다음과 같다.
"1945년 8월 17일 일본헌병은 나의 아버지 김경백(53세)과 오빠 김봉재(18세)를 체포하여 다음날 다른 조선인 수십 명과 함께 경찰서에서 살해하고 불태웠다. 그분들의 영혼을 위로하고 1945년 일본군국주의자들에 의해 자행된 악행을 전 세계가 알게 하기 위해 이 비를 세운다. 1992년 8월. 김경숙. 서울. 대한민국"

40. 일본식민주의자들에 희생된 한인들을 위한 위령탑. "한강포럼"이 2007년 11월 3일 코르사코프시 망향의 언덕에 건립하였다.

41

42

41. 사할린주 주지사 A.V.호로샤빈과 블라디보스토크 대한민국 영사관 김무영 총영사와의 만남. 유즈노사할린스크. 2008년 2월.

42. A.V.호로샤빈과 대한민국 정운찬 총리의 만남. 서울. 2010년 4월.

43. 유즈노사할린스코에서 열린 국제 심포지움 참가자들. 왼쪽에서부터 김종수 유즈노사할린스크 공관장, 임영호, 박진, 이주영 의원. V.N.노소프 러시아외무부 유스노사할린스크 대표, 박선영 의원, 김무영 총영사, 김정, 황우여 의원. 2010년 7월.

44

44~45. 여가시간에

사할린문제 해결을 위한 모스크바 단식 데모

■ 한국내 신문에 게재되고 일본과 전세계 통신에 퍼져 나간 모스크바 데모 장면.

■ 사할린주 한인회 김홍지회장과 사할린노인회 박해동회장은 6월 2일 모스크바 중심지 거리에서 비바람이 부는 거리로 나가 「사할린 한인문제 해결하라」 「러시아 정부는 협조하라」 「한국정부는 적극 나서라」 「일본정부는 즉각 보상하라」는 등을 외치고 있다.

46

47

48

46~48. 20~21세기 경계의 격동의 시간들

49

50

49~51. 선조들의 역사적인 조국인 대한민국으로 떠나기 전 사할린과 이별하는 순간들

52. 집회에서 일본정부에 보내는 사할린한인들의 요구조건들을 발표하고 있는 서진길 이중징용광부 피해자 유가족회 회장.
53. 백규성. 1951년 포로나이스크 시에서 태어났다. 부모님들은 일본의 강제징용으로 남한에서 사할린으로 왔다. 하바로프스크 철도수송 대학을 마쳤으며 전공은 기계기사이다. 1971년에서 1993년까지 유태인 자치주의 철도 관련 여러 관리직책에서 일했으며, 이후 하바로프스크 시에서 주요한 사업체를 이끌었다.
극동 및 시베리아 고려인 단체 연합회 회장이며, 무공 메달을 수상했다. 아프가니스탄에서 보여준 용기와 무훈으로 소련 최고소비에트 상임위원회의 표창과 아프가니스탄 인민의 감사 메달을 받았다.

독자들께

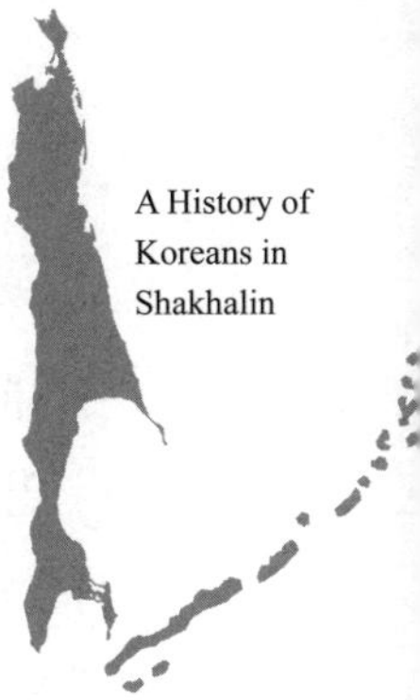

존경하는 이 책의 독자 여러분께

지금 여러분들의 손에는 사할린의 작가인 역사학 박사 아나톨리 쿠진의 책이 들려있습니다. 이 책은 매우 특별하고 진실한 책입니다. 이 책의 사명은 사할린 한인들의 운명적 삶의 드라마틱함과 영웅성의 역사적 흔적을 따라 가는 것입니다.

방대한 사료들에 근거하여 쓰여진 이 책은 한인들에 대한 역사적 진실을 간직하고 있습니다. 그 한인들은 러시아 제국 시기에는 사할린에서 살았었고, 일본 제국주의 강점시기에는 북사할린에서 거주하였었다. 소비에트 시기에 들어오자 그들은 1937년 행정적 이주를 당해 카자흐스탄과 우즈베키스탄 지역으로 옮겨갔는데, 일본은 그들을 강제로 식민지였던 남사할린에 데려왔고 전쟁이 끝나고 이곳에 남게 되었던 것이다. 또 조선민주주의인민공화국에서 노동 고용에 의해 오게 된 사람도 있고, 요즘에는 이곳에서 자신의 미래를 만들기 위해 온 한인들도 있다.

러시아에서는 매년 해가 감에 따라 한인들의 물질적, 정신적 문화에 대한 출판물의 양이 증가하고 있습니다. 하지만 독자들은 더 많이 알기를 원하고 있습니다. 이 책은 19세기 후반기부터 시작하여 사할린 한인들에 대한 사회정치적이고 사회경제적, 민족문화적, 인구통계학과 국제법적 성격의 자료들에 대한 체계적이고 완전한 총합을 이루고 있다. 이 자료들은 예전에는 기밀문서들이었다. 바로 그렇기 때문에 이 책은 러시아에서 뿐 만 아니라 해외를 통틀어서도 사할린에 거주하는 이만오천명의 한인들에 대한 문서와 학술적 첫 번째 총합적 연구가 될 것이다. 사할린 한인들은 현재 러시아와 대한민국, 조선민주주의인민공화국 그리고 일본의 국가적 접촉을 이어주는 일종의 독특한 고리 역할을 하고 있습니다.

이 책이 처음으로 해외의 독자들에게 읽혀지고, 그 첫 독자들이 1990년 외교관계를 수립하면서 러시아인들에게 우정을 손을 내민 한국인들이 되었다는 것에 만족스런 감정을 표시할 뿐입니다.

부가이, 니콜라이 표도르비치
러시아연방 3급 국가 자문위원
역사학 박사, 교수

목 차

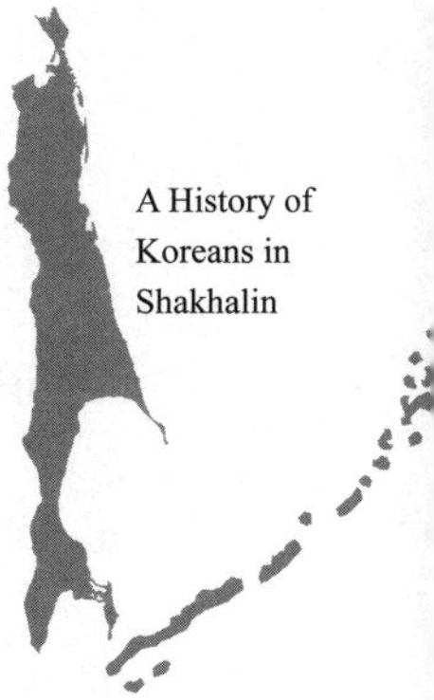

서 론

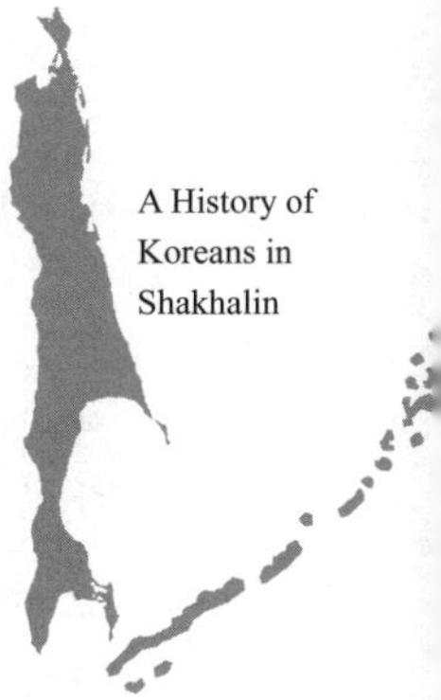

두 조국을 가진 사람들은 많지 않다.
그리고 모두가 그것을 자랑스러워하진 않는다.
언젠가 사할린에서 한국으로 돌아가면서
한인들은 러시아의 자긍심을 잃지 않을 것이다.

세계 전체에서뿐 만 아니라 지역적 수준에서의 한 민족의 정착과정에 대한 연구는 인류 전체의 삶의 인식에 대한 중요한 방향의 하나로서 시간이 감에 따라 더욱더 요구되어지고 있다.

이러한 측면에서 사할린 주는 학문적 역사적으로 매우 흥미롭다. 행정구역으로 사할린 주는 쿠릴열도를 포함하여 80개가 넘는 섬들을 포함하고 있으며, 일본과 국경을 접하고 있다. 일본은 1920년에서 1925년까지 북사할린을 점령하였고, 1905년에서 1945년까지 남사할린을, 1855년에서 1945년까지 쿠릴열도를 식민지로 만들었다. 이러한 모든 상황들은 섬들에 거주하는 민족들의 역사, 문화적 상호관계에 독특한 성격을 부여하면서 사할린에서 발생한 이주와 민족간의 상호작용에 영향을 미쳤다.

러시아 전제정치 시기에서나, 남사할린 일본 강점시기, 그리고 소비에트 전체주의 체제에서도 한인들에게는 정치적으로 완전히 믿을 수는 없는 분자들로서 획득한 정도의 관심만 할당되었다. 정권은 그들의 삶의 고통이 어디에서 기인한 것인지 깊이 생각해보지 않았다. 타고난 멘탈리티 때문인지, 아니면 서툴렀던 행정의 결과인지, 또는 내부 정치 체제와 국제적 조건들이 서로 맞지 않았던 것인지 말이다. 하지만 어쨌든 이 문제들은 오늘날까지도 남아있다. 과장 없이 확인해 볼 수 있는 것이 만일 사할린 한인들에 대한 이러 저러한 당면문제들이 제기된다면, 공식적 견해와 사회적 견해가 일정부분 상반 되며 그 의견들은 대상에 대한 객관적 연구보다 주관적 지각에 더 근거하고 있다는 것이다. 특히 이야기되는 것이 러시아 전체나 국가 간의 맥락에서 이 문제들의 해결에 직접적인 영향을 줄 수 있는 공직자들이 구체적인 사정을 잘 모른다는 것이다.

사할린 주를 제외하고 러시아 영토의 어느 곳도 민족학적 측면에서 이토록 강력한 특수성을 가진 곳은 없다. 그 특징은 제 2차 세계대전 시기 한인들이 일본에 의해 한반도에서 강제적 이주를 당한 것, 그리고 식민지의 경제적, 정치적 이유들로 인해 그들이 돌아가지 못한 것들과 관련된다. 전후 그들의 삶이 자리 잡지 못한 이유를 밝히려 국가 공무원들, 정치인들, 외교관들, 국제문제 전문가들, 인권보호자들, 그리고 또한 수많은 사할린과 해외의 한인들도 이 문제에 들어왔다.

급격히 늘어난 출판물의 양에도 불구하고 러시아와 해외의 역사학계에서 이 주제는 단편적으로 밝혀졌을 뿐이다. 러시아 연구자 그룹은 너무 협소했고, 대한민국이나 일본의 역사학자들, 학자들과의 긴밀한 협조관계는 부재했다. 지난 시기 연구의 총합은 사할린 한인

사회의 삶의 활동의 과정들이 어떻게 진행되었는지에 대한 완전한 답을 아직 주지 못하고 있다.

우리 지구의 모습을 급격히 변화시키고 있는 현대의 정치적 현실은 사할린 한인들의 민족적 상태와 문화적 방향성과 관계된 문제에 대해 이전과는 다른 새로운 시각과 국가간 관계 연구의 새로운 원칙들을 요구한다. 바로 이 요구로 말미암아 저자는 사할린 한인들의 역사와 그들의 사회 정치적, 문화적 발전의 특성, 국제적인 이주과정 체제에서의 그들의 위치와 역할, 그리고 사할린 주에서 한인들이 다른 민족들과의 상호작용에서 겪은 역사적 경험을 총체적으로 연구하기로 목표를 세우게 되었다.

이 연구의 시간 틀은 사할린 주에 한인 사회가 발생한 시점에서 지금까지의 130년이 넘는 전 역사를 아우르고 있다.

이러한 역사적 배경에서 저자는 이 주제의 첫 개척자 역할을 스스로에게 부여하지 않았다. 단지 이 주제의 학문적 연구에서 심각한 공백들이 많음을 자인하였을 뿐이다. 내가 내리는 판단들의 주관성을 피하기 위해 저자는 먼저 문서보관소의 자료들과 공식문서들에 의지하였다. 모스크바, 레닌그라드, 이르쿠츠크의 문서보관소와 하바로프스크 주, 연해주, 사할린 주의 국립문서보관소들에서 진행한 오랜 검색의 결과로 발견한 희귀한 문서들이 이 연구에 쓰여졌다. 이 문서들 중에는 전후 획득한 가라후토 일본총독부(1905-1945)의 문서들도 있었다.

일차자료를 연구하는 과정에서 역사적 사실들에 대한 비판적 관점이 형성되었으며, 또 수많은 국제학술대회에 참가하고 또 한국과 일본의 공식 사절단과의 만남을 가지면서 받았던 인상의 흔적들이 저자의 전반적인 입장에 더해졌다. 일련의 결론들은 오랜 시간 한인들과 교류하면서 형성된 개인적 관찰에 근거하여 만들어졌다. 그 한인들의 삶의 문제를 저자는 직무상 직접 직면할 수 밖에 없었다. 저자는 과거 사건들의 목격자들과 만나야만 했고, 귀중한 서한들을 얻고, 흥분되는 이야기들을 들어야만 했다. 많은 이들이 개인적인 서류들이나 사진들을 나누어 주었고, 억눌린 삶에 대해 마음 속 깊이 간직한 것을 털어놓았으며 그들에게 닥친 불행을 도와달라고 부탁하기도 했고 고맙다고 하기도 했다. 그들의 고통과 괴로움은 내 자신의 것이 되었다. 역사의 완전한 진실이 아직 밝혀지지 않는 한 노력을 게을리 해서는 안 되는 것이다. 바로 이것을 위해 이 책은 쓰여졌다.

물론 이 연구가 모든 문제를 해결하지는 않는다. 하지만 한 가지 분명한 것은 새롭고 다양한 문서보관소의 문서들을 학계에 들여옴으로써 사할린 한인들의 삶의 모습들이 좀 더 객관적이고 완전하게 제시될 것이라는 것이다.

러시아, 대한민국, 조선민주주의인민공화국 그리고 일본은 국가조직이 서로 상이하고, 또 세계 사회에서의 역할이 서로 다름에도 불구하고 요즈음 이 국가들에 의해 진행되고 있는 정치적, 민주적 그리고 사회 경제적 과정들은 일본식민지였던 남사할린에 살고 있었던 한인 문제 - "열전"과 "냉전"의 결과로 러시아의 몫이 되어버린 - 의 최종적인 조정에 대한 입장들을 좁히기 위한 객관적 전제조건들을 만들어가는 것으로 그리고 역사적 정당성을 이루기 위한 전제조건을 만들어가는 것으로 고찰할 수 있다. 대중적 항의들은 사할린 한인들의 현재의 심리적 상태를 나타내주는 일종의 사회적 지표이다.

결론에 즈음하여 나는 러시아 과학아카데미 극동지부 산하의 극동민족 역사, 고고학, 민속학 연구소의 학술위원회에 진심 어린 감사를 드린다. 극동민족 역사, 고고학, 민속학 연구소 학술위원회는 저자의 연구를 비판적으로 평가해 주었고, 이 연구를 해외의 독자들을 위해 출판하는 것이 합리적 결정이라고 인정해 주었다. 문서보관소, 도서관, 연방통계청 직원들께도 이 책을 위해 방대한 학술 정보 검색에 전문적 도움을 주신데 대해 사의를 표명한다.

오랜 시간에 걸친 번역 작업을 통해 한국어로의 첫 발간을 실현하게 해준 한국의 두 학자 문준일과 강정하의 이름을 책의 첫 페이지에 명기하는 것은 나에게 큰 기쁨이다. 또한 한국외국어대학교 지식출판원과 지식출판원 원장인 권원순 교수에게 특별한 사의를 표하는 바이다. 그리고 한인 이중징용광부 피해자 유가족회 회장인 서진길은 책의 출판과 재정 문제에서 가장 적극적이며 사심 없는 역할을 담당하였다. 이에 깊은 감사와 존경을 표한다. 그리고 나의 자연스런 희망 하나는 이 책이 해외 독자 여러분들의 역사적 지식을 풍부하게 하는 것 말고도 민족간의 우호를 강화하는 데에도 기여하기를 바라는 것이다.

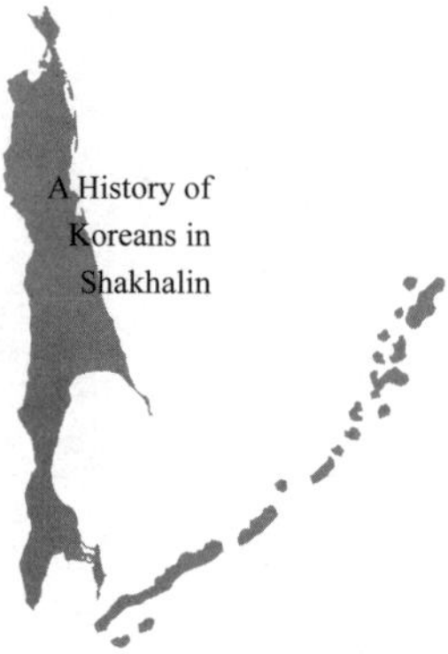

제1장 러시아 제국의 사할린 한인들

1. 한인사회 형성의 조건, 원인, 기원과 특징

극동 러시아에서의 역사적 과정들은 자신의 특수성뿐만 아니라 수많은 다양성으로 구별된다. 그 역사적 과정들은 거대한 지리적 발견들, 아시아와 유럽 문명의 영향, 국제적인 이주, 자본주의 국가들의 팽창 그리고 세계 사회로의 통합 등과 관련된다. 게다가 이 사건들 각자는 자신의 구체적 역사적인 이유들과 본질적인 성격 그리고 자신의 발전 논리를 가지고 있다. 그리고 그것들의 연구는 매우 중요한 학문적 과제로 남겨져 있다.

중국과의 아이훈조약(1858년)과 북경조약(1860년)의 체결[1]로 러시아는 연해주와 남우수리스크 지역을 점유하게 되었다. 그 지역에 인구를 이주시키고 개발하기 위해 이 지역으로 이주를 원하는 사람들에게 상당한 특혜를 제공하는 특별한 법을 1861년 채택하게 된다.[2] 이렇게 해서 러시아의 저 깊숙한 지역들에서뿐만 아니라 다른 여러 나라들, 특히 중국과 조선에서 이주민들이 유입될 수 있는 전제조건이 발생하였다.

조선인들이 러시아 국경을 넘게 된 가장 기본적인 이유는 당시 조선의 혹독한 정치 체제와 농민들의 극단적으로 힘든 경제적 사정으로 생각할 수 있다. 러시아 여행자였던 N. M. 프르제발스키[i]는 "가난, 민중의 모든 여력들을 억압해버리는 폭정, 그리고 풍족하고 개간되지 않은 우리의 토지가 가까이 있는 것. 이 모든 것들이 좀처럼 이동하지 않는 동방의 주민들로 하여금 자신의 조국을 버리고 과거의 전통과 연을 끊게 만들고 더 낫고 보장된 새로운 삶의 조건을 찾아 나서게 한 강력한 원동력이 되었다" 라고 쓰고 있다.[3]

지역의 행정기관들에게는 상당한 애로사항이 발생하였다. 이곳에 도착한 사람들에게 거처를 마련해 주어야 했고, 먹이고 입혀야 했기 때문이다. 그러나 그러기 전에 그들을 다시 조선으로 되돌려 보내려는 시도를 하였다. 불법적으로 국경을 넘은 것에 대해 어떠한 처벌도 없을 것이며 돌아가는 데 필요한 돈도 주겠다는 보증을 하면서 말이다. 하지만 조선인들은 다시 돌아가느니 러시아 땅에서 굶어 죽는 것이 낫다고 분명하게 선언했다. 그들은 조선에서 그들을 기다리는 것은 "피할 길 없는 참수형"이라는 것을 잘 알고 있었기 때문이다.[4]

---

i) 프르제발스키, 니콜라이 미하일로비치(Przheval'skii, Nikolai Mikhaylovich, 1839-1888). 러시아의 군인, 탐험가, 지리학자. 4회에 걸친 내륙아시아탐험으로 몽골고원, 간쑤, 칭하이, 티베트, 고비, 아라샨, 오르도스, 차이담, 타클라마칸, 로브노르, 중가리아 등지를 조사했고 내륙아시아의 자연해명에 많은 공헌을 했다. 그의 여행기 "1867-1869년 우수리지방여행"에 조선에 대한 언급이 있다.

어떤 민족이든 그 역사의 시작은 어떤 본질적인 특징들로 나타난다는 것은 의심의 여지가 없다. 그 특징들의 탐색은 첫 번째로는 그 민족 자신의 기억에서, 그 민족이 처음에 자신들에 대해 기억하고 있는 것에서 찾을 수 있다고, 두 번째로는 그들의 활동과 공동적 삶의 연합의 가장 시원적인 사회적 형태가 어떠했냐는 것에서 찾을 수 있다.

역사적 증거의 하나를 우리는 1880년 "크론쉬타트 통보" 112호에 출판된 기사인 "사할린 섬"에서 찾아볼 수 있다. 이 자료에 근거하여 위대한 러시아 작가 안톤 체홉은 코르사코프 지역의 마우카 마을[ii]에서는 미역 채취가 이루어지는데 많은 러시아인들과 외국인들에게 좋은 돈벌이가 된다고 쓰고 있다. 이 채취가 일본인들의 수중에 있었을 때 이곳에는 남녀 40명이 항상 거주하고 있었다. 1878년부터 이 마을에 러시아 상인 Ya. L.세묘노프의 공장이 들어섰다. 이 공장에는 7명의 러시아 병사와 700명의 조선인, 중국인, 아이누인들이 일했다.[5]

세묘노프의 공장에서는 조선인들이 고용되어 일을 하고 있었으므로 1878년에 조성된 이 공장에 대한 언급을 조선인들의 사할린 역사의 시작에 대한 가장 최초의 증거로 볼 수 있다. 사할린의 가장 오래된 주민인 아이누인들이 섬의 수령에게 보낸 탄원서는 이 사실에 대한 확인을 해준다. 그 탄원서에는 1878년 도착한 상인 세묘노프와 그의 동료 G. F. 뎀비가 섬의 서쪽 해안을 점유하고는 아이누인들을 몰아내고 식량을 빼앗았으며, 그 공장에서 일하는 일본인들, 만주인들, 조선인들이 집을 부수고 도적질을 하고 아이누인들을 불구로 만

ii) 사할린의 마을 지명. 일본식 지명이며 1905년까지는 마우카로 1905년에서 1946년까지는 마오카로 불렸다. 현재는 홈스크(Kholmsk)이다.

들며, 그들의 여자들을 빼앗고 겁탈하며 고통을 주며, 그들의 개들을 죽이고 여러 소동들을 일으킨다고 되어있다.[6]

역사적 사실에 근거하여 우리는 조선인들의 사할린 역사의 시작은 19세기 70년대 후반에 관계된다는 결론을 내릴 수 있다. 문서적 증거를 가지지 못하였기 때문에 더 정확한 시기를 대지는 않겠다. 우리의 이 결론에 대한 간접적인 확인으로 들 수 있는 것은 다음과 같은 사실이다. 아무르에 조선인들이 이주를 시작한 것이 1871년이 되어서였고,[7] 블라디보스토크에는 1876년 1월 1일이었으며 그때 등록된 사람의 수는 총 35명이었다.[8]

처음 보기에는 정보량이 적은 이 수치들은 하지만 어떤 경우에도 조선인들이 블라디보스토크에 도달한 것보다도 더 빨리 사할린에 나타나지는 않았을 거라는 결론에는 매우 의미가 있다.

사할린 땅에 조선인들은 허가 없이 스스로 흘러들어왔으며 전 섬에 흩어져 자리를 잡고 살았다. 이렇게 자리를 잡고 산 것이 그들의 역사의 시작의 두 번째 특징으로 보아야만 한다. 조선인들은 20세기 초까지 수가 적었기 때문에 독립된 마을을 형성하지 못했고 러시아인들이나 토착민들과 섞여 살았다. 친족이나 종족적인 결합은 존재하지 않았다. 공동체 삶의 통제를 위하여 촌장을 뽑거나 회의를 열거나 하지 않았다. 그렇지만 같은 민족끼리 교류를 유지하였고, 다 함께 전통명절을 축하했으며, 민족의 풍습을 지켰다. 공동생활은 조상 숭배와 고래의 전설에 대한 기억으로 튼튼히 연결되었다. 토착주민들은 그들에게 적의감을 보이지 않았다.

첫 번째 러시아 인구조사 자료에 의하면 1897년 사할린에는 67명의 조선인들이 있었다. 그들 중 66명이 코르사코프스크 지역에 거주하였고, 1명이 알렉산드로프스키 지역에 있었다. 63명이 조선에서 출생한 자이고, 54명이 자신의 국적을 가지고 있었다. 러시아어를 구사하는 사람이 1명, 다른 언어를 할 줄 하는 사람이 2명, 결혼한 사람이 5명이었다. 나이별로 보면 10~19세는 1명, 20~29세는 20명, 30~39세는 18명, 40~49세는 25명, 50~59세는 2명, 60세 이상은 1명이었다. 직업별로는 9명이 농민, 53명이 어부와 사냥꾼, 1명이 옷 만드는 사람, 1명은 무직, 3명은 감옥 형기를 마친 자였다.[9]

새롭게 발굴된 문서보관소 문서들은 사할린의 유형수들 중에 조선인은 없다는 몇몇 연구자들의 결론에 실수가 있었다는 근거를 제공한다. 그런데 캄차트카 주교관구의 알렉산드로프 감옥 교회의 등기부에 있는 등록기록에는 다음과 같이 기록되어 있다.

"조선 국민(김우순, 그는 다른 이름으로 김치진이기도 하다 – 필자)이 1890년 3월 15일에 이루어졌고 법적 효력을 발휘한 블라디보스토크 지방 법원의 판결에 의해 살인을 은폐한 죄로 모든 신분권리를 박탈당하고 유형지에서의 5년의 강제노역이 선고되었다".

1893년 2월 8일의 연해주 주정부의 결정에 의해 강제노역을 치룰 장소로 사할린 섬이 정해졌으며, 동년 5월 8일에 그곳으로 김우순을 데려갔다.[10] 1897년에 이곳에는 총 98명의 외국인 유형자들이 있었다.[11]

위의 결정에 의해서 강제노역이나 유형을 선고 받은 외국인들은 형기를 마친 후 다른 죄수들과는 달리 국외로 추방되지 않았다. 강제노역에 처해진 외국인 죄수들은 정교로 개종하겠다는 청원서를 제출해야만 했다. 그가 문맹일 경우에는 감옥의 서기가 그 청원서를 작성해 주었다.

1910년 일본이 한반도를 끝내 식민화시키자 조선인들의 러시아 극동으로의 이주는 현저하게 증가되었다. 이 시점에서 경제적 원인과 함께 정치적 요인들이 이들의 이주의 동인이 되었다. 조선에 실시된 무단통치의 여파가 사할린에도 미친 것이다. 1910년 조선의 정치적 이주민들이 알렉산드로프스키 포스트에서 "상호원조회"를 결성하였다. 스스로 돈을 모아서 그들은 토지를 구입했고, 25가구로 조선인 마을을 만들었다. 1920년 4월 일본의 북사할린 점령 초기에 상호원조회의 지도자인 최영천과 회원 일부가 러시아 연해주로 도망하였다.[13)]

많은 조선인들이 외국 간섭군과 반혁명으로부터 극동을 해방시키는 무력투쟁에 적극적으로 참가한 것은 잘 알려져 있다. 하지만 북사할린에서는 그러한 참가가 문서보관소 자료에 의하면 나타나지 않는다. 그곳에서는 붉은 군대 조선인 분대나 빨치산 부대, 민병대, 당 민족분파들이 존재하지 않았고, 일본의 식민지 폭정으로부터 조선을 해방시키기 위한 러시아 노동자들과의 군, 정치 연합도 없었다.

1919년 식민지 조선에서 삼일 운동이 일본에 의해 가혹하게 탄압되자 일부 조선인들은 러시아 연해주를 거쳐 사할린 섬으로 도망쳐 왔다. 다른 조선인들은 일본이 섬 전체를 점령했을 시기(1920~1925년)에 섬의 북반부에서 남반부로 이동하였다. 1923년 북사할린에는 3,553명의 일본인(군인제외), 1,431명의 조선인 그리고 1,207명의 중국인이 살고 있었다. 북사할린이 소비에트로 다시 되돌아갈 즈음인 1925년 5월에는 이 곳에 약 500명의 조선인들이 남아있었다.[14)] 그들 중에는 1917~1918년에 니콜라예프스크-나-아무레[iii)]의 노동시

iii) 니콜라예프스크-나-아무레(Nikolaevsk-na-Amure). 러시아 극동지역 하바로프스크 주에 있는 도시.

장을 통해 온 사람들도 있었다. 사할린 주 국가 문서보관소에서 발견된 조선 국적자들의 현지 거주증 원본들은 그들 중 많은 이들이 막노동자 연합회 회원이었음을 확인해 주고 있다.[15]

2. 시민권과 법적 지위 문제

사할린 한인들의 법적 지위는 1864년 2월 10일의 국적에 관한 법률에 의해 처음으로 규정되었다. 그 법에 의하면 러시아 제국에 있는 모든 외국인들은 그들이 러시아 제국의 영토에 태어나서 출생에 의해 자신의 국적을 받았던지, 아니면 이주해 와서 그 이후에 국적을 받았던 지에 관계없이 자신의 권리에서 동등하다. 하지만 이주한 조선인들을 국유지 농민으로 편입시켜 그들을 러시아 국적으로 만들어주려는 시도는 성과 없이 끝났다. 조선과의 정치적 관계가 명확하지 않았기 때문에 그러한 조치들은 시기상조로 여겨졌다. 그럼에도 불구하고 조선인 이주자들은 러시아 관청의 승낙을 받고 정주하였기 때문에 사실상 러시아 국민으로 인정되었고, 러시아 법의 보호를 받았다.

양 국가 간의 조선인 이주자들의 법적 지위에 대한 규정이 더욱 더 절박해졌다. 하지만 러시아와 조선 간에 공식적 관계[16]가 수립되는 1884년에야 산적한 문제들의 해결을 위한 조건들이 조성되었다. 하지만 개별 협약에 의해 다음과 같은 내용들이 정해지기까지 또다시 4년의 시간이 흘러갔다. 그 내용은 1884년 6월 25일에 있었던 러

아무르 강 하구에서 약 80㎞의 좌안에 있다. 1850년 군관구의 초소가 설치되고 취락이 이루어진 것이 시의 기원이다. 오호츠크해, 캄차카반도, 사할린 섬 등을 연결하는 수송 중계점이며, 해군기지이기도 하다. 1926년까지는 도시명이 니콜라예프스크였다.

시아와 조선의 조약 체결 전에 이주한 조선인들은 러시아 국민과 동등한 권리를 가지는 것으로 인정하지만, 그 이후에 정주한 사람들은 러시아 영토에 일시적으로 거주하는 것으로 여겨져서 조선 정부가 발급한 신분증명서를 가지고 있어야만 했고, 그 유효기간이 지나면 나가야 한다는 것이다.[17]

프리아무리에[iv]의 군사령관 지사였던 A. N. 코르프는 1889년에 신분증 규정을 정립했고, 그 규정의 준수가 돈벌이를 위해 들어온 임시거주자였던 조선인들에게 처음으로 적용되었다. 그 내용은 조선인들의 러시아 영토로의 이동은 조선의 신분증을 가지고 있어야 가능하고, 사증이나 러시아 거주 허가서를 발급받기 위해서는 특별 수수료가 징수된다는 것이다. 특별한 직업이 없는 조선 국민들은 노동에 적합하지 않은 것으로 간주되었고, 또한 12세 미만의 아이들이나 60세가 넘은 사람들은 이주가 금지되었다.

외국인의 러시아 국민으로의 국적변경 절차는 "신분에 관한 법"에 의해 조정되었다. 러시아 국민으로서의 권리는 러시아 영토에 5년을 거주한 이후에만 발생한다. 그리고 통보한 내용을 문서로 증명하기 위해서는 사증이 기록된 조선의 신분증명서, 지역 경찰서장의 긍정적 평가서, 러시아 영토에 정착한 시간과 거주 기간에 대한 증명서, 그리고 러시아의 임시 거주 허가서 등이 청원서에 첨부되어야 했다. 그다음 러시아 국민의 서약을 하고 나서 러시아 신분증을 받았다. 조선인들의 러시아 국적 변경은 개별적으로 하거나 아니면 집단적인 청원에 의해 이루어졌는데, 종종 마을 전체가 청원을 하기도 했다.[18]

---

iv) 프리아무리에(Priamur'e). 아무르강 연안지방.

이제 조선 국민에게 러시아 신분증을 발급하는 절차에 대해 말해 보도록 하자.

1. 국경 너머에서 건너온 조선 국민 모두는 국경의 세관 초소를 통과할 때 사증 인증을 위해 조선 신분증을 제시해야만 한다.
2. 조선 신분증으로 러시아 제국에서 한 달 미만의 체제는 자유롭게 허락된다. 그 기간이 지나면 외국 국민은 거주를 위한 러시아 신분증을 만들어야 한다.
3. 일 년이 경과된 후 러시아 신분증은 새로운 신분증으로 교환하여야 한다. 새로운 신분증도 또한 일 년 기한이며, 정해진 수수료를 지불한다.
4. 조선 신분증이나 러시아 신분증이 없는 조선 국민들(그들이 범죄를 저지르지는 않았지만, 의심을 불러일으킨다면)은 부랑자와 마찬가지로 국경 너머로 추방한다. 다른 경우에는 그들에게도 러시아 신분증을 발급한다.
5. 국경 너머로 추방되었으나 제멋대로 돌아온 외국인들은 몇몇 권리와 재산을 박탈하고 1년 4개월 감옥에 투옥시킨다.[19]

조선인들의 정치권과 시민권은 대부분 그들의 삶의 종교적 측면에 의해 조건 지워졌다. 본질이 무엇인가 하면 러시아 국적을 취득하는 것과 동시에 조선인을 기독교로 전환시키는 과정이 진행되었다. 하지만 이교 신앙을 가진 조선인과 결혼을 하게 될 경우에 그 가족적 결합은 법의 보호 밖에 있는 것으로 간주되었고, 정치권과 시민권의 상실을 가지고 왔다. 따라서 삶의 종교적 측면은 러시아 국적을 받아들인 수많은 조선인들의 정치적 위치를 불명확하게 만들었다.

국제적 측면에서는 러시아 국적을 취득하기 위해 청원을 한 모든 조선인들은 두 범주로 나눌 수 있다. 즉, 일본이 조선을 병합하기 전에 온 사람들과 후에 온 사람들의 두 범주인 것이다. 첫 번째 범주의 조선인들에 대해서는 러시아가 결정권을 유지하였다. 왜냐하면, 조선과 외국 열강들 간에 체결되었던 협약들은 효력을 상실한다고 일본이 공식적으로 선언하였기 때문이다. 러시아 입장에서는 일본의 이러한 선언은 1884년의 조로 수호통상조약에 의해 만들어진 모든 법적 관계가 효력을 상실하는 것을 의미했다. 그 법적 관계에는 국적 문제에 관한 것도 포함되는 것이다. 일본이 조선인 이주민의 운명에 대해 어떠한 공식적 선언을 하지 않은 것도 러시아에게 결정권을 제공하였다. 식민지 조선에 남아 있는 조선인들은 한일합병조약에 근거하여 일본의 국민이 되었다. 하지만 이것도 조선이 병합된 후 러시아 영토로 들어온 조선인들을 러시아가 일본 국민으로 여겨야 한다고 또한 강제하지 않았다.

사할린에 거주한 조선인 대부분은 어디에도 등록하지 않고 불법적으로 거주하는 것을 더 선호했다. 그렇게 해서 시민권 없는 무리가 되었다. 군사령관 지사의 관청 자료에 따르면 1921년까지 조선인 이주민들 중에서 러시아 국적자는 없었다.[20] 1914년 제1차 세계대전이 시작되고 일본이 삼국 연합에 들어오자 "정치적 고려 때문에 조선인을 러시아 국적으로 받아들이는 것은 중단되었고 극동 러시아가 소비에트화 되기 전까지 이 문제는 전혀 언급되지 않았다."[21]

이렇게 해서 러시아 제국 시기 사할린 섬으로의 한인 이주사는 3단계로 구분해 볼 수 있다.

첫 번째 단계는 19세기 70년대에 시작하여 1895년까지이다. 이 시기에 가난과 배고픔에 내몰린 조선인들은 러시아 연해주를 거쳐 단독으로나 무리를 지어 사할린 섬으로 건너와서 이곳에서 러시아 법의 보호를 받았다. 이 시기에는 국경을 해상으로 넘어왔다. 조선인들은 인력 시장을 채우면서 어업이나 광산, 농업이나 도로 공사, 장작 채취, 화물운반일 들을 하였다.

두 번째 단계는 1895년에서 1905년까지로 일본이 중국과의 전쟁에서 승리하여 조선에서의 자신의 영향력의 확대에 유리한 가능성을 획득한 반면, 러시아는 1905년 일본과의 전쟁에서 패배하고 일본의 식민지 정책에 반대를 할 수 없었던 시기이다. 이 단계에서는 조선인 이주의 현저한 증가는 일어나지 않는다. 하지만 조선인 이주민들은 마침내 조선 민족 집단을 형성하였는데, 불안한 심리와 사회적으로 불안정한 상태의 시민권 없는 계층이었다. 민족 문화의 유지와 상호 간의 경제적 협력이 러시아 삶의 원칙들을 받아들이는 동인으로 작용하였다.

세 번째 단계는 1905년에서 1920년으로, 조선인들의 이주가 질적으로 새로운 현상으로 특징 지워지는 시기이다. 정치적 망명자들이 조선인들 이주의 사회적 근본 요인이 되었다. 일본의 남사할린에서 소비에트 북사할린으로의 이주가 나타났고, 그 반대의 경우도 있었다. 일부 조선인들은 거주민 자격으로 1920년 4월 북사할린을 점령한 일본을 위해 일하기도 했다.

전체적으로 조선인들의 이주는 새로운 과정으로 발전하였고, 모순적 성격을 띠었다. 왜냐하면, 지역적 발전을 위한 잠재력이라는 성격과 함께 중대한 문제라는 성격도 함께 가지고 있었기 때문이다.

제2장 소비에트 북사할린의 한인들

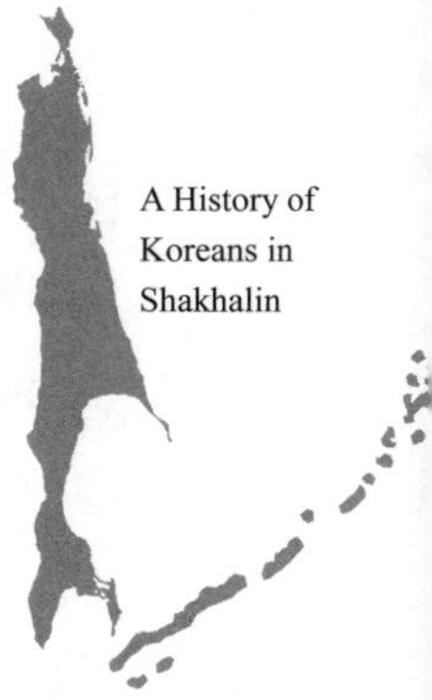

1. 경제, 문화 건설에의 참여

1917년 10월 25-16일(구력 11월 7-8일) 러시아의 사회주의 혁명의 승리와 함께 극동의 전 지역에서 소비에트로의 권력의 이양이 시작되었다. 하지만 사할린에서는 이 과정이 1920년 4월 21일 일본의 개입으로 중단되었다.[1] 1925년 1월 북경에서 "소련과 일본의 상호관계의 기본적 원칙들에 대한 조약"이 조인되기 전까지 러시아 외교는 많은 노력을 들여야만 했다. 1925년 5월 14일 정오에 일본 점령군 참모부에서 일본국기가 내려졌고, 그다음 소련과 일본 정부의 전권대표들이 최종 문서에 서명을 하였다. 그 문서에 의해 북사할린에서 일본 군대가 모두 철수하고 소련의 주권이 복원되는 것이 확정되었다.[2]

1925년 중반까지 북사할린의 총주민 수는 10,152명이었고, 그들 중 6,892명이 러시아인, 1,241명이 길랴크인, 149명이 오로치인, 116명이 퉁구스인, 17명이 야쿠트인, 170명이 일본인, 71명이 조선인, 996명이 중국인이었다.[3]

지역 주민의 정치적 경향은 다음의 조건들로 정해졌다.

첫 번째는 북사할린에서의 광업과 석유 이권에 대한 문제를 최종적으로 해결하기 위해 남겨 둔 일본 영사처의 존재.

두 번째는 지역 주민들의 소비에트 사회주의 연방 공화국의 현재 상태와 소비에트 권력의 실체에 대한 완전한 무지.

세 번째는 얼마 전까지만 해도 일본인들에게 일했던 엄청난 수의 소규모 장사꾼들과 상인들.

네 번째는 임박한 변화를 불안스럽게 기다리고 있을 뿐 마치 예전의 점령이 계속되고 있는 것처럼 알린 일본군 사령부의 선동적 허위 보도에 처한 주민들.

조선인 주민들은 기본적으로 소비에트에 충직한 관계였다. 하지만 소비에트 권력에 대한 개념은 토착 주민들보다 더 모호하게 가지고 있었고, 계급 의식이나 정치적 사고 수준은 매우 낮았다.

리브노프스키 지역은 북사할린에서 조선인들이 밀집하여 모여 살았던 유일한 곳이다. 그래서 이곳에 1925년 8월 소비에트 정부의 첫 번째 민족 기관인 나우모프스키 농촌 소비에트가 만들어졌다. 이 소비에트는 2개의 조선인 마을, 나우모프카와 케피를 합쳐서 만들었다.[4] 농촌 소비에트 구성원으로 10명이 선출되었는데, 회장으로 선출된 김 알렉세이가 소비에트를 이끌었다.[5] 이 소비에트의 영토에 274명의 조선인들이 살았는데 전체 인구의 13,4%였다. 보다 지식이 있는 사람들은 선전실을 조직하여 다른 사람들을 위해 정치상식을

읽어주기도 하고, 학교에서 모국어로 가르치기도 했다. 그 학교에는 29명의 아이들이 다녔다.[6]

1925년 중반에 북사할린의 경제 상황은 과도기적 시기의 특징으로 정의된다. 거의 모든 광산들이 가동되지 않았고 고기잡이는 중단되었고, 지역 산업은 존재하지 않았다. 일본 점령 시기에 발전하였고, 투기적 성격을 띠었던 무역은 거의 중단되었다. 이 모든 상황들은 경제생활의 정체를 불러일으켰고, 노동시장에 고통스럽게 반영되었다. 10명의 조선인들이 구성원으로 있는 농민 상호원조 위원회가 지원을 해주었다. 하지만 사할린 혁명 위원회의 한 보고서에서 알려온 바에 따르면 조선인들은 일본 헌병에 대한 예전의 두려움 때문에 자신들의 본 얼굴을 보여주지 않았다.[7]

일본 개입군들에 대한 손해배상청구를 모집하는 작업이 진행되었다. 1925년 가을까지 알렉산드로프스키 지역과 르이코프스키 지역에서만 거의 7백만 루블에 달하는 92개의 손해배상청구를 모으는데 성공하였다.[8] 이 청구들은 기본적으로 모두 재산권의 성격을 가진다 (토지, 건초, 수확한 곡식의 강탈, 산림의 채벌, 가축 수탈, 식료품의 몰수). 살인과 물리적 폭력과 관계된 청원서들도 들어왔는데, 그 속에는 조선인들과 관계된 것들도 있었다. 일본인들이 다시 돌아오기를 기대하면서 이 모든 것을 악의적으로 대하는 사람들도 있었다.

1925년 말경에 시민권 규정에 대한 법령, 국가에서 교회 분리에 대한 법령이 실행되었고, 지역 생활을 조정하는 약 30여 개의 결의가 공포되었다. 그 결의들 속에는 금화 24루블 규모의 최소 월급에 대한 규정이나 세법, 노동법, 사회보장법의 도입에 대한 것도 있고,

물고기의 남획 금지, 전구의 등록, 묘지의 사용, 도박 금지, 북사할린에 무직자의 출입 금지, 외국인 등록에 대한 내용들도 있었다.

배급이 제대로 조정되지 않아 어려움은 더 깊어 갔다. 조선인들이 특히 어려운 형편에 처하게 되었다. 제 52 사할린 국경수비대장이었던 I. I. 크라스니코프의 자료에 따르면 북사할린에는 일본이 점령하기 전부터 혁명조직인 "교노회"가 조직한 "조선인 상호원조회"가 있었다. 1925년 5월 점령 후에는 상호원조회는 알렉산드로프스크 시의 외따로 떨어져 있던 마을에 살던 55명의 조선인들을 단합시켰다. 이 원조회의 거의 모든 회원들은 직업이 없었고, 물질적으로 매우 어렵게 살고 있었다. 하지만 그들 중에서 정치적으로 불온한 사람들은 발견되지 않았다.[9]

알렉산드로프스크 시에 위치한 일본 영사관은 조선인들이 모든 문제들을 일본 정부의 대리자들과 의논하게 하려고 노력을 기울였다. 조선인들의 정치적 신뢰를 얻기 위해 물질적 지원을 약속하고 심지어 일본 황제의 생일잔치에 초대하기도 했다. 하지만 조선인 주민들은 그것을 거절하였으며 자신들은 러시아 국민이라고 생각하기 때문에 그것을 할 수가 없다고 선언하였다.

첩보 자료에 따르면 조선인들은 일본인들과 상시적인 관계를 가지지 않았고, 일본인 노동조합 모임이나 물질적 형편을 해명하기 위한 간담회에 초대되는 형태의 우연한 접촉은 있었다. 글을 모르는 조선인들을 마치 물질적 도움을 주는 서류인 것처럼 속이고는 지장을 찍게 하였으나 알고 보니 선동하는 내용의 전혀 다른 서류인 경우도 있었다. 비참한 처지에 처해있던 조선인들은 보잘것없는 노임이나 혹은 돈이 아니라 식량을 받고 참혹한 경제적 예속 상태에서 여러 일을 하였다. 또한 조선인 여성들도 주로 중국인 암거래꾼들에게서 거의 푼돈을 받고 일을 하였다.[10]

일본군이 북사할린에서 철수한 후 그 영토에는 특별한 대표자 자격으로 소위 말하는 거주민들이 남아 있었다. 그 거주민들 중에는 조선인들도 있었는데, 러시아의 거친 북쪽 지역을 개척하는 임무를 원했던 사람들이었다. 그들은 긴급한 물적 지원에 대한 메모랜덤을 가지고 북사할린의 일본 대표부에 도움을 청했다. 하지만 지원은 이루어지지 않았고, 거친 북쪽 지역에 던져진 아사 직전의 상태에 처해있는 불쌍한 거주민들에 대한 속임수로 여겨졌다.[11]

비슷한 종류의 삶의 드라마는 다음과 같이 진행되었다. 일본 국적의 조선인 거주민들이 북사할린에 있었던 일본 영사 시마다에게 복종하는 것을 거절하고 그를 거부하였다. 그 이유는 시마다가 거주민들을 보호하고 감독하는데 독단과 거만함을 보였으며, 일본 국적을 취득한 조선인들을 멸시하고 그들이 러시아 노동조합에 들어가는 것을 경멸했다는 것이다. 이 모든 것은 거주민들의 생각에 따르면 일본인들과 조선인들 간의 오해를 불러일으키고 그들의 민족 감정을 상하게 했다는 것이다. 사태는 조선인들이 알렉산드로프스크의 일본 영사관 건물 위에 날리던 일본 국기를 찢는 지경에까지 이르렀다.[12]

1925년 10월에 알렉산드로프스크에서 조선인들의 집회가 열렸다. 그 집회에서 조선인들은 일본의 식민지 정책을 비판하면서 "전 세계의 제국주의자들과 가열차게 투쟁하고", 러시아 노동자의 붉은 깃발 아래 함께 모여 조선의 억압 당한 민중들을 도와주는 소비에트 권력의 건설에 적극적으로 참여한다는 의지를 표명하였다.[13] 이러한 결의를 채택하면서 조선인들은 자신들을 의심할 여지 없이 일본 영사관의 박해를 받을 운명에 빠트렸다. 하지만 조선인들은 의식적으로 그렇게 하였다. 왜냐하면, 일본 영사관으로부터 도움을 받기를 원하지 않았기 때문이다.

소비에트 정부는 조선인들에게 식량 지원을 하였고, 어업과 농업 구역을 나누어 주었으며, 각 가족당 150루블의 물적 지원을 하였다.[14] 조선인 주민들에 대한 일자리 알선과 행정적 등록 그리고 그들을 소련 시민으로 등록시키고 문맹을 퇴치하는 조치들이 실행되었다.

소비에트 시기 사할린 한인들의 직업을 분석해 보면 연해주와는 다르게 그들의 기본적인 삶의 존재 방식이 농업이 아니라 어업이라는 것을 지적할 수 있다.

그들의 거주한 기본 지역은 리브노프스키 지역으로, 그 지역에는 9개의 러시아 마을과 2개의 조선인 마을 그리고 총 주민 수가 2,158명인 10개의 길랴크인 부락이 있었다. 사할린 혁명위원회 위원인 N. G. 루다코프는 1925년 8월에 이 지역에 체류하고 나서 보고하기를, "국영이나 협동조합에 소속된 어부들, 농민 협동조합들, 개인 상인들과 같이 일하는 농민조합들, 그리고 혼자서 고기를 잡는 농민들 등이 수산업에 종사한다… 나우모프카 마을의 조선인 조합은 좋은 인상을 남겼다. 염장 창고들이 좋았고, 노동이 정확히 분업화되어있었으며 질서가 잘 잡혀있었고 상대적으로 장비들이 많았으며 화목하였다."[15]

사할린의 어업에 종사하는 지역들은 전체 러시아 시장에 적극적으로 편입되었다. 잡은 포획량을 균등하게 나누는 조합의 원칙과 자연적인 물물교환은 상품을 생산하여 화폐로 전환시키는 시스템으로 바뀌어져 갔다. 이런 조건들 속에서 되팔기 위해 대량으로 구입하는 수산기업가가 나타났는데 그들은 일의 분배자와 공급자 역할을 하였다. 하지만 어획량의 배분은 고용되어 일하는 조선인들이 다른 어부들과 마찬가지로 기만당하고 더 노예화되는 식으로 이루어졌다. 그 결과로 조선인 채무자들 사이에서는 "물고기가 없으면 본토로 갔다가 다음 해 봄에 돌아오자"는 분위기가 있었다.

수산조합들의 민족적 구성은 다음의 <표 1>이 말해주고 있다.

〈표 1〉 사할린 주 리브노프스키 지역 수산조합들의 민족별 조합원들 구분 (1926-1929년)[16]

연도	조합들											
	토착 주민			러시아인			조선인			합계		
	조합수	조합원수	식구수	조합수	조합원수	식구수	조합수	조합원수	식구수	조합수	조합원수	식구수
1926	6	163		5	190		2	70		13	423	1179
1927		193			307			70			570	1326
1928		211			360			70			641	1818
1929	13	214	717	13	414	1245	2	68	207	28	695	2169

위의 도표의 수치들에서 결론을 내릴 수 있다.

1. 조합수가 13개에서 28개로 전체적으로 늘어날 때 조선인들의 조합수의 퍼센트는 15,4%에서 7,1%로 줄어들었다.
2. 토착 주민들의 조합원 수가 51명, 러시아인 조합원 수가 224명

늘어난 반면, 조선인 조합원 수는 조금 줄어들었다.

3. 조합원 한 명 당 식구 수는 모든 민족의 조합들에서 거의 동일했다. 몫을 비율로 나누어 보면 생활 수준은 거의 비슷했다는 것을 증명해 주고 있다.

1932년에 북사할린의 조선인 수는 32,000명까지 증가하였다.[17] "소비에츠키 리박"[i] 연맹의 640개 경제체계들 중 88개소가 기본적으로 조선인 어부들로 이루어져 있었다. 알렉산드로프스키 지역의 235명의 어부-콜호즈원들 중 67명이 조선인들이었고, 그들 중 31명이 쉬로카야 파지 마을에 있는 17차 당대표자대회 라는 이름의 콜호즈에서 일했고, 28명이 나이-나이 마을의 "트루드디스치플리나"[ii] 콜호즈에서, 7명이 필보 마을의 "크라스나야 즈베즈다"[iii] 콜호즈에서, 그리고 1명이 초르나야 레치카 마을의 "크라스느이 보스토크"[iv] 콜호즈에서 일했다.[18]

리브노프스키 지역의 케피 마을에서는 58명의 조합원을 가진 조선인 조합인 "붉은 어부"가 있었는데, 식구 수를 다 합치면 137명이었다. 나우모프카 마을에는 "보스토치느이 사할린"[v] 조합이 있었는데, 49명의 조합원을 가졌고, 총 식구 수는 118명이었다.[19] 1932년 무렵에는 위에 언급한 마을들에서 298명의 조선인들이 사는 79개의 콜호즈 숙박소가 있었다.[20] 일부 조선인들은 리브노프스키 지역

---

i) 소비에트의 어부라는 뜻이다.

ii) 노동규율 이라는 뜻이다.

iii) 붉은 별 이라는 뜻이다.

iv) 붉은 동쪽 이라는 뜻이다.

v) 동사할린 이라는 뜻이다.

의 우스페노프카 마을에 있는 “키토보이”vi) 조합의 조합원이었다.[21] 1934년에는 “악챠브리스키”vii) 광산의 보조 생산시설에서 일하던 조선인들이 폴로빈카에 있는 조선인 어업 콜호즈인 “보스토치노예 모레”viii)로 옮겨갔다.[22]

하지만 능력과 재원이 부족하여 많은 조선인 생산시설들은 생명을 이어갈 수 없었다. 수산 콜호즈 “크라스느이 사할린”ix) 은 특히 어려운 처지에 있었다. 1937년 10월 235명의 조선인들이 일하고 있던 이 콜호즈는 어업 장비들, 행정용 건물들, 생산 시설들, 가축들, 42개의 주택, 다른 건물들을 그대로 남겨둔 채 전원이 카자흐스탄으로 이주하게 되었다. 남겨진 그 모든 것들은 총 850,000루블에 달했다.[23]

사할린의 동쪽 해안에 있는 석유 지역을 개발하기 시작하면서 노동력 충당 문제가 나타났다. 1925년 9월 오하x)의 원유채취 이권 기업들에서 46명의 조선인들이 일했는데, 1926년에는 89명, 1929년에는 124명이 있었다.[24] 하지만 생활에 대한 배려는 단지 일본인 노동자들에게만 있었다. 러시아 노동자들에게는 약간 해주었지만, 조선인들은 완전히 무시하였고 그들에게는 심지어 작업복도 주지 않았다. 일본인 노동자들의 평균 월급은 90루블이었고, 러시아인 노동자는 82루블이었던데 반해 조선인 노동자의 평균 월급은 62루블을 넘지 않았다.[25] 조선인들에게는 도급제 노동을 거의 주지 않았다는 것

vi) 포경선이라는 뜻이다.

vii) 10월 이라는 뜻이다.

viii) 동해 라는 뜻이다.

ix) 붉은 사할린 이라는 뜻이다.

x) 오하(Okha). 사할린 섬 북쪽에 있는 도시. 오하는 소수민족인 니브흐족의 말로 더러운 강이라는 뜻이다.

도 특징적인데, 그것은 석유 이권 기업의 고용주들과 갈등을 일으키는 원인이 되었다.

사할린의 석탄 산업은 기본적으로 원시적이며 단순한 방식으로 그리고 자주 목전의 이익만을 추구하는 방식으로 발전하였다. 광산 노동자들의 민족적 구성은 다음의 <표 2>에서 볼 수 있다.

〈표 2〉 북사할린의 광산 노동력의 민족 구성 (1925년 1월 1일)[26]

광산	노동자 민족 구성							
	중국인		일본인		러시아인		조선인	
	총	%	총	%	총	%	총	%
두인스키	279	77,5	81	22,5	-	-	-	-
로가트이	136	90,1	5	3,3	10	6,6	-	-
에릭손	177	87,3	-	-	26	12,8	-	-
아그네보	53	68,0	15	19,2	-	-	10	12,8
므가치	31	60,8	-	-	17	33,3	3	5,9
니클레비차	25	83,3	5	16,7	-	-	-	-
페트로브세보	16	100,0	-	-	-	-	-	-
총	717	80,6	106	11,9	53	6,3	13	1,5

첫 눈에 보아도 이 도표에서 일본인들의 광산에서 조선인 노동자의 존재가 현저함을 알 수 있다. 889명의 고용인들 중 조선인이 총 13명, 러시아인이 53명, 일본인이 106명, 중국인이 717명이고, 민족군에 따른 비중은 1,5%, 6,0%, 11,9%, 80,6% 이다. 조선인의 숫자가 많지 않은 것은 일본인 2명 이상의 추천이 없으면 광산에서 조선인들을 고용하지 않은 결과로 보아야만 한다.

북사할린에서 석탄의 채취는 단지 2개의 광산 "로가트이"와 "두이스키"에서만 행해졌는데, 일본 회사 "미츠비시"에 이권을 넘겨 준 광산이었으며, 외국시장 수출용으로만 채광하였다. "로가트이" 광산에서는 101명이 고용되어 있었는데 그들 중 10명이 러시아인이었고, 83명이 중국인, 4명의 조선인과 4명의 일본인이 있었다.[27] 1927년 이 광산은 소비에트 체계의 국영 석탄산업에서 첫 번째 자리를 차지하는 기업이 되었다. 하지만 기술 수준은 아주 낮아서 설비들이 증기기관으로 작동되었다. 발전소도 없었고, 석탄 운반을 위한 항해 수단이나 계류 시설들도 가지고 있지 않았다. 생산 기준량은 본토의 기준으로 설정되었다. 노동력의 대부분은 "한탕 챙기고 떠나는" 방향의 불건전한 생각을 가지고 있었다.

> *"악차브리스키" 광산 관리국의 보고서*
>
> *코모고르체바:* "광산은 식료품 공급이 매우 부족하다. 고기는 전혀 없고… 단 한 짝의 장화나 펀상화도 없다. 노동자의 50%가 맨발로 다니거나 짚신을 신고 있다. 방수포로 만든 옷도 또한 없다… 기술재료나 건설재료 공급이 너무 좋지 않아서 그로 인해 작업이 자주 중단되었고, 단가도 비싸졌다. 연장들도 없다. 광부들이 어떻게 이런 상황에서 일을 할 수 있는지 이해하는 게 필요하다."[28]

조선인 광산 노동자들도 이 모든 것을 전부 경험했다. 이런 상황은 광부들이 보다 장비가 잘 갖추어진 일본 이권 기업 "두에"로 가게 하는 원인이 되었다. 그곳에는 오직 수입된 값싼 상품이나 식료품이 광부들의 임금에서 지불하는 방식으로 공급되었고, 노임도 높게 책정되어있었다. 그렇게 "두에"로 간 광부들 중에는 조선인들도 있었다.

북사할린에서 조선인들의 수가 전반적으로 증가하면서 그들이 석탄 채취기업에 종사하는 것도 줄어드는 추세를 보였다. 주된 이유는 그 광산들이 문을 닫았기 때문이다. 일본 이권 기업에서 일하는 사람들의 수가 줄어들어서 1936년에는 총 114명의 조선인들이 일을 하고 있었는데 그중 107명이 석유채취기업에서 7명이 "두에" 광산에서 일했다.[29]

북사할린의 임업은 두 가지 방향으로 발전하였다. 지역의 수요를 충족시키는 것과 수출용 공급을 위한 것이다. 이 분야는 독특하게도 자신들의 일군들을 거의 가지고 있지 않았다. 조선인들을 포함한 노동력은 본토에서 데려왔다. 목재조달은 조합에 의해 이루어졌는데, 수출하기 위해 실어 보내는 것은 숲을 구입한 회사들이 하였다. 재료나 기술의 부족, 생산 계획의 잦은 수정, 가축 먹이의 부족과 반쯤 굶주린 말들 상태, 아무 쓸모 없는 식량 공급, 의료지원의 부재, 준비되지 않은 거주공간 – 이 모든 것을 목재조달원들이 경험하였다.

정부 기관들에게 이런 상황에서의 탈출구는 더 엄격한 행정 명령, 단 한 가지였다. 그것은 1930년 3월 13일의 전연방공산당(볼쉐비키) 사할린 지역위원회의 결의가 증명해주고 있다. 그 결의에는 다음과 같은 지시들이 내려졌다.

- 목재조달 작업에 하루 10시간의 노동을 한다.
- 신속히 숲으로 보내기 위해 각 농가별로 말을 점검한다.
- 목재조달작업에 동원된 모든 사람들의 명단을 하루 생산량을 명

기하여 작성하고 모두가 볼 수 있게 내건다.
- 목재 수송 과업을 이행하지 않은 마부들은 작업장에서 내보내지 않는다.
- 벌목구역에서 제멋대로 떠난 모든 사람들은 다른 기관에서 일군으로 쓰는 것을 금지한다.[30]

노동자들은 밀린 임금을 청산할 것과 작업복의 지급, 주거 환경의 개선을 요구하며 저항하였고, 파업을 조직하였다. 그리고 항해가 가능해지자 많은 이들이 본토로 떠나갔다. 이와 동시에 동원 조치나 행정적 징벌 조치들이 작동하기 시작했다. 예를 들면 목재조달작업을 위한 무임금노동자들과 목재를 실어내기 위한 "붉은 수송대"가 조직되었고, 지역 중국인들과 조선인들로 이루어진 특별 목재조달 조합이 만들어졌다. 부농이나 부유한 농민, 선거권을 상실한 자들에게도 강경한 벌목 과업이 내려졌다. 회피하거나 거부하는 자는 식량 배급에서 제외되었고, 기준 식량의 지급도 생산과업의 완수에 엄격히 맞추어서 이루어졌다. 작업장으로 특별한 작용을 위해 붉은 군대가 파견되었다. 산림 벌목장에서 도망가는 모든 사람들을 검거하기 위해서 알렉산드로프스크 시의 남쪽과 북쪽에 국경 초소들이 세워졌다.

소비에트 정부의 수립 이후에 비록 느리기 했지만, 사할린의 농촌 마을은 힘을 축척하였다. 4만 5천 평방미터가 넘는 면적을 차지하고 있는 북사할린은 대부분 산악과 툰드라 지역이다. 눈이 많은 겨울, 지역과 계절별로 심한 온도 저하, 급격한 일교차, 잦고 많은 비, 강한 바람, 경작에 적합한 토지의 부재 – 이 모든 것을 조선인 이주민들이 겪어야만 했다.

1925년 2월 2일의 전러시아중앙집행위원회와 소련인민위원소비에트의 법령 "농업 이민에 대하여"[31]에 따르면

ㄱ) 소련국적을 가진 조선인들은 러시아소비에트사회주의연방공화국의 모든 국민들과 똑같이 경작할 토지를 받는다.

ㄴ) 1922년 11월 15일 이전에, 즉 소비에트 극동지역에 러시아소비에트사회주의연방공화국의 헌법이 효력을 발휘하기 전에 이주하였으며 노동자계급이나 타인의 노동력을 사용하지 않는 농민계급에 속하는 조선인들 중 외국 국적을 가진 사람들은 유사한 권리를 부여받는다.

ㄷ) 1922년 11월 15일 이후에 이주한 외국인들은 이민법에 의해 규정된 절차의 보호밖에 있으며 경작할 토지를 분배 받지 못하며 토지를 임대만 할 수 있다. 이 그룹의 예외적인 경우로는 정치활동이나 종교적 신념에 따른 박해의 이유로 한국에서 도피해 온 사람에 한한다.[32]

1925년 6월 26일의 소련중앙집행위원회와 소련인민위원소비에트의 법령에 근거하여 극동지역에 거주하면서 소비에트연방에서 정치적 권리들을 가지고 있는 외국국적의 조선인들은 소련의 국민들과 동등하게 토지이용권리를 부여받는다.[33]

1926~1927년에 북사할린에서 활동하였던 레닌그라드에서 파견된 이민국의 특별 조사단은 조선인들을 농업 실험을 위해서나, 러시아주민의 이익을 침해하지 않는 상대적으로 값싼 노동력으로서나

허용할만한 식민개척의 요소로 여기면서 조선인에 대한 문제를 특별히 강조하였다. 하지만 이 제안은 지역 정부의 이해를 얻지 못하였다. 지역 정부는 농사를 짓기 원하는 황색인종의 대표자들이 사할린 섬에는 없으며, 자연과 기후 조건이 아시아의 작물들을 재배하는데 적합하지 않다고 생각하고 있었다. 북사할린에서 조선인에 의한 농업 개척이 이루어지지 못한 사실은 바로 이런 이유들로 설명할 수 있다.[34]

사할린의 역사적 과거의 경제적, 사회 풍속적 특징들은 사할린의 전반적인 문화적 낙후성의 원인이 되었다. 1925~1926년의 학기 초에 북사할린에는 25개의 학교가 있었다. 그중에는 1개의 조선인 1단계 초등학교가 있었다. 어른들을 위한 초보독본인 "문맹 퇴치"가 조선인들을 위한 첫 번째 책이 되었다. 초보독본인 "붉은 아이들", "초보독본후의 첫 번째 책", "초보독본후의 두 번째 책", "엄마의 알파베트", 정치상식, 국민교육 교수법 교재 "새로운 길", 레닌의 민족정책에 대한 논문 모음집, 젊은이들의 계급투쟁 참가에 대한 논문 모음집, 여성해방에 대한 논문 모음집, 단일 농업세와 벼농사에 대한 논문 모음집, 노동법전 등이 또한 출간되었다. 소비에트 정부가 들어선 지 총 6년 동안 극동 전체에 조선말로 된 180,000부에 달하는 책과 팜플랫이 발간되었다.[35] 이러한 인쇄물들은 하바로프스크의 조중(朝中) 인쇄소에서 발행되었다.

1927년의 전연방 학교 조사 자료에 따르면 사할린에서는 1개의 조선인 민족학교가 리브노프스키 지역의 케피 마을에 있었으며, 그 학교에 30명의 학생이 공부하고 있었다. 그리고 일 년 후 오하 시에서 두 번째 조선인 학교가 문을 열었다. 전체 학생 수가 76명이었는데 이 숫자는 조선인 학령 아동의 39%였다. 당시 러시아 학령 아동의 수학 비율은 89%였다. 이러한 비율은 1930년대 중반까지 유지되었다. 그들은 문법, 산수, 습자, 노래를 배웠다. 교육은 모국어로 이루어졌고, 러시아어는 필수교과목으로 2학년부터 도입되었다. 1단계 초등학교에서는 학업이 5년간 계속되고, 2단계 학교에서는 6년 동안 배운다. 알렉산드로프스크 시에서 성인들을 위한 조선인 야간 학교가 일을 하였다.

학교들의 교육 조건들은 독특했었다. 그것들은 다음에서 볼 수 있다. 첫 번째는 대부분의 1단계 학교에서는 1명의 선생님이 3그룹의 아이들을 가르쳤다. 두 번째로는 사할린 섬에는 서로서로 멀리 떨어져 있는 주민수가 작은 마을들이 대단히 많았다. 그렇기 때문에 "소규모" 학교들을 기숙학교 형태로 통합 확장하는 게 부득이한 대책이 되었다. 하지만 심지어 이 대책도 학생들이 떨어져 나가는 것을 막지는 못하였다. 4학년이 되면 5명 중 1명의 조선 아이가 학교를 그만두었다. 러시아 학교에서는 3명 중 1명이 그만두었다. 성인들을 위한 문맹 퇴치소와 개인학습단체가 조직되었다. 모든 작업은 "문맹 퇴치", "글을 아는 자는 문맹자를 가르쳐라" 는 구호 아래 이루어졌다.

교육사업의 발전에서 핵심 일군 양성의 미약한 수준이 많이 언급되었다. 1929년 83명의 선생님들 중 고등교육을 받은 사람은 한 명도 없었고, 고등교육 중퇴자는 7명, 중등교육 수료자는 50명, 중등교육 중퇴자는 14명, 초등교육 수료자는 12명이었다.[36)] 특별조사위원회가 위험하고 적대적인 경향의 분자로 여겨지는 미약한 정치의식을 가진 선생님들을 색출한 것은 특징적이다. 당시 문서들에는 다음과 같은 평가들을 볼 수 있다. "부농 이데올로기의 길잡이", "사회적으로 소극적인", "소비에트 정부에 충실하지 못한", "뇌의 교환이 요구된다", "소비에트 노선으로의 방향이 필요하다", "교편을 잡을 수 있지만, 감독이 필요하다".

하지만 어쨌든 인민의 교육은 발전하였다. 전반적 의무교육으로의 이행 완수라는 과업이 세워졌고, 그것은 조선인 주민들에게도 동일하게 관계되었다. 전체적으로 보아 문화적으로 낙후된 조선인 대중을 끌어올리려는 기본적인 정치적 방침은 의심할 여지 없이 실현되었다.

2. 법적 그리고 사회 정치적 상황

1925년 5월 일본의 점령이 끝난 후에 북사할린의 거의 모든 한인들은 무직이었다. 그래서 소비에트 정부의 보호 아래 있고 싶다는 자신들의 희망을 숨기지 않았다. 당시의 규정에 따르면 조선 국적자들은 "거주증"을 반드시 소지해야만 했는데, 그 거주증의 기간은 6개월 미만이었고, 기간이 끝나면 매번 그 기간만큼 연장해야 했다. 해당 국가에서 발급되었고 소비에트 전권대표의 사증을 받은 신분증만이 "거주증"을 받을 수 있는 근거가 되었다. 기타 다른 모든 증명서들은 고려되지 않았다.[37] "거주증"을 받고 나면 이전에 해당 국가의 신분증을 몰수할 때 대신 주었던 임시 증명서를 회수하였다. 국경 너머로 떠날 때는 "거주증"을 해당 국가의 신분증으로 바꾸어 주었다. 3개월 동안 러시아의 영토 내에 자유롭게 거주할 수 있는 임시 거주증도 경찰기관들에 의해 발급되었는데, 그 임시 거주증을 받

고 나면 해당 국가의 신분증을 반드시 제출해야만 했다.[38)]

지령에 근거하여 1918년 이전에 이주한 조선인 노동자들의 소련 국적 취득 절차가 간소화되었다. 특히 다음의 사항들이 살펴졌다.

1. 만일 조선인이 소비에트 정부에 충성스러운 관계일 경우 소련 국적을 취득하겠다는 신청서를 제출할 때 해당 국가의 신분증을 제출하지 않아도 된다.
2. 소비에트 정부의 지역 기관들에 의해 증명된 조선인이 가난할 경우 소련 국적 취득 신청서 제출 시 정해진 인지세를 면해준다.
3. 특별보증 신청서 제출 시 신분증 제출을 하지 않아도 된다.[39)]

하지만 위에 언급한 새로운 규정은 기존의 절차를 그렇게 간소화시키지 않았다. 다음의 사항들이 그것을 확인해 주고 있다.

첫 번째. 청원서는 신청자들이 이력에 관한 질문지 3부와 행정기관이나 사회기관에서 발급한 신청자 자신과 러시아 영토에서의 거주 기간을 확인하는 증명서를 제출해야만 주어졌다.

두 번째. 모든 신청자들은 정치적 신뢰성 입증의 목적으로 경찰이나 국가안보기관의 검사를 받으며, 그런 이후에 지역 소비에트의 판단이 내려졌다.

세 번째. 검사를 통과하고 정치적으로 신뢰할 수 있다고 인정된 모든 사람들에게 극동지역 집행위원회의 각개 결정이 작성되었다.[40)]

소련 내무기관들의 지시에 근거하여 이주한 외국인들은 다음 사항을 이행하여야만 하였다.

ㄱ) 24시간 내에 거주증 발급 신청서를 제출해야 하며, 그와 동시

에 요구되는 그 자신의 이력 정보를 고지해야만 한다.

ㄴ) 획득한 거주증의 기간 만료 일주일 전에 자신의 거주 연장 신청서와 연관기관의 해당하는 청원서를 제출해야 한다.

ㄷ) 거주기간 연장 신청서를 제출하지 않았거나 그 신청이 거절되었을 경우 출국 사증을 제때에, 즉 거주증 만료일 3일 전까지 작성해야 한다.

ㄹ) 도시지역의 거주증을 받은 후에는 24시간 전에 거주등록을 마쳐야 하며, 농촌지역의 거주증을 받은 후에는 3일 내에 거주등록을 마쳐야 한다. 국경을 넘어 돌아왔거나 거주지역을 옮겼을 경우 48시간 이전에 신고하여야 한다.

자국의 신분증과 출입국 사증을 가지고 있는 외국인들은 거주증과 거주등록을 받지 않아도 되었다. 정해진 절차를 위반한 자들은 100루블까지의 벌금이나 1개월 간의 강제노동으로 책임을 져야 했다.[41]

이제는 소비에트 시민권을 취득한 한인들도 참가하였던 지역 소비에트 선거 과정을 살펴보기로 하자. 선거인 명부는 지역별뿐만 아니라, 노동조합 그룹별로도 작성된다. 어업, 석탄, 석유 산업 일군들, 농촌, 산림 생산부문 일군들, 상업, 공공부분 종사 일군들, 항구, 교육, 의료 기관, 통신, 인쇄 일군들 등. 게다가 노동조합에 따라 작성된 선거인 명부에 가족들의 성인 구성원들도 기입된다. 그들이 종사하는 노동의 성격이나 범위에 관계없이 말이다.

각 선거인은 특별통지서 형태의 개인 초대장을 받는다. 그 특별통지서는 선거일 전 최소 5일전에 직접 전달되었다. 작업장에서는 집단의 전권대표가 전달을 했고, 거주지에서는 경찰이 전달하였다. 선거통지서는 소위 말하는 "신고서"에 따라 등록되었다. 이때 러시아인과 중국, 조선 민족 출신 국민의 등록은 따로 하였다. 많은 곳에서 선거통지서는 3가지 색깔이었는데, 그것들은 각각 노동조합원용, 조합원의 가족들용, 그리고 조직에 속하지 않은 선거인용이었다. 선거 집회 전에 소비에트의 미래의 구성원 후보자들에 대한 심의가 진행되었다. 후보 명단은 공산당원, 공산주의청년동맹, 노동조합, 여성, 농민층, 무소속자들 별로 각기 따로 작성하였다. 집회에서 후보자들이 명단에 따라 큰소리로 불려지고, 그들에 대한 논의가 진행되었다. 투표수 계산은 특별 집계원이 하였다.

선거권의 상실에 대해 특별히 이야기해야만 한다. 이러한 조치는 당시의 현행법에 의해 미리 준비되었으며 고용노동을 쓰는 사람, 불로소득으로 생활하는 사람, 교회나 제정시대 경찰에 복무한 사람, 사적인 장사군들 그리고 반혁명분자들에 대해 적용되었다. 지시를 늦게 받아서 미리 선거인명부를 재검토하지는 못하였다. 선거의 결과 소비에트 정권에 적대적인 인물들이 제거되었다. 한인들에 관해서는 그들이 선거권을 상실했다는 사실을 확증하지는 못했다. 하지만 외국 국적에 속해있었기 때문에 그들 중 많은 수가 선거에 참가할 수 없었다.

1926에서1928년 동안 지역 소비에트 선거운동이 3번 있었다. 그 선거들의 결과는 다음의 <표 3>에서 볼 수 있다.

이런 식으로 소비에트의 사회적 구성은 만족스럽다고 생각할 수 있다. 부유한 그룹은 총0,9%를 차지했고, 그 수도 해마다 줄었다. 반대로 빈농과 중농 계층은 81,9%를 차지하면서 공고해졌다. 러시아인과 조선인 그룹은 각기 1%와 2,1% 줄었으며, 지역주민 그룹은 1,3% 늘어났다.

〈표 3〉 사할린 지역 농촌 소비에트 선거의 기본 지표들(1926~1928년) [42]

지 표	선거운동					
	1926년		1927년		1928년	
	인원수	%	인원수	%	인원수	%
총 선거인	3,271	100	3,805	100	5,245	100
그중, 선거에 참여한 인원	1,921	58.7	2,169	57.0	3,115	59.4
선출된 농촌 소비에트	27		29		37	
그중, 조선인 소비에트	1		1		1	
농촌 소비에트 구성원 선출자	213	100	288	100	561	100
러시아인	160	75.1	203	70.5	416	74.1
원주민	25	11.7	52	18.1	73	13
조선인	17	8	17	5.9	33	5.9
기타	11	5.2	16	5.5	39	7.0
노동자	16	7.5	18	6.3	44	7.8
집단농장원-중농(中農)	87	40.8	127	44.1	178	31.7
빈농	93	43.7	117	40.6	282	50.3
부유층	8	3.8	7	2.4	5	0.9
사무원	9	4.2	19	6.6	52	9.3
전연맹공산당(볼쉐비크) 당원	3	1.4	19	6.6	52	9.3
전연맹레닌공산주의청년동맹 회원	-	-	23	8	50	9.1
비당원	210	98.6	250	86.8	462	82.4

〈표 4〉 사할린 주 나우모프카 조선인 연합 농촌소비에트 선거에 대한 자료(1930년) [43]

	나우모프카 마을	케피 마을	합계
18세 이상 총주민수	64	77	141
그들 중 선거권 소유자			
남성	52	49	101
여성	12	28	40
선거 참가자	64	77	141
선출됨:			
농촌소비에트 위원	4	5	9
농촌소비에트 위원 후보	2	2	4
검사위원회 위원	2	3	5
농촌소비에트 인적 구성:			
사회적 지위:			12
빈농			6
중농			
교육 정도:			
중등교육			1
초등교육			7
문맹과 독학자			10
당 소속:			
공산주의자			1
공산주의청년동맹			1
비당원			16
여성			1

위에 인용한 자료에 근거하여 농촌 소비에트에 미친 자신의 사회

적 지위에 따른 빈농의 영향력은 의심할 여지가 없다는 결론을 내릴 수 있다. 또 다른 결론도 명확해졌는데, 그것은 조선인 핵심 일군, 즉 간부들에 대한 문제이다. 농촌 소비에트 구성원으로 선출된 18명 중 1명만이 중등교육을 마쳤고, 나머지는 글을 겨우 읽는 정도이거나 문맹이었다. 다른 상황이 있을 수 없었던 것이 농촌 소비에트가 활동했던 리브노프스키 지역에는 중등학교가 하나도 없었다. 그리고 사할린 한인들에게는 극동지역이나 중앙의 교육기관에서 공부를 하기 위한 빈자리가 제공되지 않았다. 게다가 소비에트의 구성원으로 들어간 한인들은 대부분 독자적으로 행동했고, 문맹이어서 민족 소비에트의 일에 그리 많은 영향을 미치지 못하였다.

조선인 간부들의 등용은 대부분 러시아어에 대한 무지 때문에 억제되었다. 그런 까닭에 조선인들은 문서로 내려온 지시들을 알 수 없는 처지였고, 따라서 그 지시들을 이행할 수도 없었다. 민족적 관습들도 많이 언급되었는데, 나이가 많은 조선인들은 자신의 자식들이 소비에트 기관들을 이끄는 구성원 선거에 입후보하는 것을 막았다. 그들은 이렇게 말하였다. "아들에게 복종하길 원치 않소. 내가 집안의 주인이오." 게다가 농촌 소비에트의 일을 일부 주민들은 의심의 눈초리로 보았다.

그러나 그럼에도 불구하고 조선인 주민들의 소비에트화는 큰 분규 없이 완수되었다. 총체적 결론을 다음과 같이 내릴 수 있다.

첫 번째. 1925-1928년의 북사할린에서의 선거운동 기간에 본질적으로 소비에트 기구의 조직적 형성이 완료되었다. 농촌 소비에트의 수는 27개에서 37개로 늘어났다. 하지만 한인 민족 소비에트의 수는 변함이 없었는데 그것은 한인들이 리브노프스키 지역에 밀집해서 살았기 때문이다.

두 번째. 토착 여성 주민과 한인 여성의 적극성을 불러 일으킨 것을 지적할 수 있다. 비록 남성 주민들이 오랜 고립상태와 사회적 삶과의 절연에서 벗어나려는 여성들의 욕구에 반대하였지만 그들이 선거에 참가한 비율은 75~80%에 이른다.

세 번째. 선출된 한인 열성분자가 40명까지 늘어났고, 주민들 중 좀 더 의식 있는 사람들은 소비에트의 일에 참여하였다.

네 번째. 전체적으로 선거인들이 활기를 띠는 것이 관찰되었다. 하지만 권력을 위한 첨예한 투쟁은 보이지 않았는데, 사할린 농촌 마을의 계층 분화가 아직 현저하지 않았고 경제적 관계에서 동일했기 때문이다. 농촌의 개별적 계층간의 공개적 충돌은 일어나지 않았다.

다섯 번째. 선거가 치러지는 과정에서 민주적 원칙들이 망각되었다. 지시들은 선거권을 상실한 모든 사람들을 선거인 명단에서 제외하여서 선거인 명부를 여과할 것을 요구하였다. 선거 기관들에서 공산당원, 공산주의청년동맹, 여성, 그리고 민족별 엄격한 대표비율 기준이 수립되었다. 주민들 중 부유층에서 후보가 나오는 것은 금지되었다.

여섯 번째. 선거에 주민의 참여가 늘어나는 것과 함께 농촌 소비에트에 대한 주민들의 태도는 많은 부분에서 부정적인 것이 남아있었다.

1929년 사할린 지역에는 약 900명의 한인들이 거주하고 있었는데, 알렉산드로프스키 지역에 110명, 리브노프스키 지역에 330명, 오힌스키 지역에서 440명이 있었다.[44] 전체적으로 한인 주민들은 노동 생활이나 정치적 운동에도 충분히 참여를 하였다. 하지만 이권 기업들의 상황은 근심스러웠는데, 그 이권 기업들에서 일하는 대부분의 한인들은 경제적 종속이나 심지어는 예속으로 말미암아 친일분자로 여겨지고 있었다. 바로 이 상황이 지역 당국으로 하여금 한인들이 규정된 허가증 없이 지역으로 들어오는 것으로 이유를 대면서 한인들이 이 지역에 정착하는 것을 금지하는 문제를 상정하게 만들었다는 것을 생각해야만 한다.

문서보관소 자료에 의하면 일군의 한인들이 중국인 장사꾼들과 함께 리브노프스키 지역의 토착주민들 부락에 거주하면서 니브흐인들을 착취하고 그들을 속여 털가죽과 생선을 빼앗았고 술을 먹여 취하게 만들었으며 밀수꾼과 밀주자들을 위한 소굴을 유지하였고 또한 도박을 하고 일부러 거주증을 교부 받지 않았다. 3-5루블의 벌금형이나 심지어 강제노동도 효과를 보지 못했다. 그러자 지역당국은 외지에서 온 한인과 중국인들이 더 이상 토착주민들을 속이고 술 취하게 만드는 것을 허용하지 않기 위해서 그들을 토착주민들의 모든 부락에서 이주시키는 결정을 내리게 된다.

한인들의 상당수는 사할린의 가장 북쪽 지역인 오힌스키 지역에 집중되어 있었다. 그들 중 많은 수는 이 지역의 특수성과 통신수단이 없는 것 때문에 본토에서 흘러 들어왔고, 계산이 되지 않았다. 그런 까닭에 한인들이 더 이상 이 지역에 흘러와서 모이는 것을 중지시키고, 이미 들어온 사람들에 대해서는 세밀한 여과작업을 하는 긴급 조치들이 채택되었다. 100명이 넘는 사람들이 이 지역에서 퇴거되었는데, 공식적 의견에 따르면 대부분 국경지역에서의 거주 규칙을 위반했기 때문이었다. 일본 석유이권 기업에서 고용되어 일하는 민족이고, 일본인들과의 친교가 있을 수 있는 한인들을 사할린 섬에 거주하게 하는 것은 정치적으로 이익이 될 것이 없다고 여겨졌다.

북사할린의 외교인민위원부의 위원이었던 L. I. 볼프는 사할린에 한인들을 그대로 두어서는 안되며, 한인들이 흘러 들어와 모이는 것은 중국인들이 모이는 것보다 비교할 수 없이 더 위험할 수 도 있다 고 결론 내리고 있다.[45]

1931년의 인구조사에 의하면 사할린 지역에는 39,119명이 거주하고 있었는데, 그중 러시아인이 26,780명, 일본인이 1,130명, 중국인이 1,231명 그리고 한인이 1,767명이었다.[46] 한인 남성의 수는 여성의 수보다 많아서 전체적으로는 거의 2,2배 정도 많았다. 글을 읽고 쓸 줄 아는 능력에 따라 분류하면 일본인들이 가장 높아서 93,3%이고, 한인들이 52%, 중국인들이 34,8%였다. 한인 남성들은 이 지표가 58,6%이고, 여성은 36,8%였다.[47]

1932년 극동지역의 외국인 재등록과 관련하여 소련의 다른 지역들과는 다른 몇몇 상황, 특히 한인들과 관련된 상황들이 생겨났다. 많은 사람들이 불법으로 왔고, 거주등록을 하지 않고 살고 있었다. 이것은 일본 신분증을 취득할 수 있는 가능성을 주었다. 많은 이들이 일본 국적을 취득하는 것은 반갑지 않은 일이었고, 위험한 것으로 여겨졌다. 게다가 일부 한인들은 친일본적 성향을 나타내었다.[48]

소비에트 국가에서 첫 번째 대중적 탄압 행위 중의 하나로 생각할 수 있는 것이 1932년 12월 27일의 소련 중앙집행위원회와 인민위원소비에트의 결정에 의거하여 실행된 주민신분증명서제도의 도입이다.[49] 단일한 신분증명서 체계의 도입이라는 과제가 세워졌다. 그 체계에 국민들의 거주등록은 필수적이었다. 콜호즈에서 일하는 사람들은 신분증명서를 받지 못하였다. 하지만 그들의 등록은 경찰기관들의 감시아래서 행해졌다. 신분증명서를 받은 사람들은 그들이 일하는 기업의 책임자에게 신분증명서를 반드시 제출하고 직장에서 일하기 시작한 시간과 해고된 시간을 기입해야 했다. 한인들을 포함한 일본 이권 기업들에서 일하는 사람들에게는 1년 기간의 신분증명서를 발급하였다. 그런 사람들에 대한 자료는 특별 카드목록에 모아졌고, 그들의 명단은 국가 안전 기관들에 넘겨졌다. 일본 이권 기업에서 일하는 사람은 623명으로 드러났다.

주민들에게 신분증명서를 부여하는 것은 1934년 3월 완료되었다. 그리고 모든 행사는 "계급의 적과 기생충적 분자들로부터 사할린을 청소하자" 라는 구호 아래 진행되었다. 그 결과로 8,484명의 시민들이 신분증명서 발급을 거절당했다. 이 수치는 전체 신분증명서발급 대상 주민의 18,4%이다.[50]

사할린 주 주민의 신분증명서제도 도입 결과[51]

전체 신분증명서발급 대상자	46,034
신분증명서 발급 거절자	8,484
생산 파괴자	1,484
숙청 부농	1,332
유죄선고자	809
백위군과 헌병종사자	798
사회에 유용한 노동에 종사하지 않는 자	378
선거권 상실자	134
불법월경자	20
피부양자	1,720
기타	1,809
명예훼손자료에 근거하여 신분증명서 발급 거절자	2,329

보관되어있는 문서보관소 정보는 몇 명의 한인들에게 신분증이 발급되었는가 라는 질문에 답을 주지 못한다. 왜냐하면, 등록되어있는 문서에는 민족별 정보가 없기 때문이다. 하지만 신분증명서제도는 한인들이 소비에트 시민권을 취득하기 위해 대규모로 청원을 하게 촉발시켰고, 조선국적과 일본국적을 가지고 있는 사람들을 알아낼 수 있게 하였다. 신분증명서가 없는 모든 사람들은 10일간의 본토 강제 이송에 처해졌으며, 그들의 재산은 몰수하여 팔아버렸다.[52] 이 방향의 사업은 신분증명서제도가 완수된 이후에도 계속되었다. 하지만 그때는 이미 남아있는 불온분자와 적대적 경향의 인물들을 청산하려는 목적에서의 검열과 소탕의 형태였다.

소련 국적을 취득하지 않은 사람들에 대해서는 다음의 규정들이 세워졌다.

1. 1910년 이전에 구 러시아 제국의 영토로 들어온 조선국적자들과 그들의 자녀들은 소련 국민으로 인정한다.
2. 일본국적에 속해있다는 문서를 제출한 모든 한인들에게는 외국인을 위한 단일한 양식의 거주증을 발급한다.
3. 외국국적임을 표명하였으나 해당하는 서류를 제출하지 않은 한인들에게는 극동지역에서만 거주할 수 있고, 소련의 다른 지역으로 갈 수 있는 권리가 없는 거주증을 발급한다. 이 종류의 거주증은 3개월 기간으로 발급되고 이후 정기적으로 반년씩 연장한다. 이것과 관련하여 재등록을 위한 출두 기간이 정해졌다. 이주 규칙을 어겼을 때는 100루블의 벌금이 징수되었고, 등록을 위해 제때에 출석하지 않았을 때도 그만큼의 벌금이 부과되었

다. 거주 장소에서 자의로 벗어나는 것을 두 번 반복하거나 등록 규칙을 세 번 어겼을 경우에 외국국적의 한인은 소련 영토 밖으로 추방되었다.[53]

하지만 한인들의 시민권과 법적 위치에 대한 문제는 완전히 명확해지지 않았다. 그래서 이후에 이 문제는 예민함을 그대로 가지고 있게 되었다. 이렇게 해서 1930년대 중반에 북사할린에서 다양한 법적 지위를 가진 3그룹의 한인들이 형성되는 독특한 상황이 발생하였다.

1. 소련국적을 취득하고 법률에 의해 공포된 모든 권리를 이용하는 사람들.
2. 러시아의 전권대표의 사증(1922년 – 소련)을 받은 조선 신분증을 가진 외국국적자들. 그들은 거주증을 얻어 러시아 영토에 체류하였고, 지역 정부의 요구에 복종하면서 살았다.
3. 러시아 땅으로 불법적으로 들어왔고 조선 신분증이나 거주증없이 살았던 사람들. 본질적으로 국적을 가지고 있지 않는 사람들, 즉 무국적자들이다. 따라서 행정적 탄압과 추방이 뒤따랐다.
4. 일본 국적을 가진 한인들을 독특한 그룹으로 나눌 수 있다. 이들은 1925년 중반부터 북사할린에서 석유나 석탄을 채취한 일본 이권 기업에 고용되었던 사람들이다.

3. 정치적 탄압과 강제이주

이 문제를 분석하기 위해서는 다음의 측면들을 고려해야만 한다.

첫 번째. 1904-1905년의 러일전쟁에서 러시아가 패배한 결과로 일본에게 남사할린을 넘겨준 후, 남사할린에서는 식민화의 필요 때문에 값싼 노동력으로 채용된 한인들이 집약적으로 들어왔다. 30년대 중반에 이르자 그 수는 7,000명을 넘어섰다. 1920-1925년에 사할린이 완전히 일본의 통치 하에 있게 되자, 일부 한인들은 섬의 남반부에서 북반부로 넘어가서 그 곳에 터를 잡고 남았다. 반대의 경우도 있었다.

두 번째. 일본의 강점에서 북사할린이 해방된 이후 (1925년 5월), 그 영토에 특별한 대표자로 소위 말하는 거주민들이 남았다. 그 거주민들 중에는 일본화된 한인들도 있었다.

세 번째. 1925년 1월 20일 조인된 "북사할린 영토에서 소련과 일본간의 상호관계의 기본적 원칙들에 대한 협정"에 근거하여 석유와 석탄 이권 기업들이 가동되기 시작했는데, 그 기업들에서는 고용된 한인 노동력을 이용하였었다.

가라후토라 불리운 일본령 남사할린과 국경을 접하고 있다는 사실과 더불어 위에 언급한 이 모든 것들이 사할린 한인에게서 친일적 요소를 보게 하고, 위험한 인민의 적으로 보게 하는 원인을 제공해 주었다. 1933년에 17명의 일군의 조선 민족 사람들이 체포되었다.[54] 기소장에 따르면 두이스키 이권 기업의 조장인 하영수는 마치 일본 첩보기관의 간첩 책임자로 소비에트 사할린에서 군사 정치적 그리고 경제적 성격의 정보를 수집하였고, 합동국가정치국 기관들의 활동을 조사하였으며, 간첩망을 가지고 간첩 정보 활동을 하였다는 것이다.

문서보관소 자료들로부터 밝혀낸 바로는 하영수는 1915년 일본에서 러시아로 왔으며 1927년까지 더 좋은 돈벌이를 찾기 위해서 블라디보스토크, 니콜라예프스크 나 아무르, 니콜스크 우수리스키, 알렉산드로프스크 나 사할린, 오하에 머물렀다. 1927년에 나우모프카 마을에 왔고, 그 후에 니콜라예프스크, 하바로프스크, 블라디보스토크, 수찬스키 지역, 나호트카에 있었으며, 가는 곳마다 어업에 종사하였다. 그런 다음 알렉산드로프스크로 돌아와서 일본 석탄 이권 기업인 "두에"에서 일하였다.

하지만 이 자료들로는 하영수가 일본첩보기관의 간첩 책임자이고 그가 일군의 한인들을 개인적으로 징용하였다는 것을 증명할 수 없다. 피고들의 심문조서를 살펴보면 그들 대부분은 러시아 영토에 혁명 이전부터 살고 있었으며, 생존의 방편을 찾기 위해 사할린 섬으로 왔다. 그들은 반무식자이거나 완전 문맹이었으며 자질이 낮아 주로 톱질하는 사람, 벌목공, 어부, 물지게꾼, 토목노동자로 일하였다. 서로서로를 잘 알고 있어 길에서 만나거나 아는 사람 집에 놀러 가거나 하면 그들은 작업 조건들이나 삶의 어려움에 대해 일상적인 대화를 나누었는데 어디서 상시적인 체포가 벌어졌으며 아직 자유롭게 남은 한인들은 몇 명인지 등의 내용이었다. 이 모든 대화들이 정보 수집의 간첩활동으로 평가되었고 조서에 첩보기관의 용어로 완성되었다.

일본의 위해 간첩행위를 했다는 기소의 명백한 불합리성과 어떠한 물적 증거의 부재에도 불구하고 1933년 8월 29일의 극동지역 합동국가정치국 3인위원회의 결정에 의해 체포된 17명 중 11명에게 사형이 선고되었다. 정확히 한 달 후 그들은 모두 총살되었다. 그들은 최 막심, 심혜자, 한영보, 강일문, 김광오, 김학수, 김 이반, 김문성, 이 세르게이, 석봉구, 김명성이었다. 다른 모든 사람들은 코미 소비에트 사회주의 자치공화국, 카라간다, 보르쿠타의 집중수용소에서 형기를 마쳐야만 했다. 간첩 책임자로 인정된 하영수는 소련 국경 밖으로 추방되었다. 1989년 1월 16일의 소련 최고소비에트 상임위원회의 명령에 따라서 그들은 모두 복권되었다. 박천희(박정희라고 표기되기도 한다)에 대한 사건은 극동군관구 군검찰이 재조사하였는데 범죄 구성요소의 부재로 1963년 7월 15일 중지되었다. 사회생활과 노동활동의 모든 영역들이 합동국가정치국 기관들의 감시하에 있었다. 도처에서 적들과 스파이들, 테러리스트와 해독분지, 반혁명분자와 반소비에트 분자들을 찾아내었다. 사할린 주 검찰의 정보 보고서 중 하나는 다음과 같이 통지하였다. "… 한인들로 이루어진 조합 "노동규율"에서 부농의 아들을 우두머리로 하는 한 그룹을 찾아내었다. 그 부농의 아들은 조직파괴작업을 하였고, 그것 때문에 많은 사람들이 조합을 떠나거나 일을 그만두었고, 그물을 제대로 치지 않았다… 그 한인 그룹은 체포되었다."[55]

탐색의 결과 누가 그 그룹에 속하는지 밝혀낼 수 있었다. 김 이반, 김 이반 몽석, 김편만, 이인복, 김명세 였다. 그들은 모두 쉬로코파드스키 지역의 나이-나이 마을에 살고 있었고, 어업에 종사하였다. 그들은 반소비에트 선동과 김명세를 제외하고 모두 반혁명조직에의 가담으로 유죄로 인정되었다. 김명세는 간첩행위로 기소되었다.[56]

기소장에 따르면 그들이 세운 중요한 목표는 어업조합의 와해였다. 그들은 사리에 맞지 않게 품삯을 다시 책정해달라고 요구하거나 옛 그물로는 물고기를 잡지 않겠다고 거부하거나 한창 고기잡이철에 조직을 혼란시키는 방법으로 그 목표를 이루려 했다.

하지만 이 사건의 자료가 증명해주는 것은 기소된 그들 중 아무도 서로 조직적으로 연결되어 있지 않았고, 국가범죄로 분류될 만한 파괴적인 방법을 사용하지 않았다 는 것이다. 그리고 임금 인상이나 노동 조직의 개선과 관련된 요구는 정당한 것이었다. 그리고 비록 한인들의 행동들이 그들의 정치적 유죄에 충분한 근거를 주지 않았지만 극동지역 합동국가정치국의 3인위원회는 1932년 3월 14일 다음과 같은 결의를 내린다. 김 이반, 김 이반 몽석, 김편만에게 집중수용소 3년형, 이인복은 같은 형기로 서시베리아로 추방한다. 김명세에 대해서는 소련 합동국가정치국 위원회 산하 특별협의회가 소비에트 국경 밖으로의 추방이라는 결의를 채택한다.[57]

동시에 “반소비에트적인 작업의 파탄, 조직파괴작업, 반소비에트 선동”에 가담한 쉬로카야 파지 마을의 어업조합의 5명의 조합원들에게도 형사책임을 묻게 되었다. 김진옥, 김보석, 리포수, 박대석, 최병준이 이 일에 관여되었다. 1931년 12월 14일의 소련 합동국가정치국 위원회 산하 특별협의회의 결의에 의하여 그들 모두는 소련 국경 밖으로 추방되었다.[58]

1933년 9월에 극동지역 합동국가정치국의 3인위원회는 조사사건 2448번에 대해 결의를 채택한다. 이 사건에도 5명이 연관되어 있었다. 기소장에는 “일본 간첩행위”라고 명시되어있다. 간첩 활동의 주된 조직자로 인정된 김춘근에게는 최고형인 총살형이 내려졌다. 나머지는 투옥되었는데, 이춘은 집중수용소에서 5년형, 전창근은 교화노동기관에서 5년형, 김 세르게이는 교화노동기관에서 10년형 그리고 김준배에게도 같은 형기가 내려졌다. 위에 언급된 인물들에 대한 형사사건은 재조사되었고, 1989년 1월 16일의 소련 최고소비에트 상임위원회의 명령에 따라서 그들은 모두 복권되었다.[59]

합동국가정치국의 사할린 국경수비대의 자료에 따르면 극동의 일본 개입시기에 한인들 사이에서 영향력을 강화할 목적으로 "한인 주민들 중 부농, 부유층"이 위주가 된 "국민회"[60] 단체들이 조직되었다. 일본군의 강점 이후 이 단체들은 불법적으로 간첩 활동을 계속한 듯 하다. 쉬로코파드스키 지역의 나이-나이 마을에 거주하던 소련 국민인 현 안드레이와 리봉례가 일본군을 위해 첩보 성격의 정보들을 수집한 혐의로 체포되었다. 그들은 연해주에 거주하면서는 중국 첩보기관과 협력하여 붉은 유격대원들을 넘겨주었으며, 사할린에 있으면서는 일본인들에게 간첩 정보를 전달한 것으로 기소되었다. (콜호즈의 연간 어획량, 한인주민들의 정치적 성향 등). 이것 이외에도 현 안드레이는 1931년부터 합동국가정치국 기관들의 첩보선상에서 일하면서 임무를 수행하지 않고, 남사할린의 일본경찰에게 합동국가정치국 국경수비대의 활동에 대한 비밀 자료들을 누설한 죄로 고소되었다. 1934년 1월에 "일본 간첩행위" 라는 결론을 내렸다. 그리고 비록 "이 사건에 대한 물증이 없다"는 것이 인정되었지만, 그럼에도 불구하고 현 안드레이는 총살되었고, 리봉례는 집중수용소 5년형에 처해졌다. 두 사람 모두 소련 국민이었고, 1989년 복권되었다.[61]

문서보관소 조사 문서 № 215950의 해제 서류에서

1. 박춘근. 1880년생. 경기도(한국) 태생. 한국 민족. 소련 국민. 1906년부터 러시아에 거주하였다. 1926년부터 두에 마을의 일본 석탄채취 이권 기업에서 여러 일을 하였다.
2. 최봉학. 1878년생. 명천지역(한국) 태생. 한국 민족. 소련 국민. 1930년부터 사할린에서 "바스토치노에 모레" 콜호즈에서 마부로 일하였으며, 폴로빈카 마을에서 살았다.
3. 이경천. 1883년생. 단경시(한국) 태생. 한국 민족. 소련 국민. 1912년 러시아에 들어왔고, "바스토치노에 모레" 콜호즈에서 어부로 일하였으며, 폴로빈카 마을에서 살았다.
4. 박찬환. 1895년생. 명천시(한국) 태생. 한국 민족. 소련 국민. 1925년부터 러시아에 거주하였으며, 마지막 거주지와 일자리는 탄기 마을의 사업장에서 어부였다.
5. 민봉혁. 1893년생. 청진시(한국) 태생. 한국 민족. 소련 국민. 1926년부터 러시아에 거주하였으며, "크라스느이 보스톡" 콜호즈에서 일하였고, 초르나야 레치카 마을에서 살았다.
6. 김승천 (김석채라고 표기되기도 한다). 1886년생. 청진시(한국) 태생. 한국 민족. 소련 국민. 1908년부터 1911년까지 러시아에 거주하였으며, 이후 1930년부터 "크라스느이 보스톡" 콜호즈에서 어부로 일하였고, 초르나야 레치카 마을에서 살았다.

위에 언급한 모든 사람들은 1937년 8월에서 9월에 내무인민위원회의 기관들에 의해 일본을 위해 간첩 행위를 한 죄로 체포되었다. 1937년 10월 16일의 극동지역 내부인민위원부 관리국의 "3인위원회"의 결의에 따라 그들에게 총살형이 내려졌고, 1989년 6월 8일 복권되었다.

문서보관소 자료들이 입증해주는 바에 따르면 한국인들은 소위 말하는 민족 단합모임인 "차기"에 가입되어 있었다. 그 모임의 회원들은 비방과 도덕적, 육체적 모욕에서 자신을 지키기로 상호간에 다짐을 하였었다. 이 사정이 국가안전기관들에 의해 반혁명활동 도모를 위한 공모로 관찰되어졌다. 이런 단합모임 중 한 군데에 지정본이라는 사람이 가입했었다. 그는 소련국적을 가지고 있었으며, "사할린네프치" 트러스트의 임업사무소 조장으로 일하고 있었다. 거짓 밀고가 그의 운명을 결정지었다. 이후에 "그를 명단에 등록시키고, 일본인들과의 연관에 대한 근거자료들을 모으라는" 지시가 내려왔다. 1937년 9월 11일 극동지역 내부인민위원부 "3인위원회"는 다음과 같이 결의했다. "지정본을 총살한다. 유죄선고자의 개인 재산은 압수한다. 가족은 추방한다."

"친애하는 형님께! 올해 여름 나는 모스크바에 다녀왔습니다. 그곳 병원에서 치료를 받고 내 병을 완치했습니다. 그리고 모스크바에서 블라디보스토크로 돌아왔습니다… 소문을 들으니 형님은 블라디보스토크에서 사셨고, 내가 죽지나 않았는지 걱정하신다 들었습니다. 하지만 나는 얼마 전 블라디보스토크에서 사할린으로 들어왔습니다. 다음에 다시 편지드리겠습니다."

한국 강계마을의 최흥진에게 보낸 이 편지는 1934년 10월 알렉산드로프스크-사할린스키 시에서 발송된 것이다. 이 편지의 저자는 최승희 (최 니콜라이 이바노비치)이다. 이 편지는 3년이 지나서 안전기관의 손에 들어가서 최 니콜라이가 일본 첩보기관과 연관되어 있다는 "증거들"의 하나가 되었다.

심문조서에서:

질문: 당신은 소련에 언제 들어왔는가?

대답: 1910년입니다.

질문: 1910년 이후에 어디에서 거주하였으며 무슨 일을 하였나?

대답: 1910년 나는 한국에서 일본경찰의 추격을 피해 불법으로 러시아로 도망쳐왔습니다. 니콜스크-우수리스크 시에 도착했고, 그 곳에서 1923년까지 살았고, 한국 학교의 선생님으로 일했습니다. 1913년 연해주 포시에트 지역의 크라프 마을에 가서 1913년 12월까지 살면서 교회 성직자의 통역으로 일했습니다. 1914년 1월부터 1915년 1월까지 포시에트에서 일했고, 사냥과 물고기잡이를 했습니다. 1915년에서 1918년까지 블라디보스토크 시에서 살았고 물고기를 잡았습니다. 1918년에서 1921년까지 소브가반에서 살았고 수산기업가에게서 일했습니다. 1924년에서 1929년까지 블라디보스토크 시에서 일했고, 1930년에 사할린으로 가서 모시야 물고기가공공장에서 물고기 접수자로 일했습니다.

질문: 소련에 체재하는 동안 해외로 나간 적이 있는지?

대답: 없습니다.

질문: 가까운 친척들 중 해외에 거주하는 사람이 있는지?

대답: 해외에 친척이 없습니다.

질문: 아는 사람 중에 해외에, 특히 한국에 거주하는 사람이 있는지?

대답: 아무도 없습니다.

질문: 당신은 거짓말을 하고 있다. 운기 시(한국)에 당신이 아는 사람, 최흥진이 살고 있다. 진실을 밝히시오.

대답: 예, 운기 시에 내 사촌 최흥진이 살고 있습니다.

질문: 그는 무슨 일은 하는가?

대답: 모릅니다.

질문: 당신은 최흥진과 연락을 하였는가?

대답: 아닙니다.

질문: 거짓말 하고 있다. 1934년 당신은 최흥진에게 한국으로 편지를 썼다. 진실을 밝히시오.

대답: 예, 1934년 나는 알렉산드로프카에서 최흥진에게 편지를 썼습니다.

질문: 당신은 그에게 무엇을 썼는가?

대답: 나는 치료하러 모스크바를 다녀왔고 지금은 건강하다고 썼습니다.

질문: 조사한 바에 따르면 당신은 일본 첩보기관의 간첩이고, 자신의 간첩 활동 중에 한국에 있는 일본 첩보원인 최흥진과 연결된 것이다. 그만 부인하시오. 진실을 밝히시오.

대답: 나는 일본 첩보기관의 간첩이 아니고 어떤 간첩 활동도 하지 않았습니다.

질문: 당신이 한국 주민들 사이에서 소비에트 정부에 반대하는 선동을 했다는 자료를 가지고 있다. 이점은 죄를 인정하겠는가?

대답: 반소비에트 선동을 한적이 없고, 죄를 인정하지 못하겠습니다.

날조된 기소장에는 다음과 같이 확정되었다.

"1925년 최 니콜라이가 거주하고 있던 블라디보스토크에 일본 첩보기관의 간첩책임자인 그의 형제 최흥관이 일본에서 도착하여 1928년에 최 니콜라이를 끌어들였다. 최흥관의 지령에 의하여 최 니콜라이는 일본을 위해 경제, 정치 그리고 군사적 성격의 간첩 정보들을 수집하였다. 일본 첩보기관의 비밀 간첩으로 끌어들이기 위한 후보자들을 준비하였고, 간첩활동 목적으로 이용하기 위해 한국주민들 중에서 붉은 유격대와 반혁명 도당을 밝혀내는 일을 하였다. 이것 이외에도 소련 영토에서 간첩 폭동자 도당을 만드는 일에 간첩 최흥관에게 협조하였다. 본인의 죄를 전적으로 인정하였다."

1938년 3월 2일, 거의 5개월간의 감옥 수감 후에 최 니콜라이는 최고형이 내려졌고, 3월 23일 총살되었다. 최 니콜라이가 복권되기까지는 51년의 시간이 흘러야 했다.[62]

1937년 8월에는 주신화 사건에 대한 조사가 종결되었다.

1937년 9월 11일의 극동지역 내부인민위원부 관리국 3인위원회 조서의 발췌문:

심의: 사건 № 22296 주신화 기소에 관한 건. 1896년생, 한국 북천 태생.

기소: 오하 시에 거주하면서 주신화는 일본 첩보원 가와하라와 긴밀히 관련되어 간첩 성격의 정보들의 수집과 전달을 하였다. 그 대가로 일본인으로부터 보상을 받았다.

결의: 주신화를 총살한다. 유죄선고자의 개인 재산은 압수한다. 가족은 추방한다.

기소장에서의 발췌문

주신화의 총살형에 대해
1937년 9월 17일 9시 30분에 집행되었다.

바로 그날 한세구의 삶도 또한 비극적으로 중단되었다. 그는 오하시에서 사할린 상회 사무소에서 경비로 일을 하였고, 조사 사건 № 22306에 관련되어 일본인들과의 간첩 관계로 기소되었다.

사할린 주에서 일본 간첩이나 국제적인 부르주아 계급과의 관련되었다거나 반혁명활동과 적대행위, 파괴공작, 테러 행위, 반소비에트 선동에 참가했다고 기소되던 탄압의 시기에 한국 민족출신의 몇 백 명의 사람들이 체포되어 다양한 처벌을 받았다. 그들 중 193명의 이름이 문서보관소 조사과정에서 밝혀졌고, 출판되었다.[63]

사할린과 전체 극동 한인들의 역사적 운명에서 1937년은 특히 비극적이었다. 다른 모든 소비에트 국민들과 마찬가지로 스탈린의 탄압에 처해있던 그 해에 한인들은 정치적으로 불온하다고 인정되어 소련에서 첫 번째로 강제이주를 당한 민족이 되었다. 그들은 극동지역의 경제 너머로 강제로 이주되었다.

1937년 8월 21일의 소련인민위원소비에트와 전연방공산당(볼쉐비키) 중앙위원회의 결의(№ 1428-326)가 한인들의 강제이주에 관한 정부와 당의 지령이 되었다. 이 결의는 소련인민위원소비에트 위원장 V. 몰로토프와 전연방공산당(볼쉐비키) 중앙위원회 서기 I. 스탈린이 서명하였다. 유즈노-카자흐스탄 주, 아랄해 지역, 발하쉬와 우즈벡소비에트사회주의공화국이 한인들의 새로운 거주지의 지정학적 경계가 되었다. 이주는 극동지역에 일본 간첩의 침투를 차단하려는 목적에서 시행되었다.

당과 정부의 결의를 실행하기 위하여 소련 내무인민위원회 인민위원 N. I. 예조프는 자신이 작성한 1937년 8월 24일의 메모랜덤 № 516에서 극동지역 내무인민위원회 관리국장이자 3등 국가안보 전권위원인 G. S. 류쉬코프에게 다음과 같이 명령하였다.

1. 다른 지역으로 자의적으로 이동할 가능성을 차단하고, 모든 한인 주민의 정확한 수를 산출한다.
2. 조사 중에 있는 자, 반소비에트 활동자와 간첩혐의자들은 체포하여 간단한 조사를 한 후 서류를 작성하여 사법기관에 보내거나 3인위원회에서 해결한다.
3. 분규, 선동, 불법적 상황으로의 전이를 방지할 목적으로 한인과 러시아 주민에 대한 검문과 검색을 강화한다. 무질서를 허용하지 않기 위해서 주민이 밀집된 지역에 내무인민위원회와 경찰 인력을 배치한다.
4. 한인들을 국경 밖으로 보내는 것은 이주지역 위원회의 확인을 받은 명단에 따라 간략한 이동절차에 의해 진행한다. 붉은 군대, 내무인민위원회, 방위산업과 관계가 있는 한인들은 국경 밖으로 이동을 허가하지 않는다.
5. 한인들의 이주를 위해 곳곳에 당과 소비에트 기관들 그리고 내무인민위원회 기관들의 대표자로 구성된 3인위원회를 만든다.
6. 각 수송열차에 위수사령관과 경찰들을 배치한다. 그들은 이주민들을 열차에 태우고, 이주위원회가 서명한 명단에 의거해서

인도한다.

7. 한인들이 열차 내에서 서로 모이거나, 열차에서 내렸다가 도로 타지 못하는 것을 방지하는 조치를 취한다.
8. 이주기간 동안 국경수비부대를 3천명으로 증강한다.
9. 노동자와 농민의 붉은 군대, 국경수비대, 경찰에 근무하는 모든 한인들을 소환한다. 지휘관들은 내무부군대로 이전시킨다. 병사, 중사, 상사는 면직시키고 가족과 함께 이주시킨다. 신분증과 다른 공식서류들은 수송열차에 탑승할 때 몰수한다. 이주민들에게 개인 재산이나 귀중품의 반출은 허가한다.[64]

북사할린의 한인들은 세 번째와 마지막 순서로 이주하였다. 이때 국경지역의 다른 민족들과 마찬가지로 사할린의 한인들도 일본 간첩행위의 핵심 일군이 틀림없으며, 그들을 그대로 두는 것은 적절하지 못하며, 심지어 위험하다고 여겨졌다. 지도부는 전연맹공산당(볼쉐비크) 주위원회 1등 서기 P. M. 울랸스키, 주 소비에트 집행위원회 의장 A. P. 그로모프, 그리고 내무인민위원회 주 관리국 국장 V. M. 드레코프 로 구성된 주 "3인위원회"에 모든 일을 위임하였다. 똑 같은 원칙으로 지역마다 "3인위원회"가 만들어졌고, 그 위원회는 지체 없이 한인 가족들의 개별 명단을 작성하고 그들 소유의 건물, 재산, 가축, 파종, 교통수단을 산출하였다. 이주 기간은 10월 5일에서 20일까지로 정해졌다. 이에 다음과 같은 규칙이 정해졌다.

첫 번째. 사할린 주에 거주하는 모든 한인들은 이주를 한다.

두 번째. 경제적으로 조성된 집단과 마을 단위로 이주를 시행할 것을 권한다.

세 번째. 모든 이주민에게 노동임금, 2주일 분 임금 규모의 퇴직금, 가족의 각 구성원 당 5루블씩 계산한 일당을 지불해야만 한다.

네 번째. 출발할 때 가족의 재산, 살림살이, 가금류를 가지고 가는 것은 허용한다. 모든 부동산은 평가금액으로 보상해 준다.

다섯 번째. 콜호즈가 남긴 재산은 장부가격으로 평가하고, 장부가격이 없을 경우 실질가격으로 산정한다. 콜호즈의 고정자금 총액은 콜호즈가 이주하는 지역의 은행 기관들로 송금한다.

여섯 번째. 아직 수확하지 못한 파종은 평균 수확량으로 산정한다. 모든 가축은 새로운 이주 지역에서 실물로 보상받는 조건으로 수매기관에 넘긴다. 이주하는 콜호즈의 명백한 채무는 그대로 유지된다.

일곱 번째. 남겨두고 가는 재산의 총액에 대해 이주 장소에서 현금으로 돌려받는다는 지급보증서를 발급한다. 이주 지역에서 한 세대의 이주에 드는 지출 평균은 6천 루블로 정한다.[65]

내려진 지령을 수행하기 위해서 공산당원과 공산주의청년동맹원들을 동원한다. 그들 중 한 그룹은 이주민들 목록을 작성하고 그들에게서 신분증과 무기를 몰수하며 한인들의 정치적 성향에 대한 정보를 정리하는 임무를 맡는다. 다른 그룹은 재산이나 생활의 문제를 맡는다.

사할린은 섬으로 이루어진 영토라서 해양 선단을 보유하고 있고, 그 선단에서 한인들이 일을 하고 있다. 따라서 극동국영어업트러스트의 다음과 같은 지시가 수행되었다.

1. 6일의 기간 동안 어선 선단을 각 배마다 러시아인 어부가 50%

가 되도록 재편성한다.
2. 각 배에 만일 선장이 한인이면 조수는 러시아인이 되도록, 그리고 선장이 러시아인이면 조수는 한인이 되게끔 재편성한다.
3. 만일 물고기 가공공장에 러시아 어부들이 부족하면, 성어기가 끝날 때 까지 한인 어부들이 남아있는 것을 허가한다.
4. 견인선들은 바다에서 어선들과 함께 있도록 정하고, 모든 견인선의 선원은 러시아인으로 재편성한다.
5. 선단을 국경 너머로 끌고 갈 모든 가능성과 시도를 완전히 배제시켜 선단의 완전무결한 보호를 확보한다.[66]

한인 주민들과의 금액 결산을 위해 1백만 루블이 할당되었다. 이 재원으로 남겨진 동산과 부동산에 대해 지불하였다. 이외에도 30일 동안의 식료품에 대한 금액을 각자 하루당 5루블씩 계산하여 지불하였다. 하지만 자급하는 콜호즈원들이나 개인농들은 예외로 하였다.

이주하는 한인 콜호즈 "부르긴 사할린"에서 2,438,000루블의 집단화된 재산(어업도구, 가축, 거주건물)을 접수하였다. 콜호즈원들의 개인 재산(비품과 가구를 구비한 42채의 주택) 금액은 1,153,000루블이었다.

전체적으로 사할린 주에서 총인원수 1,155명인 295세대의 한인가족이 강제이주 당하였다. 전체적인 자료가 없는 관계로 알렉산드로프스크 지역 한군데만 살펴보기로 하자. 이 곳의 이주명단에는 299명이 등록되어있다. 그중 287명이 한인들이고, 12명이 혼성가족, 즉 부부중의 한 사람이나 아이들이 다른 민족에 속하는 경우이다. 294명이 소련국적자였으며, 5명이 일본국적자이다. 70명이 한국 이름을 쓰고 있었고, 65명은 사할린에서 127명은 연해주에서 70명은 한국에서 1명은 중국에서 출생하였다. 8명은 신원을 확인할 어떤 증명서도 가지고 있지 않았고 88명은 1925년 5월 일본 점령 이후 북사할린에 들어왔다.[67]

이 장을 마무리하면서 다음과 같은 결론을 내릴 수 있다.

첫 번째. 소비에트 극동지역에서 한인들의 이주는 1937년 8월 21일의 소련 인민위원소비에트와 전연맹공산당(볼쉐비크) 중앙위원회의 결의를 엄격히 준수하여 진행되었다. 처음에 이주는 국경지역에서만 예정되었으나, 결과적으로 전면적 강제이주가 진행되었다. 일본을 위한 간첩행위가 이주의 주요한 이유로 인정되었다.

두 번째. 이주는 1938년 1월 1일 정도에 종료될 것으로 예상하였다. 하지만 내무인민위원회의 강한 요구에 의해 기간이 줄어들었으며, 45일 후에 한인들에 대한 탄압 행위는 종결되었다. 이러한 신속함은 대중적 분규와 혼란의 가능성에 대한 염려로 인한 것이었다.

세 번째. 이주의 과정에서 일부 한인들은 저항을 하였으며 작업의 중단, 가축과 종자를먹어치울 것, 불복종을 호소하였다. 하지만 한인들 대부분은 소비에트 정부의 정당성과 전 인민의 수령 스탈린을 믿었기 때문에 적극적인 저항을 나타내진 않았다.

네 번째. 탄압 행위의 과정에서 러시아나 다른 민족 출신 협력자에 의해 체포가 진행되었는데, 그것은 때로는 극단주의적이거나 쇼비니스트적 분위기를 낳기도 했다. 내무인민위원회 기관들은 한인 주민들이 국내 다른 지역으로 흩어질 수도 있는 것을 우려하였다. 국경초소 너머 도망치려 한 사람들은 내무인민위원회 기관들에 의해 다시 붙잡혔고 많은 이들이 집중수용소나 감옥에서 영원히 사라졌다.

다섯 번째. 지역으로 당과 소비에트 기관의 전권위원들, 정치일군, 열성분자들이 생활의 문제를 해결하는데 한인 주민들을 돕기 위해 내려왔다. 하지만 적용된 조치들은 종종 엄격하고 위협적인 성격을 띠고 있었다. 대중 탄압은 대부분 사법절차에 의하지 않은 처벌의 방식으로 이루어졌다. 하지만 법정에서도 재판수속의 기초적인 규범들이 유린되고 있었다.

여섯 번째. 한인들의 이주는 두 가지 목적을 가지고 있었다. 한편으로는 정치적으로 불온분자들인 그들을 극동 지역에서 내보내서 국경을 안전하게 하는 것이고, 다른 한편으로는 주민이 없는 카자흐스탄과 중앙아시아 지역에 그들을 정착시키는 것이다. 한인들에게서 농법집단화로 인해 문자 그대로 피기가 다 없어진 이 땅들을 다시 살릴 가장 적합한 일군들의 모습을 보았던 것이다.

1937년의 비극적 사건은 소비에트 한인들의 인구 상황에 극단적으로 부정적인 영향을 미쳤으며, 수십 년에 걸친 한인들의 극동 역사를 중지시켰다.

이 그래프를 다음의 결론들로 설명할 수 있다.

1. 사할린 섬으로 한인 이주의 시작은 연해주와는 달리 대규모적이지 않았고 집중적인 성격을 가지지도 않았으며 일본의 한반도 식민지 과정의 특별한 영향도 받지 않았다.
2. 북사할린에서 소비에트 권력이 확립되는 시기에 한인 이민자의 유입이 강해졌으며 러시아 국적과 생존의 방편을 얻을 수 있다는 희망에서 한인들의 숫자가 증가하였다. 한인들의 수가 가장 많았을 때는 1932년으로 3,200명이 등록되었다. 이러한 결과의

[그래프 1] 북사할린 주민의 구성에서 한인들의 수와 비중 변동(1926-1937년)[68]

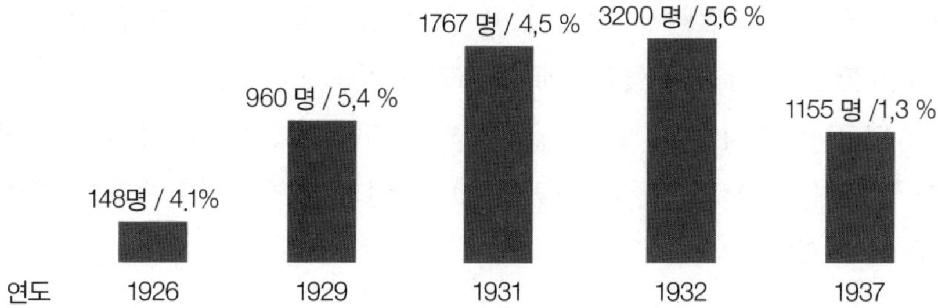

직접적인 이유는 외국인 재등록이었다. 강제 추방을 피하기 위해 외국인들이 등록을 하였기 때문이다.

3. 그다음 5년 동안 한인 이민자는 거의 2,8배 정도 급격하게 감소하였다. 이것은 정치적 탄압, 일본 석유, 석탄 이권 기업의 한인 노동자의 수용 제한, 1933-1934년 북사할린에서 실시된 신분증 제도 도입 결과로 인한 강제적 대량 이주 등으로 설명될 수 있다.
4. 1926-1937년 사이 한인 주민수는 16,3배 증가했고, 사할린 인구에서 차지하는 비중은 0,7%에서 1,3%로 늘어났다. 1932년에는 5,6%로 최대치에 이르렀다.

전체적으로 연대순으로 살펴 본 시기는 북사할린에 소비에트 권력이 수립된 1925년 5월에서 한인 강제이주가 실시된 1937년까지 시간의 역사적 단편을 아우르고 있다. 이 시기의 특징적 모습들로는 일본의 식민지 정책에서 한인들이 벗어난 것, 한인들의 삶이 노동의 과정으로 참가한 것, 경제와 삶에 기본적인 소비에트 시스템이 도입된 것, 소비에트 권력의 정치적 노선에 이해가 근접한 것, 문화적 교육의 호소에 감정적으로 각성한 것 등을 들 수 있다. 경제적 조건들은 전반적으로 만족할 만 했었고, 삶의 공존의 가능성을 주었다. 하지만 한인 문제는 황화론[xi]에 대응했던 차르 시대 정책의 유산에 의해 더욱 심화되었고, 쇼비니스트적 색채를 띠었다. 가장 극단적인 탄압행위는 1937년 한인들을 중앙아시아와 카자흐스탄으로 강제이주 시킨 것이었다.

---

xi) 황화론(黃禍論). 1895년 청·일 전쟁 당시 독일황제 빌헬름 2세가 황인종이 유럽 문명에 큰 위협이 될 것이라도 주장하여 유럽 열강이 공동 대처할 것을 제의한 황색인종 억압론이다. 그는 황색인종의 흥기(興起)는 유럽 문명 또는 그리스도교문화 전체의 운명에 관한 일대 문제이므로, 유럽의 열강은 이 황화의 위협에 일치 협력해서 대항해야 한다는 주장이다. 그리고 당시 러시아의 힘을 약화시키려는 의도로, 러시아에 대해서는 지리적으로 황화를 막는 전위역할을 다해 줄 것을 강조했다.

제3장 일본 식민지 시기의 사할린 한인들

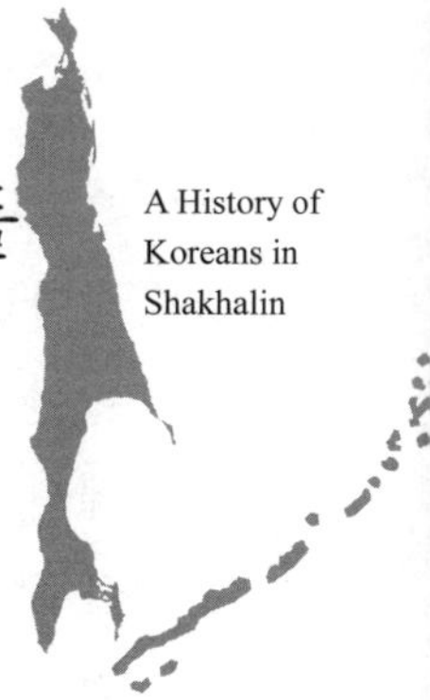

A History of Koreans in Shakhalin

노일전쟁(1904-1905년)에서 러시아가 패배하고 일본에 남사할린을 넘겨준 후 한인들은 남사할린에 집중적으로 들어오기 시작했다. 1920년에 실시된 첫 번째 인구조사 자료에 따르면 남사할린에는 934명의 한인들이 거주하였는데,[1] 1934년 초에 이르러서는 그 수가 5,813명까지 거의 6배가 넘게 늘어났다.[2]

뒤이은 시기에는 남사할린의 식민화에 필요한 노동력으로 한인들을 대량으로 징용해왔다. 이 징용과 관련된 3시기는 다음과 같다.[3]

첫 번째 단계. 모집 (1939년 6월 - 1942년 2월)

일본의 기업가들은 정부의 지원을 받아 조선인 노동자들에 대한 모집을 실시한다. 하지만 모집을 거절할 경우 그들은 불온자 명단에 들어갔고 박해를 두려워해 계약서에 날인했다. 모집은 기만적 방식으로 이루어졌다. 임금 액수, 모집기간, 일의 성격 같은 질문들에 남사할린에 가면 놀랄만한 부를 이룰 수 있다는 거짓 정보를 주었다. 이런 거짓된 사실들을 사람들이 알게 되었고, 조선 민중은 고향 땅에서 출발하면 영원히 헤어지는 것으로 여겼다. 하지만 타국에서 돈을 모을 가능성은 비록 환상적인 기대로 밝혀졌지만, 그래도 어찌되었던 조선보다는 더 나은 삶의 운명의 기회는 남아있었다.

두 번째 단계. 관 알선 (1942년 2월 - 1944년 9월)

일본의 군과 경제 상황이 첨예해지면서 노동자원에 대한 요구가 커져갔다. 그리고 조선인 노동력의 동원은 특히 강제적 형태를 가지게 되었다. 일본인 모집관과 경찰들은 가족이 없는 젊은 조선 남자들에 대한 사실상 사냥을 조직한다. 군대의 힘을 빌리고 몽둥이를 동원하여 마을마다 조선 남자들을 모아놓고 각자에게 징용번호를 나누어주고는 그다음 일본의 섬들이나 남사할린으로 실어갔다. 반항할 경우에는 강제로 죄인 호송하듯 끌고 갔다. 모집은 특별히 만들어진 "조선노동협회"[4]와 "노동조선연맹"[5]이 담당하였다.

세 번째 단계. 징용 (1944년 9월 - 1945년 8월)

이미 1939년에 일본정부는 전쟁과 연관하여 "국민징용령"을 공포하였다. 1944년 9월부터 이 법은 조선 영토에서 적용되었고, 그 결과 어떤 조선인들도 동원할 수 있게 되었으며 거절할 경우 처벌할 수 있게 되었다.

이렇게 하여 조선인들의 남사할린 이송은 노동모집의 형태로 그리고 전시의 법에 따른 동원의 형태로도 이루어졌다. 따라서 모든 조선인들이 남사할린에 강제로 오게 된 것은 아니다. 어떤 사람들은 돈을 많이 벌고 싶어서, 가족들의 삶을 안정되게 만들어 주고 싶어서 사할린에 왔다. 하지만 그들 모두가 속았다는 것, 모집을 거부하면 후환이 따른 다는 것은 문제가 다르다. 자원해서 사할린에 온 조선인들 중에는 일본에서 재산을 가지고 있었고 진심으로 그곳의 보호자들에게 종사했던 부유한 사람들도 있었다는 것을 부정해서는 안된다.[6)]

조선인들은 일본의 노동시장에 값싼 노동력을 공급해주는 일종의 원천이었다. 농업이나 서비스 영역을 위한 노동자원이 먼저 홋카이도 섬 출신 이주민들로 충원되었다면 산림, 석탄, 수산 산업이나 교통건설을 위한 노동력은 주로 식민지 조선의 남부지방에서 데리고 왔다는 것은 이점에서 특징적이다. 조선인들 중 바로 이런 곳에 종사하는 사람들이 육체노동을 하는 작업장들에서 쓰여지면서 가장 혹독한 처지에 놓여있었다. 그 작업장들에서는 고혈을 짜내는 자본주의 시스템이 "다코베야"라는 중세적 억압의 도구와 결합되어 있었다. 조선인들은 소비에트 북사할린과 국경을 이루는 지역들에는 거주하거나 일하는 것이 금지되어 있었다.

다음의 <표 5>의 자료에 따른 조선인 수의 변동을 살펴보기로 하자.

〈표 5〉 남사할린 일본인 주민 총수에서 조선인 수와 비중의 변동(1906-1945년)

년도	전체인구수(명)	조선인수(명)	전체주민총수에서 조선인 비중(%)
1906	12,361	24	0.2
1921	103,630	465	0.4
1925	189,036	3,206	1.7
1930	284,930	5,359	1.9
1935	322,475	7,053	2.2
1936	321,765	6,604	2.0
1937	326,946	6,592	2.0
1938	339,357	7,625	2.2
1939	355,330	8,996	2.5
1940	398,838	16,056	4.0
1941	406,557	19,766	4.9
1945(6월)	413,000	43,000	10.4

주 : 표는 다음의 자료에 의해 작성되었다. 박수호. 사할린의 한인들. 유즈노-사할린스크, 1993. p. 33., 징용과 강제노동의 역사. 도쿄, 1974. p. 352., 일본의 전후 책임과 사할린. 도쿄, 1990. p. 130.

위의 표에 인용된 수치들은 다음의 결론을 내릴 수 있는 근거를 준다.

1. 총주민 수는 12,361명에서 413,000명으로 33,4배 증가하였고, 조선인 수는 24명에서 43,000명으로 증가하였다.
2. 일본인 주민 총수에서 조선인의 비중은 0,2%에서 10,4%까지 늘어났다.
3. 1941-1945년에 조선인 이주민의 유입이 가장 많이 이루어졌으며, 26,944명이 늘어났다. 이것은 전쟁시기의 대규모 징용과 관

계된 것이다.

특징적인 것은 가라후토에 조선 이주민 사회가 형성된 것이 1925년 5월 일본의 점령에서 북사할린이 해방된 후 북사할린에서 이주하는 방식으로 이루어졌다는 것이다. 알렉산드로프스크 항에서 남사할린으로 가는 일본의 군용 수송선 "진시오-마루"에 시리토루 항(지금의 마카로프)[i]에서 616명을 태웠는데, 그 사람들 중에는 몇 세대의 조선인 가족들이 있었다는 것이 역사문서에 기술되고 있다.[7]

한인들은 고령이 된 사할린 한인들의 젊은 시절이나 이미 세상을 떠나신 분들에 대해 생각에 잠기며, 무장호송병들의 호위 하에 일본 배의 더러운 선창에 실어 그들을 어떻게 이국 땅으로 끌고 왔는지 증언을 하였다. 게다가 노동을 할 수 있는 적합한 신체 원칙에 의해 가족단위로는 데려오지 않았다.

채학영 – 홈스크 주민.

"우리는 강제로 모집되었다. 우리는 43명이었는데, 일본군의 호송 하에 마치 감옥에 데리고 오듯 사할린으로 끌고 왔다. 그걸 생각하면 지금도 눈물이 난다. 우리를 나이부티 – 지금의 브이코보에 데리고 와서 큰 막사에 넣었다. 배급으로 콩으로 된 죽을 주었다. 우리는 너무 배가 고팠다. 정신적으로도 힘들었다. 일본인들은 우리를 사람으로 취급하지 않았다. 항상 우리를 모욕하였고, 조선인들을 저급한 인종이며 일본인

---

i) 마카로프(Makarov). 사할린 동부 연안에 위치한 도시이며 유즈노사할린스크에서 북쪽으로 235km 정도 떨어져 있다. 일본이 사할린 남쪽을 통치한 시기에 시리토루(知取)로 불렸다.

들은 이 땅에 통치하기 위하여 하늘에서 내려 보냈다고 강조했다. 고용주들은 우리를 학대하였다. 직속상관에게 제대로 주목하지 않는다고 벌금을 물리고, 만날 때 부주의하게 인사했다고 때리고, 탈출하다 걸리면 음식과 물도 주지 않고 추운 독방에 넣었다. 곤궁, 추위, 배고픔은 우리들 삶의 끊임없는 동반자였다."[8]

임판계 – 유즈노-사할린스크 시 주민.

"나의 형이 가라후토에 가야만 했다. 하지만 형에게는 가족이 있었다. 나는 형 대신 갈 결심을 했다. 서류는 특별히 살펴보지 않았다. 젊고 건강하기만 하면 되었다. 팔에 "남사할린 – 모집"이라는 완장이 달린 특별한 단체복을 입었다. 12일이 걸려 1943년 11월에 도착하였다. "나이부티" 광산에 배정되었다. 아침 8시부터 저녁 10시까지 일을 하였다. 그것 말고도 하루 걸러 8시간씩 야간교대를 해야만 했다. 잘 먹지를 못해 머리가 어지러웠다. 아침과 점심을 한꺼번에 바로 먹어버리는 것은 엄히 처벌하였다. 꾀를 내야만 했다. 음식을 먹고 나서 자루에 돌멩이 몇 개를 대신 넣어놓아 감독관이 의심하지 않도록 했다. 하루에 18엔씩 임금을 주었다. 하지만 손에 쥐어주는 것은 매우 적었다. 나머지 돈은 저금통장에 간다고 말을 했는데 우리 중 그 돈을 본 사람은 아무도 없었다. 사할린에서 일본인들은 우리가 한국 성을 쓰는 것과 한국말로 이야기 하는 것을 금지하였다. 나를 일본식으로 하야시 한카이라고 불렀다. 하지만 광산에서 탈출하려다 실패한 다음 나는 하야시

세기나리라고 불려졌다."

박판수 – 코르사코프 시 주민.

"나는 벌목장에서 일했다. 노동조건은 견딜 수 없을 정도로 힘들었다. 많은 이들이 도망을 갔다. 잡힌 사람들은 "다코베야"로 보냈는데, 그곳은 감옥보다 더 무서웠고, 혹독했다. 그곳에선 어떤 조선인이라도 일본인의 명령에 복종해야만 했다. 만일 그가 힘이 세면 육체적으로 그를 처리해서 무조건적으로 복종하게 만들었다. 어떤 사람이 아파서 작업량을 채우지 못하면 밥을 주지 않았다. 환자들은 막사에서 끌어내서 일을 시켰다. 조선인들은 말했다. "다코베야에 들어간다는 건 죽는다는 것을 말한다." 철도건설공사장에서 조선인들은 병이나 부상으로 죽었고, 바로 그 자리에 그들을 묻었다. 그들이 건설한 철도 아래에는 많은 조선인들의 유골이 묻혀있다."[9]

1995년 7월에 한국계 미국인인 콜럼비아 대학생 로버트 최가 사할린에 왔다. 그는 예전에 "다코베야"에 수감되었던 사람들로부터 다음 이야기를 채록하였다. "매일 조선인들 중 누군가는 죽기 직전의 상태로 널브러져 있었다. 병사들은 아픈 사람을 데리고 나갔는데 그를 본 사람은 더 이상 아무도 없었다. 만일 일본인들이 조선인들이 서로 이야기를 나누는 것을 보면 감독관의 주먹에서 피가 흐를 때까지 그들을 때렸다. 육체적인 고통은 일시적이지만, 정신적 괴로움은 영원히 남을 것이다."[10]

남사할린의 식민지화는 엄청난 노동력을 필요로 하였다. 그때 홋카이도 섬을 일본 땅으로 만들 때의 경험에서 교훈을 얻으려는 아이디어가 나타났다. 그곳에서는 강제노동의 한 형태인 "다코베야"가 집중적으로 사용되었던 것이다. 문자 그대로는 이것은 육체적으로 힘든 작업장에 수감된 사람들인 "다코"를 위한 공동숙소를 의미한다. 다른 해석으로는 "문어방"이다. 한인 노인들은 일본 호위병들의 총칼아래 철조망 너머로 조선 노동자를 수용하고 있던 이 저주받은 장소를 아직 기억하고 있다.

남사할린에서 "다코베야"는 일종의 집중수용소처럼 작동했다. 공식적으로 다코베야에 수감된 사람들은 법적 처벌을 받은 것이 아니었고, 범죄자로 여겨지지도 않았다. 하지만 이 착취 시스템은 본질적으로는 거의 끝까지 간 지경이었다. "다코베야"에 수감된 사람들은 외부 세계와 격리되었고, 심지어 친지와의 서신교류도 금지되었다. 거의 굶다시피 하는 식량배급과 최소 임금을 받고 하는 몹시 고되고 힘에 겨운 육체 노동은 수용소의 수인들을 거의 반쯤 노예로 만들어 놓았다.

"다코베야"의 운영 구조는 다음의 특징들로 설명해 볼 수 있다. 어떤 회사와 건설 작업에 대한 계약을 체결하고 도급업자는 주 관리인으로서 노동력의 모집과정을 감독하고, 그 노동력을 건설장마다 나누어 배치하며 재료나 장비의 보급, 재정, 수인 "다코"의 육체적 처벌 문제들을 해결한다. 기술적 문제들은 다코베야의 장(長)인 "오야카타"의 특별한 신임을 받는 관리자가 담당하였고, 노동과 생산의 직접적인 조직이나 자재의 사용 감독은 회계원이 담당하였다. 감시원, 경비원, 감독관들도 특별한 역할을 수행하였는데, 그들은 "다코"를 작업장으로 호송하고, 몽둥이의 힘을 빌려 질서를 유지하며 "말을 듣지 않는 자들"에게 물리적 처벌을 직접적으로 수행하는 사람들이었다. 이런 감독자들에게는 관리인을 감시하는 책임도 지워져 있었다. 가장 낮은 단계에는 고용된 민간인들이 있었는데 살림 담당자, 야간 경비원들, 취사노동자들이었다.

"다코베야" 구역 내에는 다코베야의 장과 근무자 가족들을 위한 집들과 몇 동의 노동자들용 막사가 있었다. 각 막사마다 80명의 노동자가 합숙했고, 한 막사의 인원은 8-10명의 통제하기 편한 소그룹으로 나누었다.[11] 거주용, 행정용, 생활용 건물들의 배치 구조와 내부와 외부 이중의 경비는 갇힌 사람들이 거의 도망을 치지 못하게 만들었다. 하지만 그런 일은 가끔 일어나곤 했다. 명령일원화의 원칙은 모두에게 확고 부동한 원칙이었으며, 그 원칙 위에 모든 권력과 행정 규율 시스템이 서있었다. "다코"는 수갑을 차고 종대로 줄을 서서 작업장으로 호송되었다. 이때 무리 지어 도망가는 것을 막기 위해서 이동할 때는 서로 얘기하는 것을 금지하였다. 겁을 먹게 하기 위해 그리고 규율을 지키라는 교훈을 주기 위해 신참들은 "다코베야"에 오자마자 몽둥이 찜질을 받았다. 정해진 규칙을 어길 시에는 심지어 고문을 당하기도 했다. 전에 "다코베야"에 갇혀 있던 사람들이 말하는 이런 고문의 한 예로 여름이면 밤에 옷을 다 벗기고 손과 발을 묶어서 모기가 뜯어먹으라고 마당에 던져두기도 했다고 한다.

밝혀진 자료에 근거하여 "다코베야" 시스템이 사용되었던 4개의 기본적인 영역을 나누어볼 수 있다 – 교통건설, 석탄산업, 일반건축 그리고 토목공사. 사기업의 도급업자들이 직접적인 조직자 역할을 하였다. 매수를 하거나, 개인적으로 약속을 하거나, 또는 중간업자들, 즉 인력소개소나 다양한 유흥업소 주인들을 통해서 미래의 "다코"를 모집할 수 있었다. 그들은 선금을 미리 받으면서 채무에 의해 예속이 되었고, 끝없이 일을 해서 빚을 갚아야만 했다. 그리고 결국에는 개인의 자유를 잃게 되었다. "다코베야"에 갇히게 된 사람들 총 인원수는 6천명을 넘는다.

"다코베야"의 이용은 일본 자본에게는 매력적이었다. 왜냐하면, "다코"는 독립된 숙소도 필요 없이 막사에서 지내면 되었고 말을 잘 듣고 요구가 없어 까다롭지 않았다. 거기다가 빈약한 음식에 작업복도 지급하지 않으며 밀집되어 살면서 운송에 드는 비용은 최소에 한 지역에서 16시간 이상 밀집되어 집단적으로 노동을 하였다. 이런 조건들에서 일을 하는 조선인 노동자들 매우 저렴한 노동력이었고, 따라서 요구가 많았다. 임금을 지불하는 방식에서도 경제적 이득을 취하였다. 임금은 부정기적으로 지급되었고, 노동자의 개인구좌로 송금하였는데 송금을 정확히 하였는지에 대한 확인절차도 없었다. 이런 임금 지불 시스템은 본질적으로 또한 강압적 성격을 가지고 있었고, 고용주들로 하여금 착취하여 축적한 자본을 자기 마음대로 쓸 수 있는 가능성을 주었다.

일본 시스템은 다음과 같은 세금을 징수한다. 소득세, 토지세, 사회보장세, 주민세, 예금세, 법인재산세, 영업소득세, 석탄과 어업 채취세, 술생산세, 일본으로 상품 반출세, 음주자세, 설탕사용세, 신문잡지 발간세, 노인과 환자세, 예금세.

1944년 가을 가라후토의 조선인들과 관련하여 또 하나의 폭압적인 조치가 있었다. 남사할린의 레소고르스키와 우글레고르스크 지역들에 있는 많은 광산들이 문을 닫았다. 그러나 약 10,000명 정도되는 그곳의 광부들을 규슈 섬의 광산들로 재빨리 옮겨버렸다.[12] 이때 부양자 없이 남겨진 조선인 가족들에게 "살아갈 충분한 조건들"을 만들어주라는 지시가 있었다.

- 각 거주지에 대해 보조금을 지급한다.
- 가족들이 다른 지역으로 이동할 권리를 주고, 국가재정으로 그 비용을 지불한다.
- 주거, 식료품, 의료 지원의 모든 비용을 보상해 준다.[13]

하지만 정부의 이러한 지시는 수행되지 않았다. 그리고 이중으로 징용된 조선인 광부들과 헤어지게 된 가족들의 삶은 더욱 비극적으로 되었다. 무장한 병사들의 호송아래 이국 땅으로 끌려간 "후방의 명예로운 전사들"은 탄광에 보내졌고, 그곳이 그들의 마지막 장소가 되었다.

학자들과 연구자들은 다음과 같은 언급을 남겼다. "역사를 왜곡하고, 민족문화를 파괴하면서 조선에 일본의 정신과 문화를 주입시키려 하였으며 한국어과 한글의 사용을 금지시켰다. 첫 시기에 조선인들을 진정시키기 위해 식민지배자들은 조선인과 일본인은 인종적으로 하나라는 이론을 퍼트렸다. 그다음 그들은 조선인들이 일본역사를 배우고 일본어로 말을 하고 일본 황제에 대한 충성 맹세를 하도록 강요했다."[14]

전쟁 초기 남사할린에는 중등교육을 담당하는 4개의 남자 김나지움과 7개의 여자 김나지움이 있었고, 11개의 전문직업교육기관, 140개의 초등학교(6년제), 126개의 초급중학교(7-8년제)가 있어서 이 교육기관들에서 60,000명이 넘는 아이들이 공부하고 있었다.[15] 하지만 조선인을 위한 특별 학교는 없었으며, 그들은 일본인들과 같이 공부하였다.

남사할린의 식민화 시기에 일본인 민족주의자들은 조선인들을 동화시키고 일본민족에 용해시키기 위해 조선인들에게 이념 개조를 강화하였다. “일본인과 조선인은 하나의 몸이다.”, “조선인들은 반드시 일본인으로 되어야 한다”는 등의 위선적인 구호들이 나타났으며, 일본사가 국사로 이름을 바꾸었다. 이념적으로 조선의 대중들을 분열되게 하였고 민족적 불화와 적대의 요소를 심었다. 대중의 의식을 분해시키는 개별적 방법들이 넓게 쓰여졌고, 심지어는 테러행위도 사용되었다.

일본정부의 남사할린 조선인 주민들에 대한 태도는 이념적 규범의 한 요소에 의해 정해졌다. 그것은 정치적으로 신뢰할 수 없다는 것이다. 그 결과 조선인들의 삶의 공간은 한정되었다. 사회적 관계는 절연되었고, 경제적 물질적 이해들은 산산이 부수어졌고 권력과 관계되는 영역은 협소하게 되었다. 조선인 공동체는 마치 고립된 작은 세계들로 흩어졌다. 그 세계는 동향출신들끼리 만나는 조그만 고향이었고, 각자는 자신의 관계를 협소한 이해관계나 우연한 이웃과 생활의 관계로 한정시켰다.

공식적인 언론매체와 함께 주민들에게 정치적 영향을 미친 것은 많은 사회단체들이었다. 황제조력연합본부, 애국청년회, 적의 상륙을 막기 위한 학생들 모임, 전일본애국여성연맹 지부들, 군인원조회, 예비군연맹 지부들, 조국봉사회, 협력과 합의의 모임, 노동자들로 구성된 애국민족단체들, 국민의용대, 자경단, 이웃원조모임. 이 모든 조직들은 경찰의 감독하에 움직였고 정치적으로 불온한 조선인들을 색출하였다.[16]

조선인 주민들에 대한 비밀 감시를 하기 위해 가라후토청(樺太廳)의 경찰국에 비밀부서가 만들어졌다.[17] 매달 조선인의 도착과 이동에 대한 정보가 수집되었다. 형법도 차별적 성격을 띠었다. 예를 들어보면 사할린 주 국립문서보관소에는 일본에게서 노획한 문서들이 보관되어있다. 그 문서들에서 우리는 조선인 이병화가 일본 황제에게 내용을 할 수 없는 편지를 비밀리에 발송했고 그 일로 인해 1934년 5월에 불경죄로 그를 형사사건으로 처벌하였다는 것을 알 수 있다.[18]

모든 의심스러운 자들은 반일본 활동의 성격에 따라 각 그룹별로 등록되었다. 의심스러운 자들은 일본의 국가기밀과 군사기밀, 일본의 국내와 대외정치에 대한 것, 주민의 성향과 동향을 수집하는 자들 그리고 정치적 이념적으로 해로운 시각이나 민족주의 신념을 퍼트리는 자들을 말한다. 이런 모든 상황은 조선인들에 대한 전반적인 불신 풍조를 만들었고, 쇼비니스트적 열정을 점화시켰다.

일본의 달력에는 180개의 소위 말하는 "위험한 날들"이 정해져 있는데, 이 날에는 조선인들이 특별한 감시의 대상이 되었다. 소련헌법제정일과 다음의 경축일들, 5월 1일과 3월 8일, 새해 첫날, 그리고 비극적인 사건들, 즉 1905년 1월 9일 시위자들의 비극 ("피의 일요일"), 레나강 금광들에서 벌어진 노동자들 총살, 조선합병, 1919년 3월 1일 민족봉기의 실패, 러시아, 중국, 조선의 뛰어난 혁명전사들의 죽음과 관련된 날들이 이러한 위험한 날에 속했다.[19]

일본 식민의 억압에 대항하여 계급적 연대를 이루기 위해 조선인들은 심각한 어려움들을 극복해야만 했다. 많은 생산활동이 수공업적 성격을 가지고 있었고, 지역적으로도 서로 떨어져 있었다. 조선인 노동자들의 많은 수가 단지 좋은 돈벌이만 꿈꾸면서 대중적 노동조합운동에 참가하는 짐을 자신에게 지우지 않았다. 조선인 대중의 정치적 의식수준은 극히 낮았으며, 그것은 대체로 그들의 문맹이 원인이었다.

조선인들은 자신의 삶의 이해를 민족적 "친목회"를 통해 관철시켰다. 경찰의 감시 자료에 따르면 이 "친목회"의 활동은 불법적이었으며 자연발생적 성격을 가지고 있었다. 그리고 모든 "친목회"는 일본 착취자들에 대항하는 조선인들의 전면적 민족 투쟁에서 그 지역의 같은 뜻을 가진 조선인들을 결집시키는데 중요한 역할을 하였다. 몇몇 조선인들은 노동과 생산의 영역에서 충돌하는 것에 그치지 않고 정치투쟁의 길로 나섰으며 그것으로 징벌에 처해졌고 강화된 경찰 감시를 받았다.

여기서 한가지 미리 말해두어야 할 중요한 점은 가라후토에서 일본 노동인민들과 조선인들간에는 간단하지는 않았지만 전반적으로는 호의적인 관계였다는 것이다. 두 민족의 가족들간에 관계가 유지되었던 점, 친지나 가까운 사람들을 찾을 때나 이산가족들을 이어줄 때 서로 도운 것들이 이것을 증명해준다.

전쟁이 막바지에 왔음을 미리 예견한 일본 제국주의는 더 가혹하게 착취를 하였고, 거짓된 선동작업을 하였다. 그리고 1945년 여름 일본인들은 조선인들의 학살에 나선다.

이것과 관련하여 한 형사사건의 자료에 눈을 돌려보도록 하자. 이 사건에 많은 일본인들이 가담하였으며 잔인하게 27명의 조선인들을 도륙했다. 그들 중에는 3명의 여성과 6명의 아이들도 있었다. 이 비극적 사건은 미주호 마을(지금은 홈스크 지역의 파자르스키 마을)에서 일어났다. 패배한 황군을 지지하는 표시로 한 무리의 일본인들이 1945년 8월 20일 조선인 한 명을 그들 쪽으로 유인해서 잔인하게 살해하였다. 그리고 나서 모든 "조선인 개새끼들"을 살해하려는 계획을 세웠다. 조선인들이 밤에 러시아 비행기들에게 낙하산병의 착륙을 위해 마치 신호를 보낸 것 같고 러시아인들에게 아첨하여 믿음을 얻었다는 것이다. 8월 21일에 살해된 3명의 조선인들이 그다음 희생자가 되었다. 그리고 술을 엄청 마신 후 악의에 찬 일본인 무리들은 조선인 가족들이 살고 있던 막사로 갔다. 이 과정에 모든 무기가 다 동원되었다. 군도와 손도끼, 칼과 공병삽, 쇠도리깨와 죽창.

우두머리들 중 한명인 일본인 호소카와는 법정에서 이렇게 진술하였다. "한 조선인이 우리 쪽으로 달려 나왔는데, 나는 즉시 그를 군도로 베어버렸다. 그다음 두 번째 사람이 손에 끝이 뾰족한 말뚝을 들고 뛰어나왔다. 나는 저쪽으로 달아났다. 그다음 조선인이 달아나기 시작했고 나는 그를 따라가서 또 칼로 베었다. 이 두 명의 조선인을 해치우고 나서 나는 막사로 들어갔다. 막사에는 모리시타 야스오와 4, 5명의 일본인들이 있었다. 2명의 여성이 있었는데 한 명은 다리에 부상을 입고 누워있었고, 두 번째 여성은 다섯 명의 어린 아이들과 함께 서있었다. 한 명의 조선인 남자를 모리시타가 붙잡고 때렸다. 그다음 칼로 베어버렸다. 나머지 남자들은 마루에 죽은 채 누워있었다. 다리에 부상을 입은 여성을 거리로 끌고 나와 죽였다. 두 번째 여성과 그녀의 다섯 아이들은 전에 무로야마에게 죽은 조선인 집으로 데려갔다. 그리고 8월 23일 아침 치바 모이티와 내 동생 호소카와 타케시가 이 여성과 다섯 아이들을 죽였다."

1946년 12월 30일의 소련최고소비에트 상임위원회의 결의에 의하여 조선인 주민의 살인을 주도한 자들에 대한 군법회의의 선고는 효력을 유지하였으며, 1947년 2월 26일 호소카와 히로시, 기오스케 다이스케, 구리수 나보루, 치바 마사시, 호소카와 타케시, 치바 모이티, 나가이 코타로는 처형되었고, 나머지 사람들은 교화노동수용소 10년 형에 처해졌다.[20)]

"1945년 8월 18일 카미시수카(레오니도보)에서 18명의 조선인들이 살해되었다. 그중에는 나의 아버지 김경백(54세)과 동생 김봉재(18세)도 있었다. 소련군대가 북사할린에서 내려온다는 것을 알고 나서 일본장교들은 조선인들이 소련군대를 위해 간첩활동을 하였다고 죄를 씌워 헌병대에 잡아가두고 막사로 끌고 갔다. 그리고 조사나 재판도 없이 그들을 불태워 죽였다." 이것은 서울에 살고 있는 김경숙의 증언이다. 그녀는 레오니도보 마을에 기념비를 세웠으며 추도식을 치르기 위해 벌써 여러 번 대한민국에서 왔다.[21)] 목격자들은 또한 오도마리(코르사코프)와 마오카(홈스크) 항구에서도 조선인 피난민들을 산채로 불태웠다고 증언했다.[22)]

조선출신 사람들에 대한 일본 군부의 이러한 행동은 제노사이드[ii)] 라고 볼 수 있다. 왜냐하면, 집단 살육을 자행하고 많은 주민들에게 심각한 육체적 위해를 가했으며 부분적으로 조선인들을 물리적으로 제거하기 위한 삶의 조건들을 의도적으로 조성하였기 때문이다. 1946년 12월 유엔총회가 제노사이드를 범죄로 선언했으며[23)] 그러한 행위들이 1946년 1월 도쿄에 설치된 극동국제군사재판의 관할에 속한다는 것을 염두에 두고, 소비에트연방은 미국과 함께 유엔에 조

ii) 제노사이드(Genocide). 어느 특정한 종족이나 종교적 집단을 완전히 없앨 목적으로 그 구성원을 대량 학살하는 행위나 신체적·정신적 박해 등을 행하는 것을 말한다.

선인 주민과 관련하여 국제법의 기준을 위반한 일본 통치자들에게 책임을 묻는 조치를 내려줄 것을 정당하게 요청하였다. 이때 국가의 수반이거나 정부 관리라는 직무상의 위치가 처벌을 완화시키는 근거가 되어서는 안되었다. 하지만 유엔의 어느 기관에서도 또 도쿄와 하바로프스크의 일본인 전범 재판들에서도 조선인들에게 행한 제노사이드에 대한 그들의 죄를 입증하려는 시도를 하지 않았다.

전후 많은 시간이 지났음에도 한국인들이 일본 제국주의의 "애국자들"의 손에 죽임을 당한 친척들의 유해를 계속 찾고 있는 것은 우연이 아니다. 전투행위가 벌어질 때 주민들의 상당수는 일본으로 가기 위해 항구들로 달려갔다. 많은 주민들이 버려졌다. 소비에트 행정당국의 자료에 의하면 1945년 9월까지 남사할린에서 10만명 이상의 사람들이 떠났다. 7만명에 이르는 피난민들이 도요하라(지금의 유즈노사할린스크), 오도마리(지금의 코르사코프) 그리고 마오카(지금의 홈스크)에 모여들었다.

저명한 미국의 역사학자 D. 스테판은 이때 벌어진 일을 이렇게 묘사했다. "어떤 연유인지는 모르겠으나 (1945년 – 필자) 8월 9일까지 민간인들을 철수시키기 위한 어떤 준비도 하지 않았다... 8월 10일... 가라후토청의 관리들, 선박소유주들, 철도회사 대표자들과 몇 명의 군장교들이 도요하라에 모여서는 여성들, 아이들, 노인들과 불구자들을 즉시 철수시킨다는 결정을 내린다. 철수하는 배에 자리를 잡으려는 싸움은 공황상태를 방불케 했다. 물에 뜨는 모든 것이 띄워졌다. 철수자 명단을 작성할 때 관리들과 군 장교들을 우선하였다. 몇몇 남자들은 배의 티켓을 구하기 위해 옷을 갈아입고 여장을 하기도 했다."[24]

떠난 사람들 중에는 조선인들도 있었다. 하지만 그들은 남사할린으로 되돌려 보내졌다. 소련군 사령부는 라페루즈 해협[iii]을 해군으로 봉쇄하도록 명령하고 가라후토에서 더 이상 주민들이 철수하는 것을 허용하지 않았다. 일본군 포로들은 일부는 본토의 노동수용소들에 보내졌고, 남은 사람들은 죄수로 북사할린의 여러 산업부문들에서 육체적 노동에 이용되었다.

iii) 라페루즈 해협(La Perouse Str.). 일본 홋카이도 북부의 소야 곶과 러시아 사할린 섬 사이에 있는 해협이다.

제4장 한인들의 소련 사회로의 통합

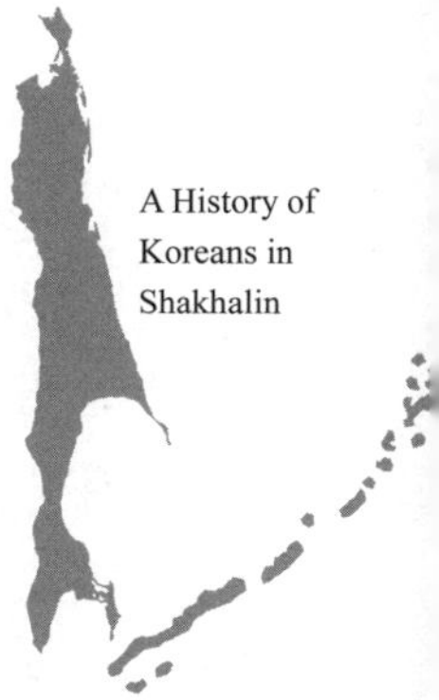

A History of
Koreans in
Shakhalin

1. 군과 민간 연합 통치시기

파시스트 독일의 패망은 극동의 상황을 급격히 변화시켰고, 2차 세계대전이 끝나감을 짐작하게 하였다. 하지만 아직 일본이 남아있었고, 그 식민의 억압아래 한국, 중국과 동남아의 여러 나라들이 있었다. 일본에 대한 정책의 기본 원칙들은 카이로 회담(1943년 11월), 크림 회담(1945년 2월)[i]과 포츠담 선언(1945년 7월)의 결정들에 의해 공식화 되었다. 연합국의 열강들인 소련, 미국, 영국과 중국은 선언하기를 일본은 자신의 탐욕의 결과 강제로 점령하였던 모든 지역에서 축출되어야 한다 고 하였다.[1] 또한 공식적으로 소련은 사할린의 남부와 그 곳에 부속된 도서들을 소련에 돌려주는 것과 또한 쿠릴열도를 소련에 양도하는 조건으로

i) 우리나라에서는 얄타 회담으로 알려져 있다. 공식명칭은 크림 회담이다.

일본과의 전쟁에 참가한다는 것이 또한 공식적으로 결정되었다.[2)]

자신이 패배하였음을 인식하고 무기를 내려놓으면서 일본은 1945년 9월 2일 무조건 항복 문서에 서명을 한다.[3)] 일본 점령 연합군 총사령관인 미국장군 더글러스 맥아더의 1946년 1월 29일자 메모랜덤 № 677에 근거하여 일본 정부에게 "일본 영외의 어떤 지역에서도 국가 권력이나 행정 권력을 실행하거나 실행하려는 시도를 금지할 것"을 명령하였고, 일본의 영토 구성에서 쿠릴열도(지시마)[ii)]와 가라후토(남사할린)를 제외하였다.[4)] 이것은 최고총사령관이자 소련인민위원소비에트 의장인 I. V. 스탈린의 선언에 따르면 "남사할린과 쿠릴열도는 소련의 영토가 될 것이고, 소련을 대양에서 유리시키는 수단이나 극동에 대한 일본의 침략 기지로 쓰이지 않고 소련을 대양과 직접 연결하는 수단과 일본 침략으로부터 우리나라를 방어하는 기지가 되는 것"을 의미한다.[5)]

이제 질문을 하나 해보도록 하자. 남사할린에는 한인들이 얼마나 남았을까? 필자의 의견을 이야기하기 전에 다른 연구자들의 견해를 살펴보도록 하겠다.

사할린의 역사가 N. I. 콜레스니코프: "...남사할린이 일본 침략자들로부터 해방된 후 4만7천명 이상의 한인들이 남았다."[6)]

다카기 겐이치[iii)](일본): "...식민지 조선에서 약 2백만명의 조선젊은이들이 끌려나갔다. 그중 6만명 정도가 사할린으로 보내졌다... 전후 사할린 섬에는 대략 30만명의 일본인과 4만3천명의 한인들이 남

ii) 쿠릴열도의 일본명은 지시마열도(千島列島)이다.

iii) 다카기 겐이치(高木健一). 일본의 변호사. 일본정부를 상대로 사할린 잔류 한국인 귀환청구소송을 제기하여 승소하였다.

았다."[7]

"홋카이도 신문"은 1978년 11월 일본외무성의 자료를 인용하여 사할린으로 강제로 끌려가 전후 그곳에 남은 한인들은 6만명이라고 보도했다.

D. 스테판(미국): "1941년경에 가라후토의 한인들은 150,000명에 달했다. 그중 약100,000명 정도가 태평양전쟁시기 일본 석탄산업의 극심한 노동력부족을 보충하기 위해서 일본으로 다시 보내졌다. 전쟁 말기에 가라후토에는 약 43,000명의 한인이 남아있었다."[8]

저명한 러시아의 한국학자인 N. F. 부가이 교수: "제2차 세계대전이 끝난 후 섬(사할린 섬 – 필자)에는 약 5만명의 한민족 출신 국민들이 있었다."[9]

부가이 교수는 가라후토청과 제2 극동전선 군소비에트 산하 남사할린 민정청의 자료가 더 현실적이라고 생각한다. 그 자료들의 계산에 따르면 남사할린을 일본이 지배한 40년 동안 한인주민들의 수는 최대 5만명에 이르렀으나[10] 전쟁이 끝날 무렵에는 23,500명까지 줄었다.[11]

1946년 4월과 5월에 시행된 지역주민들의 문서화는 남사할린의 한인수가 정말로 약 2만3천명 정도 된다는 것을 다시 확증하였다. 그러나 만일 이 수치보다 더 높은 한인수를 인정한다고 하면 그것은 반드시 다음 시기의 등록 지표에 반드시 나타나야만 한다. 그렇지만 그것은 아직 발견되지 않았다. 통계에 따르면 사할린 주에 거주하는 한인들의 가장 많은 수는 1951년의 429,000명이었다. 이것은 조선민주주의인민공화국에서 노동모집을 통해 사할린에 온 2만6천명을 합친 숫자이다.[12]

붉은 군대가 도착했을 때 남사할린의 한인의 수가 줄어 있었던 것에 대해서 말하자면 그 문제에 대한 접근은 원칙적인 측면에서 다음의 기본적인 요소들에 근거해야만 한다.

첫 번째. 일본에서 남사할린으로 매년 2만5천명까지의 계절노동자들을 데려왔었다는 것을 염두에 두어야만 한다. 그들은 어업과 임업에 종사했으며[13] 그들 중에는 당연히 한인들도 있었다. 그들이 한인들의 통계수치 변화를 실제보다 더 높이 잡게 하는 쪽으로 영향을 주었음은 의심의 여지가 없다.

두 번째. 데려온 사람들 수와 전후에 정말로 남은 사람들의 경계를 명백히 해야만 한다. 1945년 7월까지 석탄산업, 임업 그리고 다른 생산 부문의 노동자들을 만명 정도 남사할린에서 다시 일본으로 데리고 갔다.[14] 예를 들어 아니바 만[iv]과 홈스크 시까지의 사할린 섬 남서쪽에 거주했던 어민들은 90%정도 철수되었다. 한인들이 일본 국민들을 철수시키는 과정에서 혼성가족의 일원으로서 아니면 일본인이나 심지어 중국인인체 하고 나갔을 가능성도 또한 배제 할 수 없다. 하지만 그렇게 가정을 하면 남아있는 한인의 숫자 변화가 작아져야만 한다.

세 번째. 산발적인 한인들 집단이 사할린이 일본에게 완전히 속해 있을 1920-1925년에 섬의 남쪽지역에서 북쪽지역으로 옮겨갔을 수 있으며, 옮겨갔다는 것은 의심의 여지가 없다.

네 번째. 한인들 일부는 힘에 겨운 말 그대로 강제노동 속에서, "다코베야"에서, 감옥에서 죽어갔고, 1945년 8월의 전투기간과 전쟁 직

iv) 아니바 만(Aniva Bay). 사할린 섬의 남쪽에 위치한 만이며, 홋카이도의 북쪽에 있다. 아니바 만에서 가장 큰 도시는 코르사코프이다.

후 시기에는 소비에트 정부에 대한 호의적 태도로 인해 일본인들에게 죽임을 당하였다. 에수토루 지역(지금의 우글레고르스크 지역)에 전쟁 전에는 10,229명의 한인들이 거주했으나, 1945년 11월 1일에는 5,300명이 남아있었다.[15]

무력 충돌이 완전히 종결되고 나서 거의 모든 사회생활의 영역들이 비상체제로 작동하기 시작하였다. 이 비상체제는 승전국의 영토에 남은 적국 국민들의 법적 지위에 직접적인 영향을 미쳤다. 남사할린과 쿠릴열도에 한인들이 바로 이러한 상황에 처해있었다. 그들에 대해 소비에트 정부의 제재에 의해 권리와 자유의 일시적인 제한이 뒤따랐다. 물론 이것은 전쟁이 종결된 것과 함께한 인과 관계였으며 직접적인 억류의 성격은 가지지 않았다 (전쟁포로와 여러 이유로 자유가 구속된 사람들을 위한 수용소가 만들어졌을 뿐이다).

원칙적으로 전후의 억류는 소련의 안전이 위협받는 것과 관련되어야만 한다. 만일 그러한 상황을 사할린 한인과 연관시켜보면 한가지 명확한 것은 그들 쪽에서는 그러한 행위가 없었다는 것이다. 하지만 만일 그런 위협이 있었다면 특별국제협약에 근거하여 한인들을 빨리 본국 송환하는 조치가 반드시 시행되었을 것이다.

사할린 한인의 억류는 항복한 일본의 행위에 대한 적합한 대응조치로서나 아니면 이전 일본국민이었던 한인들의 개인적 안전을 보장하려는 소비에트 정부의 희망이 있어야만 가능했다. 하지만 일본은 미국 점령군 참모부의 완전한 군사적 행정적 통제하에 있었다. 따라서 소련에 대한 적대적 행위는 일어날 수 없었다. 한인들의 개인적 안전 보장에 관해 말하자면 그 이유는 충분히 근거가 있다고 인정할 수 있다.

그리고 어찌되었든 모든 상황들 속에서도 한인들은 특별수용소나 군대막사의 조건에서 군의 감시하에 있지 않았으며 자신들의 민간인 거주지에서 가족들과 거주하고 있었고, 억류할 때처럼 소비에트 국가의 예산으로 의식주를 보장받고 있지도 않았다. 자발적인 동의하에서나 노동에 대한 보수를 반드시 받고 일을 하였으며 자신의 종교를 믿을 권리와 민족의 풍습을 유지할 권리를 제공받았다. 게다가 한인들은 어떠한 특별한 물리적 폭력을 당하지 않았다. 하지만 그들은 시민권을 상실한 상태였으며, 거주지역을 벗어날 수 없었고 생활보장이 제한된 비상체제에 있었다.

1945년 9월 29일의 남사할린의 정치, 경제 상황에 대한 전연맹공산당(볼쉐비크) 중앙위원회의 보고서에서:

"남사할린의 주민을 민족별로 구분하면 기본적으로 일본인이 358,568명이다. 그중 남자가 180,115명이고 여자가 178,453명이다. 한인은 23,498명이며 그중 남자가 15,356명이고 여자가 8,142명이다... 북쪽 소수민족이 812명이다. 이외에도 러시아 주민이 360명이다."[16]

노동영역별로 보면 지역의 일본주민들은 다음과 같이 구분되어진다: 농업 – 41,723명, 산업 – 67,912명, 그중 석탄산업 – 26,983명, 어업 – 13,686명, 기타분야 – 27,243명이다. 상업 – 25,173명, 교통과 통신 – 10,481명, 사무원 – 12,177명, 수공업자 – 14,787명, 하인 – 2,954명. 주민들의 총수 중 약 7만 명이 고령자이며, 15세 이하의 아이들이 137명이다.[17]

해방된 영토에서의 경제와 정치 생활의 조직은 특별한 행정기관인 제2 극동전선 군소비에트 산하 남사할린 민정청이 담당하였다.

쿠릴열도에서는 민정청이 1946년 4월에 만들어졌으며, 그전까지는 군위수사령부가 권력을 이행하였다. 지역주민을 위하여 일본국가 기관의 통치기구를 일시적으로 유지하는 것이 적절하다고 인정되었다. 그 기구들 중 재판소와 경찰기관은 제외하였는데 그것들은 소비에트 군대가 들어오는 것과 함께 바로 기능을 중단하였다. 또한 일본지배 시기에 작용하였던 448명[18] 규모의 지역장과 촌장제도도 유지하였는데, 이들 지역장과 촌장들은 10농호[v]를 통해 소비에트 정부의 명령을 실행하였다. 일본자치기관의 감독, 주민들의 생활 보장, 붕괴된 경제의 복구라는 과제를 군위수사령부가 지게 되었다.

정부의 위원회는 1945년 9월 남사할린에서의 상황을 조사하고 나서 지역주민들이 일황을 숭배하면서도 일과 생활의 방편을 얻으려는 희망에 소비에트의 군과 민간 행정당국의 명령을 이행하고 우호적인 경향을 보인다는 것을 지적하였다.

남겨진 일본 주민의 분위기는 다음의 요소들로 조건 지어졌다.

첫 번째. 미래의 불확정성이 그들을 불안하게 하였다. 그래서 소련 군사령부와 민간 행정당국의 기관들에 일본인들은 홋카이도 섬으로 한인들은 한반도로 보내달라는 청원이 엄청나게 들어왔다.

두 번째. 많은 노동자와 종사자들(그들 속에는 한인들도 있었다)의 가족들이 전쟁 전에 남사할린에서 홋카이도나 큐슈로 광산일에 강제징용되어 갔다. 그래서 그 가족들과의 서신교환, 송금 그리고 소포의 발송 가능성에 대한 문제가 당연히 제기되었다.

세 번째. 몇몇 분규에도 불구하고 전체적으로는 생산의 조속한 복구에 관심을 나타내었고, 일부 붉은 군대 군인들의 약탈행위를 금지

v) 콜호즈안의 열채의 집을 한 조로 묶은 모임.

해주고 일본인과 한인 가족들을 조용히 살게 해달라는 청원을 이야기하였다.

네 번째. 이전의 개인소유주들과 관리들은 악의에 차서 불만을 표시하였고, 선동적인 소문들, 삐라 그리고 육체적 위해의 위협을 담은 익명의 편지들을 퍼트렸고, 주민들이 일터에 대량 결근하게 선동하였다. 이런 비즈니스 세계 대표자들의 이데올로기적 신념들은 일황에 대한 노골적 존경심과 자신들이 어떠한 정당에 속한 지 교묘히 은폐하는 특징을 가진다.

일본 군부의 선동에 놀란 일반 주민들은 처음에는 벌어지는 일들을 지켜보면서 숨어 있었다. 하지만 그들은 소련군 병사들에게 빨리 적응하였고, 장교들에게 호감을 나타냈다. 왜냐하면, 장교들이 약탈을 중지시켰고 전반적인 평온과 질서를 유지시키려 노력하였기 때문이다.

한인들의 분위기도 또한 자신들의 역사적 조국이 아니라 일본으로 송환될지 모른다는 염려 때문에 불안스러운 심리상태였다. 그들은 일본 국민으로서 무국적자 상태로 남아있었다.

삶의 여러 문제들을 해결하는 데 적지 않은 어려움들을 겪었다. 당시의 상황에서 적의에 찬 일본인들은 홋카이도에서 불법적으로 넘어온 밀정들의 지원을 받아 직접적인 태업과 반소비에트 활동을 개시하였다. 예전 일본군종사자들 일부는 소비에트 권력에 호의적이라는 이유로 한인주민들에 대한 강도와 약탈, 방화와 살인을 자행하였다. 이것은 포로나이스크 지역의 카미시수카 마을(레오니도보)과 치리코로 마을(네르피치예)에서 일어났다.[19]

남사할린에서는 생산현장에서 일하지 않는 많은 일본인들과 한인들이 살았다. 이것은 세가지 이유로 인해 발생하였다. 첫 번째는, 창설된 소비에트 산업 트러스트와 중앙위원회가 제품의 생산과 판매를 빠르게 펼치지 못했고, 노동자와 사무원들에게 임금 시스템과 식료품 배급을 제대로 조정하고 해결하지 못했기 때문이다. 두 번째는, 일본주민의 등록 통계가 없었고, 그들에 대한 신분증 발급과 거주등록은 매우 늦게 시행되었다. 세 번째로는, 민정청이 모든 노동능력이 있는 주민들을 조직해서 그들을 일터로 동원하지 못하였기 때문이다.

월 임금의 차이는 다음과 같았다. 일본인과 한인들 중 석탄산업과 어업에 종사한 노동자들은 380엔이 넘지 않았고, 사무원은 650엔까지, 젊은 관리인들은 150엔, 기술 노동자들은 675엔에서 2,400엔까지, 행정사무원들은 320엔에서 650엔까지, 선생님들은 300엔이 못되는 월급을 받았다. 그리고 기술노동자와 행정사무원 그리고 선생님들에게는 매 분기마다 3달치 월급 100%, 4%의 오지수당, 12%의 가족수당, 7,5%의 성과급, 5%의 근속수당, 7,5%의 공공요금 보조금, 그리고 총 추가금은 136%까지 였다. 노동자들의 수당은 8-12%의 성과급, 3-15%의 근속수당, 8-20%의 제품품질에 대한 수당, 부인과 각 아이들에 대해 3%씩 지급했다. 그리고 매년 두 번 추가금을 지급했는데 근무연한에 따라 3년까지는 6달치 월급의 12%, 11년까지는 18%, 11년이 넘으면 24%을 받았다. 그리고 총 추가금은 74%를 넘지 않았다. 여성은 남성보다 50% 작게 지급했고, 한인은 일본인보다 10% 작게 지급했다.[20]

〈표 6〉 석탄산업과 어업에 종사하는 일본인, 한인, 러시아인 노동자의 평균 소득과 지출 관계(1946년 1월 1일)[21]

소득과 지출 종류	단위	남사할린의 일본인 주민	북사할린의 러시아인 주민	차이
월급	루블	260-380	528-1050	268-670
세금	루블	46,7-73,5	72,8-197,5	26,1-124,0
식품비	루블	123,2	474,4	351,2
공산품 비용	루블	10,09	122,3	112,2
나머지 금액	루블	80-173	141,5-252,8	61,5-79,8

첫눈에도 주민의 민족별 그룹에 따라 현저한 차이를 볼 수 있다. 남사할린의 일본인과 한인의 평균월급은 수당들을 합쳐서 북사할린의 러시아 노동자와 비교했을 때 2-3배 작다. 일본인과 한인 가족의 지출 총액은 463,4루블로 북사할린의 러시아인 주민보다 4,5배 낮은 수치이다. 이 속에서 식품비는 3,9배, 공산품 비용은 12,1배 낮다. 나머지 금액은 일본인 주민 그룹에서는 173루블을 넘지 못하지만 러시아인 그룹은 253루블이다.

따라서 일본 남사할린에서 석탄산업과 어업에 종사하는 일본인 노동자들(한인 노동자도 포함하여)의 물질적 풍요는 러시아 북사할린의 주민들보다 정말 나빴으며, 낮은 수준의 임금에 따른 결과 일 뿐만이 아니라 세율과 세금 수의 현저한 차이의 결과이다. 북사할린에서는 소비에트 법률에 따라 소득세만 징수했지만 일본인 주민들에게는 임금의 48%에 달하는 17가지의 필수세금들이 있었다.[22]

1946년 4월 1일 일본의 노동법과 세법이 폐지됨에 따라[23] 일본인과 한인을 포함한 모든 사할린 주민의 생활 수준이 균등화되는 과정이 시작되었다. 1947년 8월에 소비에트 이주민들을 위해 정해진 식료품과 공산품 배급 기준이 일본인과 한인 주민들에 대해 적용되었다.[24]

다음 사실은 전후 첫 번째 시기의 특징적인 것이었다. 거의 모든 한인들이 러시아인들을 만나면 고개 숙여 인사하는 것을 자신의 의무로 생각하였다. 왜냐하면, 기억 속에서 아직 일본인 지배시기의 물리적 학대가 생생했기 때문이다. 하지만 소비에트 권력에서는 그들을 때리거나 욕하지 않고 심지어 동등한 관계를 정립하는 것을 보고는 전체적인 규율이 다르게 되기 시작했다. 남사할린 민정청의 보고서들 중 하나에 의하면 일본인들은 겉으로는 모든 것을 다 할 것처럼 충실하였지만 교류를 꺼리고 폐쇄성을 드러내었지만, 한인들은 보다 나쁘게 행동하였다. 그들은 일을 거부하고 한국으로 보내달라는 요구를 하였다.[25] 상당한 수의 한인들이 당시 사법기관의 부재로 말미암아 처벌 받지 않은 채 남아있었고, 더 제 마음대로 행동하기 시작했고, 암거래를 하였다.

전체적으로 한민족 출신 주민들의 분위기는 심각한 우려를 불러일으키지는 않았다. 하지만 상호관계가 첨예화되지 않기 위해서 식료품 배급, 자금회전, 일상생활의 정비 등 전반적인 경제적 문제들을 해결하는 조치를 취했다. 의료 서비스는 일본인과 한인들을 위해 전쟁 전의 보건망들을 유지하는 방법으로 실현하였다. 병자들은 자신의 침대와 조리기구, 음식을 가지고 왔으며 보통 바닥에서 잠을 잤다. 젊은 의료원은 없었으며 친지들이 환자를 돌보았다.

남겨진 일본인과 한인 주민들은 노동과 휴식의 권리, 무상교육과 의료서비스를 그들에게 보장하는 소비에트 법을 열광적으로 맞이했다. 특히 남사할린의 빵공장 노동자 그룹은 다음과 같이 썼다: "우리에게 소비에트 노동법률의 도입은 기쁨의 감정을 불러일으켰다. 우리는 처음으로 국제여성의 날을 맞이했고 기뻐했다. 이곳에서만 우리에게 남성과 동등한 노동의 권리와 임금을 준다. 우리는 자신의 노동으로 가까운 이들, 노인들, 부모들과 어린 자녀들, 형제 자매들에게 가난하지 않은 삶을 완전히 보장할 수 있다. 소비에트 정부에게 감사를 표시한다."[26]

1946년 2월과 3월에 기본적으로 국유화가 완수되었다. 그 결과로 소비에트 경제기관들에게로 735개의 산업 기업들이 넘어왔다. 그 기업들 중에는 26개의 발전소, 9개의 제지 콤비나트, 33개의 탄광, 40개의 제재소, 3개의 항구와 37개의 항만, 24개의 공장들, 113개의 지역산업과 식품산업 기업들, 14개의 냉동실, 24개의 철도기업과 15개의 수상운송 기업과 많은 다른 생산 기업들이 있었다.[27] 노동자가 10명 미만인 사기업들은 국유화 대상이 아니었다. 왜냐하면, 그들은 식품이나 일상용품을 제조했기 때문이다. 국유화 과정은 특별한 어려움 없이 진행되었다. 많은 기업 소유주들이 일본으로 갔고, 남아 있는 소유주들도 심각한 방해를 하지는 않았다.

사할린에 도착한 소비에트 이주민들에게 거주할 곳을 마련해 주는 것이 시급한 일이 되었다. 간부 구성원들을 위한 집을 비우게 할 목적으로 1946년 9월 9일의 남사할린 민정관리국장의 명령에 의해 기업주, 상인 그리고 일하지 않는 사람들 중에서 1,000명의 일본인과 한인들이 가족과 함께 사할린 주 중심부에서 행정 절차에 의해 변두리 지역으로 이주되었다. 이때 이주하는 사람들에게는 새로운 거주 지역에서의 부동산에 대한 권리가 보존되었다. 하지만 만일 그들이 몇 채의 집을 소유하고 있다면 여분의 집은 국가 소유로 넘어갔다.[28] 동시에 지역 공항을 위해 수용되는 지역에 들어간 유즈노-사할린스크 지역의 오오사와 마을에서도 일본과 한민족 출신 모든 주민들이 이주되었다. 그들에게는 새로운 이주지역에서 집과 토지를 제공하였다.[29]

전후 첫 시기에 식료품 배급 상황이 극단적으로 첨예화되었다. 1945년 9월 22일의 제2극동전선 군사령관의 명령에 의해 식료품과 공산품 배급표와 배급책의 재등록을 시행할 것이 지시되었다.[30] 기준량이 다음과 같이 정해졌다. 성직자들에게는 하루 쌀 600그램, 의사와 통역자, 기자들에게는 쌀 500그램을 배급한다. 설탕은 언급된 모든 직종 종사자들에게 한 달에 330그램을 배급한다.[31]

일본인들이 가고 난 뒤에 남은 식료품 재고량은 7,200톤의 쌀, 853톤의 콩과 완두콩, 100톤의 설탕, 11,000톤의 생선, 800톤 정도 되는 사케와 약간의 미소콩이 있었다. 이 재고로는 1945년 말까지도 부족했다. 1945년 9월에 남사할린에 있었던 소련각료회의 제1 부의장 A. I. 미코얀[vi]의 제안으로 만주에서 국가소유 식료품 – 쌀, 콩, 조 그리고 수수를 가지고 왔다. 사할린 지역에서는 야생유용식물[vii]의 채집이 조직되었다. 이것은 한인들을 포함한 지역 주민들을 피할 길 없었던 기근에서 구해주었다. 기근과 관련하여 본토에서의 공급은 기대할 수 없었고, 배급량을 줄여야만 했다. 한 사람당 한 달에 배급하

---

vi) 미코얀, 아나스타스 이바노비치(Mikoyan Anastas lvanovich, 1895-1978). 러시아의 정치가. 1910년대 말, 바쿠의 소비에트 권력수립에 기여했다. 1956년 제20차 당대회에서 스탈린의 '개인숭배'를 비판했다. 각료회의 제1부의장(부총리), 소련최고소비에트 상임위원회 의장을 지냈다.

vii) 야생유용식물(野生有用植物). 경작한 것이 아닌 자생적으로 야생에서 자라는 버섯, 산딸기, 견과류를 말한다.

는 쌀의 양이 노동자는 12-14킬로그램, 사무원과 피부양자는 9킬로그램, 아이들은 7킬로그램이었고, 생선은 모든 직종의 어른들에게 5킬로그램씩, 아이들은 2,5킬로그램이었다. 그리고 직종과 연령에 상관없이 각 일인당 120그램의 설탕, 20그램의 차, 200그램의 소금, 1,6킬로그램의 콩을 배급했고, 3개월에 비누 2조각을 주었다.[32]

배급표 없이 상품과 식품을 내어주는 것은 재고를 낭비하는 것으로 간주되었다. 정해진 규정을 어긴 상점이나 무역회사 소유주들은 행정적, 법적 문책을 받았다. 러시아 주민들에게 상품의 판매는 국가 상업 가격으로 하였고, 일본인이나 한인들은 전쟁 전 가격으로 팔았다.

1946년 8월 1일에 380,000명의 사람들이 - 그중 일본인과 한인들이 308,000명이었다 – 식량 배급을 받고 있었다. 석탄 산업의 지하 일터에서 일하는 사람들에게는 한 사람당 한 달에 육류제품 500그램, 식물성기름 300그램, 설탕 300그램을 배급하였다. 개인텃밭을 소유한 사람들에게는 빵 배급을 하지 않았다. 일하지 않는 성인과 피부양자에게는 빵 배급표를 주지 않았다. 감옥에 수감된 사람들은 빵 배급량을 200그램으로 낮추었다.[33]

식료품의 부족으로 말미암아 아이들과 젖을 먹이는 엄마들의 건강에 위협이 발생하였다. 그래서 자유로운 시장 상거래를 금지하는 조치를 취해야만 했다. 채소와 감자의 판매는 행정적 통제 아래서만 허용되었고, 농민들이 판매하는 것이 개인 텃밭에서 나온 판매자의 소유물이라는 면청의 증명서가 있어야만 되었다. 소를 양도할 경우에는 한 마리 당 8리터의 사케와 600그램의 담배, 2킬로그램의 비누, 고무신 한 벌을 받을 권리를 주었다. 군사령관의 허락 없이 가축을 도살하거나 판매하는 것은 금지되었다. 상품 소유주에게는 소비에트 시민을 속였을 경우 법적 책임을 물을 것이라고 미리 경고하였다.[34]

1946년 8월에 전연맹공산당(볼쉐비크) 중앙위원회로 남사할린과 쿠릴열도의 습득과정에 대한 보고서가 도착했다. 사회, 경제 분야에서 다음에 대한 허락을 요청하였다.

- 한인주민들에게 1945년 1월까지 적용되었던 기준양에 따라 국가소유 식료품을 지급하는 것.
- 주요한 직업에 종사하는 노동자들에게 매월 500그램의 육류제품, 1,5킬로그램의 낟알, 80그램의 설탕을 추가로 지급하는 특별배급을 시행하는 것. 주요직업의 노동자들은 광부, 어부, 벌목공, 목재 짐마차군, 제지 콤비나트의 기능공, 철도의 운행노동자나 수리노동자, 해상기선 짐꾼, 열악한 조건의 노동자, 그리고 일부 기술노동자들을 말한다.
- 나머지 모든 부류의 노동자들에게는 낟알 1,5킬로그램, 국가기관 종사자들에게는 800그램으로 월배급량을 정하고, 설탕은 배급량에 각각 280그램과 180그램을 추가로 지급하는 것.[35]

1946년 10월에 식량배급 기준이 변경되었다. 정해진 월 배급기준량은 한 사람 당 크림기름 100그램, 고기, 설탕 그리고 낟알 500그램씩, 소시지 250그램, 연유와 고기, 생선, 채소 통조림 각 한 병씩, 조미료 50그램, 차와 담배 한 갑씩, 과즙음료와 알코올음료 각 한 병씩이었다. 광부들과 석유산업 노동자들에게는 매달 400그램씩 빨래비누를 주었고, 나머지 모든 사람들에게는 매달 200그램씩, 아이들에게는 100그램씩 주었다. 세수비누는 직종과 연령에 상관없이 160그램씩 주는 것이 기준량이었다.[36] 위에 언급된 이러한 모든 빈약한 배급량도 사할린으로 온 러시아인들에게만 적용되었고, 일본인이나 한인들은 더 안 좋은 상황에 처해있었다.

낮은 배급량, 특히 쌀의 배급량과 관련하여 주로 광부들의 체력 고갈이 나타났다. 그들은 공공연히 자신의 불만을 표시하고 심지어 일터에 나오지도 않았다. 사할린 주 책임자의 청원에 의해 소련각료회의는 1947년 8월 28일 결의 № 3014를 채택한다. 그 결의에 따라 한인들과 일본인들에게 빵 대신에 쌀을 배급하는 것이 허락되었다. 노동자는 500그램, 가족 구성원은 300그램을 지급하였는데, 쌀의 기준량 70%를 조와 수수로 대신해서 지급하였다. 동시에 러시아 노동자들을 위해 정해진 물건과 식품 배급 기준량이 그들에게도 적용되었다. 석탄, 어업, 임업 그리고 셀룰로스와 제지산업 쪽의 소비에트 기업과 교통산업에서 일하기를 원하는 사람들과는 노동계약을 체결하는 것도 가능해졌다.

1947년 12월에 시행된 화폐개혁과 그 뒤를 이은 배급표의 폐지는 전반적으로 개방된 상업 체제로의 이행과 이전에 존재하였던 자유판매가격이나 배급가격을 대신해서 단일한 국가소매가격을 도입할 수 있는 가능성을 주었다. 하지만 이러한 조치는 국가 전체에는 물질적 복리 수준을 향상시켰지만 사할린에서는 상황이 매우 긴장된 채로 남아있었다. 기본적인 식품을 배급표없이 소비에트 상점에서 살 수 있게 되자 일본주민들이 엄청난 줄을 만들면서 문자 그대로 그 상점들을 채워버렸다. 이것으로 말미암아 민족적 색채의 오해도 발생하였다. 이것과 관련하여 정부에게는 일본주민들을 특별히 조직된 상점들에서 정해진 기준에 따라 구매를 하게 하는 문제가 제기되었다.

전후 첫 시기의 특징들 중 하나를 통화유통을 분석함으로써 추가해보기로 하자. 남사할린에서 모든 신용과 임금지불업무 그리고 현금출납업무는 일본의 식민지 은행 한군데에 집중되어 있었다. 은행 본점은 홋카이도의 사포로 시에 위치해 있었고, 남사할린에는 11개의 지점이 있었다. 1945년 8월 31일 당시 예금 잔고는 21억6천3백만 엔이었다. 하지만 소비에트 군당국에 의해 계산된 현금은 지폐가 4천6백만 엔이 조금 넘고 경화가 11만8천 엔이었으며, 또한 은화, 은제품, 은조각 등 은이 거의 10톤이었다. 나머지는 일본에 보관되어 있었다. 은행 여신은 7천4백2십만 엔이 있었다.

통화유통을 원활하게 하기 위해서, 강제적인 조치를 사용해서 주민들에게서 세금과 체납금을 징수하는 작업을 조직하고, 일본 은행들의 업무를 복구시키며 소비에트 은행망을 조직하는 것이 합리적이라고 인정되었다. 1945년 9월 도요하라 시에서 소련국립은행의 지역사무소가 개설되었다. 임금청산 절차는 다음과 같이 정해졌다:

1. 일본 은행의 계좌에 돈을 가지고 있는 사기업들은 임금지불을 위한 현금을 그 은행에서 받는다.
2. 결제계좌에 돈이 없으나 준비된 상품을 소유하고 있는 사기업들은 자신의 수익금을 임금 채무를 갚는데 돌린다.
3. 계좌에 돈이 없고, 준비된 상품, 원료나 재료도 가지고 있지 않은 사기업들은 임금 채무를 노획한 통화, 즉 엔화로 갚는다.
4. 소유주가 일본으로 철수한 기업은 소비에트 국가소유로 넘어오며, 그 기업의 종업원들의 임금은 소비에트 통화로 보장해 준다.[37]

통화유통의 상태는 심각한 우려를 불러일으켰다. 소련국립은행이 출자한 8천5백만 루블 중에서 1945년 10월 1일에서 11월 24일까지 현금 7천6백4십만 루블이 임금 지불과 관리비로 지급되었다. 그 외에도 노획한 통화 1억6백만 엔을 시중에 풀었다. 하지만 이 기간에 은행으로 들어온 돈은 고작 3천3백만 루블이었다. 돈은 주민들의 손에 쥐어져 있었지만, 그것들을 유통시킬 수가 없었다. 1946년 5월 15일에 예금 잔고는 1천3백만6십8만3천 루블이었고, 그중 6십5만 루블만이 일본 주민의 예금이었다.[38]

1946년 2월 2일의 소련 인민위원소비에트의 결의 № 263 "행정조직과 남사할린에서 소비에트 법률의 도입에 대하여"에 따라 일본 엔화는 유통이 중지되었으며 소비에트 루블화가 유일한 지불 수단이 되었다. 이것과 관련한 민정청의 명령에는 다음과 같이 언급된다:

"... 2. 지역 주민들과 사기업 소유자들에게 올해 2월 15일까지 소련국영은행 창구에 그들이 손에 쥐고 있는 모든 엔화를 내놓게 한다. 창구에서 일본 엔화는 1엔당 1루블로 계산하여 소비에트 돈으로 바꾸어준다.

3. 다음과 같이 지급한다:

ㄱ) 노동자와 사무원은 500루블을 엔화와 교환해준다. 하지만 노동자와 사무원의 임금이 500엔을 넘을 경우에는 그들의 월급액수 안에서 교환해준다

ㄴ) 각 농가에게 1500루블까지 엔화를 교환해준다.

4. ... 내어놓은 엔화의 나머지 액수는 소련국립은행 기관들의 그들의 계좌에 소련의 통화로 입금시켜준다."[39]

총 25,220,000엔이 교환되었고, 별도의 계좌로 976,000엔이

입금되었다.[40)]

저축은행 시스템에 매우 심각한 상황이 발생하였다. 2억 루블이 넘는 예금을 보유하고 있으면서도 그들에게는 보유한 현금이 거의 없었다. 현금이 일본으로 나갔던 것이다. 1945년 9월 1일에 2백만 엔이 조금 넘게 있었을 뿐이다. 처음에는 소비에트 정부의 명령에 의해 이전 예금은 한 저금통장 당 한 달에 200루블 이하만 현금 지급을 하였다. 1946년 2월 2일의 소련 인민위원소비에트의 결의 № 263에 근거하여 새로운 규칙이 세워졌다:

ㄱ) 1945년 9월 20일 이후에 등록된 현 계좌나 예금에 대해서는 저축은행의 규칙에 따라 지불이 이루어진다.

ㄴ) 1946년 9월 20일 이전에 등록된 현 계좌나 예금에 대해서는 1946년 4월 1일까지 민정국의 허락을 얻은 특별히 필요한 사람에게만 지불이 이루어진다. 하지만 한 저금통장 당 한 달에 500루블을 넘지 않는다.[41)]

그리고 이후 1945년 11월 말까지 예금의 재등록이 실시되었고, 제출된 저금통장에 따른 금액은 8천5백만 엔이었다.[42)] 예금통장의 재등록을 거부한 경우에는 그 소유주는 자신의 저금에 대한 권리를 상실하였다. 그래도 현금이 부족했다. 이것과 관련하여 일본 저축은행들의 예금 지불을 중지시키는 조치가 취해졌다.

1946년 4월 1일부터 저축은행과 함께 모든 일본 은행들, 보험회사가 업무를 중지하였고, 또한 일본 세법이 폐지되었다. 지역 주민들로부터 전쟁 전의 모든 세금 미납분에 대한 징수가 이루어졌다.

호적부 등록, 식료품과 공산품 배급표 발급을 위해, 또한 일본인과 한인들의 취업과 지역 이동을 관리할 목적으로 그들에 대한 서류 등록작업의 시행이 요구되었다. 이를 위해 러시아어와 일본어 2개 언어로 된 임시 신분증을 발급하였다.

1946년 8월 1일자로 남사할린에 외국인 주민 274,566명이 등록되었고 거주등록을 마쳤다. 그들 중에 170,348명이 어른이었고, 104,218명이 아이들이었으며, 150,563명이 남자, 124,003명이 여자였다. 일본인이 251,458명, 한인들이 22,817명, 중국인이 121명, 아이누인이 170명이었다. 가장 많은 수의 한인들이 거주하는 지역은 우글레고르스크 지역으로 4,491명이었고, 코르사코프스크, 네벨스크 그리고 돌린스크 지역에 각각 3,600명 정도 있었고, 제일 작게 거주하는 곳은 포로나이스크 지역으로 279명이었다. 중국인들은 거의 전 지역에 조금씩 흩어져 있었다. 등록된 170명의 아이누인들은 코르사코프스크 지역에 52명, 돌린스크 지역에 72명, 우글레고르스크 지역에 46명이 있었다.

전후 첫 시기의 특징적인 것들 중 하나는 주민통치가 매우 중앙집권적 성격을 가졌고 민간과 군 행정당국에 의해 조정되었다는 것이다. 1945년 10월 극동군관구 사령관 M. A. 푸르카예프[viii]가 명령 "남사할린과 쿠릴열도 영토 내에서의 전시체제에 대하여"를 공포하였다.[43] 통행과 교통은 아침 5시부터 22시까지만 허용되었다. 모든 기업과 기관들의 일을 이 시간에 맞추었다. 밤시간 길거리나 거주지역 경계 밖에 있는 것은 군사령관의 통행증이 있어야만 허용되었다. 한

---

viii) 푸르카예프, 막심 알렉세예비치(Purkaev Maksim Alekseevich, 1894-1953). 소련의 군인. 제2차 세계대전 때 제2 극동전선 사령관이었고, 전후에는 극동군관구 사령관, 극동군 중앙위원회 제1부위원장을 역임했다.

거주지역에서 다른 지역으로 자유롭게 이동하는 것은 시급한 의료 지원, 장례식 참가, 출장, 생산현장으로 교대근무를 위해 가는 것 등의 예외적인 경우를 제외하고 금지되었다.

하지만 모든 경우에 문서로 된 청원서를 제출하고 거주지역 군사령관의 등록을 받은 특별 통행증을 발급받아야만 했다. 그리고 정해진 시간에 복귀하지 않으면 통행증을 발급받은 사람의 수색 조치가 취해졌다. 전반적인 신분증 체제가 정립되기 전까지는 일본지배시기에 작동되었던 거주등록 없는 사람들의 10호 담당제가 유지되었다. 질서유지를 위한 특별 부대와 순찰대가 만들어졌다. 이동의 규칙을 어긴 사람은 전시법에 따라 책임을 물었다.

정부의 특별 결의에 의해 남사할린과 쿠릴열도의 전 해안선을 따라 만조가 되었을 때의 선에서 7.5킬로미터가 국경지역으로 지정되었다. 이 지역의 출입은 특별 증명서가 있어야만 허용되었다.

엄격한 법률은 생산 분야에서도 작용하였다. 일하지 않는 주민들을 노동에 동원시키는 것이 허용되었다. 기업 책임자는 매주 5일간의 노동이 끝나면 생산량을 보고해야만 했다. 제멋대로 일터를 방임한 사람은 4개월까지의 감옥 구금에 처했다. 결근자는 임금의 25%를 공제하고 6개월까지의 교화노동작업으로 처벌되었다. 죄지은 자들의 사건은 범죄가 일어난 순간부터 2일이 넘지 않게 재판소로 보내졌다. 결근으로 처벌받았거나, 직장 내에서 형기를 마친 사람들의 해고는 금지되었다. 또한 신분증에 해고되었던 이력이 있거나 마지막 직장에서 특별증명서가 있는 사람들을 직장에 받아들이는 것은 금지되었다. 생산현장을 스스로 그만둔 사람들은 다시 돌아와야 했다. 죄지은 자들을 숨기거나 재판에 넘기는 것을 회피한 책임자들에

게는 형사책임을 물었다.[44]

지난 날의 일본인과 한인의 민족간의 적대관계가 드러났다. 예를 들어보자면 남사할린지역 민정관리국의 노동력 등록과 배치과 과장이었던 D. A. 코사레프의 공식문서에는 다음과 같이 쓰여있다: '나이부치' 탄광에는 소비에트 노동자를 제외하고 관리직은 전부 일본인이었다. 한인들은 단지 힘쓰는 일에만 종사하고 있었다. 한인 노동자들에 대한 일본인들의 은근한 박해가 당연히 있었고, 한인 노동자들은 일본인 관리자들을 매우 싫어했다. 중요한 것은 일본인들은 그들의 직무상의 위치로 인해 특권을 유지하고 있었다는 사실이다. 러시아인들과의 대화에서 일본인들은 이렇게 대답했다. "우리와 러시아인들의 관계는 아주 좋습니다."[45]

바로 그 '나이부치' 탄광에서 독신 노동자들은 공동숙소에 배치를 받아 살았다. 그 공동숙소에서는 40평방미터가 안 되는 공간에 30명까지 배치되었다. 목격자들은 상황을 다음과 같이 묘사했다: "공동숙소는 엄청나게 더러웠고, 이와 빈대가 노동자들을 뜯어먹었다. 공동숙소 내부나 주위는 비위생이 판을 쳤다. 대부분의 노동자들은 침구류를 가지고 있지 않았고, 한 매트리스에서 두세 명이 무질서하게 잤다. 속옷은 거의 아무도 가지고 있지 않았으며, 세탁비누도 세면비누도 받지 못했다. 공동급식은 없었고, 의료 위생 서비스는 거의 없었으며 그 결과로 대량 발병이 있었다. 한인 노동자들은 일본인 의사에게서 의료 구호를 받았다. 환자에게는 임금을 지불하지 않는다는 증명서가 발급되었다. 발병한 사람들은 많은 시간을 생존의 방편 없이 남겨졌다."[46]

코르사코프스크 지역의 석회암 탄광들에서는 도급업자들과 일본인 작업반장들이 한인 노동자들에게 임금과 식료품 배급표 지급하는 것을 일부러 지연하였다. 그 결과 한인 노동자들은 작업을 거부하고 일본인들을 구타하였으며 행정 당국에 관리직에서 일본인들을 해고하고 러시아인들로 교체해 달라고 요청하였다.[47]

전후의 상황은 많은 부정적인 현상들로 특징 지워진다. 그 부정적 현상들 중에는 한인들과 관련된 것도 있는데, 이전에 일본국적자였던 한인들의 많은 수(8천명이 넘는)가 사회적으로 유용한 노동을 회피하였고, 거주등록 없이 살았으며, 암거래를 할 목적으로 섬의 영토를 따라 돌아다녔다. 이것과 관련하여 한인들의 방랑과 무단 이동을 금지하는 결정이 채택되었다. 새로 정해진 규정은 노동 증명서를 제출하는 사람에게만 거주등록을 해주도록 하게 했다.

1948년 10월 27일의 사할린 주 소비에트 집행위원회의 결정에 따라 사회적 노동을 거부하는 사람, 그리고 유즈노-사할린스크, 코르사코프, 홈스크 시에 거주하는 모든 사람들은 사할린 서안에 위치한 주변지역인 우글레고르스크와 레소고르스키 지역으로 행정적 축출을 당하였다. 이때 이주는 국가의 돈으로 이루어졌으며 이주한 사람들에게 새로운 거주지에서 집을 제공하였고 일자리를 알선해주었으며 가족당 0,5에서 1,0헥타의 땅을 분배하였다.[48]

동시에 사할린 관구 국경수비대 사령부는 한인들이 지금 거주하는 곳에서 타타르 해협[ix]과 아니바 만의 연안을 따라 세부니노 마을 남쪽으로, 또한 소(小)쿠릴열도와 쿠나시르 섬[x]에서 남쪽으로 이동

---

ix) 타타르 해협(Tatar Strait). 사할린 섬과 아시아 대륙 사이에 있는 해협으로 동해와 오호츠크해를 연결한다.

x) 쿠나시르(Kunashir, 일본명 國後島) 섬. 쿠릴열도에 속하는 섬으로 가장 남쪽에 있는 섬이다. 아이누어로는 검은 섬을 의미한다.

하는 것을 제재할 것을 요구하였다. 이러한 조치는 접경한 일본에 대한 적대행위를 할 수 있는 한인들을 이 지역들에서 제거해야 되는 필요성에서 기인되었다.[49]

전후 첫번째 시기의 중요한 특징들 중 하나는 당과 정치 간부 그리고 통역의 부족으로 말미암아 남사할린과 쿠릴열도에 세워진 군과 민간 연합 통치시스템이 공산주의 정치선전으로 모든 일본 주민들을 사로잡을 능력이 되지 않는다는 것으로 판명된 것이다. 하지만 일본 국적자로서의 한인들에게는 특별한 관심을 할당하였다. 이것은 그들 중 급진적 무리들이 본국송환을 요구하면서 반소비에트적 경향을 나타내고 노동규율을 어기고 생산현장에서 일하는 것을 거부한 것에 기인하였다.

한인들을 이념적으로 "충격을 주어서", 소비에트의 이념적 토대위에 결속시켜야하는 과제가 세워졌다. 클럽, 도서관, 선전실, 정치학교와 선동원집단이 만들어졌고, 신문 "새로운 삶"을 일본어로 30만부씩 발행했다. 매일 두시간 동안 라디오 방송도 하였고, 팜플렛과 전단지들을 찍어냈고 소비에트 영화를 보여주었다. 그 영화들의 내용은 상영 전에 설명해주었다. 독립채산제로 움직이는 5개의 일본인 음악단과 1개의 한인 음악단이 활동하였다. 일본인과 한인 학교를 위한 프로그램과 교과서의 재검토 작업과 민족 간부들의 재양성 작업이 시행되었다. 예술가들과 아마추어 공연집단의 공연목록은 극동군관구 군소비에트 산하 민정국에서 검열하였다.

일본어 서적의 정치적 평가는 특별검열위원회가 담당하였다. 외국어로 된 서적의 사적인 판매는 금지되었다.[50] 일본 기념물들, 묘지, 행정건물들에 새겨진 모든 글들을 감정하였고, 노획한 일본어

서적도 마찬가지로 감정을 하였다. 그 서적들 중 많은 것들이 축음기판과 마찬가지로 이념적으로 유해하다 하여 폐기되었다. 경찰과 국가안보 기관들이 파괴 활동의 발원지를 밝혀내고 일본인들이 남겨놓은 간첩망을 적발해내는 작업을 진행하였다. 하지만 동시에 이 시스템에서 일하는 소비에트 한인들을 통하여 소련 국가구조와 사회주의적 삶의 모습을 설명해 주었다.

짧았지만 역사적 조건에 의해 형성되었던 남사할린과 쿠릴열도에서의 군과 민간 통치는 공식적으로 1947년 1월 2일 소련최고소비에트 상임위원회의 칙령 "남사할린 주의 폐지와 그 영토의 사할린 주 편입에 대하여"가 채택되면서 종결되었다. 동시에 사할린 주는 하바로프스키 주의 구성체에서 떨어져 나와 러시아소비에트사회주의연방공화국의 독자적인 주가 되었다.[51]

2. 사회경제적 상황

1946년 5월에서 7월 사이에 양국 간 협정에 따라 2,000명의 북조선 노동자가 어업분야에서 일하기 위해 사할린 남부에 도착했다.[52] 1947년에는 소련각료회의의 결정에 따라 북조선 노동자 22,000명을 사할린을 포함한 극동지역으로 유입시키기 위한 회유 작업이 예정되어 있었다. 이 작업에는 총 6천만 루블이 배정되어 있었다. 노동자들과 함께 3만 명에 달하는 가족들도 이주할 예정이었다. 그리고 이들에게 식량을 보급하기 위해 수수와 조 각 3천 톤과 콩 1천5백 톤을 만주지역에서 구매해야 할 필요성도 인정되었다.[53]

회유된 북조선 노동자들의 러시아 입주는 1946년 3월 19일자 소련인민위원소비에트 결의 № 621-256 c 로 확정되어 북조선의 소련군 사령부에 전달된 특별 허가서에 따라 실시되었다.[54] 이들 북조선 노동자들의 사회적 성분은 농민, 벌목공, 교사, 의료인, 사무원 등 다양했으며, 떠돌이나 극빈자들도 포함되어 있었다. 이들 대부분의 연령은 40세 이상이었다. 아래 <표 7>에 제시한 것처럼, 1946년에서 1949년까지 사할린으로 들어간 북조선 노동자는 총 20,891명이었고 동반 입국한 가족이 5,174명[55]이었다. 반면 같은 기간에 사할린에서 북조선으로 귀국한 노동자는 12,386명이었고 동반 귀국한 가족 수는 2,009명이었다.

〈표 7〉 사할린주로 유입된 북조선 노동자와 동반 가족 수 변화 (1946-1949년; 단위, 명)

연도	유입			유출		
	총 수	그중		총 수	그중	
		노동자	동반가족		노동자	동반가족
1946	7,523	7,523	-	6,595	6,595	-
1947	6,474	5,083	1,391	-	-	-
1948	11,888	8,105	3,783	5,406	4,113	1,293
1949	180	180	-	2,394	1,678	716
합계	26,065	20,891	5,174	14,395	12,386	2,009

주: GASO. F. 53. Op. 1. D. 109. L. 27.에 따라 작성한 것임.

쿠릴열도에 대해서는 특별히 언급할 필요가 있다. 1947년 6월 현재 쿠릴열도 북부의 인구는 10,562명이었는데, 그 가운데 6,252명이 러시아인, 2,271명이 일본인, 2039명이 한인이었다.[56] 쿠릴열도 중부와 남부에는 한인이 많지 않았는데, 1948년 조업철부터 한인이 유입되기 시작하여 1년 후에는 한인 수가 어업 노동자와 가족을 합쳐 총 831명이 되었다.[57]

쿠릴열도 중부와 남부의 한인 체류는 단기적인 현상이었다는 것이 특징이다. 그곳으로 유입된 한인들은 열악한 조업 및 생활 환경에 대해 노골적인 불만과 함께 떠나고 싶다는 의사를 표시했다. 그런데 그것이 정치적인 불신을 초래했고, 이에 따라 아래의 1949년 8월 22일자 사할린주 국경수비대장 A. 구빈의 비망록에 나타나있듯이, 쿠릴열도에서 한인을 전원 철수시키자는 요청이 제기되기도 했다.[58]

“국경안보 그리고 한인이 월경하거나 외국 첩보기관에 포섭되는 것을 방지하기 위해 쿠릴열도(시코탄, 시보추, 구나시리, 에토로후)에서 모든 한인을 사할린으로 이주시켜야 한다. 또한 향후에도 어업조직들이 한인을 고용하여 쿠릴열도 지역에서 조업시키는 것을 금지하는 것이 타당하다고 생각한다.”

전연방공산당(볼쉐비크) 사할린주위원회 행정과 비망록에서

“쿠릴스크 지역 및 유즈노-쿠릴스크 지역에서 어업에 종사하는 한인 노동자들을 단기간에 이주시키는 것은 불가능하다. 그것은 일부 기업들의 경우 한인 노동자가 절대 다수를 차지하기 때문이다.

따라서 우리는 다음과 같은 조치를 취할 필요가 있다고 여긴다.

1. 향후 어업기업이나 기타 조직이 쿠릴스크 지역 및 유즈노-쿠릴스크 지역에서 일하도록 한인 노동자를 고용하는 것을 금지한다.
2. 1949년 12월 1일까지 유즈노-쿠릴스크 지역의 한인 노동자를, 1950년 3월 1일까지 쿠릴스크 지역의 한인 노동자를 역외로 유출시킨다. 유출된 한인 노동자를 사할린 섬에서 어업에 종사하도록 배치시킨다.”[59]

그 후 1952년 중에 쿠릴 북부지역을 포함하여 유즈노-쿠릴스크 및 쿠릴스크 지역 지역, 그리고 사할린 남부의 일부 지역에 거주하는 한인들을 사할린 중부 지역으로 이주시킨 뒤, 그 지역들에 해안 국경선을 설정하는 문제가 대두되었다.

1948년 1월 27일자 소련각료회의 지시 № 890-p에 따라 어업기업과 2-3년의 노동계약을 체결한 북조선 노동자들에게는 추가로 500루블의 무상 보조금 및 1,000루블까지의 선불이 지급되었으며, 계절 노동자들에게는 300루블의 무상 보조금이 지급되었다. 그 외에도 3년의 노동계약을 체결한 북조선 노동자들에게는 1945년 8월 1일자 소련최고소비에트 명령에 따른 극북지역 노동자에 대한 특혜도 적용되었다.[60] 따라서 추가급여 총액이 기본급의 100%를 넘지 않는 범위에서 매 반기마다 기본급의 10%에 해당되는 추가급여가 지급되었고 근무일 18일에 해당되는 휴가가 제공되었으며, 초과근무자의 경우에는 근무일 30일에 해당되는 휴가가 제공되었다.[61]

그리고 1948년 6월 2일자 소련각료회의 지시 № 6864-pc에 따라 북조선 노동자들을 어업분야에 정착시키기 위한 목적에서, 위에 언급한 특혜 이외에 계약기간을 1년 더 연장한 노동자에게는 600루블의 상여금을, 3년 더 연장한 노동자들에게는 900루블의 상여금을 지급했다.[62] 그리고 소련방 정부의 결정에 따라, 1948년 10월부터 노동계약이 끝난 6천명의 북조선 노동자를 어업분야에서 임업 및 제지분야로 이직시켰다.

그러나 대부분의 북조선 노동자들은 1년 단위 노동계약 체결을 선호하면서도 노동계약 종료 후에도 귀국하지 않고 어업분야에서 계속 일하거나 다른 분야로 이직한 노동자에게 지급되는 600루블의 상여금 지급을 요구하기도 했다.

한편, 일본화된 한인, 즉 소위 '가라후토' 한인들의 상황은 비교할 수 없을 정도로 열악했다. 그들은 국적이 없어서 정부가 제공하는 혜택을 받을 수 없었기 때문이다. 그런데 기업들은 북조선 노동자뿐 아니라 사할린 현지 한인 노동력 유치에도 동일한 관심을 두었으며, 따라서 그런 비정상적인 상황에 대한 문제가 제기되기도 했다. 결국 수년이 지나서 상응하는 결정이 내려졌고, 국적이 없던 한인들도 러시아인과 동일한 노동권을 보장받고 추가급여와 추가 휴가 그리고 일시적 노동 장애에 대한 국가 보조금을 받을 수 있게 되었다.

한인 가운데 개인 수공업자는 별도의 범주에 속했다. 그들은 숫자가 많지 않아 약 500-600명 정도였고, 대부분 투기적인 수공업에 종사했다. 따라서 정부는 개인의 부를 축적하기 위해 노동자를 고용하는 자들에 대한 특별 조치를 단행했다. 그리고 동시에 가정주부를 포함하여 노동력이 있지만 고용상태가 아닌 모든 사람을 조사하여 생산 현장에 배치했다.

이제 한인 노동자들의 생활 조건 문제를 살펴보기로 하자. 이 문제는 1947년 3월 16일 소련각료회의에서 특별히 검토되었다. 특히 유입된 북조선 노동자들에게 어업분야 노동자 기준에 맞게, 그리고 가족에게는 극북지역에 거주하는 피부양자나 아동에게 적용되는 기준에 맞게 식료품과 공산품을 지급해야 할 필요성이 인정되었다. 그리고 빵 대신 쌀이 지급되었다. 노동자들에게는 하루 500g, 가족에게는 하루 300g이 쌀 지급 기준이 되었으며, 1일 지급량의 70%까지는 수수나 조로 대체되었다. 그리고 임금의 50%까지의 본국 송금이 허용되었고 친척들과의 서신 교환도 허용되었다. 북조선에서는 송금된 돈을 조선국립은행 지점망을 통해 지급했다. 통번역은 카자흐스탄과 우즈베키스탄에서 온 300명의 한인이 담당했다.[63] 이들은 1937년에 정치적 불온 및 일본 스파이에 협조한 혐의로 극동지역에서 강제이주 당한 바로 그 사람들이었다. 대륙에서 사할린으로 이주한 그들은 전에도 그랬던 것처럼 그 어떤 '황화론'의 요소가 아니었다.

북조선에서 온 노동자들의 생활 조건에 대해서는 고문서고의 문서들을 통해 다음과 같은 모습을 볼 수 있다.

"알렉산드로프스크-사할린스키 지역의 기숙사들에는 많은 사람들이 밀집해 살았다. 지붕은 비가 샜고, 쓰레기가 널려있었을뿐 아니라 빈대도 많았다. 책상이나 의자 등 가구는 전혀 없었다. '사르투나이' 어류 가공공장의 바냐는 폐허나 다름없었고, 조선인 노동자들은 잘 씻지 못했다. 소독실도 없었다. '호에'의 어류가공 공장에서는 2개월 간 바냐를 수리했으며, 그 기간동안 조선인들은 씻지 못했다. 조선인 노동자들에게는 겨우 100g의 비누만 지급되었다. 따라서 이가 극성을 부렸고, 매일 5-10명에게 이가 옮았다. 그리고 두달 반 동안 노동자들은 한푼도 받지 못했다. 그런 결과로 조선인 노동자들은 불만을 표시하게 되었고, 나아가 때때로 여러 작업반 전체가 출근하지 않기도 했다."[64]

이에 더해 알렉산드로프스크 어업센터에서 일한 북조선 노동자들은 관리자들의 냉대와 모욕을 감내해야 했으며, 개고기를 식용으로 사도록 강요하고는 북조선에서는 개를 직접 잡아먹지 않았느냐고 조롱하기도 했다. 그 외에도 북조선에서 온 한인들은 폭력배들에게 구타를 당하거나 흉기를 사용한 강도를 당하기도 했다. 1946년 가을 시로코파드스키 지역에서는 이들 사이에 렙토스피라증이 만연하기도 했다. 이런 일이 있은 뒤에야 위생 조치가 취해졌고, 가족 1명당 200g의 비누가 지급되었다.[65]

극동군관구 정치보위부 제7과 과장 리스코베츠 중령의 업무기록에서

"북조선에서 온 노동자들의 접수, 배치, 근로와 관련된 문제는 잘 해결되지 않았으며, … 열악한 주거, 위생 조건때문에 많은 환자가 발생했다. 사망한 사례들도 있다. 많은 북조선 노동자들이 작업복을 갖추지 않고 일했으며, 부인이 다 하지 못한 일을 남편이 대신하게 시키는 부당한 관행도 있었다. 게다가 소련 노동자들은 산업제품 구매 쿠폰을 세 번이나 받았지만, 북조선에서 온 노동자들은 한 번도 받지 못했다. 박대, 욕설 나아가 구타를 당한 사례들도 있다. 네벨스크 어항에서 5월 25일에 경비원 트레비츠키가 북조선 노동자 김창낙, 김창진, 최창돈을 폭행했다. 그리고 같은 곳에서 5월 27일에 작업반장 펜디코프가 경비원들과 함께 작업중인 김한홍을 구타했다. 홈스크 수송설비 창고 사무실에서 판필로프 과장이 6월 10일에 리정진을, 5월 20일에 태원석을, 6월 12일에는 김정만을 폭행했다. 홈스크 어업콤비나트에서는 작업반장 라우틴이 그들에게 물리력을 사용했다. 그는 항상 몽둥이를 가지고 다녔으며, 저녁마다 노동자들을 붙잡아 두었으며 조선인들은 먹지 않고도 3-4일 일할 수 있다고 말했다."[66]

북조선에서 온 노동자들에게 소비에트 신분증이 발급되지 않았으며 노동수첩도 만들어 주지 않았다는 점을 특별히 밝혀둔다. 따라서 그들의 주거지나 거주등록 상황, 노동자들의 이동 원인, 그리고 자의적인 행태를 유발시킨 노동 의무에 대한 태도 등에 대해 파악할 방법이 없었다.

이와 관련하여, 1950년 6월 15일 사할린 주 소비에트 집행위원회 소회의에서 즉시 모든 북조선 노동자들의 거주등록을 완료하여 신분증 및 국경 관련 규정을 고의적으로 위반하는 자는 형사책임을 물을 필요가 있다는 점이 인정되었다. 이에 따라 어업분야 지도자들은 북조선에서 온 모든 노동자들을 정부 산하 기업으로 복귀시켜야 할 의무를 지게 되었고, 다른 조직에서 그들을 고용하는 것은 "사할린어업" 책임자의 동의 하에 경찰을 통해서만 가능하게 되었다. 그들이 한 마을에서 다른 마을로 이주하는 경우에도 경찰에 신고를 해야 했고, 그것도 이주할 곳에 주거지와 직장이 마련된 경우에만 허가되었다. 이런 규정을 어긴 자에 대해서는 행정적, 형사적 책임을 물었다.

특히 도박이나 밀주 또는 아편 제조는 엄하게 처벌했다. 그리고 소련각료회의의 군사 및 국가 기밀 보호 관련 지시에 따라 북조선 노동자에 관한 사항을 언론에 공개하는 것이 금지되었다.[67]

1951년 8월 18일 기준 사할린주 내 한인 수는 42,916명이었고, 그 중 남자가 22,427명, 여자가 10,777명, 16세 미만 아동이 9,712명이었다. 노동가능 연령 인구에서 5,410명이 어업분야, 1,650명이 임업분야, 1,579명이 탄광, 1,096명이 제지분야에 종사했으며, 170가구가 농업에 종사했는데, 그중 77가구가 콜호즈에서 일했고 93가구가 소프호스에서 일했다. 그리고 343명이 철도수송분야, 441명이 상업분야에서 일했다. 그 외 다른 분야에서 일한 한인은 극히 적었다. 한인 성인들의 사회적 계층 분포는 19,830명이 노동자, 255명이 공무원, 1,628명이 농민, 535명이 수공업자, 10,956명이 무직이었다.[68]

한인들은 주로 사할린 남부에 거주했으며, 코르사코프스크 지역에 5,768명, 홈스크 지역에 4,437명, 우글레고르스크 지역에 4,095

명, 유즈노사할린스키 지역에 3,850명, 포로나이스크 지역에 3,591명, 돌린스크 지역에 3,568명이 거주했다. 그리고 토마린스크, 네벨스크, 마카롭스키 지역에는 각각 약 3천명, 체홉스키 지역에는 2,300명이 거주했고, 사할린 북부와 중부 지역에 거주한 한인은 1,200명을 넘지 않았다.[69]

한편, 1946-1949년에 북조선에서 사할린주로 입국했던 노동자 가족들의 송환 과정은 소련방 내무성의 지시에 따라 다음 사항들과 더불어 이행되었다.

ㄱ) 과거 일본의 국민이었던 한인을 포함시키지 않은 귀국 북조선인 명단을 각 기업마다 작성하도록 했다.

ㄴ) 북조선에서 온 한인의 임시 증명서를 확인하여 귀국자 명단에 포함시켰으며, 증명서를 제시하지 못하는 경우에는 증명서 제출 시까지 명단에 포함시키는 것을 보류했다.

ㄷ) 국경 통과 시 하산-두만강 역에서 소련방 국경수비대 책임자에게 임시 증명서를 제출하도록 조치했다.

ㄹ) 북조선인의 가족인 소련방 국민은 귀국자 명단에 포함시키지 않았으나, 본인이 원하는 경우 개인 신청서와 소련방 내무성 관련 기관의 허가에 따라 명단에 포함시켰다.

ㅁ) 귀국하는 북조선인들로부터 출생, 결혼, 사망 증명서 원본을 회수하고 사본을 발급해 주었다.

ㅂ) 경찰청 관련 부서에서 귀국자 명단을 일괄적으로 면밀히 검토한 뒤에 지역 경찰에 반송하여 신분증을 발급해주도록 했으며, 과거 일본 국민이었던 한인이 타인의 증명서를 탈취하거나 매입하여 북조선으로 출국할 가능성을 배제하는데 주의를 기울였다.[70]

귀국 북조선인의 집결지는 코르사코프였으며, 그곳으로부터 배편으로 나호트카 항구까지 이동했다가 철도를 통해 연해주 포시에트 역까지 이동했다. 1946-1949년에 사할린으로 입국한 북조선인들에게는 노동계약 체결 여부와 무관하게 가족 및 수하물 수송 비용이 지급되었다. 사할린에 거주하면서 북조선 국적을 취득한 한인은 출국 시점에 직업이 없는 사람과 마찬가지로 그런 혜택이 제공되지 않아 모든 비용을 스스로 부담해야 했다.

북조선 귀국 시 1인당 240루블 미만의 소련 화폐를 북조선 화폐로 환전하는 것이 허용되었다. 소련방 국채는 기업이 국채 명칭과 발행 연도를 명시하여 발급한 증명서가 있는 경우에만 매각할 수 있었다. 귀국하는 북조선인들에게는 식료품, 공산품 그리고 의료서비스에 대한 권리를 매도하는 것이 허용되었다. 국경에서는 노동수첩, 노조원증, 매각하지 않은 소련방 국채, 금 세공품, 아편 등은 압수했다.[71]

1952년 1월 1일 현재 5,410명의 북조선 노동자가 사할린에 남아 어업분야에서 계속 일하고 있었고, 가족까지 합하면 그들의 총수는 9,517명이었다. 약 400명의 노동자가 작업반장급으로 일했다. 그리고 약 70%에 해당되는 가구가 독립적인 주거에 살거나 셋집을 얻어 살았다. 독신자 1,630명은 대부분 나무침대나 2층 침대가 배치되어 있고 한 달에 3회 침구를 교체해 주는 기숙사에 살았다. 전통 식재료(조, 피, 콩, 수수, 붉은 고추)가 없었던 까닭에 솥으로 조리를 하는데 많은 시간이 들기도 했다. 3년 기한의 노동계약을 체결한 노동자 3,700명은 정부가 제공하는 특혜를 누렸다. 북조선인이 200명 이상 근무한 21개 기업에서는 그들에게 부사장 직위를 마련해 주기도 했다.[72] 거의 모든 집에 라디오가 보급되었으며, 한글로 발행된 신문

'조선 노동자'가 전역에 배포되었다.

임업 기업들에서는 1,650명의 한인이 일을 했는데, 그중 1,347명은 과거부터 사할린에 거주하던 한인이었고, 303명이 북조선에서 온 노동자였다. 이들 가운데 13명은 기술직, 15명은 사무직으로 일했고, 나머지 1,622명은 잡역부로 일했다.[73] 돌린스크 임업기업에는 한인을 위한 특별 벌목 구역을 지정하기도 했다. 놉스키와 마카롭스키 임업기업에는 각각 약 200명의 한인 노동자가 일했으며, 다른 임업기업에서 일한 한인 노동자는 80명이 넘지 않았다. 임업분야 한인 노동자 가운데 약 400명에게는 급식이 제공되었고, 나머지 대부분은 개인적으로 음식을 준비해 가지고 다녔다. 그들 가운데 270 가구는 허름한 일본식 판자집에 살았고, 31 가구는 기숙사에 살았다. 그리고 많은 독신자들은 한인 노동자 가정이나 러시아인 가정에 세를 들어 살거나 벌목 구역의 천막에서 살았다.

크라스노고르스키 지역 목재 가공공장의 한인들은 몇 년 동안 정식으로 등록되지 않은 상태로 다양한 잡일을 했는데, 휴가도 작업복도 없었고 임금도 제때 받지 못했으며 경력에 따른 추가 임금이나 일시적 노동장애 수당도 받지 못했다. 게다가 문화생활 시설이나 의료 서비스 시설이 없어 노동자의 주거로 전혀 적당하지 않은 곳에서 살아야했다.

석탄기업이나 펄프제지공장의 상황도 이와 유사했으며, 그런 기본적인 문제들이 해결되지 않았다. 따라서 경영조직 지도자들은 한인에게 소비에트 국적을 부여하고 주택 및 경제활동에 필요한 시설 건설을 위한 자금을 대출하는 문제, 가축 및 토지 제공 문제, 그리고 전통식품 부족 문제를 끊임없이 제기했으며, 국적이나 노동계약 체결 여부에 무관하게 모든 한인들에게 사회적 혜택을 제공하는 문제도 끊임없이 제기했다.

그러나 국적없는 한인들과 북조선에서 온 노동자들에게 장애인과 다자녀 가구에게 지급하는 국가 보조금이나 고령 연금을 받을 권리를 부여하거나 의료 진단에 따른 요양소 여행권을 제공하는 문제는 쉽게 해결될 수 있는 문제가 아니었다.

러시아어를 통한 기술교육, 기능인 양성, 중고등 전문교육 이수 금지 철폐, 노조 및 공산청년동맹 가입 권리 부여 등의 필요성도 거론되었다. 또한 한인을 고용하여 그들에게 거주등록 및 고유 민족식 성명을 표기하는 소련방 단일 신분증을 발급할 때, 노동수첩도 발급하는 문제를 신속히 해결하라는 요구도 제기되었다. 한인들은 러시아어를 잘 모르거나 전혀 몰라 자신의 질병 상태를 정확히 설명할 수 없었기 때문에 보건의료기관 내에 한인 전담 의료인을 배치해야 한다는 요구도 지속되었다. 또한 1947년 2월 15일 소련최고소비에트 상임위원회가 "소련방 국민과 외국인 간 혼인 금지"에 관한 명령을 내림에 따라 북조선에서 처녀들을 데려와야 할 필요성도 제기되었다.[74]

1951년 10월에 소련각료회의 지시 №3711-1719c에 따라 사할린 한인들은 '해빙기'를 맞이하게 되었다. 한인들은 협동조합 구성원의 과반수 이상을 차지하지 않는다는 조건에서 농업 및 어업 협동조합에 가입할 권리를 가지게 되었다. 또 텃밭을 불하받았으며, 3년 거치 10년 납부 조건으로 가구당 1만 루블까지 주택이나 경제활동 시설 건설을 위한 대출을 받을 수 있게 되었고, 주택 개량을 위해서는 3년 거치 5년 납부 조건으로 2천 루블까지 대출을 받을 수 있게 되었다.

그리고 한인들은 노동일수에 따른 지불 조건으로 콜호즈에 고용되기 시작했으며, 개인 경작을 원하는 자에게는 0.2ha의 택지와 1ha까지의 밭이 불하되었다.

그와 동시에 모든 직장에서 한인이 마지막 순위로 임금을 받던 상황을 개선하기 위한 조치들이 시행되었다. 그리고 허가받지 않은 수공업자, 개인의 이익을 위해 일하는 수공업자 그리고 타인을 고용하여 이익을 취하는 자를 색출하는 활동이 전개되었다. 그리고 노동수첩이 없거나 또는 이전 직장에서 발급한 증명서가 없는 한인은 고용하지 않게 되었다. 그리고 러시아인과 한인이 섞인 작업반이 구성되기 시작했다. 또한 행정 절차를 통해 사회에 유용한 노동에 종사하지 않는 모든 사람을 조사하여 의무적으로 취업하도록 했다. 한인 노동자의 생산기술 향상과 소련방 무역성이 허가한 절차에 따라 조선 전통 식품을 확보하여 목록에 따라 조리하는 시스템도 구축되었다.

한편, 전쟁 후 상황이 악화되었으며, 새로운 문제도 발생했다. 따라서 1952년 1월 전연방공산당(볼쉐비크) 사할린주위원회는 전연방공산당(볼쉐비크) 중앙위원회에 다음 사항에 대해 동의해 줄 것을 요청했다.

1. 아닙스크, 고르노자보드스크, 코르사코프스크, 쿠릴스크, 유즈노-쿠릴스크 지역과 네벨스크 지역의 모네론스키 마을, 돌린스크 지역 스타로둡스키 마을 영역 내에 해안 국경선을 설정하고, 그 지역에 거주하고 있는 일본인과 한인을 사할린 중부로 이주시킨다.
2. 우호적인 한인들을 보안 요원으로 받아들여 국가보안 기구를 강화시킨다.

3. 타국의 반소비에트 방송을 차단하는 용도로 10대의 전파 송신기를 보급한다.
4. 과거 일본 국민이었던 한인들에게 소련 국적 취득 기회를 부여한다.
5. 국적 보유 여부와 무관하게 모든 범주의 한인들과 노동계약을 체결하고 상응하는 임금 혜택을 부여하는 것을 허용하며, 한인들에게 어업 콜호즈, 농업 및 공업 협동조합 가입 권리를 부여한다.
6. 한인들을 위해 1천 톤의 콩, 2천 톤의 조, 5천 톤의 붉은 고추를 수입하며, 지역별로 건어류 생산 시설을 마련한다.
7. 금전대출, 자발적 생명보험 가입, 국채 매입, 월 100루블 이내로 북조선을 포함한 해외 송금에서 모든 한인들에게 소련 국민과 동등한 권리를 부여한다.
8. 사회기관의 청원과 소련의 기업에서 9년 이상 지속적으로 일한 경력을 조건으로 한인들에게 장애 및 고령 연금을 지급한다.
9. 한인 고령자를 위한 양로시설을 개설한다.
10. 소련최고소비에트 상임위원회 명령에 따라 다자녀 여성 및 모자가정 여성, 임신부에게 제공되는 혜택을 한인 여성들에게도 확대시킨다. ('어머니-영웅' 칭호 부여 및 어머니 훈장이나 메달 수여는 제외)
11. 조선어를 아는 의사 15명을 포함한 50명의 의료인을 사할린주에 파견하며, 사할린의 한인들에게도 하바로프스크주, 연해주, 아무르주, 치타주 등지에서 요양 치료를 받을 권리를 부여한다.
12. 100명 이상의 한인이 일하는 기업에 정치 및 문화-선전 담당 부사장 직위를 마련한다.

13. 북조선에서 입국한 노동자를 포함한 모든 한인의 노조 가입 절차를 확정하고, 탄광, 어업, 임업, 제지 산업체 노조에 한인을 위한 작업 교관 직제를 도입한다.
14. 한인들이 가장 밀집하여 거주하는 지역의 학교들에 감독관 직제를 추가 도입한다.
15. 북조선에서 최소 3천명의 여성을 사할린으로 파송시킨다.
16. 사할린주로 조선어 번역 전문가를 파견하고, 소련 영화에 조선어 자막을 달아 상영하는 것과 더불어 북조선 영화 상영을 허가한다.
17. 신문 '조선 노동자' 발행 부수를 1만에서 1,2000부로 증대시키며, 발행 횟수를 주당 3회에서 5회로 증가시킨다.
18. 국적 보유 여부와 무관하게 한인 청년들에게 중, 고등 전문교육기관에서 교육을 받을 권리와 공산청년동맹 및 스포츠 동호회 가입 권리를 부여한다.
19. 전 지역에 조선어 라디오 방송을 허가한다.
20. 한인 신분증 갱신 작업 과정에서 일본식 성명을 고유의 조선식 성명으로 교체한다.[75]

전연방공산당(볼쉐비크) 사할린주위원회는 한인들에 대한 정치적 영향 강화, 한인의 사회경제적 상황 개선, 그리고 국가안보를 위해 이 문제를 해결할 필요가 있다고 평가했다.

한편, 북조선 정부는 자국민의 조속한 귀환 문제를 지속적으로 제기했다. 이에 따라 소련각료회의는 1958년 6월 5일자 지시 № 1827-c를 통해 지방 행정기관이 노동계약에 따라 일하고 있는 북조선 국민의 귀국 희망 시기를 고려하여 1958년 말까지 송환을 완료하도록 지시했다.[76] 그러나 귀국 희망자는 총 327명에 불과했다.[77]

이런 상황에 따라 북조선 국민의 귀환이 중단되었다. 1960년 7월 무렵 귀국 희망자는 총 25가구 76명에 불과했다. 그로부터 두 달 후에는 52명(17가구)만 귀국했다.[78] 1961년에는 24명의 노동자와 그들의 가족 39명이 귀국을 신청했다. 나머지 북조선 국적 한인들은 귀국을 연기하거나 귀국을 전혀 원하지 않았다. 이렇게 하여 1959-1961년 동안 총 5,096명이 북조선으로 귀국했으며, 그중 3,066명이 성인이었고 2,030명이 아동이었다.[79] 3,589명의 북조선 국적 한인은 귀국하지 않고 자녀와 함께 사할린에 남았다.[80]

1962년 4월 '루시'호와 '자바이칼리예'호를 타고 마지막 북조선인 그룹이 대규모로 귀국했고, 그 이후에는 조직적인 대규모 귀환은 이루어지지 않았으며 개별적인 성격의 귀환만 이루어졌다. 이런 상황은 그 어떤 국가적인 또는 행정적인 개입에 의한 것이 아니었고, 북조선 국민들이 노골적으로 귀환을 희망하지 않는다고 밝혔기 때문이다. 나호트카 주재 북조선 총영사의 다음과 같은 서신이 그 점을 확인해 준다. "사할린에 거주하는 많은 북조선 국민이 다양한 이유로 귀향을 원하지 않고 있다. 영사관은 그런 사람들이 조속히 귀국하도록 하는 그 어떤 조치도 취할 수가 없다."[81]

통계 자료에 따르면, 1962년 2월 1일 현재 사할린주에는 북조선 국적 한인 13,313명이 거주하고 있었는데, 그중 1,227명이 어업분야 노동을 위해 사할린으로 온 북조선 국민이고 2,604명이 그들의 가족이었으며, 9,482명은 과거 일본 국적을 가지고 있다가 북조선 국적을 취득한 한인이었다. 소련 국민과 결혼한 북조선 국민은 106명이

었고, 그들의 자녀가 64명이었다.[82]

이런 과정의 특징으로 해결점없는 정치적 상황이 배경이 되었다는 점을 들 수 있다. 한편으로는 소련과 북조선이 북조선 노동자를 소련 극동지역 기업에서 활용하는 것에 관한 협정을 체결했지만, 소련각료회의가 협정에 따른 결정 사항 이행을 여러 차례 연기한 바 있으며, 다른 한편으로는 북조선 노동자 대부분이 북조선 정부의 압력에도 불구하고 여러 가지 구실로 귀국을 계속 연기했다.

그리고 러시아소비에트사회주의연방공화국 각료회의 산하 노동자 이주 및 모집 총국이 북조선에서 온 노동자들과의 노동계약 연장을 엄격히 금지시키면서도 다른 한편으로 노동자들을 귀국시키더라도 기업의 생산에 차질을 초래해서는 안 되고 주목할만한 동기로 귀국을 거부하는 북조선인들에 대한 압력을 허용하지 말라고 지시하는 등 일관성없는 태도를 보였다는 점을 밝혀둔다. 이것은 곧 현지에서는 북조선 노동자들의 귀국 시기 연장 청원이 수용될 가능성이 남아있었고, 또 지방 정부나 기업체 지도자들도 그것을 원했음이 틀림없었다는 점을 의미한다.

과거 사할린에 거주하다가 북조선으로 귀환했던 한인들의 역귀환도 이루어졌다는 점도 특징적이다.

러시아소비에트사회주의연방공화국 각료회의 산하 노동자 이주 및 모집 총국 책임자 M. 폴랴코프의 서신:

1962년 5월 14일

"북조선에 거주하는 소련 국민 우희범이 자신이 1958년까지 거주했던 사할린으로 가족과 함께 영구 이주하기 위해 소련 입국 허가를 청원했다.

우희범은 1909년 조선에서 출생하여 중등교육을 미필한 광부이다. 그는 1940년에 가족과 함께 사할린에 와서 북조선으로 귀환할 때까지 브이코프 마을 탄광에서 일했다. 현재 그는 함흥에서 막노동자로 일하고 있다. 부인 임석남은 1916년에 조선에서 태어났고, 소련 국민이며 가정주부이다. 딸 우경애는 1938년 조선에서 태어났고, 소련 국민이며 중등교육 중퇴자이고 교사로 일하고 있다. 딸 우경난은 1944년 사할린에서 태어났고, 소련 국민이며 교통대학 재학생이다. 그 외에 미성년자인 딸 우윤노(1948년생)와 우순옥(1956년생)이 있다.

우희범과 그의 가족이 소련으로 귀환하고자하는 것은 북조선의 기후 조건과 음식이 맞지 않아 건강에 지장이 있기 때문이다.

북조선주재 소련방 대사관은 청원자의 청원을 지지한다.

이 문제에 대한 결정 사항을 통보해 주기를 바란다."[83]

1962년 9월 25일

"북조선주재 소련방 대사관 영사과는 소련 국민 김홍서의 영구 귀국을 위한 소련 입국 허가를 청원한다.

김홍서는 1927년 북조선에서 태어났다. 1932년에 아버지와 함께 사할린으로 이주했다. 1941년에 일본 기술학교에 입학하여 1946년에 졸업했다. 1946-1947년에는 광구 측량사로 일했고, 1947-1957년에는 '사할린우골' 기업연합의 제9 공장에서 운전기사로 일했다. 1957년에 가족과 함께 북조선으로 이주하여 함흥 기계수리공장에서 철공으로 일했다. 1946년에 소련 국민 진 이보기와 결혼했고, 세 자녀를 두었다. 진 이보기는 1929년 북한의 농민 가정에서 태어났다. 1938년 부모와 함께 사할린으로 이주했다. 1957년에 가족과 함께 북조선으로 이주했다.

북조선주재 소련방 대사관 영사과는 김홍서가 가족과 함께 소련으로 영구 이주하고자 하는 청원을 지지한다."[84]

이와 같은 청원은 적지 않았다. 그러나 모든 청원이 받아들여진 것은 아니었다.

한인 노동자들의 노동 생활에서 농업도 특징적인 분야였으며, 40년 간 일본의 식민지였던 곳에 소비에트의 경험이 적용되었다. 일본식 농업은 주로 곡물, 콩, 기술작물과 채소를 소량 재배하는 것이 특징이었는데, 소비에트 시대에는 러시아인의 수요에 맞는 작물을 재배한 것이 특징이다. 따라서 일본식, 조선식, 러시아식 농업이 혼합되었다.

사할린의 유일한 한민족 생산시설인 '티호아키안스카야 즈베즈다(태평양의 별)' 콜호즈는 '사할린 어업'사의 회유에 따라 카자흐스탄에서 사할린으로 건너온 한인들에 의해 1948년 6월에 조직되었다. 어업 분야에서 일하기를 원하지 않았던 한인 22가구가 농업협동조합 설립 권리를 취득했다.[85] 이 콜호즈는 유즈노-사할린스크 지역의 스타로루스키 마을에 만들어졌다.

이 콜호즈는 1,564ha의 토지, 경작용 가축, 종자, 농기구를 무상으로 지급받았고, 일본 농민 소유였다가 국유화된 가옥 및 기타 건물을 무상으로 불하받았다. 그리고 가구마다 0.5ha의 토지, 소 2-3마리, 암퇘지 2-3마리, 양과 염소 20-25마리, 다수의 닭과 토끼, 그리고 벌통 20개씩이 배분되었다. 콜호즈에 가입한 사람들은 가구별 능력에 따라 20-40루블의 가입비를 지불했고, 그 돈으로 공동 기반자금을 조성했다.

1950년에 이 콜호즈는 100ha 정도의 경작지와 소 70마리, 돼지 40마리, 말 45마리, 닭 150마리, 거위 50마리를 보유했다. 그리고 밀(8ha), 귀리(12ha), 보리(13ha), 메밀(1ha), 사탕무우(20ha), 감자(25ha), 배추(10ha), 오이(1ha), 토마토(1.5ha), 당근(3ha), 식용 구근식물(1.5ha), 목초(24ha) 등을 재배했다. 콜호즈에는 두곳의 방목장과 채소 보관소가 있었고, 55개의 벌통으로 구성된 양봉장에서 양봉 가구당 5.5kg의 꿀을 채취했으며, 200동의 온실, 보온 시설을 설치한 230골의 밭이랑과 0.25ha 규모의 과수원이 있었다.

그러나 콜호즈 구성원들은 농산물 공급, 금전 및 곡물 대부, 예약 수매 계약, 기술 서비스 등과 관련해 국가에 진 빚을 감당할 수 없었다. 콜호즈 구성원 당 연평균 소득이 약 8,500루블이었고, 1일 노동 가치는 28.7루블이었다. 콜호즈 연간 소득인 2백만 루블로는 지출 비용을 감당할 수 없었기 때문에 콜호즈의 빚이 계속 늘어나 1956년에는 빚이 60만 루불을 넘어섰다.[86]

1956년 '태평양의 별' 콜호즈에는 155명이 일했는데, 그 가운데는 과거 일본 국민이었던 한인과 러시아인도 적지 않았다. 따라서 이미 민족적 색채가 사라졌으며, 1958년에는 새로운 소프호스 '콤소몰레츠'에 편입되었다.

1956년 6월 1일 현재 사할린주에는 약 3만명의 한인이 살고 있었다.[87] 국가의 지원으로 한인들의 문화 생활 환경이 크게 개선되었다. 50개의 한인 학교가 운영되었고, 이동식 민족 드라마극장도 운영되었다. 그리고 주 전체에 배포되는 조선어 신문도 발행되었다. 한인이 100명 이상 근무하는 기업에는 다른 임무를 면제받은 부사장들이 문화 계몽 활동을 벌였고, 주거지역에서는 당 일꾼 가운데 한인이 그런 활동을 맡았다. 또 한인 노동자가 노조에 가입할 수 있게 되어 11,000명 이상이 노조원이 되었다.[88]

사할린의 한인은 라디오를 통해 모스크바에서 방송되는 조선어 방송을 들을 수 있었다. 그러나 방송 내용은 현지 사정과는 동떨어진 것이었고, 민족 음악이나 노래는 방송되지 않았다. 따라서 매일 30분씩 조선어 라디오 방송을 할 수 있도록 허가해 달라는 청원이 있기도 했다.

그리고 소련 국적을 가지지 않은 한인들에게도 연금 서비스 및 자발적 생명보험, 농업, 어업 콜호즈 가입, 경제 활동을 위한 자금 대출 등과 관련된 법과 세법, 다자녀 및 모자 가정에 대한 국가 지원 조치, 민족 교육 및 보건 인력 양성 조치 등을 적용하는 것이 합목적적이라고 여겨졌다. 그러나 지방의 현실에서는 해외송금의 경우 제한이 있었는데, 1949년 2월 13일 이전에 북조선에서 와 노동계약을 체결한 북조선인의 경우에는 임금의 50%까지, 그 이후에 입국한 경우에는 월 100루블 이하만 해외송금이 허용되었다.[89]

1950년대 후반과 1960년대 초반에는 국가의 결정에 따라 과거 일본 국민이었고 국적이 없는 한인에게도 다른 사할린 주민과 동등하게 극북지역 노동자에게 적용되는 혜택이 제공되었다. (사할린주도 극북지역에 포함되었다.) 혜택은 다음과 같은 것이었다.

- 최초 근속연수 2년간 임금의 10% 규모의 초과임금을 지급받으며, 이후 매 2년마다 초과임금 비율이 10%씩 증가된다. 그러나 초과임금 총액이 임금의 50%를 넘지 못한다.
- 12일의 추가 휴가를 받으며, 근무년 1년을 1.5년으로 계산하는 조건으로 노령연금 또는 장애연금을 받는다.
- 새로운 직장에서의 근속기간에 무관하게 일시적인 노동능력 상실의 경우에 월평균 급여가 유지된다.
- 해직된지 한 달 이내에 새로운 직장에서 일을 하는 경우, 그리고 질병, 부상 또는 연령에 따른 퇴직, 고등 또는 중등 전문 교육기관 입학, 부부중 1인의 타지역 전근 등과 관련하여 해직된지 한 달 이내에 새로운 직장에서 일을 하는 경우에는 근속연수가 보존된다.
- 3년이 넘지 않는 범위에서 휴가를 부분적 또는 전체적으로 합산하여 사용할 수 있다. 휴가지까지의 왕복 여행시간은 여기에 포함되지 않으며, 여비는 소속 기관에서 지급한다.
- 한 직장에서 근속한 연수에 따라 일시적 노동장애 보조금을 지급받는다. 근속연수 3년까지는 임금의 50%, 3-5년은 60%, 5-8년은 70%, 8-12년은 80%, 12년 이상은 90%를 지급받는다. 영구적 노동장애나 직업병에 걸린 경우에는 임금의 90%를 지급받는다.
- 영구적 노동장애 또는 직업병으로 퇴직하는 경우 장애 등급에 따라 210-1,200루블의 범위에서 연금을 지급받는다.
- 최대 2만 루불까지 10년 기한으로 개인주택 건설 비용을 대출받을 수 있는데, 주택이 완공되면 정부예산 지원금으로 대출금의 50%를 상환한다. 또한 주택 보수에도 1만 루불 범위에서 5년 기한으로 대출을 받을 수 있으며, 3년차부터 상환을 시작한다. 가

축 구입 등 경제활동 목적으로 3년 기한으로 3천 루블을 대출받을 수 있다.

- 부양가족이 4명 이상인 경우 임금에 대한 소득세를 30% 감면받는다.
- 월 급여 60루블까지는 비과세 대상이 된다.
- 국채를 매입할 수 있다.
- 재해보험에 가입할 수 있다.
- 남성은 60세, 여성은 55세부터 국가 고령연금을 받는다. (월 최저 300루블에서 최고 1,200루블) 소비에트 기업 근속연수가 9년 이상인 조건에서 장애나 부양자 상실의 경우 해당 연금을 받는다.
- 임신 보조금, 모자가정 보조금, 세번째 아이를 출산하는 경우부터 매 자녀마다 다자녀 가정 보조금을 받는다. 그러나 '어머니 영웅' 칭호나 훈장, 메달을 받을 권리는 제공되지 않는다. 보조금 책정시에는 12세까지의 입양아도 산정된다. 자녀 1인에 대해 50루블, 2인에 대해 75루블, 3자녀 이상에 대해 100루블이 책정된다. 임신의 경우 112일의 유급휴가가 제공된다.
- 무자녀 가정에 대한 세금을 면제받는다.
- 중고등 전문 교육기관, 수공업학교, 사할린주 내의 초중등학교 입학 시 교육비는 국가가 부담한다.[90]

그러나 사할린주 소비에트 집행위원회는 위와 같은 긍정적인 결정을 내린 정부에 동의하지 않았으며, 그런 입장은 설명하기 어려워 보인다. 동 위원회는 가축 소유자에 대한 세금을 2배 인상하고 거주 규정을 어긴 자에 대한 벌금을 5배 인상하여 50루블이 되도록 하자

고 제안하기도 했다.[91]

1967년 9월에는 국적과 무관하게 한인을 포함한 사할린주 주민들을 위해 다음과 같은 새로운 혜택이 규정되었다.

- 근속연수 1년차부터 10%의 초과임금을 지급받으며, 초과임금은 매년 10%씩 증액된다. 그러나 초과임금이 임금 총액의 50%를 넘지 않는다.
- 20년 이상 근속자는 고령연금을 받을 수 있는데, 남성은 55세, 여성은 50세가 되어야 한다.
- 혜택을 받을 권리의 근거가 되는 노동계약 기간을 5년에서 3년으로 단축한다.
- 타지역에서 대학, 전문대학, 전문학교를 졸업하고 사할린으로 온 전문인력에 대한 일시 보조금을 두배 인상한다.
- 최초 노동계약을 갱신할 때 월평균 임금의 50% 정도를 일시 보조금으로 지급한다.
- 법적 혜택을 받는 근거가 되는 근무경력에 계절적 취업이나 취학 전 연령 자녀를 돌보기 위해 휴직한 기간을 포함시킨다.[92]

소련과 북조선 간의 1949년 3월 17일자 '경제문화협력 협정',[93] 1961년 7월 6일자 '우호, 협력, 상호원조 조약'[94]에서 북조선측은 사할린으로 간 자국민 노동자에 대한 그 어떤 사회적 혜택도 규정하지 않았지만, 결국 북조선에서 온 노동자들에 대한 혜택이 소련 국민에 대한 혜택과 동일해졌다.

소련에서 거주할 수 있게 된 외국인이나 무국적자는, 외교적 차원에서 제외시킨 경우를 빼면, 소련 국민과 동일하게 소련 헌법 존중,

사회생활을 규율하는 현행 법규 준수 등의 의무와 법률 위반에 대한 책임을 지게 되었다.

1989년 사할린주 인구조사 결과에 따르면, 사할린주 한인 인구는 35,200명이고, 이들의 질적 구성은 다음과 같았다.[95]

연령별 구성 (명):

15세까지	9, 442	60-69세	2, 279
15-19세	2, 351	70-79세	1, 021
20-29세	5, 172	80-89세	144
30-39세	8, 076	90-99세	3
40-49세	4, 491	100세 이상	-
50-59세	2, 212		

가족 상황 (명):

단일 민족 가족: 7, 669		
그중	2인 가족: 1,603	6인 가족: 247
	3인 가족: 2,081	7인 가족: 86
	4인 가족: 2,805	8인 이상: 49
	5인 가족: 798	
혼혈 가족: 약 2,000		

교육 상황(명):

고등교육 이수	1,905	중등교육 중퇴	7,279
고등교육 중퇴	249	초등교육 이수	5,228
중등 전문교육 이수	3,113	초등교육 미이수	2,878
중등교육 이수	10,619		

고용 상황(명):

석탄산업	1,051
어업	883
펄프제지업, 임업	1,273
석유산업	226
경공업, 식품공업	623
농업	904
생활 서비스업	1,841
교통	495
공공 서비스업	764
건설	1,613
교육, 문화	1,815

위와 같은 한인 고용 구조는 펄프제지업 111명, 상업, 요식업, 생활 서비스 분야 1,324명, 교통분야 124명, 건설분야 109명, 교육 및 문화분야에서 158명이 줄어든 반면, 어업분야 233명, 석탄산업 314명, 석유산업에서 197명 또는 거의 8배가 증가한 것이고 농업분야는 거의 변동이 없는 양상이다.

소련은 공식적으로 인종적, 민족적 우열을 선전하지 않았다. 그러나 국내법규는 법앞에 만인이 평등하고 모두가 차별을 받지 않을 동등한 권리를 가진다는 국제적 규정을 전적으로 실현할 수 없게 만들었다. 그 결과 한인의 생활에서 다양한 법적 차별과 제한이 발생하였다. 다음 장에서는 이에 대해 다루어 볼 것이다.

3. 행정적-법적 규율

몇몇 학술 문헌과 공식 문서들에서, 특히 대중매체에서 '사할린의 한인'이라는 개념은 전적으로 1939-1944년 일본에 의해 남부 사할린으로 강제 이송된 한인들을 연상시킨다. 그러나 사할린의 한인 공동체 발생 및 형성의 특성에 근거하여 넓은 의미에서의 사할린 한인을 법적 지위에 따라 다음과 같이 다양한 그룹으로 나누어볼 수 있다.

1. 과거 일본 국민이었으며, 1945년 8월 종전 후 사할린 남부와 쿠릴열도에 남아있게 된 한인(가라후토 한인)
2. 1946-1949년 극동지역 어업분야에서 일하기 위해 사할린으로 온 북조선 국적의 한인
3. 1946-1952년 조선인 대상 정치 및 교육 활동을 목적으로 중앙아시아와 카자흐스탄에서 사할린으로 온 소련 국적의 한인

위의 두번째 그룹은 과거 일본 국민이었다가 북조선 국적을 취득한 한인들로 보충되었으며, 그들 중 일부는 시간이 지나면서 북조선 국적을 포기하고 소련 국적을 취득하거나 무국적자를 위한 영주권만 받아 거주하기를 원했던 사람들임을 밝혀둔다.

1946년에 가라후토 한인들은 일본어와 러시아어로 작성된 거주증에 상당하는 임시 증명서를 발급받았다.[96] 당시 소련 국적 취득 신청서가 많이 접수되었지만, 국제 정세상 상응하는 조치를 취하는 것은 아직 시기상조였다. 가라후토 한인은 법적으로 일본 국민이었기 때문이다.

1947년 3월 3일 발효된 새로운 일본 헌법에는 다음과 같이 규정되

어 있다.

제11조. 국민은 모든 기본적 인권의 향유를 방해받지 않는다. 본 헌법으로 국민에게 보장되는 이 기본적 인권은 침해되지 않는 영원한 권리로서 현세대와 미래세대에게 부여된다.

제22조. 국민 각자는 거주지 선택 및 변경의 자유를 가진다.[97]

그러나 이 헌법이 제정될 때 사할린의 한인들은 아직 일본 국민이었지만, 이 조항들이 그들에게는 전혀 적용되지 않았다.

그리고 1948년 12월 유엔 인권선언도 다음과 같이 천명하였다.

제13조. 각인은 각국 영토 내에서 자유롭게 이동하고 거주지를 선택할 권리를 가진다.

제15조.

1. 각인은 국적을 보유할 권리를 가진다.
2. 그 누구도 자신의 국적이나 국적을 바꿀 권리를 임의로 박탈당하지 않는다.[98]

이 규정에 따르면, 국적 취득 방법과는 무관하게 이미 국적을 가지고 있는 모든 이는 그 어떤 영토에 대한 관할권이 변경되는 경우 필요한 절차에 따라 해당 국가들 가운데 하나의 국적을 취득해야 한다.

그러나 1951년 9월 샌프란시스코 평화조약이 체결된 후에도 상황은 변하지 않았다. 일본은 이 조약에 근거하여 인권선언을 무시하고 일방적으로 가라후토 한인의 국적을 박탈함으로써 그들을 자국과 유엔의 모든 외교적 보호를 받을 수 없는 무국적자로 버려두었다.

이 조약 제2조에는 일본이 1905년 포츠머드 조약으로 지배권을 획득한 쿠릴열도와 사할린섬 일부 및 부속도서에 대한 모든 권리를 포기한다고 명시되어 있다. 일본은 오늘날에도 이 조항이 과거 일본 국민이었던 사할린 한인 지위의 법적 조율 과정에 일본이 관여할 권리를 박탈한 조항으로 보고있다.

한편, 일본은 무조건 항복 문서를 조인할 때도 쿠릴열도와 사할린 남부를 포기할 때도 소련과 미국이 일본인 철수에 관한 협정을 체결할 때도 사할린의 한인들이 국적을 상실하는 것과 관련한 문제를 제기한 적이 없으며, 그와 관련된 그 어떤 공식 문서도 발견되지 않았다.

나아가 샌프란시스코 평화조약의 27개 조항 가운데 그 어느 것도, 그리고 조약에 첨부된 선언이나 의정서도 직접적으로 또는 간접적으로라도 사할린 남부와 쿠릴열도에 남아있었던 한인의 지위를 규정하지 않았다. 따라서 샌프란시스코 조약은 한인들이 일본 국적을 상실했다는 사실 인정의 기반이 될 수 없다.

샌프란시스코 조약 체결이후 일본 정부는 조약 발효 시점으로부터 1년 이내의 가능한 빠른 시기에 9개의 국제협정에 참여할 것이라고 선언했다. 1949년 8월 12일자 전쟁 희생자 보호에 관한 제네바 협정도 그에 포함되었다.[99] 이어서 일본과 미국은 상호관계 발전을 위해 안보조약과 행정협정을 체결했다. 그러나 이 문서들에도 한인의 운명에 관한 문제는 반영되지 않았다.[100]

일본 법무성은 샌프란시스코 조약을 기반으로 다음과 같이 밝힌 바 있다. "조약 발효에 따라 사할린과 쿠릴열도는 일본의 구성에서 벗어나며, 그곳의 주민들은 일본 국민으로 등록되지 않은 사람들이 된다. 따라서 법률을 토대로 거주자 등록을 갱신할 필요가 있다."[101]

위에 제시한 사항을 기반으로 다음과 같은 문제를 제기할 수 있다. 언제, 무엇을 근거로 그리고 왜 가라후토 한인들은 신분 증명 교체도 없이 일본의 주민등록부에서 빠지게 되었는가? 언제, 어디서, 누가 어떤 방식으로 그들의 거주등록을 갱신해주었어야 했을까? 만일 일본에서 했어야 한다면, 소미 협정에 따라 한인들의 일본 입국이 금지되어 있었기에 불가능했다. 그리고 만일 소련에서 했어야 한다면, 자국 영토에서 일본 국민인 한인에게 거주등록을 해주는 것은 소련의 법적관할을 벗어나는 일이었다.

그런데 만일 그런 거주등록이 이루어졌다고 해도 일본에게는 아무런 의미도 없는 일이었다. 그것은 거주등록이 일본의 지배를 받지 않는 사할린에서만 효력을 가지는 것이기 때문이다. 그러나 한인들을 직접 일본에 등록시키는 것은 그들이 일본 영토 내에 살고 있지 않았기 때문에 법에 모순되는 일이었다. 게다가 1951년 9월 8일 샌프란시스코 평화조약을 체결하기까지 일본은 공식적으로 국가 주권도 가지고 있지 않았기에 당시까지 전쟁상태에 있던 구소련을 포함한 나라들과 국제관계를 맺을 근거도 없었다. 따라서 앞서 소개한 바 사할린 한인을 일본이 등록해야 했었다는 입장은 성립될 수 없는 정치적 주장일 뿐이다. 그런 주장의 저의는 국제사회의 주목을 피하고 자신의 이익만을 꾀한 비인도적이고 불법적인 행위에 대한 책임을 회피하기 위한 것이라고 할 수 있다.

결국, 일본 의회는 과거 식민지 한인들이 일본 국적을 상실하게 만드는 법을 통과시켰고, 따라서 사할린 한인들은 일방적인 절차에 따라 무국적자가 되었다. 이 법에 따라 한인들은 그 어떤 다른 국적을 받지도 못했고, 결국 무국적자가 된 것이다. 일본 정부가 일본 국민과 관련된 책임과 의무를 인정하지 않은 것이고, 그들에게 국제법이 요구하는 외교적 보호나 유엔의 지원도 제공하지 않았던 것이다.

1937년 11월 13일자 극동 한인의 강제 이주와 관련한 소비에트 정부의 결정에 대해 일본이 그들 가운데 약 1천명의 일본인이 포함되어 있다는 이유로 항의를 표시한 바 있다. 따라서 종전 이후 사할린 남부에 남겨진 일본 국민이었던 수천명의 한인들과 관련해서도 일본이 유사한 입장을 취했어야 했다고 주장하는 것이 논리적일 것이다.

그러나 안타깝게도 소비에트 정부도 국제법에 반하여 한인의 기본적 인권을 유린하는 조치를 취했다. 특히 1949년 8월에는 전시 시민 보호에 관한 제네바 협정이 체결되었다. 열강이 점령한 곳의 주민이지만 열강의 국민이 아니었던 사람들이 보호 대상이었다.

이 협정의 유효기간은 군사분쟁이 종결된 후 1년으로 규정되었다. 그러나 그 기간이 지나도 해방, 귀국 또는 안정에 시간이 필요한 경우에는 협정의 보호 대상으로 유지된다는 단서 조항이 있었다. (제6조) 이런 규정을 실현하기 위해서 그런 인물은 어디에 있든지간에 가족에게 자신에 관해 알리고 가족으로부터 개인적인 성격의 통지를 받을 권리가 보장되었다. 만일 일반 우편으로 가족 간 서신 교환이 어렵거나 불가능한 경우에는 분쟁 당사국들은 각국의 적십자 단체를 매개로 할 수 있었다. 가족간 서신 교환을 1개월에 1회 표준서식에 25 단어를 쓰는 것으로 제한할 가능성도 배제하지 않았다. (제25조) 또한 각 분쟁 당사국은 "전쟁으로 흩어진 가족 간 통신을 목적으로 가족 수배를 용이하게 해주고, … 가족의 결합에 협조"할 의무도 규정하였다. (제26조)

그 외에도 협정에 따라 보호지역 주민은 그 어떤 상황에서도 차별

없이 인격, 명예, 가정의 규범, 종교적 신념, 습관과 관습을 존중받을 권리를 가졌다. (제27조) 또한 유급 노동, 의료 서비스, 조국이나 국제 구호기구의 물적 지원, 모국어로의 자녀 교육 및 양육, 고아가 된 자의 친족상황 확인, 친족관계 등록 등에 대한 권리도 규정되었다. (제38, 39조) 또 보호지역 주민은 노동조건이나 임금조건에서 점령국 노동자와 동등한 대우를 받아야 한다고 규정되었다. (제40조)

대규모의 다양한 외국인이 영토 내에 거주하는데서 오는 어려움을 겪은 소련 정부는 한인의 인권을 침해하고 민족정체성 실현을 방해하는 조치를 취했다. 특히 일정 기간동안 농업, 어업, 수공업에 종사하는 것을 제한했다. 도시 주민인 경우에는 은행의 신용 제공도 금지하였다. 고등, 중등 전문 교육기관에서의 수학도 금지했었다. 그리고 국적이 없는 한인에게는 연금과 보험에 대한 권리, 다자녀 가구와 모자가구 국가 지원금을 받을 권리, 장애 또는 가족 부양자가 없는 경우 국가 지원금을 받을 권리를 적용하지 않았다. 서신교환에도 제한이 있었다. 조국으로의 송금도 어업에 종사하는 북조선 국민에게만 허용되었다.

한편, 소련 국민인 한인이 조직의 장이 되거나 소비에트, 당, 노조 구성원으로 선임되는데도 제한이 있었으며, 그것은 암암리에 이루어진 인종차별의 한 가지 형태였다. 조직의 간부진 구성 상황을 살펴보면, 주나 지역 단위에서 한인은 당 위원회의 교관이나 강사, 기업의 정치, 교육, 문화 담당 부사장 직위에 그쳤다. 국적없는 한인은 병역의무 이외에 소련 국민에게 부과되는 모든 의무를 가졌으며, 소련 국적을 취득한 한인도 무기를 들고 조국을 수호할 권리를 가지지 못한채 노동부대에서만 복무할 수 있었다.

이 모든 것과 더불어 민족 고유의 식품이 부족하고 일본 은행 저축금 환급 문제도 해결되지 않고 정치, 행정적 감시가 심해진 점, 그리고 특히 법적 지위가 확정되지 않은 점 등으로 인해 소비에트적 질서에 대한 실망이 커지고 민족간 갈등이 심해지는 결과가 초래되었다.

미국, 캐나다 또는 동유럽의 동포들과는 달리 일본 국민이었던 사할린의 한인들은 역사적 조국으로 귀향할 권리도 친척들과 만날 권리도 없었다. 그들의 소련 출국은 엄격히 통제되었으며, 출국 청원서를 관련기관에서 심사한 뒤 적당한 구실로 기각했는데, 보통 기각의 이유를 제시하지 않았고 문서 통지도 없었다. 반복해서 청원을 해도 결과는 마찬가지였다. 출국을 허용하는 것은 국가기관의 전권이었으므로 국내법상 출국 금지는 권리 침해로 볼 수도 없었다. 시민적 권리에 대한 제한의 동기가 무엇이었든지 간에 그런 사실은 차별이자 유엔 인권선언(1948년) 위반으로 볼 수 있다.

이처럼 미국의 보호를 받은 일본도, 일본과 남한을 점령한 미국도 전후 사할린과 쿠릴열도에 남겨진 한인의 법적 지위 문제 해결과 관련된 국제법 규정을 무시했다. 한편, 소련은 그들이 일본 국적을 가지고 있는 상황에서 그들의 의사를 고려하지 않고 소련 국적을 부여할 의무가 전혀 없었다. 1951년 9월 8일자 샌프란시스코 조약도 이런 문제를 해결할 기회를 놓쳤다. 한편, 소련은 이 조약에 서명하지 않았으므로, 당시로서 소련은 가라후토 한인의 이익을 보호하는 국제법 시스템에서 벗어나 있었다.

이런 상황에서 가라후토 한인의 법적 지위에 관한 문제는 뒷전으로 밀려나게 되었다. 소련은 토쿄에 설치된 극동지역 국제특별재판소나 1945년 유엔의 주요 법원으로 개설된 국제사법재판소에 제소할 수 있는 유엔 회원국으로서의 권리를 행사하지 않았다. 나아가 소련도 미국도 일본이 정치적 책임을 지도록 촉구할 권리를 행사하지 않았고, 일본의 국제법 침해 상황을 회복하거나 일본으로하여금 배상 형태로 정치적 책임을 지고 가라후토 한인에게 끼친 피해에 대해 사과하도록하는 법적인 강제조치를 취하지 않았다.

과거 일본 국민이었던 사할린의 한인들은 국제협약 또는 귀환에 관한 특별 협정에 따라 국적을 취득하거나 변경할 모든 법적인 근거를 가지고 있었으며, 한 국가가 다른 국가에게 영토를 양도할 때 개인의 의사와 무관하게 그곳에 거주하는 주민들의 국적이 자동적으로 변경되는 집단적 국적변경 방법이 적용될 수도 있었다.

또한 각자에게 이전 거주지에 남아 새로운 국적을 취득하든지 아니면 기존 거주지에 소유한 부동산을 보상받아 넘기고 영토를 양도한 국가로 이주함으로써 이전 국적을 유지하는 방법 가운데 하나를 자발적으로 선택하게 할 가능성도 있었다. 그러나 일본 국적의 한인들에게는 국제법이 아닌 국내법이 적용되었다. 소련은 그들에게 소련 국적 선택권을 주는 것은 시기상조라고 여겼고, 일본은 국제법을 활용하지 않았으며 그들을 보호하려 하지도 않았다.

또 하나의 가능성이 있었는데, 그것은 정해진 기간 내에 상응하는 국제기구에 청원하여 일본 식민지 시절에 상실한 원 국적을 회복하는 것이다. 그러나 일본 국적을 유지하거나 또는 소련 국적을 취득할 권리를 부여하라는 청원조차 이루어지지 않았다. 따라서 개인의 요청으로 또는 반소적인 인물에 대한 소련 정부의 강압에 의해서만 일본 국적을 포기할 수 있었다. 그리고 이전 국적을 상실한 뒤 반드시 새로운 국적을 취득해야되는 것이지만 그렇게 되지 않았다. 속지

주의에 따르면 부모의 국적에 무관하게 한 국가의 영토 내에서 태어난 자는 그 국가의 국적을 받게 되며, 속인주의에 따르면 태어난 장소에 무관하게 부모의 국적을 물려받게 된다. 그러나 이런 원칙들도 전후에 태어난 자에게만 적용되었다.

이와 같은 방법들을 통해 일본 국민이었던 사할린 한인들은 국제법에 따라 자신의 국적 문제를 해결할 수 있었지만, 그 어떤 방법도 활용되지 않았다. 한편, 다른 국가와 법적 연관성을 가지는 자들과 무국적자들에게 자국의 국적 취득을 일방적으로 강요하는 행위는 국제법적 측면에서 불법적인 일이었다. 바로 그런 이유에서 소련은 정해진 규범을 엄격히 준수했던 것이다. 그러나 소련의 입장과 미국의 통제를 받는 일본의 입장에서 유사성을 발견할 수 있다. 그것은 양국 공히 전적으로 자국의 이익을 위해 행동했다는 것이다.

결국 집단적 국적 변경은 이루어지지 않았고, 국제법상 새로운 주체인 소련에 양도된 영토에 남겨진 한인들에게는 소련 국적을 취득할 가능성도 제공되지 않아 그들은 소련 국민으로도 일본 국민으로도 취급되지 않는 무국적자가 되었다.

소련 당국과 가라후토 한인 간 상호관계를 살펴볼 때, 이들은 국제적인 상황에 따라서가 아니라 사할린주에 거주하고 있다는 사실만으로 소련 국적을 취득할 가능성이 있었으며, 필요한 경우 불명확한 국적문제에 종지부를 찍을 수 있었다. 그러나 상황은 1952년 5월 6일자 소련각료회의 결의 № 2188-823 cc에 따라 전개되었고, 일본측이나 국제기구측의 아무런 외교적 저항도 없었다.

당시 규정된 절차에 따르면, 소련 국적 취득을 위해서는 소련최고소비에트 상임위원회로 보내는 청원서(2부), 직접 작성하고 서명한 신청서(2부), 상세한 자기소개서(2부), 거주지 및 재직 증명서, 가족 관계 증명서, 4x6판 탈모 사진 6매와 부모가 포함된 가족사진, 개인과 경력을 증명할 수 있는 서류(거주증, 임시 신분증명서 또는 신분증, 출생, 결혼, 학력 증명서), 근무 이력서를 경찰에 제출해야 한다. 그리고 14세 미만의 자녀는 부모의 청원서에 성명을 포함시키며, 14-17세의 자녀는 부모와 함께 자신을 소련 국민으로 받아달라는 별도의 청원서를 제출해야 한다. 그런데 가족 중 한명이 청원서를 제출하지 않는 경우에는 그 이유를 해명해야 했으며, 직업이 없는 청원자는 생계 수단을 밝혀야 했다. 소련 국민의 추천서가 없는 경우에는 예외 규정에 따라 청원서가 검토 대상이 될 수 있었다. 제출된 서류는 국가보안기관으로 보내 동의를 받은 후 경찰의 신분증 담당 부서에서 인수하여 검토했다.[102]

한인의 소련 국적 취득은 위와 같은 절차를 통해 이루어졌고, 1952년 72명, 1953년 1,207명, 1954년 719명, 1955년 299명, 1956년 444명, 1957년 467명 등 총 3,208명이 소련 국적을 취득했다.[103]

한인의 소련 국적 취득은 숫자만 중요한 것이 아니라, 많은 한인이 소련 국민으로서의 법적 지위를 가진 민족 그룹이 되어 보다 좋은 상황을 맞게 됨에 따라 발생한 정치적 결과도 중요하다. 국가가 과거 일본 국민이었던 한인에게 국적을 부여하는 결정을 내린 사실 자체는 조선인들의 노동 및 생활 조건의 근본적인 전환을 의미했을 뿐 아니라 소련에 대한 신뢰 강화에도 도움이 되었다.

이제 소련 국민으로 16세가 된 한인은 신분증이 기본 신상 증명서가 되었으며, 거기에는 출신 민족, 혼인관계, 거주 변동 사항, 병역 관계 등이 기재되었고, 필요한 경우 양육비 지불 의무에 관한 사항도 표시되었으며 신분증 소지자의 혈액형도 표시되었다. 25세와 45세가 되는 해에는 연령에 맞는 사진을 첨부하여 신분증을 교체했다. 거주지 외에서의 신분증 등록(거주등록) 기간은 3일로 지정되었고, 새로운 지역에서 신분증을 등록하지 않는 자는 7일 이내에 그 지역을 떠나야 했다. 신분증이 없는 자를 고용하는 경우를 포함하여 신분증 규정 위반에 대해서는 10루블의 벌금이 부과되었고, 위반의 정도가 과도한 경우에는 50루블의 벌금 또는 형사적 처벌이 부과되었다.[104]

1954년 9월에는 무국적자의 지위에 관한 국제협정이 선언되었다.[105] 소련은 이 협정의 참가국이 아니었지만[106] 한인이 일본 국민이었을 때보다 더 낳은 법적 지위를 가질 수 있도록 조치를 취했다. 자유롭게 재판을 청구하고 법률적 지원을 받을 수 있는 권리를 부여했다는 점은 특기할만 하다. 또 한인에게도 재산 취득, 인력 고용, 개인적인 농업이나 수공업 경영, 초과근무 수당 지급, 휴가 지급, 상품배급 등의 시스템이 소련 국민과 마찬가지로 적용되었다. 초등교육을 받을 권리도 보장되었다. 그리고 1956년 이전에는 직업병이나 장애, 노령으로 인한 퇴직, 재산 보험 등과 관련하여 부분적으로만 국가 보조를 받았으며, 세금은 소련 국민과 동일하게 부담했었다. 그러나 1956년부터 노조, 협동조합, 스포츠나 문화 과학 협회에 가입할 권리가 부여되었으며, 농경공동체나 동호회 조직도 가능하게 되었다. 그리고 1956년 8월 31일자 러시아소비에트사회주의연방공화국 각료회의의 지시 № 173 pc에 따라 민족 고유의 성명 회복도 가능하게 되었다.[107]

가라후토 한인의 무국적 상태는 출생시부터 국적이 없는 절대적 무국적 상태와 국적 상실에 따른 상대적 무국적 상태로 나눌 수 있다. 그러나 양자의 경우 모두 법률적 비정상 상태로 볼 수 있다. 무국적자의 법적 지위는 소련의 국내법에 규정되었으며, 실상 외국인의 지위와 동일한 것이었다. 다만 그 어떤 외국 대표부도 무국적자에게 외교적 보호를 제공할 권리가 없었다.

사할린주 영토 내에는 아주 엄격한 정치-행적 체제가 작동하여 정치적 권리, 거주 이전의 자유, 이동의 자유, 출국의 자유 등을 제한했다. 타 지역에서 사할린주에 온 자는 24시간 이내에 거주등록을 해야 했다. 사할린주 주민은 지역 주민임을 증명하는 신분증 스탬프를 근거로 경찰의 이동 허가증 없이도 주내에서 이동할 수 있었다. 무국적 한인의 경우에는 내무국에서 분기별로 거주등록을 갱신해야 했다.[108]

출입이 금지된 지역이었던 사할린주 내 거주규정 위반시에는 1년에서 3년까지의 수용소 생활이라는 처벌이 내려졌으며, 신분증규정 위반을 허용한 공무원도 동일한 처벌을 받았다.[109] 조선인 일부는 출국 금지라는 행정처벌을 받기도 했다.

1956년 6월 1일 현재 사할린주 내에는 약 3만명의 한인이 거주했고, 그중 21,000명이 과거 일본 국민이었던 무국적자, 88,000명이 북조선에서 온 노동자였다. 소련공산당 중앙위원회와 소련 각료회의의 지시에 따라 거주증명서, 거주등록, 경찰의 기록 등에 대한 대대적인 점검 작업이 이루어졌다. 그리고 통행 제한 시스템과 기업 경비 시스템도 강화되었다. 외국인이나 무국적자 등 사할린에 거주할 권리가 없는 자들의 취업 및 해고에 대한 통제도 강화되었다.

검찰과 경찰은 구금하지 않고도 조사하여 죄인에게 처벌을 내릴 수 있었다. 그리고 이발사, 사진사, 화부, 청소부 및 잡역부 그리고 소련 국적이 없는 자는 군부대에 임의로 고용될 수 없게 되었다. 네벨스크, 아닙스크, 코르사코프스크, 고르노자보드스크, 유즈노-쿠릴스크 등의 지역에는 해안 국경지대가 설치되었고, 그곳 주민들의 신분증에는 특별 스탬프가 날인되었다. 그리고 소련 국적이 없는 한인과 일본인 일부를 사할린 북부로 이주시키는 조치가 취해졌다. 무선송신 시설에 대한 통제와 방송통신 조직의 무선장비 등록에 대한 통제가 강화되었으며 무선장비 사용료도 인상되었다.

1957년 12월 16일 소련과 북조선 간 이중국적자 문제 해결을 위한 협정[110]이 체결된 이후 일본에 의해 사할린으로 이주한 한인을 포함하여, 원하는 바에 따라 한인들에게 소련 국적이나 북조선 국적을 부여하는 작업이 전개되었다. 신청서 제출 기한은 1년으로 정해졌는데, 성인 또는 미성년이지만 결혼한 자만 신청할 수 있었다.

일반 미성년자는 부모가 협정에 따라 동일한 국적을 가지게 되는 경우 부모의 국적을 따르도록 규정되었다. 만일 부모가 양국 가운데 서로 다른 국적을 취득하는 경우 이중국적인 미성년자 자녀의 국적은 부모의 합의에 따라 정하도록 했다. 부모가 합의하지 못하는 경우 자녀는 가족의 거주국 국적을 가지도록 했다. 부모가 양국에 서로 떨어져 사는 경우에는 자녀를 양육하고 있는 부모 중 한 명의 국적을 따르도록 했다.

부모가 사망하거나 행방불명인 경우 미성년자 자녀는 거주국 국적을 유지하도록 했다. 그리고 국적을 선택하여 신청한 자는 선택한 국가의 국민으로 취급되었으며, 신청서를 제출하지 않은 자는 거주국 국민으로 취급했다. 소련에 거주하면서 북조선 국적을 선택한 자와 북조선에 거주하면서 소련 국적을 선택한 자는 각국에서 외국인으로 취급되었다.

여기서 이 협정에 대한 남한 학자 노영돈의 몇가지 입장을 살펴볼 필요가 있다.[111] 그의 입장에 몇가지 오류가 있는데, 첫째 이 협정은 이중국적 문제를 해결하기 위한 것이 아니라, 이중국적자의 국적 문제 해결 절차를 조율하기 위한 것이었다. 양자는 서로 전혀 다른 것이다. 둘째, 이 협정은 이중국적을 해소하는 방법을 규정하기 위한 것이 아니었고, 식민지 시절에 일본에 의해 사할린으로 이주한 한인들에게 양국 국적 가운데 하나를 선택할 권리를 부여하기 위한 것이었다. 셋째, 노영돈은 북조선의 국적법이 이 협정 체결 이후인 1963년에야 제정되기 때문에 이 협정은 법적 효력을 가질 수 없었다고 본다. 그러나 이런 종류의 문제에 대한 결정은 합의 당사국 각각의 전권에 해당되므로 상호합의가 이루어져야 상응하는 국제 문서 채택이 가능해지는 것이다.

따라서 이 협정이 1945년 소련에서 북조선으로 파견된 '소비에트 인력'에만 해당된다고 보는 노영돈의 시각에는 오류가 있는 것으로 보인다. 협정 체결의 결과 1958-1959년에만도 과거 일본 국민이었던 한인 16,000명이 북조선 국적을 취득했으며, 나머지 조선인은 협정 제7조에 따라 거주국 국민으로 취급되었다는 점도 그 근거가 된다.

소련과 북조선의 이중국적 관련 협정에 대한 검토를 마치면서, 당시 무국적 한인의 국적문제와 소련과 북조선에 거주하는 이중국적자의 국적문제가 완전히 해결되었다는 점을 밝혀둔다. 이후 일부 북조선 국민이 의도적으로 북조선 국적을 회피하고 외국인으로 남아 있었던 사실과 과거 일본 국민이었던 한인 가운데 일부가 국적을 정하지 않고 이전과 마찬가지로 무국적자로 남아있기를 원했다는 사실은 별개의 문제이다. 이와 관련하여 러시아소비에트사회주의연방공화국 외무성 제1 아시아국은 한인의 일본 국적을 무효화시키는 그 어떤 국제 규정이나 소련 정부의 결정은 없었다고 해명한다.

1957년 12월에는 소련과 북조선 간 영사협정이 체결되었다. 그리고 북조선 총영사관은 나호트카에 설치되었지만 사할린까지 관할 영역에 포함되었다. 북조선 영사관의 임무는 다음과 같은 것이었다.

ㄱ) 자국민 신원 확인 및 문서화

ㄴ) 자국민과 무국적 한인에게 사할린 입출국 비자 발급

ㄷ) 자국민 민원서류 접수 및 인증

ㄹ) 자국민의 금전, 고가품, 서류 보관 및 관련 문서 발급, 재산 보관

ㅁ) 자국민의 서명 및 공문서 인증, 소련 정부 문서 공증 및 사본 확인

ㅂ) 자국민이 필요로 하는 경우 보호자 선정, 소련 법률에 따른 기타 공증업무 수행[112]

1958년 7월에는 소련 각료회의가 사할린주에 거주하는 한인 무국적자에 관한 결의 № 819-391을 하달했다. 이에 따라 지방 소비에트와 행정기관은 무국적 한인의 소련 국적 취득 청원에 대한 권리를 공지했다.[113]

이에 따라 1,008명(그중 성인 448명)이 자녀와 함께 소련 국적 취득 의사를 밝혔고, 6,346명(그중 3,867명)은 북조선 국적 취득 의사를 밝혔다. 15,909명(성인 9,863명, 아동 6,046명)은 무국적 상태로 남기를 원했다. 세번째 부류의 한인 가운데 63%는 자신의 국적 상

태를 해소할 필요가 없다고 여겼다.[114] 이와 동시에 나호트카 북조선 총영사관에는 207명이 북조선 국적 취득 신청서를 제출했으며, 그 중 117명이 과거 일본 국민이었던 무국적자였다. 이들 모두 북조선 국적을 취득했다.[115]

1960년 8월에는 소련최고소비에트 상임위원회가 소련 국경 보호에 관한 명령을 확정했다.[116] 이에 따라 사할린 지방정부는 사할린 주 전체가 폐쇄된 국경지역이라는 점을 고려하여 특별한 국경 규정을 제정했다. 이 규정에 따라 사할린에 상주하는 주민은 '사할린 거주자'라고 적힌 스탬프가 찍힌 신분증을 가지고 자유롭게 이동할 수 있게 되었다. 사할린 상주민이 아닌 경우에는 경찰의 하가증이 있어야만 이동할 수 있게 되었다. 16세 미만의 아동은 부모나 동반자의 허가증에 함께 표시되었다. 출장증명서나 요양치료여행 증명서에는 경찰이 특별 스탬프를 날인했으며, 그것이 없으면 다시 사할린주로 들어올 수 없었다. 상주민 가운데 학생들에게는 노동자대의원소비에트가 특별 증명서를 발급해 주었다. 교통수단 운전 기사들은 공무증명서로 이동할 수 있었다. 환승 여객은 사할린에 머물지 않고 곧바로 사할린지역을 통과했다. 타지역에서 사할린에 온 사람은 24시간 이내에 신분증 증명에 필요한 서류를 제출해야 했다. 거주등록과 신분증 등록이 되지 않은 자를 고용하는 것은 금지되었다.[117]

무국적자와 외국인은 증명서에 명시된 거주지역에서만 머물 수 있게 되었고, 다른 지역으로 이주하려면 기존 직장에서 발급한 증명서에 근거한 경찰의 허가를 받아야 했다. 그리고 해외나 바다로 나가는 일과 관련된 직장 취업은 국가보안기관과 경찰의 허가가 있을 때만 가능했다.

그 외에 무국적 한인에게는 또하나의 법적 제한이 있었다. 그들은 전과 마찬가지로 3개월에 한번씩 경찰서를 방문하여 재등록을 해야 했다. 재등록 의무는 1962년 3월 소련각료회의 결의 № 227-109에 따라 폐지되었다.[118]

외국인, 특히 북조선 국민이 본국 신분증 유효기간이 만료된지 3개월이 지나도 새로운 신분증이나 유효기간이 연장된 신분증을 제출하지 않는 경우 무국적자를 위한 소련 거주증을 발급해 주었는데, 거기에는 반드시 외국인 관련 법규에 따라 북조선 국민 또는 외국 국민임을 명기했다. 새로운 규정에 따라 거주증은 2년 기한으로 발급되었으며 유효기간을 연장할 수 있었다.

국경 관리규정 준수여부를 감독하기 위해서 각 마을에 소비에트 정부의 특별 전권 기관이 설치되었다. 거주 및 이동 규정 위반에 대해서는 이전 거주지로 퇴거시키고 10-50루블의 벌금을 부과했다. 고의로 규정을 위반한 자는 최대 1년간 구속이나 교정작업 처벌을 받았다.[119] 특별한 경우 법원의 허가에 따라 15일까지 행정 구금이 허용되었다. 1965-1970년 동안 4,079명의 북조선 국민과 무국적자가 그런 행정처벌을 받았는데, 연도별로 보면 1965년 392명, 1966년 549명, 1967년 756명, 1968년 756명, 1969년 783명, 1970년 843명이 행정처벌을 받았다.[120] 소련에 거주하는 것이 적합하지 않다고 평가된 외국인은 추방되었다.

소련 국적과 관련하여 그런 행정처벌을 받은 것은 1958-1960년에 5,011명이었는데, 그중 4,067명이 무국적 한인, 715명이 북조선 국민, 229명이 일본 국민이었다. 시간이 지남에 따라 소련 국적 관련 행정처벌 대상자 수가 줄어들었다. 행정처벌을 받은 한인은 1965년

98명, 1966년 88명, 1967년 82명, 1968년 129명, 1969년 118명이었다.[121]

여기에는 객관적인 이유가 있었다. 1954년부터 무국적 한인이 북조선으로 영구귀국하는 것이 허용되었고, 그들이 그런 기회를 활용하기도 했다. 그러나 소련 국적 취득 절차가 복잡해진 것이 부정적인 결과를 낳기도 했다. 소련 국적 취득을 위해서는 국가보안기관의 동의와 사할린 주 소비에트 집행위원회의 결정이 있어야 했고, 무직자는 생활 자금원 주를 밝힌 특별 증명서를 제출해야 했으며 제출된 서류 확인에 증인을 요구하기도 했다. 따라서 많은 사람들이 귀향이 더욱 어려워질까 염려하여 소련 국적 취득 절차를 밟지 않으려 했다. 또한 당시 한인 성인 남성이 여성에 비해 약 3배가 많아 가정을 꾸리기 어려웠음에도 불구하고 소련 국적을 취득하자마자 무자녀 세금 징수 대상이 된 점도 부정적인 역할을 했다.

이와 동시에 소련 국적을 포기하고 북조선 국적을 취득하는 경우도 있었다. 1961년 소련 최고소비에트 상임위원회가 18명의 북조선 국적 취득 청원을 받아들였다. 그들 모두 과거의 일본 국민이었다. 그런데 그중 13명이 청원을 철회했으며, 나머지 5명 중 2명만 북조선으로 출국했다. 1962년에는 38명이 소련 국적 포기 청원을 했다.

1964년 1월 1일 현재 사할린주에는 11,288명의 한인 성인이 거주하고 있었으며, 그중 1,836명이 1946-1949년에 노동계약에 따라 북조선에서 온 사람들이었고 2,670명은 과거 일본 국민이었던 무국적 한인이었다.[122] 다양한 사례들이 그들의 거주에 대한 통제가 제대로 이루어지지 않았다는 점을 보여준다. 허가없이 다른 마을로 이주하는 경우, 유효기간이 지났거나 돈을 주고 사들인 거주증으로 거주하는 경우, 아무런 증명서 없이 거주하는 경우가 적지 않았다. 따라서 이 문제를 해결하기 위해 1964년 5월 정부는 다음과 같이 결정했다.

1. 무국적자가 3개월에 1회 경찰에서 의무적으로 재등록하는 과거의 절차를 회복시킨다.
2. 거주규정 위반에 대한 벌금을 10루블에서 30-50루블로 인상한다.
3. 자국 신분증 유효기간을 연장하지 않거나 18세가 된 자녀가 소련 신규 신분증을 발급받도록 하지 않는 자에게는 거주증 발급을 중단한다.
4. 북조선 관계기관의 동의를 받아 나호트카 소재 북조선 총영사관에서 북조선 신분증을 발급할 때 한인들이 개인 신상과 법적 지위를 증명하는 서류를 제출하도록 한다.
5. 1946-1949년에 노동계약에 따라 북조선에서 사할린으로 왔지만, 소련 국민과의 결혼이나 자녀 교육 또는 하던 일을 그만두고 갈 수 없다는 등 다양한 이유로 북조선 국적을 거부하거나 귀국을 거부하는 한인들의 국적 문제를 조율한다.[123]

따라서 1966년부터 소련 국민인 한인, 소련에 상주하는 북조선 국민과 그들의 가족이 부모, 형제자매와 그들의 가족, 남편, 부인, 자녀 등 친족을 만나거나 근거가 있는 개인적인 일로 일시적으로 귀국하는 것 또는 영주하기 위한 북조선 입국하는 것을 허용하기 시작했다. 그리고 북조선에 거주하는 북조선 국민의 청원에 따라 친척을 만나거나 기타 근거가 있는 개인적인 일로 3개월 미만의 일시적인 소련 입국 또는 영주하기 위한 소련 입국을 허용하기 시작했다.[124]

1966년 8월에는 북조선 외무성 영사국은 평양주재 소련 대사에게 보낸 문서에서 사할린의 북조선 국민의 상황, 특히 출국 비자 발급, 이동, 자국 신분증 연장, 대학과 전문학교 수학 등과 관련한 불만을 표시하기도 했다.

1967년 1월 1일 기준 사할린주 내에는 11,600명의 성인인 북조선 국민이 거주했는데, 그중 거의 1만명이 과거 일본 국민이었다가 북조선 국적을 취득한 한인이었다.[125] 북조선 국민의 문서 발급, 거주지 변경, 일시 귀국과 관련된 문제는 1962년 3월 6일자 소련각료회의 결의 № 227-109에 따라 확정된 외국인과 무국적자 소련 내 거주 규정에 근거하여 해결되었다.

자국 신분증의 유효기간 만료 후 3개월이 지나도록 신규 신분증이나 유효기간이 연장된 신분증을 제출하지 않는 북조선 국민에게는 무국적자에게 발급되는 소련 거주증을 발급해주었으며, 거기에 북조선 국민임을 명시했다. 1966년에는 435명의 북조선 국민이 각급 교육기관 입학 절차를 밟기 위해 소련 내 다른 지역으로 나가는 것이 허가되었으며, 거주규정 위반자는 그런 허가를 받을 수 없었다. 사할린을 벗어나는데 필요한 비자는 유효기간이 1-2개월이었고, 필요한 경우에는 3개월까지 연장해 주었다.

북조선 국민의 사망에 대한 신속한 통지 문제는 거주규정에 제대로 반영되지 않았다. 한편, 사망한 북조선 국민의 신분증은 나호트카 주재 소련 외무성 직원을 통해 북조선 총영사관에 전달되었다.

1958-1959년에 많은 조선인이 간소화된 절차에 따라 북조선 국적을 취득했다. 그러나 그들은 사할린에 오래 살면서 가족을 이루고 교육을 받았으며 근무 경력도 쌓았기에 북조선으로 돌아가기를 원하지 않았다. 그들은 소련 국민으로 받아줄 것을 다양한 기관에 청

원했다. 그러나 북조선 당국이 자국 국민의 이탈을 허용하지 않았기 때문에 사할린의 북조선 국적 한인들은 불만을 표시했고, '의도적으로' 신분증을 분실하거나 유효기간 연장을 거부하거나 나호트카 북조선 총영사관에 신분증을 반납하기도 했다. 그리고 비정상적인 방법으로 소련 국적을 취득하기도 했다. 1964-1966년 동안 540명의 북조선 국적 한인이 신분증 유효기간 연장을 거부했다. 당시 소련측은 일련의 경우에 일방적으로 북조선 국적 포기자들에게 소련 국적을 부여함으로써 양국 관계를 복잡하게 만들기도 했다는 점을 밝혀둔다. 한편, 사할린 주 소비에트 집행위원회는 북조선 외무성 영사국의 사할린 북조선 국민의 상황에 관한 문서가 많은 면에서 객관적이지 않다고 평가했다.[126]

1950-1960년에 사할린의 한인들은 소련측과 북조선측의 강력한 이데올로기적 선동 대상이 되었다. 양국의 이견의 중심은 국적문제였다. 과거 일본 국민이었던 한인들에게 소련 국적 취득은 새로운 생활 방식을 수용한다는 의미이자 역사적 고향으로의 귀환을 자발적으로 포기하는 것이었다. 소련측은 소련식 사회주의의 잇점을 집요하게 선전했지만 국적 선택에 관해서는 아무런 압력도 행사하지 않았다. 북조선당국도 북조선에서 사할린으로 간 자국민 노동자들에게 귀국을 촉구했고 무국적 조선인들에게는 온전한 북조선 국민이 되라고 호소했다. 그리고 사할린주의 거의 모든 도시와 지역에 '당신의 조국은 조선이니 조선의 애국자가 되시오'라는 구호를 내걸었다.

선전선동 과제는 사할린주에서 공식적으로 활동했던 소위 학습반들에게 부과되었다. 이 학습반들은 1959년 북조선의 제안에 따라 조직되어 조선인 문맹 퇴치, 정치문화적 수준 제고를 위한 활동을 했다. 또한 북조선 노동당 활동 및 소련의 현 정책 문제를 학습하기도 했다. 지역 당 조직들이 북조선 국민을 학습반 반장으로 임명했고, 준비가 잘 된 소련 국민인 한인들을 선전원으로 임명했다. 1963년에 97개의 학습반이 활동했으며, 참가인원은 약 3,500명이었다.[127]

초기 단계에 이 학습반은 매우 긍정적인 역할을 했다. 그러나 점차 북조선 총영사관이 학습의 성격을 바꾸었고 학습반 반장들에게 행정적인 일을 맡겼다. 따라서 학습반은 북조선 신분증 발급을 비롯하여 북조선 국민의 다양한 신청서 접수, 탄원서 검토, 북조선 방문자를 위한 문서 작성, 출생과 결혼 등 가족사항 기록, 집회 개최 등의 거점이 되었다. 개인 주택에서 비밀 집회를 열어 소련 국민 또는 무국적자인 한인들의 행동에 대해서 논의하기도 했다.

학습반 지도자들은 소련의 신기술, 무국적 한인과 다양한 분야 전문가인 한인들에 대해 북조선에 보고할 것을 요구받기도 했다. 심지어는 조사 및 재판 기능까지 수행하여 그들에게 협조하지 않는 자에 대해 물리력을 행사하기도 했고 범죄자를 숨겨주기도 했다. 또 그들은 소련 국적을 취득한 한인들이 더 잘살아 부르주아가 되어가고 있고 애국심도 없다고 비난했다. 이 과정에서 소련의 국제원조에 대해서는 언급하지 않고 북조선 사회주의의 성과에 대해서만 선전했다.

이렇게 학습반의 모든 활동이 민족주의적인 편향성을 가지게 되었고 북조선 지도자 김일성 찬양의 방향으로 경도되어 갔다. 그리고 주된 정치노선을 벗어나는 자는 선전원에서 해임하고 북조선 국민 또는 친일반소 성향의 인물로 그 자리를 채웠다. 당시 북조선은 사할린주로 정기간행물, 잡지, 서적 등을 대규모로 보냈고, 지역의 도서관, 당 및 소비에트 기관, 학교 등에는 북조선 서적으로 가득차 있었다. 따라서 교사와 학생들이 북조선의 선전을 차단해 달라고 공식적으로 요청하기도 했다.

학습반 지도자들은 몇가지 문제에서 불필요한 정성을 보여 부정적인 반응을 초래하기도 했다. 김일성 생일 선물을 위해 해마다 모금하는 과정에서도 그런 일이 발생했다. 음력설을 쇠는 문제와 북조선 전쟁영웅을 추모하는 일에서도 마찬가지 였다.

그런 행동은 지역 당 및 소비에트 기관, 한인 열성분자들의 비난을 샀다. 국적없는 모든 한인을 사할린의 한 지역으로 집중시켜 그곳에 나치의 게토 같은 것을 조직하자는 북조선 정부의 제안은 무모한 것으로 보이기도 했다. 소련 정부는 한인이 격리되어 사는 것은 명백한 차별이라고 여겼기에 그런 제안을 단호하게 거부했다. 물론 북조선 입장에서는 차후에 그들을 북조선으로 집단 이주시키기 위해 필요한 일이었다. 그러나 그런 행동과 제안은 사할린의 한인들이 북조선의 정책에 실망하게 되는 극히 부정적인 결과를 초래했다.

북조선은 1950년대에는 사할린 동포들을 북조선으로 귀환시키기 위해 적극적인 활동을 했지만 1960년대 초부터 그런 활동에 흥미를 잃은 반면, 북조선 국적을 가지고 소련에 남아있는 북조선 국민들의 입지를 강화시키기 위한 노력을 펼쳤다. 따라서 결국 소련공산당 사할린주위원회는 1963년 10월에 북조선 국민의 학습반 폐쇄와 그들의 조속한 귀국 문제를 모스크바에 제기했다.[128]

1970년대에는 다음과 같은 경향이 뚜렷해졌다.

첫째. 북조선 국민의 소련 국적 취득 청원이 늘어났다. 그러나 북조선 관계기관의 동의서가 제출되지 않아 청원은 수락되지 않았다.

다만 예외적으로 소련 국적자와 결혼한 경우와 대학에서 수학하고 있는 경우에는 소련 국적이 부여되었다.

둘째. 많은 북조선 국민이 자국 신분증의 유효기간이 종료되었음에도 다양한 구실로 신분증 유효기간을 연장하지도 신규 신분증을 발급받지도 않고 거주증만 받아 외국인 신분으로 지냈다.

셋째. 나호트카 주재 북조선 총영사관이 북조선 국적 취득 절차를 간소화하자 일부 조선인이 성명, 출생연도와 장소, 기타 인적사항을 바꿀 목적으로 이를 이용함에 따라 인적사항 기록 자료에 혼란이 초래되었다.

넷째. 북조선 국민이 북조선으로 영구귀국하는 경우가 대폭 줄어들었다. 다른 한편으로, 설문조사 결과가 보여주는 바, 무국적 한인의 약 7%가 남한으로 귀국하길 희망한다는 의사를 밝혔다. 그러나 소련과 남한의 외교관계가 없었기 때문에 그런 청원은 수락될 수 없었다. 이것 또한 불만 요소였다. 상황이 더욱 복잡해져서 몇몇 가구는 사할린주에서 추방되기도 했다.

한 가지 사례를 제시한다. 1975년 2월에 소련최고소비에트 상임위원회에 가족과함께 남한으로 영구 귀국하고자 한다는 청원서가 도착했다. 사할린 코르사코프시의 무국적자 도만산의 청원이었다. 청원은 거부되었다. 그러자 도만산은 부인의 일본 친척들에게 가고자 한다고 밝혔다. 그는 일본의 친척들로부터 초청장을 받고 필요한 서류들을 갖추었지만 출국 허가를 받지 못했다. 참다못한 도만산 가족은 코르사코프시 중앙광장에서 공개적으로 시위를 벌였다. 그러나 그 어떤 도움도 받지 못했다. 결국 1977년 1월 도만산 가족은 북조선으로 추방되었다. 도만산 가족의 신상은 다음과 같았다.

도만산 - 1911년 생, 조선 경상북도 출생, 1942년 일본인에 의해 사할린으로 이주

배성혜 - 부인, 1916년 경상북도 출생, 1942년 일본인에 의해 사할린으로 이주

도미자 - 딸, 1940년 부모와 함께 사할린으로 이주, 무국적자, 코르사코프 생활서비스 콤비나트 봉제사

도해자 - 딸, 1943년 코르사코프시 출생, 무국적자, 중등교육 이수, 상인, 소련 국적의 아들 양육

도규식 - 아들, 1946년 코르사코프시 출생, 무국적자, 고등교육 이수, 코르사코프 해양어로기지 선박건조수리창 석공

도윤식 - 아들, 1949년 코르사코프시 출생, 소련 국민, 무직

도민례 - 딸, 1952년 코르사코프시 출생, 소련 국민, 일시적 무직

도윤유 - 아들, 1955년 코르사코프시 출생, 무국적자, 해양어로기지 고로 노동자

도환구 - 아들, 1957년 코르사코프시 출생, 무국적자, 해양어로기지 냉장 노동자

이 가족 중 아들 도윤식과 딸 도민례가 사할린 출생의 소련 국민임과 관련하여, 이 두 사람은 소련 국적 박탈 문제가 해결될 때까지 사할린에 남았다가 3개월 후 강제 추방되었다.[129]

1977년에도 소련 외무성의 지시에 따라 일본 또는 남한으로의 귀국을 원했던 한인 4가족, 총 31명이 북조선으로 추방되었다. 북조선 국민으로 유즈노-사할린스크에 거주하던 유길수 가족(6명)과 반태련 가족(12명)은 자발적인 북조선 귀국을 거부하다가 강제로 추방

되었다.

추방 명령서에서: "소련 거주자 반태련은 소련에 거주하고 싶지 않다는 의사를 밝혔으며, 여러 번 소련에서 출국하기를 청원했다. 이와 관련하여 그의 소련 거주가 바람직하지 않다고 인정되어 1977년 11월 14일 그에게 소련 출국 비자가 발급되었다. 그리고 반태련에게 1977년 11월 21일까지 소련 영토를 떠나야 하며, 이를 어기고 출국을 거부하는 경우 정해진 기간 내에 소련에서 강제출국 당할 것이라고 고지했다."[130]

유길수 가족에 대해서도 동일한 결정이 내려졌다. 그들은 억류되어 있다가 강제로 블라디보스톡을 거쳐 하산의 국경 초소까지 이동하여 1977년 11월 16일 북조선측에 넘겨졌다. 다른 두 가족, 즉 포로나이스크에 거주하던 김일수 가족(7인)과 홈스크에 거주하던 리천남 가족(6인)은 자발적으로 북조선으로 가겠다고 동의했으며, 11월 18일에 북조선측에 인도되었다.

조선인 가족 추방 사건에 대한 반응은 다양했다. 사회 여론은 그것을 전횡이라고 여겨 비난했다. 지방 언론은 공개 금지 정책에 따라 침묵을 지켰다. 지방정부는 아무런 공식적인 논평을 하지 않았다. 유일한 정보 주가 된 것은 외국 언론이었지만, 그것 역시 항상 객관적인 것은 아니었다.

고문서고의 문서에 따르면, 이후 북조선이 포기한 북조선 국적의 한인과 무국적 한인은 소련 영토에 영주할 권리를 가졌고, 국가가 정한 절차에 거주증을 받아 경찰에 거주등록을 하면서 살았다. 그들은 외국인과 무국적자에게 적용되는 거주 이전에 관한 규정을 어기지 않았다. 규정 위반 시에는 소련 법률에 따라 경고, 이전 거주지로 퇴거, 10루블의 벌금 또는 형사처벌이 내려질 수 있었다.

도만산의 가족 중 사할린에서 출생하여 소련 국적을 가졌던 아들과 딸 2명에 대한 문제는 훨씬 더 복잡했다. 국내법에 따르면 국적 상실의 근거는 자의에 의한 국적 포기, 국가에 의한 강제적 국적 박탈, 출생 또는 국제 조약에 따라 취득한 국적의 상실 등이 될 수 있다.

도만산의 아들과 딸의 경우 마지막의 경우에 해당되는 강제적 국적 박탈이었다. 그러나 그들은 소련 국적 박탈과 추방의 근거가 될 만한 행위, 즉 자신이 태어난 국가의 국적을 자발적으로 포기하지 않았고 소련 헌법에 충실했으며, 출생으로 인해 형성된 국가와의 견고한 법적 관계를 유지하고 있었고, 그 어떤 범죄나 소련 국민으로서의 명예를 실추시키거나 국가 안보에 위해가 되는 행위를 하지 않았다.

추방은 특별한 경우에 구체적인 근거에 따라 이루어질 수도 있는 일이었다. 그러나 고문서고에 보관된 추방관련 명령문들에는 그 이유나 근거에 대한 내용이 없기 때문에 그것의 합법성 여부에 대해 일의적인 결론을 내릴 수가 없다. 국가 보안기관의 의견에 따르면, 추방 결정은 소련에 남기를 원하지 않고 대규모로 남한으로 가고자 했던 북한 국적 한인 또는 무국적 한인들이 과격한 행동을 한 것이 동기가 되었다고 한다.[131]

그러나 첫째 소련의 안보를 위협하는 과격한 행동은 관련 기록에서 찾아볼 수 없다. 둘째로 추방된 한인들이 사할린 한인의 대규모 남한 이주를 조직할 계획이었다는 증거가 없다.

사할린주 인민소비에트가 소련 내무성과 KGB에 여러 차례 문의

했으나 한인 5가구의 북조선 추방은 소련내 외국인 및 무국적자 거주규정과 당시의 국제적 관행에 따라 이루어진 것이라는 동일한 답변만 반복되었다. 외교채널과 국제적십자사를 통해 추방자들에 대해 수소문을 했지만 아무런 긍정적인 결과도 얻지 못했다.

1979년에는 모든 한인을 흥분시킨 또다른 사건이 발생했다. 하바로프스크주에서 불법 월경을 시도하다가 억류된 10명의 북조선 국민이 사할린으로 이송되어 돌린스크 지역 스타로둡스코예 마을 소재 교도소에 수감되어 있다가 땅을 파서 탈출했다. 그들을 다시 체포한 뒤 국경 수비 체제가 강화되었고, 그 지역 한인들은 관청의 냉대를 받게 되었다. 그런 일이 일어난 데는 한인들의 협조가 있었을 것이라고 의심했기 때문이다.

1978년 법률에서는 처음으로 부모의 국적이 서로 다르지만 그중 한 사람이 소련 국적이고 소련에 거주한다면 태어난 자녀는 소련 국적을 물려받는다고 규정했다. 이 법률에 따르면, 만일 부모가 모두 국외에 상주하며 그중 한 사람이 소련 국적인 경우에는 부모의 합의에 따라 아기의 국적이 결정된다. 그리고 부모가 국적없이 소련에 영주하며, 아기가 소련 영토에서 태어난 경우, 부모가 불분명한 아기의 경우와 마찬가지로, 소련 국적이 부여된다. 부모가 국적을 변경하여 양자 모두 소련 국민이 되었거나 소련 국적을 포기한 경우 14세 미만 자녀의 국적도 그에 따라 변경되지만, 14-18세 자녀의 경우 국적 변경 시에 자녀의 동의서가 필요하다(제25조).[132]

소련 국적 포기 청원은 청원자가 국가에 대한 의무가 있는 경우, 형사범으로 기소중인 경우 또는 청원 수락이 국가안보에 위해가 되는 경우를 제외하고 수락되었다. 소련 국적 박탈은 국가의 위신이나 안보에 해가 되는 행위를 한 경우에만 가능하게 되었다.

위에 기술한 사항을 다음과 같이 도표로 정리할 수 있다.

〈표 8〉 부모의 국적과 거주지에 따른 자녀의 소련 국적 취득의 법적 근거

부모의 국적	부모의 거주지	자녀의 국적
I-1. 소련	소련 영토	소련
I-2. 외국	-	-
II-1. 소련	소련 영토	소련
II-2. 무국적	-	-
III-1. 소련	소련 영토 외부	부모의 합의에 따름
III-2. 외국	-	-
IV-1. 소련	소련 영토 외부	소련
IV-2. 무국적	-	-
V-1. 무국적	소련 영토	소련
V-2. 무국적	-	-
VI-1. 외국	소련 영토	외국
VI-2. 무국적	-	-
VII-1. 외국	소련 영토	외국
VII-2. 부 불명	-	-
VIII. 부모 불명	소련 영토	소련

주 : 1978년 12월 1일자 소련 국적에 관한 법 (소련최고소비에트 공보. 1978년, №49, p. 816)을 기반으로 작성하였음.

사할린주에 상주하는 북조선 국민과 무국적 한인은 노동권을 가졌고, 소련 국민과 마찬가지로 직업 및 직종 선택의 자유가 있었다.

노동의 권리와 의무는 노동법에 따라 규율되었으며, 노동법은 1일 8시간 주 5일의 노동시간, 연차 휴가와 임금 수준을 규정했다. 한편, 몇가지 제약이 남아있었다. 노동 조직에서 선출직이나 책임자의 직위에 오를 수 없었고, 선박이나 항공기 승무원이 될 수 없었으며 어류와 광물 매매를 할 수 없었다. 의료 행위에 대해서는 의료인이 소련내 교육기관에서 교육을 받는 것을 의무 조건으로 하였다.

1980년대는 한인의 이주와 사할린 외부로의 여행, 특별 허가없이 다른 마을을 방문하는 것 등의 문제들이 실질적으로 해결되었다는 것을 특징으로 들 수 있다. 종종 무국적자가 이리저리 돌아다녀야하는 직업을 가진 경우 거주규정을 위반할 수밖에 없게 된다. 또 거주지에서 전공에 해당하는 분야의 직업을 구할 수 없어 생계를 위해 다른 지역에서 취업하는 경우에도 마찬가지이다. 응급 의료서비스를 받아야 하는 경우 또는 집안일이나 업무상 필요에 의해 신속히 다른 마을로 이동해야 하는 경우도 있다. 그러나 이런 경우에도 허가를 받아야 했으며, 그것도 반드시 문서상의 허가가 필요했다. 이런 민족적 제한을 폐지하는 데는 지방 관청의 커다란 노력이 필요했다.

1988년부터 사할린주에 상주하는 북조선 국민과 무국적 한인들에게 거주증 유효기간 범위에서 사할린 섬 내에서 이동할 수 있는 복수 허가증이 발급되었다. 1989년 2월부터는 사할린 내부에서의 이동에 대한 모든 제한이 폐지되어 처음으로 이동에 아무런 장애가 없게 되었다. 그러나 이동 비자의 유효기간은 1년에서 2년으로 연장되었을 뿐이었다. 북조선 국민으로 소련 국적 취득을 희망하는 자는 청원서 제출 후 3개월 안에 거주증을 받았고, 이후 소련 국적을 받았다. 한편, 무국적자가 된 많은 한인이 북조선으로의 자유로운 출국 권리를 상실하지 않고 있어서 원하는 경우 새로운 북조선 신분증을 받기 위해 그 권리를 사용하기도 했다. 이런 상황이 발생한 것은 소련 외무성이 친척의 초청이 있는 경우에라도 북조선 국민이 자유롭게 소련을 벗어나는 것을 금지하는 지시를 내렸었기 때문이다.

1991년 4월 소련각료회의는 소련 내 외국인 체류에 관한 새로운 규정을 확정했는데, 이 규정은 무국적자에게도 적용되었다.[133] 이에 따라 16세에 이른 외국인에게도 외국 신분증 유효기간에 해당하는, 그러나 5년 이내의 거주증이 발급되었고, 45세에 이른 외국인에게는 외국 신분증 유효기간에 해당하는 거주증이 발급되었다. 무국적자에게는 5년 기한의 거주증이 발급되었고, 45세가 된 경우에는 무기한 거주증이 발급되었다.

〈표 9〉 1946-1989년(1월 1일 기준) 사할린주 조선인의 법적 지위별 인구 변동

연도	인구 수(천 명)			
	무국적자	북조선 국민	소련 국민	합계
1946	23.5	7.5	-	31.0
1949	24.3	10.9	-	35.2
1951	30.3	12.6	-	42.9
1959	20.7	12.3	9.3	42.3
1970	7.7	8.3	19.4	35.4
1989	2.7	0.3	32.2	35.2

주 : GAKhK. F.P-35. Op. 1. D. 1855. L. 31; GASO. F. 3. Op. 2. D. 184; F.171. Op. 3. D. 7; F. 53. Op. 1. D. 109; F.53. Op. 1. D. 23; F. 53. Op. 2. D. 18; F. 53. Op. 2. D. 84; F. 53. Op. 2. D. 2; 러시아소비에트사회주의연방공화국 인구구성. 모스크바, 1990. p. 663-665, 670-673, 717-719.

이 표를 근거로 다음과 같은 결론을 내릴 수 있다.

첫째, 과거 일본 국민이었던 무국적 한인의 수는 전후 최초 5년간 지속적으로 증가하여 1951년에 3만명으로 정점에 달했고, 이후 점차 감소 추세를 보여 1989년에는 2,700명으로 또는 11.2배 감소했다. 1989년 현재 도시 거주자는 2,474명, 시골 거주자는 226명이다.

둘째, 소련 정부가 사할린 남부 개발을 위해 보충 인력 도입에 관심을 두었던 1946-1949년 북조선에서 26,065명의 노동자와 가족이 사할린으로 옴에 따라 최초의 대규모 유입이 이루어졌다. 이후 북조선 노동자들의 귀국에 따라 이 그룹의 인구는 현저하게 감소했다. 1946-1949년에 14,395명이 사할린을 떠났고 1950년대에 약 15,000명이 귀국했다. 북조선 노동자와 가족의 귀국은 장기간에 걸쳐 이루어졌는데, 그것은 기본적으로 그들이 북조선의 가난한 생활 때문에 귀국하기 싫어했기 때문이었다.

북조선으로 귀국한 인원수가 노동을 위해 사할린으로 입국한 인원수보다 (약 3만 명) 많은 것은 과거 일본 국민으로 무국적자가 된 한인들이 북조선 국적을 취득하여 역사적 고향인 대한민국으로 갈 수 있다는 희망을 안고 북조선으로 입국했기 때문이다.

셋째, 1952년에 한인 사이에 처음으로 소련 국적을 취득한 그룹이 등장하는데, 이 새로운 경향은 지속적으로 강화되었다.

넷째, 전후 한인 총 인구가 35,200명까지 증가하여 사할린주 전체 인구의 약 5%를 차지했다. 무국적 한인과 북조선 국민인 한인 가운데 전자가 더 많았으며, 그 비율은 1946년 3.1:1, 1989년 9:1이었다. 조선인 인구가 정점에 이른 것은 1951년으로 42,900명이었고 가장 높은 자연증가율을 보이기도 했다. 그리고 수십년간 이어졌던 북조선 노동자의 귀국 과정이 중단되기도 했다.

이렇게 사할린주 영토 내의 역사적인 상황에 따라 서로 다른 법적 지위를 가지게 된 다음과 같은 그룹들로 구성된 한인 민족 공동체가 형성되는 과정에서 독특한 상황이 발생했다.

1. 중앙아시아와 카자흐스탄에서 온 소련 국적의 한인
2. 과거 일본 국민이었다가 사할린에 거주하면서 소련 국적을 취득한 한인
3. 1946-1949년에 노동계약에 따라 사할린으로 온 북조선 국적 한인
4. 과거 일본 국민이었다가 북조선 국적을 취득한 한인
5. 소련 국적을 취득한 북조선 국민인 한인
6. 과거 일본 국민이거나 북조선 국민이었다가 무국적자 또는 국적 포기자로 거주하는 한인

한인들은 다양한 동기에서 국적을 선택했다. 일부는 북조선 국민이 되면 북한으로 갔다가 남한으로 갈 수 있을 것으로 기대했다. 다른 일부는 권리 침해에 염증을 느끼고 자식들의 미래를 걱정하여 소련 국적을 선택했다. 이들은 소련을 복지수준을 갖춘 강대국이자 북조선과 우호적인 국가로 보고 그런 선택을 했다. 이들은 귀국을 배제하지 않았으며 향후 가능한 것으로 보았다. 세번째 부류는 국적을 선택할 적당한 시기를 기다리며 무국적자로 사는 것이 가장 좋은 방안이라고 여겼다. 이들은 주로 남한을 조국으로 여겼다.

위에 언급한 각 부류의 한인들을 살펴보면, 그들 간에 본질적인 차이가 있다는 점을 발견할 수 있다. 러시아 국민과 북조선 국민에게 있어서 국가는 법적으로 연결되어 있어 국가적 차원에서의 외교적

보호를 요구할 수 있는 대상이다. 그러나 무국적자에게 국가는 거주의 시간과 공간을 제한할뿐 아니라 영토밖으로 추방할 권리가 있는 존재이다.

시간이 흘러 정권도 역사적 상황도 바뀌었다. 그러나 사할린의 한인은 법률적인 측면에서 아직도 합의되지 않은 국제 정치의 포로로 남아있다.

4. 민족문화의 발전

전쟁 후 시작된 소비에트화의 과정은 정신적인 면을 포함한 사회생활의 모든 부분에 퍼져나갔다. 전체국가 시스템의 주요한 부분으로서 한인 민족학교를 설립하는 과업이 세워졌다. 한인 학교를 세워 한인들에게 글자를 가르치는 것만 아니라 그들을 정치적으로 계몽하는 과제가 세워진 것이다.

1945년 가을에 에수토루(현재 우글레고르스크)와 시리토루(현재 마카로프) 시에서 단지 2개의 한인학교가 문을 열 수 있었다. 12월에는 학교 수가 7가 되었다. 그리고 1946년 봄 무렵에는 학교 수가 27개가 되었고, 2,300명의 아이들을 수용하였다.[134] 1946/47년 학기부터 학교 수는 36개로 증가했고 학생의 수는 3천명으로 증가했다.[135] 여기에 본국 송환이 끝날 때까지는 전쟁 전에 존재했던 일본 학교들이 임시로 유지되었다. 모든 학교들은 낡아빠진 건물들에 있었으며 이동이 가능한 철제 페치카로 난방을 했고 2교대, 심지어는 3교대로 운영되었다. 한 건물에서 2-3학교의 업무를 함께 해야 했으며 그들 중 각각에는 의료 시설이 일시적으로 추가로 자리했다.

한인 주민들에게 충분한 교육을 받게 하는 것은 힘든 일이었다. 그것은 단지 가부장적 생활방식 때문만은 아니었다. 국경의 상황, 상대적 유동성 그리고 한국, 중국, 일본에서 예전에 살았던 곳의 친족, 지연관계까지도 고려해야만 했다.

교육은 일본식으로 진행되었다. 교실들은 나이 구성을 고려하지 않고 형성되었다. 그러므로 한 교실에 1-4학년의 학생들이 자리했고 한 수업에 2-3과목을 공부해야 했다. 교과서들은 선생님들만 가지고 있고 학생들을 위한 자료들은 등사의 방법과 콜로타이프(Collotype) 인쇄물로 대량화했다.

한국 학교가 소비에트 시스템으로 옮겨가게 된 시기는 1947년 1월부터 시작되었고, 비러시아 학교를 위한 학습 계획과 프로그램에 따라 실현되었다. 1946/47년 학기에 확정된 학교망에는 28개의 한국 초등학교와 8개의 7년제 한국 학교들이 포함되었다. 그곳에서 3,097명의 학생들이 공부했다.[136] 러시아어는 3학년부터 배웠다. 주요 과제가 - 보편적 초등교육에 대한 법실행 - 해결되었다.

모국어보다 일본어를 더 많이 사용하고 겨우 문맹에서 벗어난 한인들이 교육자로 일했다. 110명의 선생님들 중에서 73명은 심지어 중등 교육도 받지 못했고 24명은 일본 초등학교를 졸업했다. 솔직히 선생님들의 이런 구성은 학교의 소비에트화를 담보할 수 없었고 자신의 임무에도 맞지 않았다. 1952년에 포로나이스크 시에서 사범전문학교에 한국어과가 개설되었다. 러시아소비에트사회주의연방공화국의 교육부는 한인학교가 교수법 참고서를 확보하는 데 도움을 주었고, 카자흐스탄과 우즈베키스탄 공화국에서 전문 교육을 받은 교육자들을 파견하여 선생님들의 구성을 강화시키는 데 도움을 주었다.

이후 학생 수가 적은 학교들은 문을 닫거나 다른 학교들와 병합되었는데, 그 학교들 중에는 한인 아이들을 위해 특별반을 만들어 놓은 러시아 학교도 있었다. 그리고 초등학교 일부는 7년제 학교의 지위를 얻었다. 바로 이런 강화된 학교들이 아니바, 네벨스크, 체홉, 크라스노고르스크, 홈스크 시, 우글레고르스크의 노동자 마을 우다르느이와 유즈노-사할린스크 지역의 시네고르스크에서 기능하기 시작했다. 학기 프로그램은 1-3학년을 위해 매주 12시간, 7-8학년의 학생들을 위해 2-3시간 동안 러시아어 수업을 제공했다. 한국어 수업은 수업이 있는 날에는 매일 3시간씩 전 학년에서 이루어졌다.[137]

사할린 한인은 기본적으로 교육에 대해 관심을 가졌지만 학교는 부족했고 1952년에는 110명의 아이들이 교육을 받지 못했다. 수업은 어느 정도의 변화를 겪었다. 때때로 학생들은 앉을 자리가 없었고 서서 수업을 해야 했다. 59개의 초등학교 중에서 27개는 완전하지 않은 학교였으며 이런 학교에는 아이들의 수가 20명이 넘지 않았다. 진도는 80%도 도달하지 못했다. 7, 8학년은 유급당했고 6학년은 학년을 다 마치지 못하고 학교를 포기했다. 학교의 졸업생들은 러시아어를 거의 하지 못할 뿐만 아니라, 읽고 쓰는 것도 다 익히지 못했다.

1956년 10월의 소련각료회의의 결정 № 1414에 의해서 도시에서 일하는 기혼여성들에게 도움을 주는 조치들이 실현되었다. 그들은 직장에 종사함에 따라 방과 후 아이들을 돌봐야 하는 의무를 지지 않아도 되었다. 그러므로 그런 아이들을 위해 정상적인 학기와 더불어 학교에서 지낼 수 있는 특별 그룹들이 형성되었으며 35-40명의 학생당 한 교사가 맡게 되었다. 모든 학생들을 위해 뜨거운 아침식사가 주어졌고 보충수업에 종사하는 사람들을 위해 공동급식이 조직되었고, 이 보충수업에 참가한 15%의 가난한 가정의 학생들에게는 무상으로 공동급식이 제공되었다.

1950년대 중반까지 7년제 의무교육으로의 이행이 이루어졌다. 이 시기까지 57개의 초등학교와 17개의 7년제 학교가 운영되었는데, 그 학교들에서 170명의 선생님이 일하였다. 그들 모두는 소비에트 교육기관을 졸업했다. 38명은 고등교육을 받았고 53명은 재학생이며, 68명은 중등특수교육을 받았으며 11명은 중등특수교육을 이수하고 있는 재학생이다. 그외에 57명의 선생님은 소비에트 시민권자도 아니며, 교육학을 이수하지도 않았다. 이런 범주와 관련해서 직업적인 면은 물론이고 정치적으로 사상이 온건한 점에서도 그들이 유용한지를 판단해 정기적인 숙청이 이루어졌다.

소련 각료회의의 명령 № 173-pc에 따라 소비에트 시민권이 없는 한인 젊은이들은 유즈노사할린스크 국립 사범대학, 국내의 다른 고등교육기관과 중등특별교육기관에서 수학할 권리를 얻었던 1956년은 경계가 되는 해였다. 1958년 3월에 한인 간부요원들 양성을 유즈노사할린스크 사범대학을 근간으로 조절하기 위해 포로나이스크 시의 사범대학 한국어과를 폐지하는 것과 동시에 유즈노사할린스크 사범대학에 한국어과를 개설하였다.

초등학교를 마치고 학업을 계속하는 것은 언어 장벽 때문에 커다란 어려움에 직면했다. 또한 한인 젊은이들이 특별교육을 받는 데 온갖 방해를 하는 관료들의 보신주의도 언급되었다. 이런 면에서 서진길의 운명은 특징적이다. 그는 이른 나이에 부모를 잃었다. 그의 아버지는 1944년에 강제로 남사할린에서 일본 큐슈 섬의 탄광으로 보내져서 집으로 돌아오지 못했다. 소비에트 시민권이 없어서 서진길은 여러 해 동안 네벨스크 해양학교의 학생이 되는 데 실패했다. 심지어 소련 각료회의 국가어업위원회로 한 청원도 도움이 되지 않았다. 당기관들이 개입한 이후에야 겨우 문제가 긍정적으로 해결되었다. 러시아어를 완벽히 하지 못했지만 남다른 노력을 한 덕분에 서진길은 성공적으로 학교를 마치고 뛰어난 해양전문가가 되었다.

한인 중 성인의 문맹을 척결하기 위한 작업이 전개되었다. 주간 학교의 적령기를 지난 아동들을 위해 개별 반들이 도입되었다. 7년제 교육을 다 마칠 때까지 학교에서 아이들이 탈락하는 것은 허용되지 않았다. 성인의 문맹 퇴치에서 가장 뛰어난 재능을 보인 일군들은 존경받는 지식인이라는 타이틀과 상금(일인당 100루블)도 포상으로 받았다. 모국어를 사용하는 젊은 직장인들은 1,623명의 드러난 문맹자들 중에서 약 1,000명이 야간 학교를 통해 배울 수 있었다. 이것은 기본적으로 남자에 해당하는 것임을 언급해야 한다. 여성이 교육에 접근하는 것은 영원히 집안살림과 남편시중을 들어야 하는 운명이라는 민족 전통에 의해서 제지당했다. 전반적으로 1959년 글을 읽고 쓸 줄 아는 성인 한인들의 평균은 55%에 달했다. 더구나 러시아어를 아는 사람들은 약 6%였다.[138]

1950년대 말에 소련 학교의 개혁이 이루어졌다. 7년제 학교들은 8년제 노동기술학교로, 8년제 학교는 현장실습과 함께 10년제로 개혁되었다. 이런 발전은 8년제 의무교육으로 이행되기 시작했던 한인학교들에도 적용되었다. 이 시기에 학교의 상급반, 대학, 기술학교들에는 교육비가 면제되었다. 1960년에 유즈노사할린스크의 도시들과 돌린스크에는 최초로 두 개의 민족 중학교가 생겼고 다음에 코르사코프스크, 마카로프스크, 포로나이스크, 네벨스크, 홈스크, 토마린스크, 우글레고르스크, 크라스노고르스크 지역에 또 10개의 학교가 생겼다.

학습자료의 토대도 강화되었다. 노동 교육방법으로 활발한 탐색이 이루어졌다. 학교를 졸업하고 습득된 직업에 따라 일을 할 권리에 대한 증명서가 발급됨과 동시에 라디오기술, 자동차, 소목장이, 바느질, 타이핑의 교육이 진행되었다. 학생들을 위해 노동조합으로의 견학, 산업지도자와의 만남이 이루어졌다. 산업과 농업의 학생작업조, 학교, 거리, 주거지의 수선과 개선을 위한 연대는 교육의 효과적인 형태였다. 학생들은 수확, 금속조각과 폐휴지의 수거에 도움을 주었고 민중의 복지에 대해 배려하는 태도를 보이는 것에 참여했다. 기업의 전문가들은 생산공장에서 학생들이 일할 수 있도록 도움을 주었다.

교육의 목적:

- 부모가 없는 1-4학년 아이들의 등록이 진행되었고 그 아이들의 부모는 일의 특징이나 생활조건에 따라 아이들을 감시한다는 것은 매우 힘든일이었다.
- 아이들은 낮 시간에만, 그리고 질서정연한 상태에서 또는 부모가 동반한 가운데에서만 관람시설을 방문했다. 휴일과 명절에는 선생님, 부모, 노동조합과 공산청년동맹 활동가의 감시가 이루어졌다.
- 아이들이 어업판매에 참여하는 것은 금지되었다.
- 경찰서와 관리사무소에 어린이 방을 만들었다.

- 노동집단에서 가정에서의 교육문제에 대한 회의가 진행되었다.

학생 토론 회의, 레닌의 삶과 활동에 대한 수업, 토론, 정치상황설명, 독자협의회, 테마의 회의와 파티, 관심에 따른 서클, 혁명, 전투, 노동 명소 순회, 전쟁 영웅, 사할린과 쿠릴 열도의 해방 전쟁 참가자에 대한 자료 탐색, 소련 군대의 젊은이 분대, 스포츠를 이용한 군사훈련 수업, 군사용 놀이, 전쟁 장애인과 기념물에 대한 후원, 민족간 우정클럽, 영화를 이용한 공개강연회, 젊은 반파시스트영웅의 날, 그림과 시 콩쿠르- 이 모든 것은 학교생활을 매력적으로 만들었다.

한인 아이들에게는 학업에 대한 지속적인 부담이 분명해보였다. 그러나 언어의 문제는 복잡해 보였다. 여기서 정치적 방침은 올바른 것이었다. 국가는 모국어도 러시아어도 공부할 수 있는 기회를 주었다. 그 사이에 학교 졸업생들은 읽기를 배웠지만 종종 낭독된 것을 알아듣지 못했다. 원인들 중의 하나는 많은 교육자들이 한국어 문자뿐만 아니라 구어도 거의 알지 못했고 러시아어와 일본어를 아무렇게나 섞은 잘못된 한국어로 몰래 가르쳐야 했다는 데 있었다.

주민에게서 나온 업무상황에 대한 불만은 여러가지 신념들이 존재했던 교사환경으로 전해졌다. 어떤 이들은 수업을 러시아어로 하기 시작했고 다른 이들은 차후에 러시아어로 수업을 하는 것과 과목으로서의 한국어 폐지와 함께 1-3학년만 한국어로 된 수업을 가능하게 했다. 또 다른 이들은 근시안적인 민족적 입장을 고수하면서 일반적으로 한인학교에서 러시아어 수업은 불필요하다고 여겼다.

그러는 사이 학생들은 근본적으로 러시아어로 된 교재를 이용했지만 8-10학년을 위한 민족어로 된 교재들은 일반적으로 번역되지 않았다. 한인 학교들은 각각의 과목들에 따라 수업일정이 정해지지는 않았지만 러시아의 의무교육학교에 있었던 것을 이용했다. 교재, 소장도서와 사무도 러시아어로 되었다.

러시아어를 읽고 쓸 줄 아는 능력을 키우기 위해 한인 아이들은 종종 민족 학교에서 일반 러시아 학교로 전학했다. 1960년대 초반까지 러시아 학교에서 부모가 소련시민권을 가진 75%의 학생들이 공부했고 북한 시민권을 가졌거나 시민권이 없는 사람들의 아이들이 대부분의 학생을 이루고 있는 한인 학교들에서 공부했는데 이 학생들은 25% 또는 158명이었다.

한인 학교의 자격에 대해 다음 <표 10>에 따른 몇 가지를 제시할 수 있다.

〈표 10〉 1946-1963년 사할린 지역의 한인 학교 선생의 교육 수준

선생 수	년도			
	1946	1950	1955	1963
총:	110	215	306	355
한인	110	215	256	285
교육수준:				
고등교육	-	10	52	92
고등교육 미졸업자	4	16	76	70
중등 특별졸업자	-	-	-	-
중등교육졸업자	33	23	106	116
중등교육 미졸업자	73	166	22	7
초등교육졸업자	-	-	-	-
교육을 받지 않은 자(실습 교육담당)	-	-	-	-

주 : 표는 다음의 자료에 의해 작성되었다. GASO. F. 53. Op. 25. D. 2629. L. 65; F. 143. Op. 1. D. 62. L. 67.

1946-1963년 동안의 표가 보여준 것처럼 한인 학교에는 고등교육과 고등교육 미졸업자 선생의 수가 162명까지 증가했고 중등교육 미졸업자는 73명에서 7명까지 또는 10배 이상 줄었으며 중등교육 졸업자의 수는 3.5 배 증가했지만 그들의 비율은 30% 정도를 형성하면서 유지되었다. 한인 학교의 355 명의 선생들 중에서 270명은 소련 시민권자였으며(그들 중 78명은 러시아인이다.). 84명은 북한 시민이며 한명은 시민권이 없는 인물이고 106명은 6년 미만 근무경력을 가지고 있으며 102명은 공산주의자들이고 58명은 소련공산청년동맹의 일원이었다.[139]

문화적으로 낙후된 한인을 어렵게 만드는 상황은 전반적으로 생활에서도 여지없이 나타났다. 한인학교의 수는 68개로 증가했지만 학생의 수는 7만 2천명에 달했다. 아이들을 학교에 참여시키는 면에서 한인들은 러시아인과 우크라이나인들에게 자리를 내주었고 다른 모든 민족을 앞지르면서 세번째 자리를 차지했다.

그 시대의 정신으로 1963년 5월에 러시아소비에트연방사회주의공화국의 소련공산당 중앙위원회와 각료회의의 사무국의 인가를 받아 지방 정부들은 한인 학교에 러시아어로 수업을 하도록 하는 결정을 채택했다. 더구나 10년제는 8년제의 위상을 얻었고 8년제 졸업생들은 러시아 학교의 9학년에서 공부를 계속해야 했다. 러시아 학교 학생이 된 한인 아이들은 필수 학과 과목으로서 모국어를 계속 공부했다.[140]

사할린 지역의 한인민족학교의 역사는 그렇게 끝났다. 그 학교들은 자신의 역사적 과제를 수행했고 시대의 요구에 답하는 것을 그만두었으며 미래의 비젼을 가지지 못했다는 생각이 들었다. 미래가 보여주었듯이 이것은 우리 시대에 고쳐야 하는 커다란 정치적 오류였다.

1961년 2월 15일자 소련과 북한 사이의 협약을 근간으로[141] 시민고등교육기관(대학)과 학문연구시설에서 대학생과 대학원생의 교육을 위한 적극적인 작업이 단행되었다. 중등교육을 받았거나 대학을 아직 마치지 않은 모국어를 알고 있는 인물들이 자신의 나라에서 시험에 합격했다면 입학시험과 대학원시험을 치지 않고 공부할 수 있었다. 대학을 다닌 자들에게 대학원생으로서 전문지식을 습득할 가능성이 제시되었다. 받아들이는 쪽의 언어를 충분히 구사하지 못하는 사람들은 예비코스를 들어갔다. 학업을 끝낸 사람들에게 서로 인정되는 정해진 양식의 서류가 발급되었다. 보내는 쪽이 학생들의 이동에 따른 비용과 학생들의 장학금을 제공했고 받는 쪽이 교육비와 실습비, 생활비, 의료비를 제공했다. 상호협약에 따라 일반적으로 받아들여진 상황은 중등특별시민 학교의 학생들에게로 확장되었다.

나호드카 시에 있는 북한의 총영사관의 승낙하에 북한 대학에서 수학하는 사할린 한인들의 적극적인 선동이 전개되었다. 그러나 그런 권리는 시민권이 없는 사람들에게만 제공된 것이었다. 더구나 모든 미래의 대학신입생이나 대학원생이 꼭 필요한 절차로 사전에 북한 시민권을 받았다. 시험을 치르지 않고 가장 권위있는 대학들의 입학 보장을 내세우며 선동은 적극적으로 이루어졌다. 젊은 한인 대부분은 버티지 못하고 사할린 지역을 버렸다. 생활계획은 졸업 후 사할린으로 돌아와서 전공에 맞는 직업을 얻는 방식으로 이루어졌다. 그러나 북한 총영사관의 평가에 따라 공부하러 떠난 학생들은 계급 교육의 단계에 있었고 재교육을 받을 때까지 북한에 있을 예정이므로 살던 곳으로 돌아가지 못했다.[142] 북한을 방문하는 동안 친척들이 보내온 소포, 다양한 종류의 선물들, 전신들은 국경의 세관에서 추려졌다. "소련은 부자나라이니 우방이지만 가난한 북한과 나눠야한다."라는 원칙이 발표되었다. 대학생들의 모든 서신은 검열을 받았다. 그러나 졸업 후 가난한 한인의 운명과 같이 해야 했다.

결국 북한으로 공부하러 떠나는 공식적 조치는 사할린 한인 젊은이들이 북한 시민으로 대거 편입되는 것을 세계공동체에 알리기 위해서만 행해졌다. 그런 시민권을 받았지만 떠날 수 없는 사람들에게는 후에 북한 시민권을 포기하지 않으면 결코 받을 수 없는 소련 시민권을 받는 데 추가적인 어려움이 발생했다.

일본 식민에서 소련의 생활방식으로 이동함에 따라 한인들 사이에 교육과 문화계몽적 작업을 조직해야 한다는 과제가 제기되었다. 정치 계몽시스템이 형성되었다. 노동자 모임, 미팅, 선동캠페인, 조직과 개인 토론이 진행되었다. 일본어로 된 "새로운 삶"이라는 신문이 3만부가 발행되었다. 매일 두시간 동안 라디오방송이 나왔다. 한국어로 하는 라디오방송은 하바로프스크에서 수신되었다. 선동적 팜플렛, 플랜카드, 전단지가 발행되었다. 하나의 한인작업반을 포함한 5개의 독립체산제 연주작업반이 기능했다. 콘서트, 공연물, 하바로프스크에서 발송되는 영화가 나왔으며 영화의 내용은 상연되기 전에 설명되었다. 통나무 독서실, 클럽, 정치 문화계몽 작업을 위해 마련된 공동방, 도서관들이 문을 열었다. 거리의 확성기, 안내데스크가 운영되었다. 기숙사를 위해 500대 이상의 라디오수신기가 구입되었고 주민을 위해서는 만대의 확성기가 구매되었다.

1947년 12월에 전연맹공산당 사할린 지역위원회는 한국어로 된 신문 "새길"을 5천부, 정기적으로 일주일에 3번 발행하는 데 고등기관의 허락을 구했으며 또한 이를 위해 신문 작업 경험을 가진 10명의 한인 공산주의와 2명의 식자공을 파견해줄 것을 요청했다. 1948년에 전연맹공산당 사할린 지역위원회에는 한인주민 직업섹터가 형성되었고 지방에서는 한인 출신 강사들이 이 일을 진행했다. 전연맹공산당 중앙위원회, 소련국가보안위원회(KGB), 소련 내무부의 지휘아래 우즈베키스탄과 카자흐스탄 출신을 포함해서 도착한 107명의 공산주의자들이 업무조직을 지방들에서 맡았다. 그들 모두는 행정 기관, 문화계몽시설과 학교에 배치되었다. 대부분은 정치교육과 문화대중 업무에 따른 기획부 디렉터로서 일했다. 거의 모든 가족은 하바로프스크에서 한국어로 발행된 신문 "조선노동자"를 구독했다.

문화의 모든 면은 정치화되었기 때문에 행해지는 행사들은 엄격하게 통제되었고 그 대부분은 검열을 받았다. 예를 들면 생활의 어려움과 민중서사의 슬픈 감정을 반영하는 노래와 공연물의 상연은 금지되었다. 동시에 소련과 북한 지도자의 역할, 사회주의 건설의 성공은 널리 선전되고 알려졌다.

그러나 어쨌든 사회생활의 이데올로기화는 한인의 의식에 새로운 사상적 가이드라인을 심어주었고 정신적 신념과 사회주의 생활방식을 형성시켜주었다. 주로 카자흐스탄, 우즈베키스탄, 부분적으로는 북한에서 온 한인 가운데 민족 지식인계층은 모든 정치의 지도자들이었다. 그렇게 매일 새로운 정치의식과 새로운 사회주의 문화를 위한 움직임이 발전되었다. 전반적으로 정치적인 면에서 한인의 분위기는 건전한 것으로 인정받았다.

그러나 한인의 일부는 공산주의 이데올로기의 행동가들이면서도 좁은 가족이나 친구 집단에서 사상적으로 허용된 범위를 벗어나는 사고를 표현했다. 어떤 면에서 중년의 한인들은 소련의 땅에서 이방인으로 생각했다. 조국의 부름은 정치적 박해의 공포도 극복하고 비밀리에 서울과 도쿄에서 나오는 라디오방송을 엿듣게 했다. 그들은 항상 위안이 되는 소식을 얻는 건 아니었지만 마음이 비록 일시적이지만 소비에트 이데올로기의 벽을 넘어 "거기에서" 소식을 들을 수 있다는 사실에서 평안을 찾았다.

민족 예술의 단단한 기반을 얻었다. 자신들의 힘과 제한된 가능성 안에서 1947년에 만들어진 한인 콘서트 버라이어티 앙상블과 연극단이 발전했다. 1948년 5월에 두 개의 그룹, 즉 드라마와 콘서트 그룹으로 구성된 유랑드라마극단이 문을 열었다.[143] 1948년 11월 15일자 소련 각료회의의 결정 № 17024-p에 따라 극단은 비록 자신의 건물도, 빌린 건물도 없지만 국내 연극네트워크에 포함되었으며 리허설 회관으로 재시설화된 저장공간에서, 그다음엔 일본 건물의 낡아 빠진 극장에서 일했다.

극단은 기본적으로 북한에서 고용되어 온 한인 노동자들 출신으로 구성되었으며 그다음엔 타쉬켄트 연극예술대학의 졸업생 22명이 왔다. 총 38명으로 이루어졌다. 일 년에 300편 이상의 공연을 했다. 연극은 한국 민중서사시를 선전했으며 한국 근로자들의 민족해방투쟁으로, 극동한인의 지역경제문화생활로의 참여를 촉구했고 무례함, 종교적 환상과 민족의 가부장적 세태의 단점을 폭로했다. 중앙아시아, 하바로프스크, 블라디보스톡, 블라고베쉔스크, 콤소몰스크-나-아무르로의 순회공연이 이루어졌다.

1959년 7월에 드라마극장의 재구성이 이루어졌다. 드라마극장의 기반 위에 한인을 위한 유즈노사할린스크 시립문화센터가 창설되었다. 이 문화센터는 삼년만에 문을 닫았다. 동기는 다음과 같다. "모든 한인 젊은이들과 성인은 많지 않은 노인을 제외하고 러시아어를 알아듣고 말한다. 그러므로 러시아인 주민과 별개로 한인과의 작업을 조직하는 것은 교육적 영향 가능성을 줄이고 그들이 러시아 사람들과 절연하는 요인이 되고 있다."[144]

1949년 6월 1일부터 하바로프스크에서 극동 전역에 널리 퍼진 신문 "조선노동자"가 7천부 나오기 시작했다. 1950년 9월에 신문 편집은 신문 부수가 1만 2천부로 증가했던 유즈노사할린스크 시로 옮겨졌다. 편집 직원으로는 32명에 달했고 그 안에 3명의 편집차장, 4명의 번역가와 4명의 특파원이 있다. 인쇄소에는 18명이 일했다. 1961년 5월 14일부터 신문은 "레닌의 길로"라는 명칭으로 바뀌었다.

동시에 검열 강화방침이 실시되었다. 더구나 소비에트 정치와 한인 사이에 실시되고 있는 조치들에 대한 그 어떤 비판도 허용되지 않았다. 출판과 라디오 직원들은 커다란 심리적 부담과 대중을 향한 여러 공개발언이 공식 이데올로기에 위배된다는 평가를 받을 것에 대한 지속적인 공포도 겪었다. 이런 이유 때문에 자료에 대한 특별한 경계심을 가져야만했으며 쓸데 없는 자유애호를 제거하거나 사상교육면을 강화해야 했다. 그러나 권력기관에서 한국어를 알고 있는 직원들이 부족했기 때문에 대중의 분위기에 대한 심의등급을 제공해야 했던 한인 열성분자들 중에서 신뢰할 수 있는 인물들로 특별 사회연구기관을 운영했다.

신문 "레닌의 길로"는 한국문화 발전에 커다란 기여를 했으며 한국어로 정보를 제공할 수 있었던 러시아 내 유일한 출판물이었다. 신문은 사회적 인기를 이용했으며 발생하고 있는 문제들에 대한 해

설은 한인들이 사회로부터 자신이 격리되어 있다고 느끼지 않도록 돕는 실질적으로 심리적 위안이 되었다.

신문은 공식적으로 소련공산당 사할린 주위원회 출판기관뿐만 아니라 자립적인 민족 이익단체를 대표했다. 더구나 지방생활뿐만 아니라 신문이 주문으로 배달되었던 모스크바, 레닌그라드, 로스토프-나-도누, 하바로프스크와 연해주, 카자흐스탄, 우즈베키스탄에 살았던 한인들의 이익을 대변했다.

사할린 한인의 첫방송은 1956년 10월 1일에 시작되었다. 러시아어와 한국어를 모르는 한인들을 위해 이것은 바깥세계와 연결하는 유일한 원천이었다. 이른 아침에 30분씩 일주일에 6번 나오는 방송에서 한국어가 흘러나왔다. 나라의 생활에 대한 자료들, 지방 사건들, 북한과 소련의 노래들이 방송되었다. 모든 자료들은 정치 검열을 거쳤다. 한인 라디오는 자신의 이데올로기의 임무를 수행했다.

1988년 8월에 일본 식민지에서 한인이 해방된 기념행사가 유즈노사할린스크에서 최초로 거행되었다. 사할린 땅은 한인의 독창적인 예술, 즉 노래, 춤, 스포츠와 경기가 지닌 특색의 증인이 되었다. 북한의 황해북도의 사절단이 축제에 참여한 것이 독특한 예였다. 민족적 가치를 가진 정신생활을 스스로 조직할 수 있는 한인들의 가능성이 제한받았던 역사는 모두 지나갔다고 말할 수 있다.

사할린 주에서의 한인의 거주라는 역사적 체험은 민족문화의 순응과 동화의 세 단계로 구분할 근거를 준다. 첫 단계는 자신의 역사적 조국으로 돌아갈 기대와 희망의 감정을 동반하는 최초의 생활구조와 연관된다. 두번째 단계는 해방과 새로운 사회적 자연적 환경에 적응한다는 면에서 직접적이고 더 깊은 발전을 반영한다. 세번째 단계는 소수민족, 자신의 문화와 독창성에 대한 소속감을 눈에 띠게 상실한 것과 함께 사할린 주민들 속에서 한인들의 분화를 초래했다.

사할린 한인 공동체는 전후 시기를 놓고 보면 처음에 과거 일본 국민의 사회적 기반을 근간으로 형성되었다. 1946-1949년에 공동체는 북한에서 고용되어 1937년에 극동에서 중앙아시아 지역들과 카자흐스탄으로 강제 이주되었던 사람들의 후손들로 채워졌다. 모든 민족 성분은 체류의 동기에 따라, 또는 민족 문화적 관계에서, 또는 특히 시민권리의 위상에 따라 서로 달랐다.

소련의 민족 정책은 전반적으로 상호이해를 강화하는 데 호의적이었다. 그러나 이런 방법에는 한인이 다음과 같은 사항들로 제한받는 매우 번거로움을 극복해야 했다.

- 한인은 러시아어를 구사하지도 못하고 자신의 일상에서 통역관을 필요로 했다.
- 한인은 행정적 수단도, 재력도, 갓 생겨난 소련 관료체제와의 업무적 연관도 없었다.
- 한인은 시민권이 없는 상태에서 살았기 때문에 지속적인 지원과 자신의 안전보장, 국가외교적 보호를 찾아야만 했다.
- 한인은 경찰기관에서 이동에 대한 허가증을 받고 여권비자업무에서 재 거주등록을 정기적으로 해야 했다.
- 한인은 노동 협동조합에 가입하고, 고등, 그리고 중등 교육과 집에 필요한 물품을 구비하기 위해 돈을 빌리는 것, 국가 연금과 장애가 있는 경우의 보조금, 아이가 많거나 홀어머니를 위한 보조금을 받으며 우편거래를 할 권리에서 어느 정도의 단계까지만 허용되었다.

- 한인은 일본의 간첩활동과 첩보원의 관심을 지대하게 받는 대상이었으며 동시에 과거 친일성향과 귀국할 수천명의 일본인의 존재, 여러 세기에 걸쳐 반목의 역사를 가진 이런 일본인들과의 상호관계에 대한 부정적 흔적을 느꼈다.

이 모든 복잡한 문제들은 전후 첫 시기에 사할린 한인의 적응과 동화라는 지역적 발전의 특징으로 평가할 수 있다. 차별적 성격을 포함해서 열거된 입장들이 더 이상 작용하지 않을 때 한인들에게는 정부와의 관계, 소련의 러시아어를 구사하는 사회로 편입될 수 있도록 도와주는 국제와 개인간의 관계 시스템이 형성되었다. 더구나 어떤 부분은 새로운 상호관계의 메커니즘을 빠르게 고쳤으며 또 어떤 부분은 메커니즘을 점차로 이뤄냈다. 모든 문제는 러시아 역사가인 클류체프스키[xi]가 생필품뿐만 아니라 생활 질서의 가장 기본적인 것들, 관점, 관습, 사회관계도 인용하면서 영향력 있는 문화의 우월함과 그것에서 배우고 도덕적으로 복종할 필요성을 인식하는 것으로 정의했다는 것에 있다.[145]

문화 간의 상호 영향 사이에는 본질적인 차이가 두드러질 수 있다. 한국의 영향은 그 어떤 이데올로기와 정치적인 영향 없이 자연적으로 이루어졌다. 소련의 영향은 국가적이고 민족적인 이주 정책의 작용으로 수반되었고 강화되었다. 이런 영향은 위에서 아래에 이르기

xi) 클류체프스키, 바실리 오시포비치(Klyuchevskii, Vasill Osipovich, 1841-1911). 러시아의 역사가. 모스크바 대학에서 수학할 당시 역사학 교수 솔로비요프의 영향을 받았고, 뒤에 동 대학 교수가 되었다. 논문 "모스크바 제국에 관한 외국인의 보고"(1886)에 의해 그 재능이 인정되었다. 사회학적 사관에 입각, 그 주요한 관심은 국민의 각 계층 및 그 상호 관계에 있었다. "러시아사 강의 5권"(1904~22)은 생애의 연구 노작의 성과를 집대성한 것이다.

까지 한인 생활의 모든 면을 장악했으며 일상생활과 정신상태에 반영되었다. 더구나 그 영향은 행동과 시간 때우기의 성격을 조절했으며 평소의 습관과 민중의 관념에 분명한 흔적을 남겼지만 동시에 한국의 민족적 자주성의 발달을 위한 조건들을 만들지 못했다. 소련의 영향은 삶의 모든 면에 침투하면서 사회와 경제 생활에 지속적으로 영향을 끼쳤고 새로운 시민으로서의 요구, 기숙사의 형태를 첨가하고, 규범, 습관, 종교와 모든 생활의 종교 제도를 차단하면서 정치적 의식을 왜곡했다.

고찰되고 있는 두 개의 상호영향을 고려할 때 한인의 문화적 발전에 대한 두 가지 관점이 존재했다. 이런 관점의 본질은 다음과 같이 표현될 수 있다. 소련 시스템은 모든 러시아적인 것이 독특하고 일정한 가치를 지니기 때문에 한인들은 다른 곳에서 온 국민으로서 러시아 문명의 성과를 자기화시키면서 지시받는 길을 따라 걸어가야 한다고 가르쳤다. 한인들은 자기 쪽에서 볼 때 그들이 동아시아 민족들의 대표자로서 발전되어야 하는 생명의 자연적 근원을 지니고 있다고 생각했다. 다음과 같은 명제가 성립될 수 있다. 한인이 사할린 땅에 거주하게 된 역사가 상대적으로 얼마되지 않았다는 것은 소련의 생활형태의 문화적 근원을 차용할 뿐만 아니라 자기 민족 정신의 원칙에 있어서 독자적인 역사적 삶을 조직하도록 고무했다. 그러나 이런 근원들이 한인공동체에 침투되자마자 그 공동체에 존재하는 민족 순수성에 해약을 끼치지 않을까 하는 생각이 일어나기 시작했다.

앞에서 살펴본 한국과 러시아 문화의 유사성에 따라 전자는 밖으로부터의 영향에 반대할 수 없었다. 그러므로 우리는 한국민족 그룹이 처음부터 고유한 민족문화 정체성을 점차 상실하면서 이데올로기적이고 심리적인 강요라는 거대한 영향을 받았을 때 편협해지는 특성을 다루고 있는 것이다.

우리의 수많은 관찰에 따르면 최근 역사의 사회적 현상으로서 민족성은 종합적인 경향과 그것의 모순되는 경향의 특성들을 가지고 있는 특별한 성질을 가진다. 첫번째 그룹에 보편인류적 가치, 민족정체성의 형성, 민족간의 접촉에 대한 노력이 포함될 수 있다. 분열된 두번째 그룹에 민족문화적 가치에서의 차이, 민족성의 우월성, 민족의 영향력에 대한 노력, 삶의 가치와 사회심리적 목표의 향상이 흥미를 유발한다. 사할린 한인에 준하여 거론된 분열요소들은 거대하게 묘사된 지방적 특성을 가지지 못했지만 이데올로기적으로 목표지향적이며 이미 정해진 특성을 지녔다.

한인이 사할린 땅으로 움직이면서 언어적 접촉은 그들이 이런 저런면에서 러시어 말과 러시아 생활방식을 습득했던 연해주에서 사전에 미리 적응해왔다는 것에서 특징적이다. 다른 측면에서 연해주 한인은 한국 국경지역의 주민들과 모국어로 소통을 할 가능성을 지녔다. 한국, 연해주, 프리아무르와 분리된 사할린의 조건에서 그런 가능성의 부재는 긍정적인 요인이 되었다. 왜냐하면, 체류 국가의 언어로 원주민과의 일상적인 소통을 하게 만들었기 때문이다.

40년간의 일본 식민시기에 한국어는 자신의 민족적 위상을 상실했다. 일본 학교에서 한국어는 배우지 못했고 구어도 제한되었으며 문명의 척도는 일본민족의 언어로 간주되었다. 1949년에 기본적으로 사할린 주에서 일본인들의 본국송환이 이루어졌다. 역사적 조건은 다시 변했고 일본어는 비록 한인들이 일상에서 계속 보유하고 있다고 해도 사회생활에서 쓸모없는 것이 되었다.

한인의 구세대 또는 1세대는 자신의 민족적 자주성, 즉 언어, 관습, 의례와 전통을 유지하려는 소망을 드러냈다. 그러나 그들의 소망은 소련 정부에게는 이해받지 못할 위험한 것이고 그 위험은 많은 것을 거부당하게 했으며 단 하나, 즉 일본이나 시베리아로 떠나지만 않는다면 그것으로 충분하게 했다. 반소비에트적 성향이라는 것을 피하기 위해 한인들은 자신의 민족적 운명을 순순이 기다렸다. 그들의 개인적이고 경제적이며 일상적인 관계, 일과 생산적 연락시스템, 러시아어와 한국어로 된 수업을 하는 학교의 설립, 공동의 문화상호영향은 언어장벽을 극복하도록 도왔다.

사할린 한인들의 2세대, 전후세대의 어린시절은 그들의 생활이 완전히 러시아 식으로 변화된 1950년대에 해당했다. 소통에서 형성된 조건들에서 한국어가 쫓겨나고 가장 중요한 모든 사회적 기능을 수행했던 러시아어가 점차 지배적이 되었다.

1960년대 중반에 한인의 민족 문화 자치권의 형성과 발전과정은 중단되었다. 민족학교들도 더 이상 존립하지 못하고 러시아 일반학교들로 재구성되었다. 유즈노사할린스크사범대학부설 한국어과, 민족 드라마 극장과 유즈노사할린스크 시에 있던 콘서트-소품예술 앙상블, 수십개에 달했던 독자적인 예술 창작집단들은 문을 닫았다. 과거에 한인민족축제와 의례가 행해졌던 것도 사라졌다. 민족 독자성이 사라져가는 과정은 급속도록 진행되었다. 선조들의 정신이 사라졌다. 민족적 허무주의는 국제관계를 변형시켰고 심지어 갈등을 야기했다. 민족의 구어는 가족의 일상적인 범위 내에서만 사용되었다. 민족 문화에 대한 낯설음이 형성되었다. 공동의 자각과 공동의 민족 배경이 사라졌다.

이 모든 현상은 소련의 생활양식과 유일한 민족 공동체 "소련 국민"의 형성만으로 가득 채워진 권력 구조들의 관심을 비켜 갔다.

과거 일본 국민이었던 한인의 3세대는 일상생활에서 민족어로 의사소통해야 한다는 생각을 하지 않았고 기본적으로 러시아어로 말하는 "혼혈"의 범주에 해당할 수 있다.

〈표 11〉 1959년과 1989년의 인구조사 결과에 따른 모국어를 사용하는 사할린 주의 한인 분포

주민의 구성	수							
	총계		모국어 포함					
	1959년	1989년	민족		러시아		타 민족	
			년도					
			1959	1989	1959	1989	1959	1989
도시	34,178	31,387	32,007	11,498	2,132	19,838	39	51
남성	19,700	15,631	18,466	6,524	1,212	9,075	22	32
여성	14,478	15,756	13,541	4,974	920	10,763	17	19
시골	8,159	3,804	7,722	1,410	414	2,392	23	20
남성	5,343	1,975	5,078	731	252	1,231	13	13
여성	2,816	1,829	2,644	679	162	1,161	10	7
도시와 시골	42,337	35,191	39,729	12,908	2,546	22,230	62	71
남성	25,043	17,606	23,544	6,255	1,464	11,327	35	45
여성	17,294	17,585	16,185	6,653	1,082	10,903	27	26

주 : 표는 다음의 자료에 의해 작성되었다. GASO. F. 3. Op. 2. D. 19. L. 48-49; F. 3. Op. 2. D. 100. L. 16-21; D. 117. L. 17; D. 118. L. 44-48; D. 119. L. 86-91; D. 194. L. 6-24; D. 208. L. 20-21, 37, 38, 56, 57; D. 19. L. 48-49; STsDNI. F.Ⅱ-4. Op. 80. D. 19. L. 321-327.

1989년의 인구조사 결과에 따라 사할린 주에 살고 있는 35만 2천명의 한인 중에서 12만 9천명, 또는 36.6%가 자신의 모국어를 한국어라고 생각했고 1959년에는 39만 7천명, 또는 93.8%가 자신의 모국어를 한국어라고 생각했다. 도시주민 가운데 한국어를 모국어로 생각했던 수는 32만 명에서 11만 5천명으로 감소했고 시골주민 가운데에서 7만 7천명에서 만 4천명까지 또는 2.8배와 5.5배로 감소했다. 더구나 조국의 한부분으로 민족어를 알고 있는 남성과 여성들 중에서 대략 동일하게 보존하고 있었다. 대부분 한인들은 러시아어 주민으로 자신을 동일시하기 시작했다.

개인 간의 수준에서 적응과 다른 민족 환경에 들어가 사는 문제들은 가족의 참여와 함께 가장 좋은 형태로 해결되는 것이 특징적이다. 전후 한민족 결혼은 원칙적으로 같은 거주지에 살고 있는 사람들 간에 이루어졌다는 것은 이미 언급했다. 이것은 시민권이 없는 한인에 대해서는 지역간 이동에 행정적이고 권한적 제한이 존재했고 자신의 거주지 바깥에서 삶의 동반자를 찾는 것은 매우 어려운 일이었다는 것으로 설명된다.

일본 국적의 한인과 소련이나 북한의 시민권을 받은, 더 나아가 러시아 사람들과의 결혼은 대체적으로 환영받지 못했다. 이에 대해 박형주는 각 가정에서의 분위기를 전하면서 노골적으로 다음과 같이 썼다. "우리는 우리 아이들이 자기 민족의 대표자들과 결혼하기를 원한다. 우리에게는 우리 언어도 우리 관습도 모르는 러시아 인과 친인척관계를 맺는 것이 허용되지 않는다. 그런 의미에서 우리와 머리 색이 좀 더 비슷한 우즈벡인이나 카자흐인과 결혼하는 것이 더 낫다."[146)]

소련의 결혼과 가정에 대한 법의 토대(1968년)는 외국인과 시민권자를 포함해서 가정과 결혼 관계의 범위를 매우 확장시켰다. 결혼 연령은 18세부터이고 혼인신고를 위해서 세 달의 기간이 주어지는 데 반해 소련 시민이 되기 위해서는 한 달의 기간이 주어진다. 혼인신고 접수는 신랑과 신부를 잘 알고 있는 증인들의 참석 하에서만 이루어졌다. 외국인들간의 결혼, 또는 소련 시민과 시민권이 없는 사람들과 외국인의 결혼은 그들이 머물렀던 국가의 재판권 하에서 결혼할 때 그 어떤 하자도 없다는 국가 관할 기관의 증명서를 반드시 체출해야 등록이 되었다. 만약 한 사람이라도 혼인한 상태거나, 친척들 간에, 양부와 양자 간에, 재판에서 정신병이나 지능박약 때문에 무능력자라고 인정을 받은 사람들 간에는 결혼이 허용되지 않았다.

결혼이 성사되지 않은 부모에게서 아이가 태어난 경우 부자관계는 법적으로 성립되었다. 결혼을 하지 않은 외국인에게서 아이가 태어날 경우에 부자관계에 대한 재판의 공동성명과 결정이 없다면 아이는 어머니 성을 받고 이름과 부칭은 어머니의 조언에 따른다. 결혼이 이루어진 경우 부부 중 각자는 자신의 시민권을 유지했다. 남편의 성을 가지거나 아내도 자신의 결혼전 성을 유지하는 것이 허락되었다. 예를 들면 이중 성, 김–카쉬킨 또는 제멘티예바-박으로 명명해도 좋다는 결정이 채택된 일도 있었다. 결혼을 한 사람의 성의 변화는 부모의 성으로 교체될 때 성년이 된 아이들의 성처럼 다른 배우자의 성의 변화를 초래하지 않았다.

어머니와 아이의 이익은 국가 보조금, 임신과 출산유급휴가의 제공과 다른 특혜들을 포함해서 노동과 생활, 권리보호, 물질과 정신적 지원의 조건 개선에 따른 특별 조치들에 의해서 유지되고 보장되었다. 결혼하지 않은 어머니가 아이를 부양하고 양육시키는 데 필요한 국가 보조금을 받을 권리와 아버지가 부재한 경우 완전히 국가의 돈으로 운영되는어린이 시설에 아이를 넣을 권리는 보호받았다.

성(姓) 의 유사성은 한민족의 민족공통의 특징으로 간주되어야 한다. 조금만 이야기를 해보면 김, 박, 강, 이를 가진 성이 대부분이라는 것을 알 수 있다. 더구나 대부분 같은 성을 가진 사람들은 결코 과거에 그 어떤 혈연관계도 가지지 않았으며 오늘 날에도 혈연관계를 맺지 않는다. 같은 성을 가진 대부분은 결국 필요한 수신인을 찾는 문제를 더 어렵게 만들고 있다. 앞으로 민족 이름은 더욱더 드물게 만나게 되는 것도 특징적이다. 만약 김과 강이 남는다면 이반과 스테판, 마리야와 다리야가 일반적으로 된다. 러시아인에게도 한인 자신들에게도 그런 어결합은 이미 낯설지 않았다.

러시아인 이름의 차용은 합법적인 과정으로 볼 수 있다. 그러나 몇몇 한국 여자들은 유교 교리를 어기고 약혼을 할 때 남편의 성을 따르며 그러므로 이런 특징 때문에 러시아인, 우크라이나, 아르메니아 또는 카자흐인으로 여겨질 수 있다. 한국 이름의 구성에는 부칭이 없기 때문에 이름은 이음절로 된 아버지의 이름의 변형이란 방법으로 러시아식으로 만든다. 예를 들면 성은 박이고 이름은 득수라는 아버지가 있다면 아들의 부칭은 "득수예비치"이며 딸은 "득수예브나"가 된다.

1970년에 사할린 주에는 35만 4천명의 한인 시민이 살고 있었다. 그들 중에 13,069명은 결혼했고 28,930명은 같은 민족의 가족을 이루었고 그 수는 5,996가구였다. 이 가정의 평균 규모는 다섯명을 초과하지 않았다. 더구나 622가구는 두명으로 이루어졌고 1,070가구는 세사람으로, 1,224가구는 4명으로, 1,045가구는 다섯명으로, 890가구는 여섯명으로, 579가구는 일곱으로, 304가구는 여덟 명으로 166가구는 아홉 명으로, 96가구는 열명 이상이었다. 그 외에 혼혈 가구는 665가구였으며 그 가구들의 부부 구성원은 다음과 같은 특징을 보였다. 부부 중 한명은 북한 시민이고 다른 한 명은 소련 시민인 가구의 수는 412이며 부부 중 하나가 과거 북한 주민이었고 다른 하나가 소련 시민인 가구의 수는 203, 부부 중 하나가 한국인이고 과거 일본 국민이며 다른 하나는 소련 시민인 가구의 수는 50에 달했다. 1945-1970년 동안 12,670명의 한인 아이들이 태어났다.[147]

한-러 피가 섞인 근간에는 특유의 외모를 지닌 독특한 주민 혼종 그룹이 나타났다. 매년 수십 쌍의 동족 결혼이 이루어졌으며 이런 현상은 역사적으로 불가피하다는 것을 증명한다. 더구나 커져가는 변화과정 속에서, 심지어 모든 비용에도 그들은 통합 과정의 심화라는 관점에서 긍정적인 경향을 반영한다.

분명하게 남성 우월을 드러내는 유교 시스템 "혼수"는 이전의 지배적인 속성을 상실했고 남성의 "가정훈"은 비록 벌어진 일을 반역사적이고 심지어 반민족적인 것으로 생각하는 가정훈의 지지자들이 남아 있다고 해도 어떤 낡은 것으로 이해되었다. 주부 각자의 모든 시간은 과거로 흘러갔다. 젊은 가정에는 원칙적으로 두 부부가 생산이나 사회적인 면에서 노동에 전념했다. 더구나 몇몇 여성들은 자신의 남편보다 훨씬 많이 벌었다. 그렇게 보면 이는 가정의 주도권을 결정하는 요인이 되기도 했다. 또한 이 모든 것에서 여자는 예전처럼 집안 살림과 가정의 양육의 부담을 지게 되었다. 여기서 발생하고 있는 해방으로 인해 한국 여성들의 지위는 동등해지고 러시아 여성들이 사회에서 차지하고 있는 그와 유사한 위치와 역할을 얻는다는 점을 지적하는 것은 시의 적절했다.

현상황에서 여성에 대한 시선은 더욱더 분명하게 전통에서 벗어나고 있었다. 점차 과거 한인 가정에서 전형적이었던 순종적이고 유순한 아내상이 파괴되고 있다. 문명과 문명에 동반되는 도시화는 여러 가지 종류의 사회심리적 첨가물과 민주적 영향들을 지녔다. 아내는 남편과의 상호관계의 전통적인 규범에 저항하는데 남편은 이미 가정의 주도권을 항상 요구하지 않았다. 한인 사회에서 적당한 지위를 독자적으로 점하고 다방면의 교육과 여성으로서, 엄마로서 심심치 않게 교육 수준을 이뤄내려고 노력하는 데서 한국 여성의 생활태도가 더 적극적이 되었다. 이 모든 것은 가족 관계에서 한인 여성의 위치가 점점 커져가고 있음을 입증했다. 그러나 종종 집안일과 원래 남성으로서 가진 특권의 엄격한 분리가 존재하기도 했다.

그러므로 역사적인 면에서 한인의 생활상은 민족 활동성 면에서 본질적인 변화를 겪었다. 민족 관습에서 멀어질 뿐만 아니라 일, 정신의 전통적인 형태에서도 멀어지는 것, 세계관의 변형, 생활양식의 구조가 새로운 관습을 받아들이는 것과 같은 현상들이 나타났다. 더구나 외면적으로 평온한 상태에서 문명과의 접촉이 한인 생활활동의 모든 경제문화적 스테레오타입들을 붕괴시키고 있었다.

1988년 올림픽은 사할린 한인들에게 남한의 문을 열어주었을 것이다. 역사적으로 같은 민족인 선조들을 아는 것은 경제적 성과와 기술적 진보를 똑바로 평가하는 데 도움을 주었다. 그러나 역설도 드러났다. 즉 민족어에 대한 지식은 사할린 한인이 자신의 동족과 가까워지지 않게 했다. 여기서 민족어보다 러시아어를 더 많이 선택한 세계관이 모든 것의 원인이 되었다.

상호연락을 주고 받을 경우 사할린 주를 버리고 영주 거주지로서 대한민국으로 떠나는 것이 부당하다는 소리를 들어야 할 때 다른 관측도 우리 결론의 증거가 될 수 있다. 이런 바탕에는 가족의 갈등도 잘 알려져있다. 다음과 같은 결론도 낼 수 있다. 즉 그 무엇으로든 한반도에 있는 자신의 동족으로부터 사할린 한인을 차별하더라도 자연으로부터 부여받은 민족의 특징, 즉 준법정신, 노동애, 정중한 예절, 손님접대, 자신의 혈육에 대한 집착은 분명하게 관찰된다.

시간과 거리는 많은 혈육들을 떼어놓았지만 그들은 반드시 민족명절과 가족행사, 즉 기념일, 결혼, 아이의 생일, 승진에 만나는 것을 좋아한다. 한인의 모든 사회관계와 행위는 연령에 맞게 존경의 표시를 보이도록 요구되는 유교 시스템에 의해서 결정된다. 그러므로 가족행사, 친구모임에서 만날 경우 다음과 같은 의문들은 결코 일어나지 않는다. 누가 누구에게 먼저 인사를 해야하나? 누가 어떤 의자에 앉아야 하는가? 누구에게 먼저 술 한잔을 따라야 하는가?

높은 가족의 의무는 아들의 존경심이다. 유교의 가르침에 따르면 삼천 개의 행동이 존재하지만 부모를 대하는 아이들의 불효보다 더 무거운 것은 없다. 바로 "내훈"[xii]에 있는 개념이 특징적이다. "공손한 아들은 부모를 공양하고 부모의 마음을 기쁘게 하며 부모의 의지를 거스르지 않고 부모의 시각과 청각을 즐겁게 하며 부모의 침실을 편안하게 유지하며 부모에게 음식과 살림살이를 제공한다."[148]

한인들과의 많은 대화는 전반적으로 이런 가족 관계 시스템이 오

---

xii) 내부에 대한 훈령(訓令)이나 훈시(訓示).

늘날에도 작용하고 있다는 것을 증명한다. 비록 환경으로 인해 부모에 대한 걱정이 늘 장남에 의해서 실현되는 것은 아닐지라도 이런 근심은 연령과 성별, 같이 살거나 떨어져 사는 것과 상관없이 자녀들 쪽에서 끊임없이 존재한다. 고령이고 장애를 가진 중년의 한인들이 집에 있는 것은 극히 드문 현상이다. 현대 한인 가정은 자신의 관계 시스템을 장려하면서 동시에 모든 민족 공동체도 반영한다.

전반적으로 사할린 한인의 성공적인 적응에 대해서는 1988년에 인용된 다음과 같은 사회학적 설문 데이터들이 입증하고 있다. 63%는 사할린의 원주민이고 71%는 자신의 생활조건에 만족하며 88%는 주변사람들과의 관계에 만족하고 75%는 자신의 일과 학업에 만족하며 거의 모든 것이 충족된 단계에서 러시아어를 구사하고 24%만 (50세 이상 사람들) 영구 거주할 곳으로 떠나고 싶다고 말했다.

동화(同和)는 항상 여러 요인들의 과정이다. 사할린 한인의 예에는 분명한 결론을 내릴 수 있다. 즉 기타 여러 조건들이 있을 경우 동화의 단계는 거주 환경에 있는 시간이 오래될 수록, 다수의 민족의 수가 더 많을 수록, 민족간 상호영향의 영역이 더 넓을 수록, 사교가 더 적극적일수록 더 증가한다. 한인이 빠르게 동화하는 요인은 한편으로 새로운 생활 환경의 이해에 대한 천성적 기질이며 또 다른 면으로 자신의 배타성과 민족적 우월성에 대한 망각이라고 단언할 수 있다. 이런 관점에서 우리는 민족적 영역이 존재했기 때문에 분열된 역사적 운명을 가지고 사할린에 고립되었으며 여러 문화, 즉 일본과 러시아 문화의 영향을 받은 한민족이 따로 흩어지지 않았다는 논리를 바로 인정해야 한다.

말을 맺는 의미에서 다음과 같은 결론을 낼 수 있다.

사할린 한인의 역사적 체험은 그들이 일본의 계획적인 집단대학살정책, 소련의 동화와 차별, 부분적으로 소련 붕괴후의 유색인종차별을 경험했다는 결론에 대한 근거가 된다. 통합에 대해서 말하자면 러시아 사회로 흘러들어간 후 사할린 한인들은 소수민족으로서 러시아 대다수와 같은 권리를 아직 전부다 가지지 못하고 있으며 "우리"와 "그들"이 존재한다는 징조가 유지되고 있다. 다수가 가진 동등한 권리를 상실한 소수민족의 성공적인 통합을 실질적으로 평가하고 기대할 수 없다는 것은 매우 분명하다. 통합의 과정은 기본적으로 동등한 법률적 위상 등등만 가능하다.

사할린 주의 예에서 다음과 같은 사회학적 법칙이 계속 작용한다고 단정할 수 있다. 동등한 조건에서 사람들 간의 영향은 공간과 시간에서 거리가 먼 것에 따라 효력을 상실한다. 한인의 정신은 러시아 섬 위를 떠다니는 듯 하다. 이것은 외면적인 운명이 아니라 내부의 운명이 되었다.

언어적 동화는 한인 자체의 삶의 요구의 결과였다. 소련 문화에 대한 매력으로 충분히 가치가 있는 러시아 사람들과의 교제의 필요성이 객관적으로 제기되었다. 그런 교제의 범위는 점차적으로 확장되었다. 러시아어의 지배적인 입지는 느리고 눈에 띄지 않지만 러시아 생활의 기원, 전통, 습관의 이해를 통해서, 그리고 문화, 계몽과 그리스정교를 통해서 점차적으로 한인 대중의 의식 속으로 스며들었다. 국가적으로 교육을 받은 민족이 되면서 러시아 인들은 민족간 소통 언어로서 자신의 언어를 주장했으며 한인들에게 모든 민족을 위한 유일한 고향으로서의 소련에 대한 관념을 심어주었다.

다민족 국가인 소련에서 모든 러시아적인 것이 다른 민족의 삶으로 유입되어야 했던 것에 대한 "위에서부터" 보급되고 있는 사상적 설정과 정치적 노선이 지배적이었다. 이런 러시아적인 것은 민족적, 자주적인 것을 위해서 자리를 남겨주지 않고 유입되었다. 결과적으로 동화의 과정은 모국어 상실의 위험성이 만들어졌을 정도로 깊이 진행되었다. 모국어 없이는 민족 문화의 발전도, 민족 전통과 자기 민족의 정신에 다가가는 것도 불가능하다.

사할린 한인의 적응과 동화의 사회심리적 양상은 내면의 긴장, 깊은 개인적 체험, 민족 간의 접촉에서 발생하는 어느 정도의 정신 불안으로 특징지을 수 있다. 권력의 개입 없이 스스로 상호작용하는 측면들은 개인간 그리고 그룹간의 상호관계의 과정을 정상화시키면서 심리적 결핍의 제거와 개인 간에 있을 수 있는 갈등을 예방하는 방법을 찾았고 찾고 있다는 것이 특징적이다.

사할린 한인 공동체가 과감하게 타고난 전제조건을 이용했을 뿐만 아니라 잘 알려진 대로 지리적 공간과 민족간 관계를 자신의 경제역사적 필요에 끌어들이면서 자신의 민족 영역을 창조했다고 단정할 근거가 있다. 오랜 시간에 걸친 적응과 동화의 결과 사할린 한인의 환경은 근간이 되는 문화적 가치와 러시아 시민들의 생활방식을 확실하게 받아들였다.

제5장 20-21세기 경계에서의 사할린 한인들

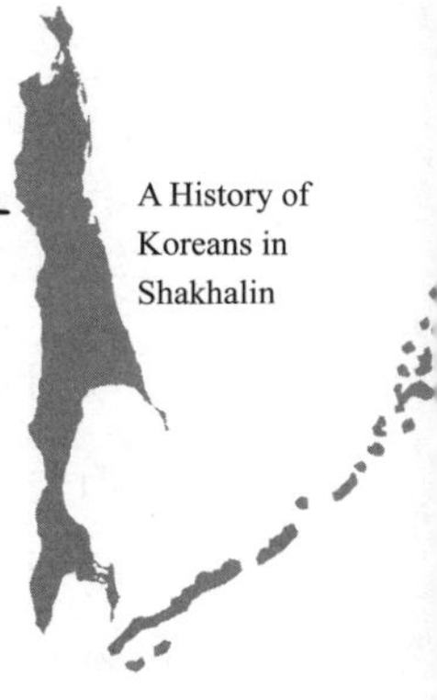

1. 권리회복과 국민 지위의 법적측면들

사회주의 원칙들의 변형은 문제를 복잡하게 만들었다. 즉 사회생활 모든 면의 국유화, 당 엘리트의 독재정치, 재산과 권력으로부터 인간의 격리, 이단적인 생각에 대한 불인정, 특히 소수민족의 문화역사적 가치에 대한 관심의 약화이다.

정치 불안정 시기에 집권당인 소련공산당은 시민적 합의에 의한 당으로 자신을 드러낼 수 없었다. 1990년 3월에 제3차 소련 인민대의원회의의 결정에 근거해서 소련공산당은 국가와 사회의 통치에 대한 독점권을 상실했다. 정치체제의 자유화와 함께 급진적이고 혁신적인 입지 위에서 발생한 독자적인 사회연합과 시민 운동이 발생하기 시작했다.

우선 권리회복 문제에 관심을 기울이자. 처음으로 정치적 모티프들에 대해 국가가 받아들이고 있는 다양한 강제수단이 정치적 압력으로 받아들여졌다는 것은 매우 중요하다. 즉 생명과 자유의 상실, 정신병원시설에 치료 목적으로 강제입원, 국외 추방, 시민권 박탈, 거주지의 강제이주, 특별거주지로의 추방, 계급, 민족 또는 다른 특징에 따라 국가에게 사회적으로 위험하다고 여겨진 인물들에 대해 자유를 제한하는 조건에서 강제노동 투입이다.

권리회복 절차는 3달 이내의 기간에 접수된 신청서를 조사한다는 전제가 있었다. 서류상의 자료가 없을 시 억압 사실은 증거 자료를 근거로해서 설정되었다. 재판 기관과 재판외 기관들의 모든 결정이 조사 받았다. 정치적이고 시민적인 복권은 군사특별 직위, 국가 표창의 복귀와 이전 주거지로의 귀환, 소련 시민권 회복에 대한 문제를 해결함으로써 이루어졌다. 동시 보상은 자유를 상실한 각 달의 노동비용의 최소 4분의 3을 고려해서 지불되었지만 법으로 정해진 노동비용의 최소 100을 넘지 못했다. 1992년 3월 16일자 러시아 연방정부의 조항 № 160를 근거로 해서 배상지불 총액은 억압당한 시기의 매월 75루블을 예산해서 결정되었지만 만루블을 넘지 않았다.[1] 이 문제에 대해 1991년 10월 18일에 채택된 러시아 연방의 법은 외국시민권과 러시아 연방 영역 내에 거주하지만 그 지역에서 억압을 당했던 사람들을 포함해서 시민권이 없는 사람들에게도 해당되었다.[2]

국가 조항, 즉 1989년 11월 14일자 소련 최고회의 선언 "강제 이주를 당한 민족에 대한 강합적 조항의 위법과 범죄로 인정하는 것과 그들의 권리를 보호하는 것에 관하여", 1991년 4월 26일자 러시아 연방 법 "억압받은 민족들의 권리회복에 관하여", 1993년 4월 1일자 러시아 연방 최고회의 결정 "러시아 한인들의 권리회복에 관하여"에 따라 억압과 강압적인 이주에 따른 만행과 위법행위의 정책이 한인에게 행해지고 정치적 동기들과 민족적 소속관할에 따라 이루어졌다는 것이 인정되었다.

한인 가족들 중에서 강제추방된 구성원들을 위해 다음과 같은 보충적 특권들이 정해졌다.

- 요양소 치료와 휴가를 위한 여행증명서 우선순위 발급.
- 의료특별 원조와 의사처방에 따른 약값 50% 할인.
- 거주행정구역의 범위 안에서 도시의 모든 운송수단(택시 제외)의 무료승차.
- 철도와 교외로 가는 교통수단과 교외를 순환하는 버스의 무료승차
- 일 년에 한번 열차 무료 승차(왕복), 그리고 철도 교통이 없는 지역에서 해상, 항공 또는 도시간 자동차 수단을 이용할 때 요금의 50% 할인.
- 정해진 사회규범 안에서 주택지와 도시 공공시설의 가격규모의 50% 할인.
- 전화 무료 우선순위 설치.
- 고령자와 장애인들을 위한 요양소로 들어 갈 수 있는 특혜, 지정된 연금의 25% 이상 지불과 함께 전액 국가보조로 거기에 살게 하는 것.
- 의치(고가의 금속으로 된 의치는 제외)와 수선은 무료.
- 생산과 산업 물품들의 특별 공급.[3]

강제로 몰수된 재산의 환원, 재산의 가격의 보상, 금전 보상금 지불도 합법적으로 보장되었다. 사망할 경우 재산의 환수권은 법적으로 순서에 따라 상속자들에게 즉 아이들, (양자를 포함해서), 배우자와 죽은 자의 부모(양부모)에게 균등하게 분배되었다.

그러나 법은 전쟁이나 자연재해로 국유화되었거나 소멸되었다면 재산환원과 복원 또는 금전 보상의 가능성을 제한했다. 이와 유사한 제재조치는 대지, 과수원, 수확되지 않은 종자들, 양도된 재산에까지 확장되었다. 잃어버린 재산에 대한 보상으로 권리회복에 대한 증명서들을 받은 후 3년 동안만 권리를 있었다.

권리가 회복되고 정치적 억압으로부터 고통받았던 사람들에 대한 사회지원에 따른 조치들은 2004년 8월 22일 연방법 № 122의 채택에 따라 눈에 띠게 효력을 상실했다. 이 연방법에 따라 금전 지불에 대한 자연적 특혜의 이동이 발생했다. 한인을 포함해서 모든 시민 특혜로서 주택보조금과 공공시설 서비스, 의사의 처방에 따라 받는 약, 전화의 무료설치, 무료 의치, 도시와 교외노선의 버스 무임승차에 대해 이전에 적용되었던 50% 할인이 상실되었다. 이 모든 것 대신 매년 목록작성과 함께 총액 120-230루블로 매달 보잘것없는 금전 보상이 정해졌다.[4]

1990년 5월 23일에 채택된 법령 "소련 시민권에 관하여"는 시민적 위상이 법적으로 조정되는 민주화의 시작이었다. 처음에 그 어떤 조건들에서도 사람이 시민권을 상실하지 못하게 하는 법규가 정해졌다. 이런 법규는 1991년 11월 28일자 법령 "러시아 연방 시민권에 관하여"에 분명히 명시되어 있었다.[5] 개인과 국가 간 양측의 법적 관계의 폐기는 상호 합의를 근간으로해서만 가능해졌다.

구소련, 러시아소비에트사회주의 연방공화국 영토에 계속해서 살고 있는 모든 시민들, 태어난 곳과 상관없지만 부모가 러시아 시민권을 가진 아이들도 러시아 시민으로 인정받기 시작했다. 부모 중 하나가 러시아소비에트사회주의 연방공화국 시민이고 다른 한쪽이 시민권을 가지지 않은 경우에 태어난 아이는 러시아소비에트사회주의 연방공화국 시민이 되었고 부모 중 한쪽이 외국 시민권을 가지고 있다면 아이의 시민권은 부모의 서면 동의로 정해졌다. 그런 합의가 없을 시 아이는 태어나 일 년 후에 러시아소비에트사회주의 연방공화국의 시민권을 획득했다. 만약 아이가 러시아 연방에서 외국인인 부모의 국가가 아이에게 시민권을 부여하지 않은 외국인 부모로부터, 또한 누군지 모르는 부모에게서 태어난 것과 마찬가지로 시민권이 없는 부모에게서 태어났다면 아이를 위해 러시아 시민권이 유사한 형식으로 정해졌다.

2002년 5월 31일자 러시아 연방 신법은 다음과 같은 것을 정하고서 더 인본주의적 원칙들을 확정시켰다.

ㄱ) 러시아 연방 시민권은 그것을 획득할 근거와 상관없이 모든 사람들에게 동일하고 평등하다.

ㄴ) 러시아 연방 시민의 거주는 외국에 있어도 러시아시민권이 사라지지 않는다.

ㄷ) 러시아 연방 시민은 시민권이나 시민권을 변화시킬 권리들이 상실될 수 없다.

ㄹ) 러시아 연방 시민은 러시아 국경 너머로 보내지거나 외국에 양도될 수 없다.

ㅁ) 러시아 연방은 시민권이 없는 사람들에게 러시아 연방 시민권

을 부여하는 것을 장려한다.[6]

다음과 같은 경우라면 모든 문제들은 그 어떤 상황에도 상관 없이 태어나면서 러시아 연방 시민이 되는 아이들을 위해 준수되고 있다

ㄱ) 부모나 부모 중 한쪽이 러시아 연방의 시민권을 가지고 있는 경우.

ㄴ) 부모들 중의 하나는 러시아 시민권을 가지고 있지만 다른 한쪽은 시민권이 없는 사람이거나 실종자로 판명났거나 그의 거주지가 알려지지 않은 인물일 경우.

ㄷ) 부모 중 한쪽이 러시아 연방 시민권이 있고 다른 한쪽이 외국 시민권을 가지고 있고 아이가 러시아 연방에서 태어난 경우이거나 만약 한쪽 부모가 시민권이 없는 사람일 수 있는 경우.

ㄹ) 러시아 연방 지역에서 살고 있는 부모나 부모 중 한쪽이 아이가 러시아 연방에서 태어나고 부모가 시민인 국가가 아이에게 자신의 시민권을 주지 않은 경우 외국 시민권이거나 시민권이 없는 인물일 경우.

18세에 이르렀고 행위능력이 있는 외국 시민들과 시민권이 없는 사람들은 다음과 같은 조건이 있을 시 공통의 법률로 러시아 연방 시민권의 발급을 청원할 권리가 있었다.

ㄱ) 거주증의 발급일부터 3년동안 계속해서 러시아 연방 시민권 접수 신청서를 낸 날까지, 즉 일 년 동안 세달이상 러시아연방의 국경 너머로 떠나지 않고 이들이 러시아 연방 내에서 살은 경우.

ㄴ) 이들이 러시아 연방의 헌법과 법을 준수할 의무를 가진 경우.

ㄷ) 존재 수단의 법적 근거를 가진 경우.

ㄹ) 지니고 있는 다른 시민권의 거부에 대한 청원서를 들고 외국국가의 전권기관으로 가지고 갈 경우.

ㅁ) 구어와 문어 형식으로 소통하기 위해 러시아 어를 구사한 경우. (65세 이상의 연령의 남성과 60세 이상의 여성, 행위능력이 없는 자와 1급 장애인으로부터 이런 요구는 의무적이지 않다.)[7]

더구나 법률이 비록 다음과 같은 근거들 중 하나라도 존재할 때 러시아 연방 지역에서 일 년동안 계속해서 거주한다는 조건에서 최초로 러시아 시민권을 얻을 가능성을 제공했다.

ㄱ) 러시아 연방 시민과 결혼한 상태가 3년 이상(이 요구의 초기 작용했던 법은 각각의 경우에서 어떤 조건도 없이 러시아 시민권을 획득할 목적으로 가상결혼을 체결하는 형식으로 악용되는 근간이 되었다라는 내용을 담지 않았다.)

ㄴ) 노동능력상실자에게 18세가 되었고 러시아 시민권을 가진 행위능력을 가진 아들이나 딸의 존재(이전에는 이런 유사한 것이 없었던 새로운 법규)

ㄷ) 과학, 기술, 문화 분야에서 높은 성공을 한 인물, 러시아를 위해서 이익을 제공하는 직업이나 자질을 가진 인물

ㄹ) 러시아 연방 영역 내에서 정치 도피처를 어떤 인물에게 제공하는 것.

ㅁ) 정해진 법과 시스템에서 피난자로 인정받는 것.[8]

포스트소비에트 공간의 특징을 고려할 때 다음과 같은 조건을 갖추면 러시아 연방 시민권을 한인이 얻는 문제들이 해결되기 시작했다.

- 러시아 연방 시민권을 가지고 있는 부모 중 한사람이 노동능력상실자인 경우.
- 소련 시민권을 가졌었거나 과거 소련에 살았지만 시민권을 받지 못했거나 시민권 없는 인물이었을 경우.
- 소련 구성원에 들어간 공화국 시민이었지만 2002년 7월1일까지 러시아 연방 직업 교육을 받은 경우.[9]

외국인이면서 한인이고 사할린 주 시민권이 없는 사람에게 2002년 5월 31일자 법에 따르면 또 하나의 법규가 폭넓게 적용되었다. 그 법규에 따라서 그들은 시민권을 상실한 경우와 삼년까지 러시아 영토내에 사는 기간을 축소하는 특별 조건이 있을 때 러시아 연방 시민권을 갱신해달라는 청원을 할 권리를 얻었다.

국가 이익을 고려해서 사할린 한인들은 러시아 연방의 헌법구조와 안전의 근간을 확고히할 의무에 대해, 또한 러시아 국가의 안전을 위협하고 개인문서위조를 하며 형기를 다 마치지 않고 자유를 빼앗기는 형태로 벌을 다 받고 있으며 형사범으로 추격을 받고 있거나 존재수단의 법적 근거를 가지고 있지 않은 사람이 러시아 시민권의 접수를 거절당하는 사실에 대해 이해하고 있다.

2002년 7월부터 시작해서 러시아 법은 아이가 부모에 의해서 러시아 연방 시민권을 얻거나 중지될 때 아이의 시민권의 변화 근거를 매우 완전하고 정확하게 경계를 정하고 있었다.

만약 다른 시민권을 가지고 있는 부모 중 하나가 러시아 연방 시민권을 얻는다면 러시아 지역에 살고 있는 그들의 아이는 러시아 연방 시민권을 가지고 있는 아이의 부모 한쪽의 신청서에 따라 러시아 연방 시민권을 얻을 수 있다.

만약 다른 시민권을 가지고 있는 부모 중 하나가 러시아 연방 시민권을 얻는다면 러시아 영토에서 살고 있는 그들의 아이는 부모의 신청서에 따라 러시아 연방 시민권을 얻을 수 있다.

만약 다른 시민권을 가지고 있는 부모 중 하나가 러시아 연방 시민권을 가지고 있고 다른 쪽은 시민권이 없다면 러시아 연방 시민권을 가지고 있는 부모 중 한쪽의 신청서에 따라 러시아 연방 시민권을 아이가 얻을 수 있다.

만약 러시아 연방 시민권을 얻으려고 하는 부모 중 하나가 시민권이 없고 다른 한쪽은 다른 시민권을 가지고 있다면 그들의 아이는 부모의 신청서에 따라 러시아 연방 시민권을 얻을 수 있다.[10]

1993년 12월 12일에 채택된 러시아 연방의 헌법은 이중 시민권에 대한 규범을 법률상으로 확고히 했으며 동시에 외국 시민권을 가진 러시아 연방 시민의 보호를 보장했지만 외국 시민권의 획득이 러시아 연방 시민권의 중단을 위한 근거가 될 수 없을 경우에 그렇다. 다른 측면에서 러시아 연방은 예를 들면 대한민국이 이 나라와의 법적 관계를 설정했고 대한민국 영역에 살고 있는 사할린 한인의 권리와 이익을 보호하는 것을 방해하지 않는다.

그러나 예전처럼 시민권의 문제는 국제적인 측면에서 볼 때 상당히 복잡한 편이다. 독특한 갈등의 요인은 대한민국과 북한이 독립국가로서 서로 인정하지 않고 그들의 시민들이 서로서로에 대해 외국인으로 여기는 것에 있다. 이 모든 것은 북한 시민권을 가진 사할린 한인과 직접적으로 연관된다. 그들은 일의 본질에 따라 합의되지 않은 국가간 법률의 인질처럼 보였다. 그러나 그 법은 외교적 보호를 받고 모욕적인 무권리 상태에서 빠져나오기 위해 한때 북한의 시민권을 받아들여야만 했던 수 천명인 한인의 실제 상황을 항상 고려하지는 않는다.

전반적으로 사할린 한인 주변의 상황은 내부법이나 국제법의 시각에서 원칙적으로 그들의 시민권을 더 완전하게 확보하는 쪽으로 긍정적인 변화가 일어나고 있다는 것은 단언할 수 있다. 그러나 한인들의 법적 위상은 계속해서 불안정하며 한인들에게는 새롭게 나타나는 모순적이고 심지어 자기의 위상과 양립할 수 없는 국가와 그들이 보유한 시민권에 대한 의무감이 생겨나고 있다. 실제적으로 사할린 한인 입장에서 복수 시민권에 대한 개인권에 관한 국제법은 상당히 복잡하게 정해져 있으며 아직 성립단계에 있다.

사할린 한인들 간에 러시아 시민권에서 자발적으로 이탈하고 다른 나라의 정치적 피난처를 얻는 것이 허용되지 않으며 한인을 망명자로 인정하고 러시아 연방 국경 밖으로 그들을 강제 추방하는 경우들이 기록되지 않는다는 사실에 대해 특히 강조하자.

모든 외국 시민들은 러시아 영토에 거주하는 기간에 따라 두 그룹으로 나눌 수 있다. 즉 일시 거주자와 영구 거주자이다. 그들 사이의 원칙적인 차이는 지속적으로 거주하는 자들이 5년이 되는 시기에 발급되는 거주증을 가지고 있다는 데 있다. 효력 기간이 끝남에 따라 또 5년 연장하며 연장의 수는 제한이 없다. 일시 거주자들은 정해진 규칙에서 거주등록된 민족 여권이나 그것을 대체하는 서류들을 가지고 있어야 한다.

외국시민과 시민권이 없는 자의 일시 거주는 그들에게 발급된 비자의 효력기간이 정해져 있으며 비자 발급을 요구하지 않는 경우에 90일 이하로 정해져 있다. 일시 거주는 3년까지의 기간으로 정부 할당의 한계로 정해져 있다. 할당을 고려하지 않고 외국 시민권을 가진 한인들과 시민권이 없는 자들은 다음과 같이 한다면 사할린 주로 임시 입국허가를 받을 수 있다.

ㄱ) 러시아 연방 영토 내에서 태어났거나 과거 소련 시민권을 가졌던 자.

ㄴ) 행동능력이 없지만 러시아 연방 시민권을 가지고 있는 행동능력이 있는 아이를 가진 것이 인정된 자.

ㄷ) 러시아 연방 시민권을 가졌고 부모 중 행동능력이 없는 한 분만이라도 있는 자.

ㄹ) 러시아 연방에 거주지를 가지고 있는 러시아 시민와 결혼한 자.

ㅁ) 정해진 법절차로 러시아 연방에 투자한자.[11]

러시아연방에서 일시 거주 기간이 축소된 경우 외국 시민이나 시민권이 없는 자는 구금되고 3일 안에 사할린 주 영역을 떠나야 하지만 개인의 서류가 폐기되었을 경우 15일 안에 떠나야 한다.

추방에 대한 결정이 받아들여진 인물이 강제 출국을 피할 경우 1998년 2월 17자 러시아 연방 헌법 재판의 결정 № 6-P에 따라 재판 결정을 근거로 이 기간을 연장가능할 때 48시간 이내 구금된다.[12] 러시아 영토내에 불법으로 머무는 사람들은 해당 연방은행에 이후의 정보를 제공함과 동시에 등록을 하고 사진을 찍고 의무적인 지문등록을 해야 한다. 재판의 결정에 따라 추방 전에 외국 시민이나 시민

권이 없는자는 특별 장소에 구금될 수 있다.[13)]

지속적으로 사할린 주에 살고 있는 외국 시민권이나 시민권이 없는 한인의 법인에 대해서 그들이 이동의 자유, 거주지의 선택, 주택과 개인생활의 불가침, 명예와 존엄의 보호, 종교의 자유에 대한 권리, 또한 사유 제산을 가지고 재산을 유산으로 물려주며, 여러 활동 영역에서 저작권을 가지고 직업을 선택하며 직업동맹, 협동조합, 과학, 문화, 스포츠와 국제 자원 단체에 가입할 권리를 얻었다는 것을 지적해야 한다.

실제로 원칙적으로 외국인과 시민권이 없는 자의 법적 지위는 러시아 시민의 권리와 의무와 일치하지만 항상 최소한의 정도이다. 예를 들면 현대 입법 예외조항은 그들에게 다음과 같이 하는 것을 허용하지 않는다.

ㄱ) 국가 또는 지방자치기관에서 근무하는 것.

ㄴ) 러시아 해양선의 승무원으로서의 직위를 대신하는 것.

ㄷ) 민간 항공기의 지휘관이나 승무원으로 있는 것.

ㄹ) 국가 안전기관, 내무부, 세관경찰, 법정에서의 활동에 참여하는 것, 검사, 조사관, 공증인, 변호사의 기능을 수행하는 것.

연방 입법도 사할린 한인의 일부로 들어간 외국 시민과 시민권이 없는자에게 선거할 권리와 국가 정부 기관에 선출될 권리, 전 러시아와 지역 일반투표에 참여할 수 있는 권리를 금지하고 있다. 그러나 사할린 주의 지역내에 지속적으로 거주하는 자들은 유사한 지방, 지역적 의미의 조치들에 참여할 권리가 주어진다.

정치적 당활동과 운동에 참여하는 것에 대한 제한도 유지되고 있다. 집회, 시위, 대중 선동과 항의시위의 행위와 연관된 조치들에 대해서 일반적인 절차에 따라 그들의 행위에 대한 권리는 지방 정부의 승인이 있을 때만 가능하다.

그러나 외국인과 시민권이 없는자들에게 자국민보다 최소한의 권한과 자유를 제공하는 것을 차별로 보는 것은 결코 안 된다고 언급하자. 국제 현장에서 선거권의 이용, 지역 이동, 일정한 직위를 얻는 것과 관계되는 제한행위는 일반적인 현상으로 간주된다. 다른 유사한 제한과 같이 이 모든 것은 국제법으로 금지되지는 않았지만 외국인들의 권리와 의무의 몇몇 다른 특성을 강조한다. 그러나 그들은 말과 인쇄의 자유, 물론 러시아 국가의 이익에 해롭지 않게 정치적 시각을 공개적으로 표명할 권리를 부여받는다. 개인, 주택의 불가침, 서신교환의 비밀, 양심의 자유에 관한 권리는 민족과 시민권에 상관없이 보편적인 성격을 지닌다.

활동의 특별한 형태로서 군복무를 살펴보아야 한다. 러시아 연방의 시민인 한인들은 연방법에 따라 공통된 근거에서 주어진 임무를 지닌다. 외국 시민권(국민)을 가진 한인들은 몇몇 군 부대에는 근무가 허락되지만 계약에 따라 의무인 국가지문등록을 하고 군인, 해병, 중사, 병장을 대체할 직위에 허락된다. 군복무 정년에 이르게 된 것, 조건의 불이행과 계약 기간의 만료, 군 직위의 상실, 재판의 판결에 따라 자유의 상실, 조직정원 대책이나 건강상 군복무에 적합하지 않다고 인정되는 군의관 협회의 결정은 군복무에서의 해임을 위한 근거로 간주될 수 있다.

현대 러시아 입법원칙의 관점에서 볼 때 몇몇 경우를 강조하는 것이 중요하다.

첫째, 시민권은 기본적인 인권과 관련 있으며 러시아 연방에서 종합적이고 절대적인 권리로 인정되지만 어떤 근거에서 시민권이 상실되는 것은 인권의 파괴이다.

둘째, 시민권의 위상을 조정하는 러시아 국가의 자주권은 국제법 지배의 인정에서 기인하기 때문에 상대적 권리로서 고찰된다.

셋째, 외국인과 시민권이 없는자의 권리의 위상은 체류국가의 사법권에 의해서 결정되며 이에 따라 그들은 정해진 법체계를 준수할 의무가 있다.

넷째, 차별의 금지는 사회민족적 출신, 종족과 피부 색, 정치적이고 종교적 신념과 상관없이 모든 사람들을 위해 유일하고 평등한 시민권의 설정으로 보장된다.

다섯째, 러시아 국가는 외국에 있는 같은 시민들의 면에서 그들의 이익 보호, 러시아 지역에 살고 있는 외국 시민들과 시민권이 없는 자의 이익의 보호 의무를 이행한다.

여섯째, 시민권에서 탈퇴하는 것은 항상 당사자의 자발적인 행위이며 항상 국가와 자신의 관계를 완전히 끊는 개인의 정치적 법적 지위의 변화이다. 러시아법은 당사자가 국가에 대해서 미이행된 의무가 있고 형사 문책에 처하거나 이것이 국가 안보의 이익에 위배되거나 한다면 러시아 연방 시민권에서 탈퇴할 수 없다는 사실에 기인한다.[14]

다시 말해 위의 사실을 근간으로 사할린 주에서 지금 이미 모든 한인에 관해서 법적 지위와 상관없이 국가적 지원 대책이 실현되기 시작했다. 그러나 이것은 한인을 위한 러시아 국가와 법적 관계가 더 확고한 형태를 취했다는 것을 의미하지만 상호 권리와 의무의 총체는 개인의 이익과 자유 존중에 대한 인정에 기반을 두고 있다.

2. 인구와 사회경제적 발전의 과정들

사할린 주는 여러 기능을 하는 도시화된 지역들과는 관계가 없다. 도시 주민의 수는 20 단위로 제한되어 있다. 즉 15개의 도시와 도시 유형의 5개의 마을이 있다. 그러나 인구밀도가 매우 높고 지방적인 중심지가 존재한다. 최근에 사할린의 북쪽과 중부 지역의 한인 가정의 수가 감소되는 과정이 관찰된다. 따라서 지역적 요인은 점차 전반적으로 사회 그룹과 한인의 재분포를 조정하는 시스템에서 더 이상 작용하지 않게 되었다.

일반적인 형태에서 표 구성은 다음과 같은 식으로 특징지을 수 있다. 생활조건의 가장 좋은 총제로서 사할린 주의 행정중심인 유즈노사할린스크 시는 생활조건이 복합적으로 가장 좋다. 시에만 만 6천명 이상, 또는 총 한인 주민의 54.4%가 있다.

1989-2002년동안 사할린 한인 공동체는 5만 6천명으로 감소했다. 1985년에 비해서 한인의 수는 다음과 같은 지역들에서 감소했다. 우글레고르스크는 4,443명에서 1,919명으로, 홈스크는 3,958에서 2,706명으로, 코르사코프스크는 3,083명에서 2,460명으로, 아닙스크는 2,050명에서 545명으로 마카로프스크는 1,720명에서 579명으로 포로나이스크는 2,479명에서 1,396명으로 감소했다.[15]

〈표 12〉 2002년 러시아 전체 인구조사 데이터에 따른 사할린 주 지역 분포 한인의 수

지역 단위의 명칭	주민수(명)		
	총	포함	
		도시	시골
사할린 주	29,592	28,630	962
부차적인 거주지를 가진 유즈노사할린스크 시	16,086	15,971	115
지역들: 알렉산드로프스크-사할린스크	64	60	4
아닙스크	545	422	123
돌린스크	1,522	1,447	75
코르사코프스크	2,460	2,402	58
쿠릴스크	16	5	11
마카로프스크	579	524	55
네벨스크	1,182	1,163	19
오힌스크	51	51	0
오힌스키	46	40	6
포로나이스크	1,396	1,376	20
북 쿠릴스크	11	11	0
스미르니호프스크	252	177	75
토마린스크	597	582	15
티모프스크	127	85	42
우글레고르스크	1,919	1,764	155
홈스크	2,706	2,526	180
남 쿠릴스크	33	24	9

주 : 표는 다음의 자료에 의해 작성되었다. 민족구성과 언어, 시민권.; 2002년 전러시아 인구조사 결과. 4권. 1호. 모스크바, 2004.

[그래프 2] 1946-2002년 사할린 주의 한인 수의 변화(천명)

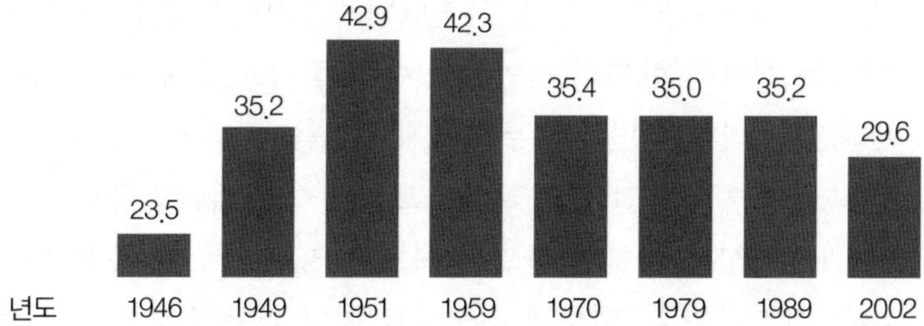

주 : 그래프는 다음의 자료에 의해 작성되었다. GASO. F.171. Op.3. D.7. L.122; F.53. Op.1. D.110. L.47, 189; F.53. Op.1dop. D.23. L.39, 41; F.242. Op.1. D.60. L.167; STsDNI. F.P-4. Op.1. Д.332. L.217; 사할린 주 50년. 유즈노사할린스크, 1996. 7-8쪽.

자료의 구성은 다음과 같은 결론을 위한 근거를 제공한다.

1. 1946-1949년 사할린 주에 일꾼으로 고용된 한인 노동자 261,000명이 가족과 함께 북한에서 유입되었다. 이는 한인의 전체 수를 급격히 증가시켰고 이전 일본 국민이었던 한인 그룹은 숫적인 면에서 1위 자리를 내주게 되었다.
2. 유리한 인구통계학적 상황에서 1950년대에 한인 수는 최대한으로 증가했고 42,000명을 넘어서는 수준에서 정지했다. 이것은 주로 북한 주민이 조국으로 돌아가지 않기를 원한 것으로 설명될 수 있다.
3. 1957년부터 시작해서 다음 시기에 소련과 북한의 정부 간 체결된 특별협정의 실현이 진행되었다. 이로 인해 북한의 몇 천명의 시민들이 과거 일본국민이었다가 북한 시민권을 받아들인 사람을 포함해서 사할린 주를 포기하고 북한으로 강제로 떠나야 했

다. 이는 여권과 국경의 보안체제를 강화시키는 데 일익을 담당했다. 그 외에 대부분의 경우에 다민족가정에서 출산이 계속 이어지는 경향은 한인의 전반적인 수의 하락요인 중의 하나로 간주되었던 러시아 민족의 부모에게 권한을 주었다는 것이다.

4. 1985년에 일어난 소련의 페레스트로이카와 대한민국과의 외교적 관계형성은 사할린 한인이 최초로 영구 거주할 목적으로 자신의 선조가 있는 역사적 조국으로 떠날 가능성을 얻는데 좋은 역할을 했으며 약 4천명이 그런 가능성을 이용했다.

6. 2002년 인구조사에 따르면 사할린 한인은 5%에서 5.4%까지 인구비율을 높이면서 러시아인 다음으로 많은 수에서 세번째 자리로 내려 앉았다.

2002년 인구조사의 결과에 따라 사할린 주에 546,695명이 살았으며 그 가운데 러시아 시민은 541,341명, 외국 시민들이 2,257명, 시민권이 없는 자가 1,011명, 시민권에 이름을 올리지 못한자가 2,068명이다. 그러나 섬 주민의 구성원에는 한인을 제외하고 무시민권자들은 거의 없다. 따라서 만약 시민권에 이름을 올리지 못한 자들을 포함시킨다면 그들의 수는 3천명 조금 넘었다.[16]

〈표 13〉 1979년과 2002년 인구조사 데이터에 따른 한인 주민 연령별, 성별 구성의 변화 (명)

연령	1979 년			2002 년		
	남성	여성	합계	남성	여성	합계
0-4	1,744	1,676	3,420	584	551	1,135
5-9	1,440	1,458	2,898	653	583	1,236
10-19	3,034	2,948	5,982	2,477	2,357	4,834
20-29	4,127	4,214	8,341	2,482	2,325	4,807
30-39	2,524	2,521	5,045	1,923	2,014	3,937
40-49	1,331	1,384	2,715	3,117	3,313	6,430
50-59	2,161	1,447	3,608	2,274	2,465	4,739
60-69	1,524	806	2,330	696	937	1,633
70세 이상	348	291	639	281	556	837
연령미상				2	2	4
합계	18,233	16,745	34,978	14,489	15,103	29,592
%	52.1	47.9	100	49.0	51.0	100

주 : 표는 다음의 자료에 의해 작성되었다. 2002년 전러시아 인구조사 결과(2004년에 모스크바에서 출판된 1권 4호 780 쪽에 수록); GASO. F.3. Op.2. D.93. L.21-22; D.117. L.17-18.

제시된 데이터의 비교는 사할린 한인의 연령별, 성별 구조의 다음과 같은 특징을 드러낸다. 1979-2002년 동안의 노동가능한 연령보다 더 어린 사람들의 비중은 29.4%에서 14.7%로, 절대적 의미에서 10,292명에서 5,145명으로 감소되었다. 더구나 10세 이전 연령 그룹에서는 6,318명에서 2,371명까지, 또는 2.7배 감소했다. 이것은 1990년대 전체 출생률의 감소와 늘어난 유아 사망률의 결과였다. 동시에 노동가능한 연령의 주민수는 70.6%에서 85.3%까지 증가했다. 전반적으로 한인 주민의 연령 구조는 경제활동의 관점에서 볼 때 개선되었다. 그러나 발생했던 인구 감소는 노화 과정을 가속화시켰다.

전후 40년동안 성의 상관관계는 자연에 의해서 이면에 놓인 남성 성의 우위가 유지되었다는 것으로 증명된다. 1979년 인구조사 데이터에 따르면 여성 16,745명과 남성 18,233명 또는 2.2% 이상이 등록되었다. 최근 10년 동안 남녀비중이 동등해졌는데 2002년 인구조사는 최초로 30살부터 시작해서 15,103명과 14,489명에 부합해서 총수에서 남성 그룹에 대해 여성그룹이 2% 앞서있는 경향을 기록했다. 장수한 사람들(70세 이상) 중에 남성과 여성의 수는 281:556이었다. 한인 가운데 도시 주민의 수는 314,000명에서 286,000까지 감소

〈표 14〉 2002년 인구조사 데이터에 따른 사할린 주에서 결혼을 한 각각의 민족의 남성 주민 (명)

민족	혼인 상태	기혼		미혼		과부		별거	
		총	%	총	%	총	%	총	%
러시아인	174,837	103,863	59,4	49,724	28,4	4,991	2,8	15,694	9,0
한국인	11,811	7,611	64,4	3,183	27,0	270	2,3	711	6,0
우크라이나인	10,212	7,825	76,6	1,076	10,5	462	4,5	833	8,1
타타르인	3,082	1,901	61,7	744	24,1	119	3,9	313	10,1
백러시아인	2,545	1,904	74,8	278	10,9	134	5,3	225	8,8
니브흐인	733	307	41,9	345	47,1	26	3,5	54	7,4

주 : 표는 다음의 자료에 의해 작성되었다. 2002년 러시아 전체 인구조사결과(2004년에 모스크바에서 출판된 2권 4호 1048 쪽에 수록). GASO. F.3. Op.2. D.93. L.21-22; D.117. L.17-18 (혼인여부를 알 수 없는 경우는 제외).

했다. 더구나 1989년까지 남성 주민이 많았지만 다음 시기에 여성이 앞섰다. 유사한 경향이 시골 한인 사이에서도 드러나고 있다.

표에서 알 수 있듯이 명시된 민족들 중에서 한인들(남성들)은:

ㄱ) 결혼 측면에서 우크라이나인(76.6%)과 백러시아인(74.8%) 다음으로 세번째 자리를 차지하고 러시아인 (59.4%), 타타르인 (61.7%)과 니브흐인 (41.9%)을 넘어섰다.

ㄴ) 혼인신고된 부부의 수는 가장 많으며 전반적으로 사할린 주에서 81.9%를 차지했다.

ㄷ) 미혼인 수에서 대략 러시아인(28.4%)과 동일하며 우크라이나인(10.5%)과 백러시아 인 (10.9%) 앞에 있으며 니흐브 인은 한참 뒤떨어졌다.

ㄹ) 별거인의 비중면에서 마지막이었지만 평균 주의 지수 8.7%에서 두드러진 입지(6%)를 지녔다.

그런 식으로 한인(남성)에게는 다른 제시된 민족들과는 달리 혼인에서 비교적 높은 수준에 있었고 견고한 가족관계가 특징적이다. 이런 가족관계는 전통적인 생활관습과 완전히 일치한다. 만약 하바로프스크 주의 지수(51.9%)와 유사하다면, 결혼여부면에서 사할린 한인들은 보다 유리해보인다(64.4%).

전반적으로 한인들은 자연스럽게 인구통계학적으로 커다란 잠재력을 지녔으며 여러 세기에 걸쳐 이것을 증명해 왔다. 그러나 현대 조건들에서 새로운 유형의 자연적 재생산은 고유한 것이 되었다. 즉 생활의 전반적인 평균 지속성의 하락과 세대 교체의 가속화에서 주민 수의 감소, 그리고 낮은 자연 출산이 이주 감소를 초래한다. 불균

형의 결과는 아주 명백하다. 연령별, 성별 구조가 변형되고 경제적으로 활동하는 주민 수가 감소하며 노동가능한 연령의 대리 주민의 수가 노동자원의 수를 보충하지 못하고 있다. 한인의 도시화의 단계의 변화는 특징적이 되었다. 이것은 지방 주거지의 집단 해체, 다수의 농촌이주와 농업생산의 중단과 연관된다.

〈표 15〉 2002년 생활비 원천에 따른 사할린 주 한인

지수	주민 총수		
		도시	시골
주민 수(명)	29,592	28,630	962
생활 자금의 원천	35,128	33,865	1,263
노동활동에서 얻는 수입	12,434	12,030	404
개인부업경영	998	889	109
장학금	415	404	11
연금	5,850	5 619	231
장애인 연금	704	651	53
보조금	2,347	2 247	100
교육 수당	238	209	29
다른 국가 사회보장금	248	219	29
예금	108	105	3
임대수입	17	17	-
다른 인물의 부양을 받고 있음.	10,780	10,522	258
다른 원천	989	953	36
생활 자금 원천이 드러나지 않은 경우	44	44	-

주 : 표는 다음의 자료에 의해 작성되었다. 민족구성과 언어구사, 시민권. 2002년 러시아 전체 인구조사결과(2004년에 모스크바에서 출판된 2권 4호 1886-1887쪽에 수록.

표의 자료 분석은 2002년의 인구조사 데이터에 따라 35.4% 한인 생활비의 기본 원천이 노동 활동으로 얻은 수입이고 그다음에 다른

사람의 부양을 받고 있는 그룹(30.7%), 여러 가지 연금을 받는 그룹(18.7%)과 보조금 (7.4%) 순이라는 것을 보여준다. 한인 가정은 수입을 높이는 데 자신의 재산을 임대하는 일은 거의 없으며 시골 주민들(99.7%)은 원하지 않지만 아마도 저축할 정도의 여유자금이 없을 것이다.

역설적이지만 다음과 같은 사실이 있다. 즉 2002년에 한인들은 개인 부업경영과 같은 생활비의 원천 면에서 꼴찌를 했다. 만약 러시아 인 천명 당 이 지수는 29.1%, 백러시아 인들은 47.2%, 우크라이나인들은 48.5%로 구성되었다면 한인들은 28.4%이다.[17] 이에 다음과 같은 해석을 내릴 수가 있다. 즉 최근 25-30년 동안 한인이 거주했던 시골 거주지 수십 곳이 소멸되었으며 부분적으로 도시화된 거주지가 생겨난 후 그들은 전통적인 농업 종사를 거부했으며 농업에 종사하는 인구수는 1,000명 미만에 이르렀다.

한인 총 인원 중에서 생활비 원천이 한 가지인 사람은 24,176명이었으며 두 가지의 원천을 가진 사람은 5,165명, 세 가지는 206명, 네 가지는 한 명이었다는 것이 특징적이다. 더구나 농촌 주민들은 도시민의 1.5배 더 부업을 찾아야만 했다.

1990년대초에 러시아 연방의 다른 자치구처럼 사할린 주는 시장 개혁에 나섰다. 생산, 교통운송, 건설 규모가 심각하게 감소했다. 실질적으로 주의 지역 내에서 작동하고 있는 모든 연방 프로그램의 투자가 중단되었고 중심지의 총 부채는 10,160억 루블에 이르렀다. 미지불된 임금의 총액은 7,000억 루블로 올랐고 실업자의 수준은 242,000명에 이르렀다. 생활비는 러시아 평균보다 2배 더 높았다. 최저생계비보다 낮은 수입을 가진 주민의 수는 371,000명 이상이었다.[18]

1993년 2월에 채택된 연방법은 사할린 주민을 위한 국가 보장과 보상금을 정했다. 특히 모든 경제 분야에 있어서 유일한 지역률과 임금에 퍼센트 부가금의 동일한 수를 정했다. 더구나 최초의 부가금은 만약 어떤 사람이 5년 이상 북쪽 지역에서 살았다는 조건일 때 직장에 고용된 후 곧 지불될 수 있다. 계수와 부가금은 처음에 고용주의 재산 형태와 상관없이 임금의 추가액이 있을 때 계산되기 시작했다. 추가휴가는 북극지방에서 일하는 사람들을 위해 21일로 정했으며 14일은 북쪽 지역에 붙은 지방에서 일하는 사람들을 위해 정해졌다. 노동기간은 연령별 연금을 계산할 때 1.5년동안 계산했으며 연금지불의 총액에 지역률이 계산되었다.

결산 데이터의 분석은 사할린 주민의 노동연금과 최저생계비의 증가가 동시에 포착된다는 결론에 도달하게 한다. 그러나 증가 속도의 상관관계는 동일하지 않고 지역의 최저생계비의 크기는 노동연금의 평균보다 더 높지만 연금수령자들은 빈곤선(최저 생활 유지에 필요한 소득수준) 아래에 있는 사람들의 범주에 해당한다. 한 배 반의 근무기간의 특혜 계산의 폐지와 연금계산시 근무기간률의 0.75%에서 0.6%로의 하락은 더욱더 상황을 첨예화시켰다. 사할린 연금수령자에게 제시된 2년에 한번 휴가지로의 왕복 무임여행권은 종종 현실화되지 않았다. 2004년 42,000명이 어떤 특혜를 받을 순서를 기다리고 있었고 국가 채무총액은 3,460억루블에 달했다. 다음에 작용되는 보상금에 대한 자연적 특혜의 교체는 결국 거주하기에 불편한 지역 조건을 고려하지 않고 사할린 연금수령자, 즉 노동의 베테랑과 한인을 포함해서 노동능력이 없는 총 주민의 극심한 빈곤화를 더욱더 가속화시켰다.

이전처럼 한인들이 조선의 자손이라고 느끼게 하는 생활양식들이 유지되었다. 그런 측면들 중의 하나는 민족전통 음식이다. 젊은이들도 선조들의 전통에 관해 전반적으로 퍼져 있는 허무주의를 없애려고 노력했다. 주민의 정신에 기본적이고 전통적인 양식의 산물로서의 쌀에 대한 요구는 년간 85킬로그램 정도이다. 소고기, 조류, 명태, 대구, 가재미, 청어, 꽁치, 송어, 연어, 게, 낙지가 가장 많이 애용되고 있다. 야채 중에는 양배추, 무, 감자, 당근, 오이, 토마토, 파와 마늘이다. 최근에는 씨앗류, 즉 밀, 옥수수, 메밀, 보리와 감자, 유제품의 이용이 증가하고 있다.

민족 요리의 특징은 바다의 작은 게들과 해조류, 특히 다시마, 고사리의 어린 순, 우엉, 버섯을 음식으로 이용한다는 점이다. 간장, 된장, 고추, 고추장, 여러 양념이 일상식사에 즐겨 이용된다. 차의 인기는 높지 않다. 어쨌든 전통적인 차 의식은 일본인들과 중국인들과는 그다지 차이가 없다.

개고기를 이용하는 점에 대해선 언급할 필요가 있다. 이것은 거의 애용되는 민족 음식이라는 의견이 있다. 그런데 그렇지만은 않다. 개고기 음식, 뜨거운 것이나 국으로 된 음식은 기본적으로 나이가 많은 남성들이 특히 선호하며 젊은이들은 완강히 거부한다.

유감스럽게도 한인 가정의 기본적인 음식물의 구조와 크기에 대한 통계학적 정보는 우리가 다룰 수 있는 문제가 아니다. 이와 관련해서 보편적인 공식 통계를 이용하자(표 16).

〈표 16〉 1997년과 2007년에 가정 살림의 부분 조사 테이터에 따른 기본적인 음식물의 1인 소비.

음식물 명칭	주민 1인당의 소비(kg)			
	사할린 주		러시아 연방	
	1997년	2007년	1997년	2007년
고기와 고기제품	47.3	80.6	54,7	70,9
유제품	162.0	190.6	233,8	246,4
곡물	86.6	110.2	100,3	103,7
생선과 생선제품	20.0	34.4	12,9	18,1
과자제품을 포함한 설탕	21.2	30.7	25,5	32,3
달걀(개)	123.3	200.6	177,6	204,0
감자	88.7	79.8	108,5	71,8
야채와 박과작물	63.0	89.9	84,0	88.8
과일과 열매	31.4	52.8	32,9	57.6

주 : 표는 사할린 주의 국가 통계 중 지역 생산부분의 데이터에 의해 작성되었다.

일반적인 결론은 명백하다. 기본적인 음식물의 소비는 소비의 합리적인 규칙에 맞지 않으며 위치에 따라 일반 러시아 음식과 비교해서 더 낮은 수준에 있다.

사할린 한인의 전반적인 사회활동이 다양한 점을 미루어볼 때 경제적 동기는 중요한 역할을 한다. 이익실현은 러시아어를 잘 구사하고, 전반적으로 동화를 성공적으로 이루어내며, 업무관계를 확고히 하고, 실력이 뛰어나며 재력이 있을 때 수월해진다. 과거 비스니스 대표자들의 일부는 회사의 사장으로 일했고 주도적인 생산 분야, 무역 기관, 협동조합, 물질적 기술적 공급, 수송을 지휘했다. 이런 그룹은 자신의 노동과 사회적 지위, 새로운 포스트소비에트 정부와의 상호관계를 어느 정도로 유지할 수 있었다. 가장 가까운 친지들, 가정의 구성원들과 향우회를 통해 현대 세대도 시장의 개혁에 참여했다. 비스니스-조직의 지도자들 중 80% 이상이 고등 또는 중등 특별 교육을 받고 있다.

현 경쟁체제에서 한민족의 대표자들은 무역, 건설, 수송, 숙박과 여행업의 시장에서 주도적 입지를 차지하고 있다. 농업 생산자들도 지배적이다. 예전처럼 지방 시장이 한인들에 의해서 재배된 농산물로 가득 채워지고 있다. 어업과 가공에서 특화되고 있는 사람들은 자신의 "활동범위"를 가진다. 대한민국, 일본, 다른 나라들의 영향력 있는 기업가들은 현재 일어나고 있는 상황에 적극적으로 뛰어들고 있다.

그러나 한인의 비즈니스 일부는 범죄 활동과도 관련된다. 마약판매, 사기 등등이다. 여기에는 지하 경제, 세금 탈취, 공무원 매수, 그리고 중개인, 정부 행정조직과 정치인 출신의 후원자를 위한 봉사 수수료가 있다.

시대는 변했고 시장 조건은 무자비하게 움직이고 있다. 여론조사의 데이터에 따르면 약 75%가 품질은 나빠졌다고 여기며 자동차, 새 아파트의 소유, 휴가여행은 삼가며 심지어 음식과 옷을 아껴야 한다고 생각한다. 한인들도 똑같이 겪었던 파산과 실업은 커다란 불화를 불러일으켰다. 대학 교육비가 일 년에 약 60,000루블이라는 것을 고려해 볼 때 대학생 개개인이 자신의 생계원천으로서 직업을 얻는 데 느끼는 불안도 이해된다. 다른 측면에서 볼 때 많은 사람들에게 있어서 고등 교육을 받는 것은 그저 가격이 너무 높기 때문에 접근하기 어렵다.

전반적으로 한인의 활동은 아주 폭넓으며 성공적으로 지역 경제에, 적극적인 비즈니스에, 과학, 교육, 문화, 건강 분야에, 관리와 법질서 시스템에, 전반적으로 러시아 사회, 즉 수용자에 통합된다.

3. 민족 문화 자치구의 성립

1990년대 초 사할린 주의 사회, 문화 생활은 새로운 민주적 기반에서 발전하기 시작했다. 그러나 권력을 잡은 사람들은 "행정력으로 해결하지 말라!"라는 원칙을 분명히 하면서 사회주의 시절의 문화적 성과를 공산주의 프로파간다에 의한 허상일 뿐이며 그래서 존재의 가치가 없다고 선언하였다.

이전에 폭넓게 실현되고 한인 주민의 참여와 함께 진행되는 여론 공개석, 시민들의 회합, 질의응답의 밤, "라운드 테이블"의 대담, 공개 편지, 열린 문들의 날들, 문화 대학들, 말하는 잡지들, 공개토론과 토의, 사회정치 독서, 비즈니스 게임, 테마가 있는 밤들, 노동자 집안, 생산 선구자들의 축하, 초상화의 밤, 농촌 젊은이들의 파티, 전문 연극 예술 스포츠의 축제들, 거리의 축제들, 가정휴식의 날, 군중야유회, 독창회, 비즈니스 모임과 미래의 군인 클럽, 아트 스튜디오, 디스코텍, 문학과 음악응접실, 이 모든 것은 다른 많은 것들처럼 기억 속으로 사라졌다.

아니, 문화 생활의 발전은 멈추지 않았다. 그러나 시장 관계의 요소들을 문화 안으로 투입시키려는 시도는 "새로운 호흡"을 가져다 주지는 않았다. 반대로 정신적 가치를 위해 드는 요금이 걷잡을 수 없이 높아지는 현상은 수 천만명의 사람들이 그것을 누리는 데 넘을 수 없는 장애가 되었다.

현재 러시아 전체의 발전은 문화의 역할을 높이기 위한 근간이 되고 있다. 민족기원과 발전이 다른 그룹들이 사회차별의 당사자가 되고 있다.

첫번째 그룹은 민족으로 볼 때 자신을 진짜 한국인으로 생각하는 가라후토 한인들이다. 이들은 일본이 전시에 강제로 남사할린 (가라후토)에 실어다 놓은 한인들로 일본 식민지 시기를 제외하고 사할린 주에서 이미 65년 동안 살고 있다. 그들 중 절대 다수는 거의 문맹이거나 일본어를 구사한다. 그들은 완전히 러시아 사회에 통합되지만 평생 선조들의 고향으로 돌아갈 것을 꿈꾼다. 그들은 정체성 문제를 느끼지 못한다.

두번째 그룹은 러시아 사람으로 생각하지만 두 문화, 즉 한국과 러시아 문화에 동시에 속해 있다고 생각하는 일본인화된 한인 자녀들이다. 그들 대부분은 고국의 선조들과 자신의 관계를 단절하지 않고 대한민국의 생활 속으로 들어가려는 경향을 지닌다. 그들은 한반도와 아주 많은 인종적 갈등을 겪는다. 이들은 "러시아" 생활 초창기에 러시아 사회의 민주화에 따라 대두되었던 정체성 문제를 겪었다.

세번째 그룹은 민족 정체성의 문제를 겪고 있는 최근 세대이다. 그들은 근원적으로 한인으로 전혀 생각하지 않는다. "한인은 한인으로 남아야 한다"라는 심리적 설정에도 불구하고 이 그룹의 대표자들은 러시아 정신의 특성을 드러낸다. 러시아 사회에 확실하게 통합됨에 따라 그들은 자신의 일상 생활에서 러시아와 다른 민족의 대표자들과의 사회적 관계들로 완전히 둘러싸여 있으며 자신의 물질적이고 정신적인 이익을 실현하도록 해주는 내면의 구조를 형성하고 있다.

네번째 그룹은 사할린에서 대한민국으로 영구거주지를 옮긴 한국인들이다. 공식적인 자료에 따라 판단해볼 때 그들의 기대는 완전히 어긋났다. 왜냐하면, 그들은 같은 혈족으로 받아들여지지 않았기 때문이다. 이 그룹은 4천명 정도로 많지 않지만 대한민국에서 거주하는 데 문제가 아주 많다. 특히 그들의 반인륜적 귀국으로 인해 사할린에 남아 있어야 했던 아이들과 함께 선조의 고향에서 살 수 있는 가능성을 상실했다는 관점에서 볼 때 더욱 그렇다. 다시 말해 거의 모든 문제를 제기했던 대중매체 방송은 이 그룹의 대표자들을 다뤘다. 그럼에도 불구하고 구 세대의 대표자들은 정신적인 평안을 얻기 위해 대한민국으로 가고나서 다른 행동방식, 다른 생활 가치 때문에 완전한 한인으로 느끼지 못한다. 이 그룹의 젊은 세대의 대표자들은 거의 모국어를 구사하지 못하고 그 때문에 직장을 잡는 데 어려움을 겪으며 아주 낮은 사회적 지위를 얻는다.

민족 문화의 내용은 다음과 같은 방향에서 구체적으로 표현된다.

첫째, 한국 공동체의 정신적 잠재력의 풍부함, 도덕적 가치체계 형성,

둘째, 러시아와 한민족이 상호 민족 문화를 풍부하게 하며 상호 영향을 끼치는 것,

셋째, 문화 교육의 여러 측면과 차별적 시스템의 창조,

넷째, 국제 문화 교류와 국제 문화 민족 동일성의 강화를 위한 필요 조건들의 형성.

언어와 언어 환경이 "민족의 정신문화" 개념의 기본 구성요소이

다. 그러므로 언어 상황에 대해 관심은 사할린 지역 한인의 모든 문화적 잠재력에 관한 이해를 위해 필요한 첫번째 조건이 될 수 있다.

1970년대에 도처에서 러시아어로 소통하려는 한인의 움직임이 일어났다. 최근 10년동안 설문조사에 따르면 노동자, 지식인 대표자들의 3분의 1, 45-50%의 노동 기술 노동자들과 사무직 종사자들, 75-90%의 대학생과 학생들은 러시아어를 자신의 모국어로 불렀다. 높은 연령의 사람들 가운데에서만 러시아어를 조금 구사하거나 전혀 구사하지 못하는 사람들의 그룹들(연금생활자들 가운데)이 51%이며, 주부 가운데 67%가 있다. 한국어를 전혀 모르는 손자들은 자신의 조부모들과 소통을 하지 못하는 것으로 나타났다. 조부모들은 이런 조건에서 민족 전통과 관습들을 손자들에게 전할 수 없었다. 설문에 응한 한인들의 75%가 이와 관련된 불만을 표했다.

한민족 대표자들의 언어구사 유형은 네 그룹으로 나뉠 수 있다. 한국어 특징을 보유한 한국어 구사자, 러시아 언어환경의 영향 하에 변화를 겪은 한국어 구사자들, 모국의 구어체를 상실한 사람들, 여러 언어 구사자들.

통합과정에서 소수민족은 밖으로부터 끈덕지게 달라붙는 새로운 생활방식을 받아들일 것인지, 아니면 자신의 민족적 정체성을 유지할 것인지 항상 선택의 기로에 놓인다. 사할린 한인들도 그런 선택을 거쳤다. 그러나 상황에 따라 그들은 순수 한인으로서, 아니면 러시아어를 구사하는 한인으로서 자신을 드러낼 때 또 한 가지 선택은 그들에게 늘 있는 것이다. 이중 문화와 같은 종류를 소유한 자들은 기본적으로 모국어도 러시아어도 구사하는 한인 공동체의 교육 수준이 높은 일부이다. 그러나 종종 특히 공식적인 행사들에서 러시아어에서 민족어로 소통을 전환하는 것을 볼 수 있다. 이와 유사한 경우들에서 언어 요구 수준은 민족 출신을 강조하려는 열망에서 비롯된 것이지만 러시아 구어 지식이 완전하지 않은 것으로 해석되는 일이 잦다. 지방 민족 시인들과 작가들 역시 완전히 한국어 문어를 구사하지 못하고 자신의 작품을 러시아어로 쓴다. 심지어 기자들과 번역가들도 가끔 공식적인 미팅에서 어색함을 느끼며 대한민국과 북한의 대화자들의 대화를 완전히 알아듣지 못한다. 설문조사의 데이터에 따르면 응답자의 55%만 한국어 문어의 지식에 대한 필요성을 인식하고 있다.

러시아어 전파는 다음과 같은 요인들에 의해서 결정된다. 첫째, 교육, 과학과 기술, 컴퓨터화, 문화, 국가 운영, 재판소송, 공식적인 업무 서신교환의 면에서 대중적 연락 수단으로서 통신면에서의 우위에 있다는 점. 둘째, 러시아어의 지배적 상황은 구소련의 공식적인 국가 민족언어 정책의 결과이다. 셋째, 언어 동화는 모든 한인에게 이루어졌다. 이것은 소수민족으로서 점차적으로 다른 나라 문화를 받아들이게 했다.

1991년부터 사할린 주에는 교육 시스템의 발전 프로그램이 실현되고 있다. 한국어는 525명의 학생을 포함해서 12개의 학교, 그들 중에서 425명은 1-4학년에서 배우기 시작했다. 서울대학교 재외 한인들의 교육을 위한 단과대학의 협력에 의해서 사할린 한인들을 위해 청각 교재가 부록으로 첨부된 교재 "회화의 첫걸음"이 나왔다. 남한 교육 중심의 근간에는 한국어 강사들의 현장실습이 있었다.

그러나 한국어 교육의 시작은 1987년에 유즈노사할린스크 중등보통교육 학교 № 9에서 이루어졌다. 사할린에 있었던 북한의 학자들, 인민 교육부의 고위 감독관, 아동작가 이예현, "교재출판사" 관리장 최혜령, 평양 국가 교육대학 강사이며 학과장인 김태영, 이훈섭, 북한 황해도 교육자들이 커다란 도움을 주었다. 대한민국 정부도 도왔다. 학교는 시각교육자재와 시설물들, 컴퓨터 교실, 시청각실, 전화, 팩스들을 선물받았다.

유즈노사할린스크 학교 № 9의 600명의 학생들 중에서 대략 절반은 이미 2학년부터 배우는 한국어를 배우고 있다. 한글 글쓰기의 날, 한자 경연대회, 동방 언어 페스티발들이 진행된다. 2007년에 학교는 극동연방지구의 65개 학교가 참여한 가장 좋은 컴퓨터 사이트에 지역간 경연대회 승리자가 되었다.

1988년에 유즈노사할린스크 국립사범대학에 한국어학과가 문을 열었고 삼년 후에 학과는 다시 창설된 동방학부로 들어갔다. 이 동방학부에는 한국어와 일본어뿐만 아니라 아시아태평양 지역 나라들의 역사와 문화도 배우기 시작했다. 여기서 대한민국을 포함해서 외국 학생들의 러시아어 교육의 과제를 맡은 교재학문센터 "나우카"가 기능하기 시작했다.

서울대학교, 연세대학교(서울시), 한국외국어대학교, 동서대학교(부산시), 구미일대학교(구미시)와 공동으로 여러가지 장학금 프로그램들이 실현되고 있다. 학문연구들도 진행되며 대한민국의 대학교들과 교육센터를 기반으로 강사들의 양성과 대학생들의 현장실습이 조직되고 있다. 동서 대학교에 사할린 한인 젊은이들의 교육은 경연 시험선발을 근간으로 남한 측에서 실현되고 있다. 러시아 한국 심포지움이 진행되고 있다.

1999년부터 사할린 국립대학교의 경제학부와 동양학부가 성공적으로 기능하고 있으며 이 대학에서 외국어, 즉 한국어와 일본어 강의가 진행되고 있다. 대한민국과 대학간 관계가 정립되고 있다. 그 결과 정보와 일의 경험, 그리고 대학생과 강사 그룹의 교환이 이루어지고 있다. 국제과학 역사문화, 교육 연합과 센터의 틀에서 특별 공동 프로그램이 실현되고 있다.

〈표 17〉 1979-2002년 사이 사할린 주의 15세이상 한인들의 교육 수준 변화

지표	1979년		1989년		2002년	
	총	%	총	%	총	%
15세 이상 총 주민수(명)	26,025		25,749		25,032	
전문교육:						
고등교육	1,156	4,4	2,100	8,2	3,763	15,0
고등교육중퇴	148	0,7	241	0,9	777	3,1
중등교육	2,188	8,4	4,489	17,4	6,565	26,2
초등교육	계산되지 않음				2,778	11,1
일반 교육:						
중등교육(전체)	9,001	34,6	10,294	40,0	6,946	27,8
기본교육	5,753	22,1	4,029	15,6	2,829	11,3
초등교육	3,162	12,1	1,878	7,3	891	3,6
초등교육 미취학	4,583	17,6	2,718	10,6	397	1,6
문맹	계산된 데이타가 드러나지 않음				283	1,1
교육수준을 밝히지 않은 자	34	0,1	-	-	53	0,2

주 : 표는 다음의 자료에 의해 작성되었다. GASO. F.3. Op.2. D.119. L.86-87; F.3. Op.2. D.215. L.19; 민족구성, 언어구사, 시민권. 2002년 러시아 전체 인구조사결과(2004년에 모스크바에서 출판된 2권 4호 1528-1529 쪽에 수록).

위에서 제시된 한인 교육 수준의 변화는 1980-1990년대 동안 일어난 긍정적인 변화를 보여준다. 전문 고등 교육을 받은 수는 3.3배로 늘었고 중등교육 중퇴는 5.3배, 중등 특별교육은 보통 중등교육과

중등교육 중퇴의 학력을 가진 사람들의 수가 감소할 때 3배 증가했다. 특히 초등 교육을 받은 수가 감소했고(3,162명부터 891명까지) 초등교육을 받지 않은 사람들의 수는 감소했거나(4,583명부터 397명까지) 알맞게 71.8%와 91.3% 로 감소했다. 2002년도에 최초로 박사학위를 받았고 대학원 박사과정을 다니는 사람들의 수에서 고등교육 과정을 마친 그룹이 나오게 되었다는 것이 특징적이다.

〈표 18〉 2002년 전러시아 인구조사의 결과에 따른 사할린 주 각 민족 교육 수준

민족	15세 이상 주민	교육 종류							
		전문교육					일반교육		
		대학원 이상	대학 교육	대학 교육 재학	중등 교육	초등 교육	중등 교육	기초 교육	초등 교육
러시아인	378,356	640	49,235	8,629	115,296	56,371	71,865	55,937	17,793
한국인	25,032	33	3,763	777	6,565	2,778	6,946	2,829	891
우크라이나인	20,751	49	3,472	434	7,037	2,913	3,044	2,206	1,419
타타르인	6, 390	11	648	98	1,968	997	1 136	912	539
백러시아인	5,282	10	730	103	1,607	798	777	625	580
니브흐인	1,747	1	73	23	290	340	334	482	164
총수	454,409	774	59,918	10,334	136,779	66,285	87,140	64,968	22,600

주 : 표는 다음의 자료에 의해 작성되었다. 민족구성, 언어, 시민권. 2002년 전러시아 인구조사 결과. 4권. 2호. 모스크바, 2004. Pp.1528-1529. ("초등교육을 받지 않은 자" 항목은 누락되었다.)

위에서 인용된 지역별 평균 데이터의 상호관계에 대한 비교에서 보면 한인 주민의 읽고 쓰기 능력 지수는 0.8%로 낮은 수치를 나타내고 있다. 그중 도시에서는 0.7% 그리고 시골에서는 3.9%이다. 남

녀 성 가운데 30세 전의 나이의 사람들이 가장 많이 문맹에서 벗어났고 남성은 35세 전으로 높다. 2002년 인구 조사의 결과에 따라 글을 아는 사람의 가장 많은 퍼센트는 10세에서 39세까지의 연령의 사람들이었다. 나머지 사람들 가운데에 글을 아는 사람의 수준은 연령이 높을 수록 급격하게 떨어졌다. 전반적으로 100명 당 글을 아는 남성은 92명이며 여성은 88명이다.

다른 민족과 비교해서 한인들은 러시아인, (13%), 백러시아인 (13.8%), 타타르인 (10.1%)을 넘어서고 우크라이나인들에게만 (16.7%) 자리를 내주었으며 주의 평균지수가 13.2%인 것을 고려해 볼 때 고등학교를 졸업한 사람의 비중에 따라 두번째 자리를 차지했다. 일반적인 평균 교육을 망라해서 한인은 다른 민족과 비교했을 때 지역보편 수준을 8.5% 넘어서면서 가장 좋은 지수(27.7%)를 가졌다. 긍정적인 경향들이 초등교육 시스템에서도 드러나고 있다. 초등교육의 몫으로 글을 읽고 쓸 줄 아는 사람들의 총 수에 3.6%인 가장 낮은 지수를 드러냈다. 그렇게 해서 사할린 주의 평균 지수는 5%이고 러시아 인은 4.7%, 우크라이나인들은 6.8%, 타타르인들은 8.4%, 백러시아인들은 11%이다. 숫적인 면에서 문맹인 한인들은 총 283명에 달한다.

최근에 교육의 질적수준 저하를 야기하는 일이 널리 진행되고 있다. 대부분의 경우에서 초중고등학교는 대학으로 진학하기 위한 필요한 지식을 주지 못한다. 이 때문에 특화된 학교에서의 수업처럼 가정의 부대비용을 요구하는 과외학습이 생겨난다. 충분한 예산이 없을 경우 학교들은 부모들에게서 돈을 요구하는 일에 전념해야 한다. 요구 받은 총액을 학교 자금으로 넣는 것을 거절하거나 제때에 넣어주지 않을 경우 그런 부모의 아이들은 종종 "불성실한 아이"의 범주에 들어가고 종종 한 학교에서 다른 학교로 옮겨야만 한다.

유사한 과정들은 학교, 단과대학, 전문학교와 대학교에서도 특징적으로 나타난다. 비교적 후자에는 대학신입생들이 대학 시험에 합격한 경우 국비로 공부할 학생, 일 년에 6만루블이상 학자금으로 공부할 학생들로 세분되고 있다는 것을 특히 지적해야 한다. 그러므로 대학 교육의 달성은 그것을 이루는 과정을 고무한다고 해도 여기에 종종 개인 능력과 이룬 지식의 수준이 아니라 가정의 물질적 가능성이 결정적인 역할을 한다. 원래 항상 부유한 사람들은 자신의 아이들에게 국내뿐만 아니라 외국대학 입학을 보장한다. 이런 가정의 범주는 다양한 형태의 가정교사들을 제공하고 학년 예습 시스템을 이용할 수 있다. 사회 의식에서 그런 상황은 사회부정으로서, 헌법 규정을 어기는 것으로 받아들여진다.

소련의 생활조건에서 보편적인 중등교육을 받는 것은 필요한 규범으로 여겨졌다. 소련이 붕괴된 후 이 규범은 더 이상 의무적인 것은 아니다. 더구나 사회경제적으로 형성된 조건에서 각자는 중등교육이나 대학 교육을 받을 필요는 더 이상 느끼지 않는다. 대부분의 개인 선호도와 생활 철학은 자본을 축적하고 사람들 속으로 가며 "새로운 한인"의 대열을 형성하는 상황으로 결정되고 있다.

1990년대 초에 구 소련의 국가와 당의 정치적 구조의 파괴와 함께 대중매체의 자본 활용의 근간도 파괴되었다. 사할린 한인 신문 "레닌의 길로"도 예외는 아니었다. 1991년 1월 1일부터 이 신문은 더 이상 소련공산당 사할린 주위원회의 기관이 아니며 "새고려신문"이라는 새 명칭을 가진 사회정치적 신문의 위상을 얻었다.

오늘 날 신문 “새 고려신문”은 보편적인 민주주의 입지를 강화하고 민족의 힘, 시민권의 문제, 전시에 흩어진 가정의 재결합, 한민족의 비극적 운명에 관한 일본 정부에 대한 비난을 반영하고 있다. 독자의 편지와 반향, 사회적으로 알려진 사건들에 대한 목격자들의 회상, 구세대와 신세대의 소통이 실린다. 신문은 남한에서 온 유명한 배우들의 자선 콘서트, 한국어 작문 경연대회, 문학 경연대회의 조직자가 되었으며 “한국어 수업”, “학교 페이지”, 한국과 한인, 러시아와 지방생활에 대한 러시아어로 된 지면도 마련했다. 편집단은 국제 전문 전시회에 참여하고 있으며 이 때문에 2007년에 “출판황금펀드” 훈장을 받았다. 신문은 대한민국, 북한과 일본에 특별한 관심을 불러일으키면서 인터넷을 매개로 전세계로 전파되고 있다.

그러나 이미 여러 해동안 신문은 독자층의 확산에 어려움을 겪고 있다. 기본 신청자는 구 세대의 대표자들이고 젊은이들은 한국 문자를 모르기 때문에 신문은 수신자 불명이 되고 있다. 이천부까지 떨어지자 경제적으로 독립이 힘들어졌다.

방송에서 언론자유의 진정한 부활은 1985년에 소련의 페레스트로이카와 도래한 글라스노스티의 시대와 함께 시작되었다. 그러나 다음에 오는 전반적인 경제 위기와 연관해서 한국어로 된 방송은 금지되었다.

전후에 첨예화된 역사적 조국으로의 귀환과 이산 가족의 재결합이라는 문제들은 외국으로 정보가 불가피하게 유출되는 원인이 되었다. 1990년 1월에 유즈노사할린스크 – 서울 – 대구의 인공위성 화상 연결이 이루어졌다. 대한민국의 국영방송국 KBS 와 사할린 국립 방송국이 이행했다. 처음에 한국 이산가족들이 반세기 동안의 이별 이후에 서로를 볼 수 있게 되었다. 이것은 전례없는 사건이었다. 사실 그 당시 아직 러시아와 대한민국의 외교적 관계가 설립되지 않았다.

대한민국에서 온 기자들은 사할린 한인들의 1세대의 대표자들과 만났다. 노인들은 그들이 누구를 찾고 어디서 왔으며 언제 태어났고 사할린으로 언제 떠났는지에 대한 메모가 되어 있는 명찰을 가슴에 달았다. 많은 사람들이 친지와 연락할 수 있었다. "아버지, 안녕하세요, 제 이름은…", "너희들이 이렇게 자랐구나…", "엄마, 거기서 어떻게 지내세요?" "언제 만날 수 있어요", "우리가 곧 갈게요." 이런 짧은 문장들은 생방송의 관객들과 참석자들을 감동시켰다. 눈물의 바다였다. 다시 헤어졌다. 그러나 중요한 것은 사람들은 무엇이 그들을 찾고 기다리는지를 알고 있으며 세상은 저 멀리 어딘가에 무엇이 있고 사할린에 비극적 운명을 가진 한인의 대표자들이 있다는 것을 알게 되었다. 인공위성 화상중계의 자료들은 소련의 중앙 텔레비젼으로 방송되었다.

한국어로 하는 텔레비젼 방송 "우리말 방송 KTV"가 창설된 것이 가장 큰 사건이었다. 첫 방송은 2004년 8월 15일에 이루어졌다. 그렇게 문화협력의 새로운 단계가 시작되었다. 다음과 같은 기관들이 커다란 도움을 주었다. 대한민국 외무부 재외동포 펀드, 창조적인 지식인 단체 "한글 포럼", TV와 라디오 민족 위원회, 종합방송국 KBS, 방송국 "현대홈쇼핑", 부산 동서대학교, 대한민국 국회의원들, 사회기관 "사할린 사랑해", 개인 투자자들이다. 최초의 TV프로그램이 방송으로 나오는 것은 폭넓은 국제적 반향을 얻었다. 구세대 사할린 한인에게 이것은 역사적 고향과의 만남이었고 젊은이들에게는 자신의 선조들의 민족적 뿌리에 접근할 가능성을 여는 것이었다.

한국 방송프로그램들은 국영 TV 라디오방송국 "사할린"의 방송망에 포함되었고 처음에 매주 네시간씩 방송되었다. 자체 자료는 30분씩 방송되었고 나머지 시간은 한국의 역사와 문화, 재외한인의 삶에 대한 영화를 방송했다. 한민족 공동체의 비극적 과거와 현재에 대한 프로그램은 커다란 관심을 불러일으키고 있다. 방송은 대한민국과의 정신적 문화적 관계의 부활, 이산가족의 재결합, 민족 정체성의 근원에 대한 회귀, 생활방식의 특징의 유지라는 현대에 진행되는 현실을 보여준다. 공을 세운 러시아 연방 문화종사자인 김춘자가 초창기부터 주도했던 "우리말 방송 KTV"의 사할린 편집 활동에 대한 몇 편의 영화를 찍은 남한의 TV방송국과의 창조적 협력이 발전되고 있다.

2004년에는 예술 분야에서의 협력이 성사되었다. A. G. 즈라자예프의 지휘 아래 유즈노사할린스크 실내악단이 최초로 남한의 도시들, 서울, 구미, 순천, 안산, 안양, 대구와 김천에서 순회공연을 하였다. 그때 유즈노사할린스크에서는 서울 필하모닉 오케스트라의 공연이 김정덕의 지휘로 있었다. 이러한 과정은 사할린 한인들이 국제공동체의 문화생활에 통합되어가는 배경에서 이루어지고 있다.

사할린 주의 문화와 학문 생활에서 눈에 띄는 사건은 2009년 9월에 이 지역에 전 세계적으로 유명한 동양학자이며 국민대학교 교수인 A. N. 란코프의 체류였다. 그의 참여로 "라운드 테이블"과 한국의 청년 클럽 회의, "사할린의 한인들: 과거, 현재, 미래", 세미나 "지구상의 이웃들" 프로젝트의 콜로키움, 세미나 "지구상의 이웃들", 그리고 또한 "오스탄키노의 만남"과 지역정부 대표자들, 한민족 사회운동 지도자들, 학문단체와 대학생들과의 만남이 진행되었다. 이 행사들의 조직자들은 사할린 지역의 한인신문인 "새고려신문" 편집부와 사할린 한인단체였으며, 한국의 민주평통자문회의 극동지부가 후원하였다.

한인사 연구와 보편화를 위한 중요한 작업은 사할린 주 지역박물관에 의해서 진행되고 있다. 생활양식, 물질 정신문화에 관련해서 수집된 자료들은 아주 다양한다. 즉 가정식기, 소목도구, 가구, 의복, 사진, 서류와 사무용품이다. 테마박물관은 약 150개의 물품을 소유하고 있다. 19세기의 물품들은 가장 커다란 가치를 지닌다. 즉 제사음식을 위한 나무 받침대, 속옷을 다리기 위한 나무 막대기, 나무받침대가 있는 석유램프, 나무손잡이가 달린 다리미, 담뱃대, 쌀가루를 만들기 위한 나무절구, 버들가지로 만든 조리, 옷보관을 위해 엮은 상자, 의례용 숟가락, 석탄으로 만든 물부리, 복사용 펜, 개인 서명을 대신하는 도장, 민족의상이다.

일본 문화의 생활 용품이 한인들의 생활양식에 적지 않게 포함되어 있었다는 것이 특징적이다. 즉 주물 주전자, 반죽을 하기 위한 나무 양푼, 씨앗을 빻는 절구, 액체와 부서지기 쉬운 물건들의 양을 재기 위한 목재측량기, 직물을 자르기 위한 도구들, 거울, 도자기제품, 장식유약들이다. 박물관 직원들은 대한민국의 학자들, 전문가들, 후원자들에게서 커다란 도움을 받았다.

1989년 6월에 만들어진 사할린 한인의 이산가족 단체는 한인 사회운동을 시작했다. 처음에 사할린 한인의 문제를 다룬 일본 의회의 조정위원회, 남한 조직 "소련중국 이산가족", 러시아, 일본, 대한민국 적십자 단체들와의 연관이 이루어졌다. 1989년 12월에 일본의 니가타 공항을 통해 23명으로 구성된 사할린 한인 그룹들이 대한민국으로 첫 여행을 하게 되었고 1990년 2월 8일에 남한 정기여객기를 타고 전쟁 전 세대 119명의 한인이 유즈노사할린스크에서 서울까지 직항기로 왔다. 그렇게 해서 오래되고 가슴 속에 간직해둔 역사적 고향과의 만남에 대한 꿈이 실현되기 시작했다.

1989-2012년 동안 과거 일본 국민이었던 4천명 이상이 대한민국에 영주하려고 갔고 사할린 한인의 약 1만9천명이 대한민국을 방문했으며 남한에서 2천명이 사할린에 있는 친척들과의 만남을 위해 올 수 있었다. 예외적인 경우에서 이산가족의 사회 참여와 함께 대한민국으로 친지와 가까운 지인들의 장례를 치르기 위한 무비자 여행이 시작되었으며 가난한 사람들은 의학, 인도적, 자선 원조를 받는다. 매년 공식적으로 남한과 일본의 사절단이 왔고, 대한민국과 일본의 의회차원에서 사할린 한인들의 이해를 지켜줄 목적으로 상응하는 방문을 하였다. 또한 비정부기구(NGO)인 "지구촌동포연대(KIN)"의 국제 대회에도 참가하였다. 그 대회들 중 하나가 2008년 유즈노-사할린스크에서 열렸다.

"처음에 우리는 친지들을 찾는 데 전념했습니다. – 사할린 이산가족협회 회장인 이수진이 말했다. – 그다음에 남한과 외교적 관계가 아직 없었기 때문에 일본에서 그들과의 만남이 이루어졌습니다. 대한민국과 일본 적십자 라인을 통해 원조가 제공되었습니다. 여행은 5년동안 이루어졌고 나중에는 남한으로 직접 가게 되었습니다. 만남의 시간은 한 달에서 일주일로 줄어들었지만 여행에서 노인들은 그들의 자녀들을 동반할 수 있었습니다. 비용은 일본 측에서 지불했습니다. 일시적인 여행이 조직되고 한인 2세대, 즉 언젠가 강제적으로 남사할린으로 일본에 의해서 이주당했던 사람들의 자녀들이 대한민국으로 영주하기 위한 원조가 이루어졌습니다."

여러해동안 이 조직을 주도했던 서윤준, 박동철, 김명열, 사할린국립대학교 동방대학의 학과장 교수 박수호, 일본 국회의원 하라 붐베이와 이가라시 코오조, "중국·소련 이산가족회" 회장 이두훈(대한민국), 대한민국 국회의원 김영진, 장경숙, 2000년대에 대한민국 국무총리직에 있었던 한명숙, "가라후토에서 본국송황을 위해서" 일본 단체의 지도자들 박노학과 이희팔이 사할린 이산한인 가족활동에 개인적으로 커다란 기여를 했다.

1990년 3월에 새로운 단체 "사할린 한인 연합"이 설립되었던 국제학술대회가 있었다. 이 학술대회는 이전에 활동했던 한인 주민과의 작업을 위한 시지역위원회의 연합 방식으로 이루어졌다. 구체적인 과제들은 다음과 같은 것들이다.

- 사회경제적, 법적, 민족적, 생활의 문화 일상적 측면들의 개선
- 개인노동, 협동조합 활동의 발전, 전통적인 민족 음식물과 민간 가내수공업 상품생산을 외국기업과 공동으로 조직하는 것.
- 한국어의 공부와 유지.
- 민족 전통의 부활과 선전, 민족 역사와 문화의 상호 부유화.
- 민족 사회문화 중심의 창조.
- 민족 박물관, 전시회, 민족축제, 공개경연, 페스티발를 위한 한국어 TV방송 조직.
- 창조적 지식인층의 민족 요원양성.
- 동방의 격투기와 다른 스포츠들의 발전 협력.
- 외국 문화, 여행과 친척관계의 설정과 확장.

2013년 1월 1일에 사할린 주 지역에서 24개의 다양한 한인 사회조직이 운영되었다. 이 조직들 중 주도적인 조직은 김도영이 이끌었던 때인 1997년 3월 18일부터 이 조직의 역사가 시작되었다고 하는 "사할린 한인" 지역 조직이다. 이와 관련해서 이 조직이 출현함으로써 형성되는 사회적 위상을 언급해보자.

- 첫째, 한인들이 밀집되어 있는 주 지역들에 자신의 지부를 가지고 있는 가장 대중적인 조직.
- 둘째, 유일한 민족 사회형성이며 이 구성에는 모든 사회 민족층 대표자들이 들어있다. 즉 지식인계층, 사업가들, 관리 구조, 노동자와 직장인들.
- 셋째, 한민족의 시민, 정치, 사회경제, 문화 권리와 자유 옹호를 위한 가장 큰 영향력.
- 넷째, 대한민국, 북한, 일본에서, 또 외국 파트너들과의 상호이익적 협력 조직에서 지방 한인주민과 동족 사이의 연결고리.

만약 다른 지역 사회구조의 프로그램의 목적과 실질적인 과제들을 비교한다면 다음과 같은 기본적인 방향으로 나눌 수 있다.

가장 연륜 있는 사할린 한인들의 사회조직 (1991년)은 민족 정치성의 부활을 실현시키고 전쟁 동안 일본 식민 압제 하에 있었던 사람들의 이익을 옹호하며 세대의 승계를 지지한다.

사회조직 "이중징용" (2002년)은 처음에 남사할린으로 그다음에 남사할린에서 일본으로 두번 강제로 식민 노동에 동원된 한인 광부들의 가정에 대해 역사적 정의 부활에 찬성하는 동조자들을 결집시킨다.

사회조직 "귀국"은 본국송환자들의 생활터전에 따라 대한민국에 영구 거주하러 떠나려고 했던 사람들에 대한 정보 수집에 노력을 집중하고 있다.

"한국기업가연합"이라는 사회조직은 생산 잠재력의 축적과 자선 활동의 발전, 외국 파트너와의 무역 경제 협력 강화를 목적으로 기업가들의 힘의 균형에 협력한다.

1999년부터 활동하고 있는 사할린 한인 클럽은 해결되지 않은 민족 문제들을 중심으로 한인 젊은이들의 단결과 사할린 사회에로의 통합을 자신의 주요 과제로 정했다. "원탁", 시의 밤, 민중 대표단들, 학자들, 기자들, 작가들, 음악가들, 패션디자이너, 스타일리스트와의 만남이 진행되고 한국 문화와 예술에 대한 강의들, 공원지대와 한인의 기념물의 정돈, 즉 일본 군국주의의 희생자들에 대한 조치들이 조직되고 있다.

2005년에 출범한 사할린 한인여성들의 지역 사회 조직은 고아가 된 아이들에게, 아이가 많은 가정에게 물질적 지원을 하며 사할린 기업가들을 통해 외국 휴머니즘 단체와 스폰서의 원조를 받고 나이 든 사람들에 위한 자선 활동을 펼치며 국제 포름에 참여하고 사할린 한인 여성에 대한 정보기반을 넓힌다.

당면한 일은 아동 한인 사회의 조직 "미래" (1992년)에 의해서 진행되고 있다. 아이들은 민족 유물들을 돌보고 한인의 독창적인 예술을 선전하며 사할린 주의 도시들과 지역들, 대한민국으로 콘서트를 하러 떠나며 예술작품 페스티발과 연극공연을 조직하고 자선기부 "선을 만들어라"에 참여한다.

2006년 3월에 남사할리스크 시에서 건설이 완성된 한인 문화 센터가 운영되기 시작했다. 일본 정부의 자금으로 건설된 2,141 평방미터 면적의 이층건물에는 대강당, 한인 예술 학교, 대한민국의 계몽예술 센터, 한국어 공부를 위한 컴퓨터 교실, 도서관, 민족 박물관, 태권도, 합기도, 브레이크 댄스 스포츠부, 훈련장, 사무실, 행정경제 부서, 카페와 크지 않은 숙박시설이 자리했다.

공동 프로그램의 틀 안에 1993년에 창설된 대한민국 계몽문화 센터, 재외교포 펀드, 모국어 연구 남한연구소와 사할린 국립 대학교 경제와 동양학부 후원으로 매년 한국어의 교사 양성 코스들이 조직되고 있다. 민족 악기 연주, 춤과 민속 예술 교육이 조직되고 있다. 콘서트, 페스티발, "토론회", 학술대회, 한국어 올림피아드, 민족노래경연대회, 문학과 가족의 밤, 예술 전시회, 비스니스 모임, 결혼식이 진행된다. 전통적이고 민족적인 축제들과 러시아 축제들이 열리고 있다. 이 모든 것은 민족 자의식의 성장, 내부의 민족 동원을 입증하며 독자적 문화의 부활과 국제 협력 강화를 촉진한다.

프로그램들, 사회운동 지도자들의 성명에 대한 분석은 각각의 조직이 나름대로 행해온 것에 가치가 있다는 것을 보여주고 있다. 결과적으로 한인 공동체가 독립적인 그룹으로 분열되었다. 사할린 한인들은 정치화되고 민사소송에 말려들은 것으로 보였다. 공식적인 면에서뿐만 아니라 개인적인 체제에서도 행해지는 국제 비즈니스 서신교환에서 어려움이 일어났다. 외국 파트너들은 갑작스럽게 나타난 수 많은 사할린 한인의 대표기관과의 협력에 신뢰를 잃어버리고 기본적으로 복잡해진 상황정리에 관한 문제를 제기했다.

그런 배경에서 지역 한인 사회운동의 생명은 다음과 같은 특징으로 특징지을 수 있다. 성장의 대중적 사회기반의 부재, 성원을 구성하는 데 비조직적인 것, 조직화된 구조의 부실, 프로그램 방향에서 절충주의, 반대세력의 분산성, 같은 생각을 가진 사람들을 결속시키는 능력의 부재이다. 지역 조직의 지도자들은 일정한 지원과 교환해서 자기쪽으로 끌어들이려고 하면서 더욱더 지방자치기관의 리더들에게 호소한다. 그들은 개인적인 야망을 드러낸다. 이 모든 것은 상호관계의 복잡성을 예정하며 상호 조바심, 허위선전의 비난에 대한 열의를 낳고 한인의 여러 세대들의 대표자들의 관계에서 민족적 그리고 심리적 분열을 심화시킨다.

한인 대중은 자신의 민족 지도자들끼리 서로에 대해 분노하고, 모욕을 주고 멸시하는 것에 지쳤다. 그러나 다른 러시아 지역들과는 달리 사할린 주의 수천명의 한인 활동은 분리주의의 지향, 민족적 쇼비니즘과 완전한 자치주에서 살고자 하는 소망을 갖지 않는다. 사할린 한인들의 지향은 여타의 러시아인의 지향과 일치하며 여기에서 우선권은 다른 러시아인이 가지는 것과 정확하게 같다. 즉 생활과 직업적 성공, 물질적, 가정의 안정이다.

최초의 종교 종파들이 형성되었던 1990년대 초 러시아 사회의 정치적, 사회경제적 불안정 시기에 한민족 교리는 사할린 주로 왔다. 그들의 활동 특징 중의 하나는 숭배의 상호침투이다. 결과적으로 지방 한인 주민은 동시에 몇 개의 종교, 즉 불교, 기독교, 가톨릭, 프로테스탄트, 이슬람을 믿는다. 그러므로 일상 생활에서 신자들은 서로서로에게 아주 관대하며 동등한 면에서 부활절이나 부처 탄신일과 연관된 의식을 한다. 더구나 한 가정에 종교에 소속되는 것에서 나타나는 차이는 그 어떤 형태로도 자신의 가정 생활을 형성하는 데 방해가 되지 않는다. 기본적인 도덕적 가치와 동시에 민족공통 문화의 주요 요소로서 여기서는 선조들의 전통에 대한 존경이 나타난다. 종교 의례들은 가정의 전당을 이용하는 것과 함께 실현된다. 즉 정령들이 묘사되어 있는 화려한 그림들, 그들의 이름이 있는 나무 패, 천조각으로 된 상징들, 종이로 만든 꽃과 등, 차려진 음식을 위한 식탁과 그 외의 "성스러운" 물건들이다.

오늘날 그리스정교에 대한 관심이 일어나는 것도 관찰된다. 사할린 주의 지역에서 이미 5개의 그리스정교 교회와 교구들이 있다. 신자들 가운데 찬양할 만한 깊은 신앙심, 보편적인 종교적 친근감, 우의, 친절함, 서로 돕는 것과 그 외에 한인 이교인들에게는 없는 좋은 기독교적 성질들이 눈에 띈다는 것이 특징적이다. 다른 결론은 그리스정교 기관들의 활동은 러시아와 한반도 국가들의 국민들이 종교적이고 문화적으로 친근해지도록 하는 데 긍정적인 역할을 한다는 점에 있다. 한인 그리스정교 신도단은 자신의 민족정체성을 유지하면서 유기적으로 러시아 사회에 편입한다.

일상적인 의식 속에 사할린 주에 왔던 외국 선교사들이 지방의 한인 주민에게 낯선 종교를 접목하고 종교 간 관계를 첨예화시킬 목적을 두고 있다는 확신이 매우 널리 퍼져 있다. 그러나 설문조사 결과가 보여주듯, 그런 염려는 쓸데없는 것이다. 반대로 외국 종교 교리 대표자들은 더욱더 종교적 시각의 선전이 아니라 개인적인, 무엇보다도 자주 상업적인 계획의 실현으로 우려를 산다. 사할린 주의 지역에서 활동하는 외국 교회 대표부는 중요한 이중의 민족 문제를 이행하고 있다. 한편으로 그들은 지방 한인 신자들의 정신적 요구를 충족시키고 다른 한편으로는 생활과 동시에 자신의 활동에 대한 외부의 정보를 전달한다. 그런 식으로 교차하는 공동이익 노선은 지방

주민과 남다르게 종교적으로 친밀해지는 데 필요한 새로운 신자들(한반도의 망명자들을 포함해서)을 포섭한다. 또 한 가지 중요한 환경이 눈에 띈다. 즉 사할린 한인들 가운데 종교적인 면에서 신도들 사이에서도 "세계 사람들"과의 관계에서도 종교적 대립과 갈등이 없다. 이런 경우에 이것은 한인 공동체의 민족적 단합을 촉진한다.

오늘 날 이미 그 누구도 제2차 세계대전이 승리자에게도 패배자에게도 행복을 가져다 주지 않았다는 것을 의심하지 않는다. 인간의 피, 믿기 어려울 정도의 고통, 아픔의 흐름 속에 마치 수 천명의 사할린 한인의 영혼들, 즉 총살당하거나 제거되고 감옥에서 죽은 사람들, 타코베야(일본의 노임을 착취하거나 폭력을 휘두르던 인부의 합숙소)에서 죽은 사람들, 교수대에서 죽은 사람들, 산채로 불타죽었거나 바다의 심연에 빠져죽은 사람들의 영혼도 용해되어 있는 듯하다. 사할린 땅에서 그들을 기리는 마음으로 포자르스코예 (일본어로 미주헤) 마을에서, 레오니도보 (일본어로 카미시스카), 유즈노사할린스크 시 (일본어로 도요하라), 코르사코프 시(일본어로 오도마리)에서 기념비들이 세워지고 있다.

당신, 위로 받지 못한 불행한 영혼들이여!
파괴적이고 공격적인 일본의 전쟁 그늘 속에서
자신의 꽃도 피어보지 못한 순수한 세월을 바친
모욕과 고통의 청춘,
낯선 땅에서 멀리서 죽은 당신들은
고향과 친지들에 대한 죽음과 같은 그리움 속에,
아, 신은 당신들에게 평온을 주실 겁니다.

당신들의 피와 흐름의 흐름들이 바다의 파도를 타고 흘러가
게 하라,
당신의 갈래갈래 찢어진 뼈들과 육신들이 바람에 날려가게
하라,
당신들은 고통의 세월을 이겨냈으니,
꿈에서라도 결코 잊은 적이 없는 고향을 만나세요.

후손들인, 우리는 이 땅에 살아 남아,
당신들이 살아온 고통의 세월을 잊지 않을 겁니다.
우리 아이들에게 자유와 평화의 소중한 가치를 가르칠 것을
맹세합니다.
당신들의 명예로운 유사들로서 살아갈 것을 맹세합니다.
당신들의 고귀한 희생이 영원히 평화의 빛이 될 수 있도록.

서진길

사할린 사회운동 활동가에 의해서 쓰인 이 문장들은 1944년 8월에 남사할린에서 큐슈 섬의 탄광으로 일본 정부에 의해서 강제 동원된 한인 광부들을 기념하기 위해 2007년 7월에 유즈노사할린스크 시에 설립된 대리석 기념비에 새겨졌다. 기념비는 두 부분으로 구성되어 있다. 하나는 역사를 이해하기 위한 것이며 광부의 양각이 있는 반석이다. 서진길이 기획하고 유한책임회사 "사흐겜스(SakhGems)"의 종업원들에 의해 건립된 기념비의 재원은 러시아, 대한민국, 일본, 미국, 중국과 베트남의 스폰서들이 나눠 냈다.

코르사코프 항구 수역의 아니브 만 연안에 높이가 8미터가 넘고, 무게는 9톤 가량인 금속비석이 올라서 있었다. 이 비석은 모습에서 위로 향해 있는 배와 닮아 있고 옆에서 갈라지는 두 개의 옆은 마치 결코 그렇게 뭉쳐져서는 안되는 인간의 손이 기도할 때 모아진 것처럼 굳어 있었다. 2007년 11월 3일에 개막된 이런 기념비의 건축물의 사상은 사할린 한인사의 한 부분을 구체화한 것이다. 그들은 1945년 가을부터 귀국에 대한 희망으로 바다 저멀리 보면서 점차 코르사코프 항구로, 근교에 있는 언덕 위로 왔다. 그러나 배들은 오지 않았지만 한인들 모두는 역사적 고향으로의 돌아가는 행복한 날을 계속 믿었다. 그런 비극적 사건들에 대한 기억으로 남한의 단체 "한강포럼"의 협력 하에 기념비가 세워졌다. 다양한 민족의 사할린인들도 기부금을 냈다.

기념비에 새겨진 시문은 서울대학교 김문환 교수가 썼으며 러시아어로는 사할린 인이며 러시아 작가협회 회원인 로만 허가 번역했다.

1945년 8월, 애타게 그리던 광복을 맞아
동토의 사할린에서 강제노역하던 4만여 동포들은
고국으로 돌아가기위해
이 코르사코프 항구로 몰려 들었습니다.
그러나 일본은 일본 국적이 아니라는 이유로
이 분들을 내버린 채 떠나가 버렸습니다.
소련 당국도
혼란상태에 있던 조국도
이들을 돌보지 못했습니다.

짧은 여름이 지나 몰아치는 추위 속에서
이분들은 굶주림을 견디며
고국으로 갈 배를
기다리고 또 기다렸습니다.
이윽고, 혹은 굶어 죽고,
혹은 얼어죽고,
혹은 미쳐 죽는 이들이 언덕을 메우건만,
배는 오지 않아
하릴없이 빈손 들고
민들레 홀씨마냥 흩날려
그 후손들은 오늘까지 이 땅에서
삶을 가꾸고 있습니다.
조국이 해방되었어도
돌아갈 길이 없어
아직도 서성이는 희생동포들의 넋을
조국으로, 세계로 자유롭게
모시라는뜻을 모아
이 '망향의 언덕'에
단절을 끝낼 파이프 배를 하늘높이 세웁니다.

코르사코프 지역의 망향의 언덕에 있는 기념비의 전달에 대한 인가를 대한민국에서 온 사회조직인 "한강포럼"의 회장인 김용원이 러시아측에 전달했다. 이 단체는 남한 외교관들, 정치가들, 예술 종사자들의 노력을 결집해서 세계적으로 유명한 조각가, 대한민국 서울대학교의 미대 학장인 최인수의 기획안을 실현시킬 수 있었다.

세워진 위령탑은 죽은 사람들을 기억하기 위해 바쳐진 것이다. 역사는 사할린 인들로서 그들을 기억하지만 한국 전체가 그들을 아꼈다. 그들은 수천명, 수만명에 이르렀다. 그들은 자신 국민의 해방을 위해 할 수 있는 전부, 마지막 호흡까지 자신의 생명, 마지막 손의 움직임과 마지막 걸음까지 힘을 바쳤다.

우리는 "독도"를 말하면서 일본의 식민지 압제의 믿기 힘들 정도의 힘겨움을 스스로 겪었던 그런 다른 섬들에 대해서, 한국의 모든 땅에 대해 생각하며 전례없는 압제와 가장 힘겨운 체엄을 역사에 의해 감당한 한민족의 인내심에 대해 생각하게 된다.

우리는 "가라후토 - 남사할린"을 말하면서 일본군 무장병력의 호위대 하에 일본 제국의 번영을 위해 이곳으로 보내졌던, 그리고 영원히 자신의 가족, 친지들과 이별했던 모든 사람들을 기억하게 된다.

우리는 "다코베야"를 말하면서 주요 작업력으로서 일본 탄광과 산림채굴장에서 노동했던 사람들, 식민지 추방자들의 수를 보충하고 인간의 모든 능력보다 더 힘든 말그대로 유혈 강제 노동을 겪었던 사람들의 얼굴을 우리의 심안 앞에 떠올리게 된다.

우리는 "해방"을 말하면서 일본의 제국주의에 대한 승리의 날까지 살지 못했던 모든 사람들, 역사의 과정을 노예생활에서 자유로, 죽음에서 삶으로 바꾼 모든 사람들을 떠올린다.

그리고 오늘날 사할린 땅에 러시아 자작나무, 일본 벚꽃과 한국의 사시사철 푸른 소나무가 자라고 있다는 것은 굉장히 상징적이다.

국가는 자신의 민족 국가 형성 또는 문화민족적 자치주에서 보장을 받지 못하는 민족국가 형성 바깥에서 밀집해서 살고 있는 모든 민족 공동체에 권리를 부여했다. 이익 단체, 창조적 연맹, 독자적인 예술집단들이 창조되고 한국 노래, 음악과 춤의 페스티발, 경연대회, 전시회들이 진행되고 있으며 역사, 민속, 학문 서적들이 출간되고 계약들이 성립되며 민족 요원 재양성과정을 조직하고 외국 파트너들과의 비즈니스 관계가 유지된다.

사할린 주의 한인 민족문화자치권의 자체 활동에서 국가와 지방자치행정부 기관들의 지원을 받고 대중매체 수단의 힘에 의존하며 역사 유산을 풍부하게 하고 한국어와 문화를 부활하고 유지하며 민족 전통과 관습을 준수하고 민간 산업, 계몽과 예술 작품, 국제 관계를 발전시키려고 노력한다.

사할린 한인들의 역사는 그들의 사회적 자각의 발전 역사이다. 이런 자각의 각성과 발전은 정신력과 물리력의 전개, 민족 독자성의 확증과 한민족으로서 인식할 필요성에 대한 이해가 동반되었다.

4. 사할린 "한인 문제"의 국제적 양상들

전후 귀국에 일본인들만 속해 있었다는 사실은 한인들에게 처음에 희망을 불러일으켰다. 그러나 두 대조되는 국가로 한반도가 분할된 것, 남한과 일본의 미국 점령은 역사적 조국으로의 귀환 길에 새로운 장애가 되었다. 한반도의 북쪽과 남쪽은 대립했고 소련의 계획안으로 사할린 한인을 본국송환하는 것은 들어있지 않았다. 사할린 한인들은 북한과의 전쟁을 위해 남한의 전투력을 보충할 수 있었다.

사할린 한인의 이산가족의 전후 현상은 이전처럼 사회정치적 관심의 중심에 남아 있다. 그리고 이런 과정은 거의 70년동안 관찰되고 있기 때문에 현대 조건에서 이 과정은 전세계의 새로운 지정학적 변화의 틀에서 실현되고 있다는 것은 당연하다. 이산은 어떤 이유 때문에 고립적인 민족 그룹이 새로운 시민적 위상을 얻고 대체적으로 자신의 이전 시민권을 상실하며 망명자들의 상태에 남아 있는 거기에서만 발생한다고 지적하자.

이 명제는 문제의 또 다른 측면을 드러낸다. 이산 가족들은 자신의 민족적 소속감과 시민민족적 정치성을 가지고 여러 지역에 모습을 드러낸 독특한 인간 동일성으로서 고찰될 수 있다. 사할린 한인 가족의 이산은 완전히 명확하며 한 세대가 그것을 겪은 것이 아니다. 현실적인 상황의 다양함은 여러 이주 변이형으로 야기된 것이다. 그러나 중요한 것은 전후 나타난 불안이 불러일으킨 부정적 결과이다.

"이산 가족"이란 개념은 널리 전파되었고 지역적 한인 공동체에게서도 역사학에도 익숙한 용어가 되었다. 우리 견해에 따르면 소수민족과 달리 대단히 특징적인 성격은 "사할린 이산가족" 고유의 민족정치적 현상이다. 첫째, 밀집해서 살아가는 민족적, 공간적으로 두개 이상 국가의 국경으로 나눠져 있는 지방화되고 있는 그룹이다. 둘째, 자신의 역사와, 그리고 역사적 고향을 이해해야 하는 "출신" 나라와 재결합하려는 유일한 민족 공동체이다. 셋째, 한편으로는 시민적 민족적 정체성과 출신 나라에 대한 집단적이고 역사적인 기억, 그리고 다른 한편으로는 일정한 단계에서 체류 나라에서의 색다른 느낌이 이산가족에 고유한 특성이다. 넷째, 사할린 이산가족들은 통합하는 기능을 수행하고 정신적 결합과 민족적, 사회적 자각을 결집시킬 중심으로 나가고 있다.

"이산가족"이란 개념의 이런 해석은 엄격하게 고정된 틀에서 학문적 완성을 요구하지 않지만 이 해석은 계속해서 정확하게 고찰되고 있는 현상의 모든 복잡함을 반영할 가능성을 준다. 고찰되고 있는 현상의 사회적 기반으로 우리 분석에서 사할린 한인이 대두되고 있다. 따라서 한인 가족의 이산은 옆으로 치워두거나 눈에 띄지 않을 수 있는 문제가 아니다.

"제2차 세계대전 동안 우리 나라의 정부는 노동자로서 많은 한인들을 사할린으로 강제 이주시켰다. 그들 대부분은 한반도 남쪽에서 트럭을 타고 납치되었거나 가족과 헤어질 때 경찰에 의해서 행복한 가족구성원에서 떨어져 나왔다. 그리고 젊은 아내들과 나이든 부모들이 집에 남았다. 전쟁 말에 그런 한인들은 사할린에 43,000명이 있었다고 한다. 본질적으로 우리 정부는 그들의 가족에게 이 한인들을 돌려보내주기 위해 자신의 책임 하에 필요한 조치들을 취해야만 했다. 그러나 일본인들만 본국송환이 조직되었고 한인들은 그들의 대상이 되지 않았다. 한인들은 사할린에 평화로운 삶을 이어나가지만 그들은 지금까지 자신의 가족들을 볼 수 없다. 고향에 남겨둔 가족들도 늙어가고 있으며 거의 모든 부모는 죽었고 아내들과 아이들은 한번이라도 자신의 친지들을 보거나 살아있는지 알기를 원하고 있다. 우리는 이런 노인들과 그들 가족의 귀중한 소원을 받아들여 그들에게 인본주의적 관점에서 두번째의 만남을 실현시키는 데 가능한 모든 협력을 주려고 한다."[19]

사할린에 남아 있던 한인들의 문제에 대해 일본의회대표단 협의회의 대표 붐베이 하라가 소련공산당 사할린주위원회에 보내는 편지의 거의 완전한 텍스트는 다음과 같다. 1988년 7월에 사할린에 있으면서 그는 다음과 같은 정신을 표현했다.

"사할린에 제2차 세계대전동안 노동자로서 운송되었던 한인들이 남아 있었다. 오늘 그들에게는 제2세대와 제3세대의 아이들이 있다. 우리는 그들이 사할린 섬에 잘, 그리고 편안하게 살고 있다고 확신했다. 그러나 우리는 그들 사이에 남한에 살고 있는 친지들과 만나고 거기 친지들의 묘지가 있는 장소를 방문하기를 바라는 사람들이 있다는 것을 알고 있다. 그러나 여기에 문제가 존재한다. 소련과 남한 간에 외교적 관계가 부재하며 사할린 한인들이 남한을 직접 방문할 수 없다는 것이다. 친지의 만남은 일본 지역에서 조직되고 있다. 소련측에서 협력한 덕분에 작년에 51번의 만남이 이루어졌다."[20]

인용된 의견은 사할린 한인의 친치들과의 만남 성사 사실자체만을 확인하고 있지만 일반화와 결론에 있어서는 충분치 않다. 훨씬 더 중요한 것은 <표 19>에 제시된 문서보관서의 정보들일 것이다.

1988년의 정보에 따르면 붐베이 하라가 확언했듯이 51번의 만남이 이루어진 것이 아니라 126번의 만남이 성사되었다는 것을 알 수 있다. 177명의 신청자들 중에서 128명이 소련시민권자이고 49명은 외국시민권자였으며 91명과 35명은 떠나도 좋다는 허락을 받았고 소련시민권자인 한인이 제출한 37번을 포함해서 51번의 신청은 충족이 되지 않은 상태로 남아 있었다.

〈표 19〉 1981-1987년에 친지들과의 만남을 위해 일본으로의 출국신청 한인 수에 대한 정보

연도	총 신청수	신청자들 중		허락된 자	허락된자들 중		거절당한자	거절당한자들 중	
		소련 시민 권자	외국인		소련 시민 권자	외국인		소련 시민 권자	외국인
1981	17	11	6	9	6	3	8	5	3
1982	8	8	-	8	8	-	-	-	-
1983	15	13	2	9	8	1	6	5	1
1984	17	13	4	8	7	1	9	6	3
1985	14	11	3	7	6	1	7	5	2
1986	48	38	10	27	22	5	21	16	5
1987	58	34	24	58	34	24	-	-	-
총	177	128	49	126	91	35	51	37	14

1987년 7월에 헤어진지 40년 이상이 지나서 한국에서 남사할린으로 징용된 범철용과 일본을 지나 남한으로 아들 정운을 데리고 전쟁 후에 떠난 아내 서청아와의 만남이 토쿄에서 성사되었다. 그러나 만남의 기쁨은 그들 앞에 완전히 무기력하고 중병을 앓는 사람이 나타남으로써 암울해졌다. 그가 함께 사는 것을 거절할 수 없었지만 그를 받아들이는 것은 새로운 고통과 그렇지 않아도 물질적으로 궁핍한 가정을 예고했던 것이다. 아들의 다음과 같은 말이 헤어지는 분위기를 특징지을 수 있다. "도쿄에서 만나는 동안 지팡이의 도움으로 힘겹게 움직이는 아버지를 편하게 볼 수 없었어요. 남한으로 그를 속히 데리고 가서 치료해주고 싶어요. 만약 아버지가 죽는다면 저는 결코 일본 정부를 용서할 수 없을 것이에요."[21] 이것은 개인적

인 일례일 뿐이고 한 운명의 가는 선에 불과하다는 것은 의심할 여지가 없다. 그러나 가라후토 한인들 전체의 비극적인 운명들은 이런 가는 선들로 이루어져 있다.

일본 땅에서 만남이 이루어지기 시작하면서 문제 해결에 대한 효율적인 새로운 접근방법이 나타났다. 일은 커다란 어려움을 수반했다. 3-4달이 요구되는 모든 외국 여권들은 나호드카 시에 있는 일본 영사관에서 발급받아야 했다. 그리고 타인의 도움 없이 출국 서류작성에 대한 장기 명부작성을 해나갈 수 없는 한국 문맹 노인들의 심리적 상태를 짐작할 수 있다. 재정적 문제에서도 복잡한 문제가 있었다. 한인 생활수준은 외국 여행에 대한 비용을 본인부담으로 하기 힘들게 했다. 모든 사람들에게는 부유한 친지들도 없었다. 남사할린에 1945년 8월까지 지냈으며 그 당시 일본 국민이었던 각자에게 4만 엔을 지불했던 일본 측은 부분 비용을 댔다. 도쿄에서 지내는 동안 그들에게 무료로 기숙사를 이용하도록 했다.

소련의 페레스트로이카의 과정들이 시작되고 그다음에 러시아 사회의 민주화는 많은 문제들을 제거하도록 했다. 대회의는 1989년 4월에 유즈노사할린스크시립문화의 집 "고향"에서 열렸다. 500명 이상의 한인이 대화에 참여했다. 일본의 제노사이드 정책이 강한 비판을 받았고 소련 정권 하에서 겪은 고통과 시민법적 지위의 불안에 대한 신랄한 비난도 언급되었다. 가장 감정적인 눈물이 흘렀지만 모두 일본 정부에게 조국으로의 본국송황에 대해 요구하는 데 한 목소리를 냈다. 회의에 참석하고 있는 일본의회의 대의원 이가라시 코오죠는 이 요구를 전달하는 데 책임을 느꼈다. 그는 공식적인 사과를 모인 사람들에게 전달했다.[22]

한인이 역사적 고향으로 돌아가려는 움직임은 일본 자체에서도 활발했다. 1959년에 이미 여기에는 귀국 단체들의 활동이 시작되었고 이 단체의 조직자들은 사할린을 버릴 수 있는 박노학, 이희팔, 심계섭이었다. 자신의 친지를 찾고 일본이나 대한민국으로 떠나려는 소원을 표했던 사람들과 집단 서신교환이 이루어졌다. 비공식적인 정보에 따르면 소련시민, 북한시민, 시민권이 없는 한인들을 포함해서 약 7천명이 그와 같은 것들을 표했다. 시작되는 과정은 논리적으로 이루어지지는 못했다. 그러나 사할린 한인들의 문제들에 대해 공식적으로 일본과 대한민국의 정부, 국제 인권옹호단체들, 세계공동체가 성명을 발표했다.

1965년부터 귀환에 대한 문제들은 "사할린 재판"이라고 불리는 것에서 고찰되기 시작했다. 10년 후에 일본 변호사들의 발기로 사할린 한인의 이름, 엄수갑, 이덕림, 조경구, 이치명으로 민사소송이 제기되었다. 15년동안 64번의 회의가 이루어졌지만 결론이 나지 않았다.

외로운 중년의 한인 황인갑, 강명수, 백낙도, 안태식이 1976년에 일본으로 떠나려고 시도한 역사도 슬프게 끝났다. 소련에서 출국비자를 얻고서 그들은 연해주의 나호드카 시 주재 일본 영사관에서 서류를 작성하기 위해 떠났다. 그러나 거절을 당했다. 소련 외교관들, 일본과 남한의 사회단체들의 커다란 노력도 도움이 되지 않았다.

1987년에 "인도주의 문제들"이라는 형식으로 유엔에서 고찰되기 전까지 일본에서는 더 폭넓게 문제를 알리려는 시도들이 실행되고 있었다. 이런 목적으로 일본의회에서 특별조정위원회가 형성되었다. 소련과 대한민국 간의 외교적 관계의 부재라는 상황에서 일본지역에서 사할린 한인 이산가족 친지들의 만남을 조성하기 위한 중

재기능을 수행하기 위한 문제들이 제기되었다.

이 문제에 대한 연구는 대외정책의 기관, 당간 접촉 라인을 따라 진행되었다. 수많은 사절단, "호카이도 신문", "아사히", "후지 테레비", "TBS", "NHK"의 편집부를 포함한 대중매체수단 대표들이 사할린에 왔다. 이런 경향에서 유명한 정치사회활동가들이 많은 것을 했다. 이 활동가들은 일본의회대표단 하라 붐베이, 이가라시 고조, 쿠사카와 쇼쬬, 변호사 다카기 켄이치, 카나가와 대학교 교수 카지무라 시데키, 도쿄 대학교 교수 와다 하루키, 대한민국 국회위원회 의장 김현욱, 대한민국 적십자사 대표 김상협, 남한 국제연구센터 대표 최서명이다. 그들의 발기로 국제 심포지움들이 진행되었고 조국으로의 귀환에 대한 요청서한들이 고찰되었으며 사할린 한인 삶 연구에 대한 특별 과제를 가지고 공식사절단과 기자단이 향했다.

대한민국의 유명한 사회활동가와 특히 대구 시의 한국 이산가족 연합회 회장 이두훈, 소련공산당 사할린 주위원회의 제1서기장인 본다르추크, 사할린 주 소비에트 집행위원회 쿠로파트코와 경제학 박사이며 사할린국립대학교 박수호 교수의 노력 덕분에 1990년 2월 8일에 국제적 위상을 얻은 유즈노사할린스크 공항에서 고령 한인 120명이 이산가족협회 회장인 서윤준을 필두로 서울에서 온 비행기 "보잉-727"을 타고 헤어진지 45년 후 최초로 사할린 역사적 고향으로 떠났다. 모든 비용은 남한 적십자사가 부담했다.[23]

이와 관련해서 "소비에트 사할린" 신문은 다음과 같이 전했다. "67살의 심명수 씨는 다음과 같은 대화에서 눈에 띠게 흥분했다. "나는 이미 나의 선조들이 묻힌 고향으로 가게 될 거라고 생각을 버렸다. 다른 동갑내기들과 함께 23년에 동원되어 사할린으로 석탄을 채굴

하고 숲을 베고 군사용 시설물을 짓기 위해 일본인들에 의해서 이송되었다. 한반도 남쪽에는 전쟁 후 10년동안 그 어떤 소식도 없었던 친지들이 남아 있었다. 그리고 이제 고향으로 돌아간다. 살아 남은 친지들을 보기 위해서가 아니라 우선 부모님의 무덤에 절을 하기 위해서이다."

다음으로 재정적인 문제가 가장 복잡한 듯했다. 여러 선택 중의 하나로서 일본에 살고 있는 한인 가수 김연자의 콘서트에 초대되는 것이었다. 1990년 8월에 유즈노사할린스크 시의 "스파르타크" 경기장에서 전후 시기에 최초로 성공적으로 수천명의 관객이 모인 가운데 김연자와 그의 남편, 13명으로 구성된 음악 오케스트라의 지휘자가 참석한 자선 콘서트가 열렸다. 콘서트에서 나온 모든 자금은 1세대 사할린 한인을 위한 자금으로 들어갔다. 물질적인 것을 포함한 커다란 지원은 일본과 남한의 우정 단체의 회장인 코세키 타다오에게서 나왔다.

남한 배우들의 여행을 주선한 방송국 "MBC"는 거대한 쇼를 촬영했으며 이 쇼의 시나리오에 콘서트 곡목만 들어간 것은 아니었다. 역사에 의해서 쓰인 드라마 주제의 절정은 오래 이별 후의 친지들과의 만남이었다. 50살인 이영자는 여기, 사할린에 아버지를 만나기 위해 남한에서 왔다. 경기장의 관객석을 채운 수천명의 관객이 보는 앞에서 브이코프에서 온 유영근은 오래 전 젊은 시절에 남한에 남겨둔 자신의 아내와 수십년 후에 만났던 것이다. 젊지 않고 여러 해를 살아온 사람들은 울고 웃었다.

서진길 부모의 가정생활은 비극적이었다. 1942년에 그의 아버지는 일본인들이 고향과 가족들을 강제로 떨어뜨린 다른 동포들의 운명을 반복하고 사할린 탄광에서 일해야 했으므로 강제로 한국에서 남사할린으로 이송되었다. 그러나 2년 후에 그는 다른 수천명의 한인들과 함께 "명예로운 후방의 전사들"로서 탄광에서 노역을 해야 했던 일본 규슈섬에 모습을 드러냈다. 그러나 떠난 후 태어난 아들 서진길과 두 딸, 그리고 아내가 사할린에 남아 있었다. 오랜 세월동안 아버지의 운명에 대한 침묵을 지켜왔다. 그 동안 소련 시민권을 받고 네벨스크 해양학교를 졸업할 수 있었다. 어머니가 돌아가신 후 이미 그 누구도 가족의 비극에 대해 말할 사람이 없게 되었다. 서진길의 아버지를 알고 있던 한인 광부들에게서 상세하게 알 수 있었다. 그런 다음 아버지가 일했던 일본 규슈섬의 탄광으로 여행이 이루어졌고 그에 대한 기억은 가지고 온 일본 땅의 일부가 되었다. 서진길은 2002년에 이중 징용된 한인광부 가족의 사회단체를 조직한 후 평생을 역사적 정의 복구에 바쳤으며 사할린 한인의 비극적 운명에 대해 일본정부의 참회를 얻어냈다. 즉 그의 노력 덕분에 유즈노사할린스크에 일본 군국주의의 한인 희생자 기념비가 세워졌다.

1990년부터 사할린 한인의 문제 해결은 새로운 국면으로 접어들었다. 대한민국과의 외교관계의 성립은 대한민국의 땅에서 직접 친지들과의 정기적인 만남이 실행될 가능성을 만들었다. 사할린 한인 이산가족의 재결합 과정은 눈에 띄게 빨라졌다. 79명으로 구성된 정기 그룹은 1992년 6월에 대한민국으로 떠났다. 더구나 다음과 같은 조건들이 준수되었다.

- 남한 정부는 이주민의 주거를 위해 토지 양도 문제를 해결한다.
- 일본측은 이 계획의 자금 공급을 담당하며, 1945년 8월 15일 전에 남사할린으로 이주되었던 한인들에게는 보상금을 지불한다.

- 귀국자에 아이들, 손자, 친지들은 포함시키지 않는다.

일본측은 귀국의 연령, 떠날 권한을 지닌 그들의 가족 구성원 수의 규정을 준수하지 않았다. 그러는 사이 대한민국 정부는 일련의 제한을 두었다. 그 핵심은 다음과 같이 제시될 수 있다. 65세 미만의 합법적 결혼을 한 시민들, 1945년 8월 15일 이전에 태어난 가족 구성원은 떠날 수 있다. 남한에서 거주는 유산권 없이 사는 동안만 이주민들에게 제공된다.[24]

연로한 사람들을 위한 집들이 오기문의 개인적 기탁으로 남한의 경상북도에 건설되는 일은 첫번째 성공적 기획이 되었다. 1994년에 45명의 외로운 사할린 한인들이 여기로 이주되었고 이들의 부양은 남한 적십자 단체가 부담했다.[25] 그다음에 국제 프로그램 "파일럿"이 나타났다. 이 프로그램의 틀에서 1999년에 일본이 320억엔을 들여 대한민국의 인천 시 100곳에 요양소를 세웠는데, 2000년에 "사할린 마을"이라고 불리는 안산 시에 있는 500개의 아파트 (대략 아파트 면적이 70평방미터)의 주택단지 (15층 건물 두 단지, 13층 건물 두 단지, 8층건물의 4단지)가 생기는 데 투자했다.[26]

전반적으로 "파일럿" 기획은 결단성 없는 성격을 지녔으며 결코 전쟁 동안 한인에게 가해진 물질적, 정신적 손실에 대한 일본의 보상 문제를 해결하지 못했다. 첫째, 기획은 65세 이상인 사람들에 대해서만 해당되는 것이었고 나머지는 어떻게 할 것인가에 대한 문제에 대해서는 대답하지 못했다. 사실 그들이 1945년 8월 15일 이전에 태어나지 않았다는 것, 말하자면, 전쟁이 아직 진행되었거나 겨우 더 뒤인 8월 16일에 태어났다는 것은 죄가 되지 않았다. 둘째, 기획안에는 어떤 자금으로 노인들을 귀환시킬 수있는지에 대해 말이 없었다. 결국 기획안이 한인 1세대에만 해당되었고 전후의 모든 세대에 확장되지 못했기 때문에 기획안의 인본주의 자체가 커다란 의문으로 남았다. 따라서 이것은 틀림없이 중년 한인들을 아이들과 손자들로부터 목적지향적인 강제분리, 즉 새로운 이산가족의 형성이었다. "우리는 우리 노인들을 넘겨주지 않을 겁니다." 현대 한인 젊은이들의 사회 행동 라이트 모티프는 이와 같다. "왜 우리는 우리 자식과 친지들과 또 헤어져야 합니까?" 중년 한인들은 사리에 맞게 질문을 던진다.

일본과 남한 기획인 "파일럿"의 매우 잔인한 조건들은 소외받는 몇몇 한인들이 위장결혼을 하고 온갖 방법으로 연령을 충족시키는 개인 서류에 변화를 주고, 가족 구성원에 타인을 넣거나 생년월일에 대한 문서를 작성하고 오래 전에 죽은 사람들의 성과 이름을 이용하도록 부추겼다. 결과적으로 역사는 부활되는 듯 했다. 이전에 아이들은 강제로 부모에게서 떨어져서 일본 식민지의 타향으로 이송되었으나 지금은 마지막으로 선조들의 땅을 보고자 하는 부모들이 자신의 자식을 버려야 했다. 그러나 전쟁 동안 일어난 것은 어떤 식으로도 일본의 제국주의적 정책으로 설명할 수 있다면 현재의 사건들은 귀국 조항을 실현하는 데 있어서 반인본주의적이고 국제법 규정을 파기한 결과로서 역사에 기록될 것이다.

결과적으로 귀국의 기쁨은 친지들과의 이별로 암울해졌고 이산가족의 새로운 문제들이 야기되었으며 일본 제국주의에 의해서 탄생된 한인의 비극적인 운명이 더욱더 심화되었다. 노인들에게도 젊은 세대에게도 선조들의 땅에서의 생활에 대한 무지개빛 관념이 사라졌다. 사할린 한인들을 위한 주택복합단지와 요양소의 건설을 위한 자금의 분배와 관련해서 대한민국 외무부는 러시아 시민의 이익에 손상을 주는 기존의 결정이 러시아 연방정부와의 협의없이 받아들여졌기 때문에 일본 측에 공식항의했다. 더구나 이것은 러시아 내부 일에 대한 간섭으로 해석되었다.[27]

사할린 한인 문제해결의 길에서 중요한 행보는 1994년 1월에 만들어진 대한민국 외무부 협력자들 신학수와 피지 아라타의 지휘아래 한일 공동위원회의 일이었다. 러시아연방 외무부 최초 아시아국 대표들이 만남에 참관인으로 참석했다.[28] 한인들은 새롭고 더 폭넓은 요구를 제시하려고 했다. 다음과 같은 것들이다.

1. 1945년 8월 15일 이전에 태어난 자는 1세대의 대표들로, 이 날짜 다음에 태어난 자들은 2세대 대표로 간주한다.
2. 귀국을 사람들의 연령을 고려해서 단계적으로 진행할 것. 그리고 1930년 이전에 태어난 자들을 우선으로 하고 그들의 모든 가족과 데리고 대한민국에서 거주지를 자유로운 선택하게 할 것, 주택을 귀국자의 개인소유로 이전할 것, 그리고 일본이 자금을 대고 의료서비스를 포함해서 이주 설비공사의 조건들에서 진행할 것.
3. 2세대 대표들을 포함해서 사할린에 남아 있던 사람들에게 매달 각자에게 백만엔씩 일본측에서 보상금을 지불하는 것.
4. 러시아 연방 정부가 귀환자의 이중시민권, 대한민국에서의 영구 거주를 위해 이주한 후 러시아 연금지불에 대한 문제들을 해결하는 것과 돈으로 바꿔서 얻은 자금을 포함해서 모든 가족 재산을 가지고 가는 것을 방해하지 않을 것.
5. 유즈노사할린스크에 사할린 한인 공동체의 민족 부활을 위한

문화센터를 건립하는 것.

결과적으로 사할린 한인주민 가운데 "당신은 남한에서 살기를 원합니까?"라는 질문을 한 앙케트 조사를 진행하자는 결정이 제기되었다. 대책은 남한 측의 자금으로 사할린한인지역연합에 의해서 실현되었다. 그러나 데이터들이 모순되는 듯 했기 때문에 얻어진 데이터의 신뢰성에 대해 판단하는 것이 매우 힘들었다. 일본신문의 확인에 따르면 사할린에 살고 있는 한인 13,000명 이상이 대한민국으로 돌아가기를 원한다. 러시아 대중매체에서는 15,000명까지 거론했으며 21,000명은 더 현실적으로 보상금의 형태로[29] 그들에게 물질적인 원조를 해준다는 조건에서만 귀환을 찬성했다.

러시아 측은 한인 문제해결에 참여할 준비가 되어 있다고 표했다. 그와 함께 행해진 설문조사는 러시아 법을 피해서, 그리고 공식적인 정부기관의 참석없이 이루어졌기 때문에 불법으로 인정되었다.[30]

1995년 5월에 사할린 주 행정부는 러시아 연방외무부에게 보내는 서한에서 다음과 같이 알렸다. 현재 러시아, 대한민국과 일본의 대중매체에서 사할린 한인이 대한민국으로 영구거주하러 떠나기 위해 일본이 재정지원 하는 "파일럿"이라는 프로젝트가 과장되고 있다. 언급된 프로젝트는 그해 4월 15일에 유즈노사할린스크 시에서 행해진 사할린 한인연합 주 대회의 자료들이 증명하는 것을 고려(그들의 요구-저자주)하지 않고 이루어진 것이었다. 그 어떤 측이든 단호한 결정은 50년 후에 반복되는 가족의 강제이별, 즉 한민족 비극의 반복을 초래할 수 있다."[31] 그렇게 이런 일이 일어났다.

결과적으로 믿을 만한 장면을 위해 들인 커다란 외교적 노력과 재정 자금은 얻어지지 않았다. 불법적으로 행해진 사할린 한인 앙케이트 설문조사에 대해 남한 측은 러시아에 공식사과했다. 러시아 연방 아시아 제1부의 정보에 따르면 설문조사의 결과는 앙케이트 자체가 정확하게 이루어지지 않았고 본질적으로 어떤 다른 선택을 그들에게 주어지지 않은 채 약속이라는 명목으로 사람들에게 출발을 종용했기 때문에 "충분한 근거 없이 얻어진 것이다".[32]

1997년 9월에 사할린 주 한인가족의 또 하나의 조사가 행해졌다. 국가차원의 주문자이면서 조정자로서 지역 통계위원회가 나섰으며 설문조사를 실행할 자금은 남한 측에서 냈다.[33] 유감스럽게도 설문조사의 결과는 널리 알려진 한인에 대한 태도에서 그리고 공식적인 발표에서 형성된 것처럼 업무비밀이며 어떤 상황에서도 누설되어서는 안될 것이다. 그런 식으로 행해진 조사는 실제 조치들을 수용하기 위한 그 어떤 결과에 대한 정보를 지방 정부 기관에게 주지 않았다. 이 인쇄물에 따라 사할린 한인의 61%인 31,000만천명이 자신의 운명을 러시아와 연관시켰고 대한민국으로 떠나지 않으려 했다.[34]

객관적인 요소들도 언급되었다. 첫째, 남한은 이미 인구과잉을 겪고 있어서 정부는 이민을 장려하고 있으며 사할린에서 수천명의 한인 이주는 추가적인 재정비용을 요구하는 국가의 근심이다. 둘째, 대한민국에는 외국에서 재산을 들여오는 양을 제한하는 입법이 진행되고 있다. 그러므로 사할린 한인들은 모은 재산일부를 잃을 수 있으며 이에 모든 사람들은 동의할 수 없다. 셋째, 대한민국 영토로 입국하기 위해서 필요한 절차에는 거기에 살고 있는 친지들의 동의가 필요했다. 그러나 그들의 일부는 자신들의 물질적인 재산정도에 따라 사할린 한인들의 거주를 받아들일 수 없었다. 넷째, 독특한 장애가 언어적 장애이다. 이상하지만 사할린 한인의 대부분이 민족 글자도 심지어 모국어회화도 모르고 있다.

그 외에도 인류민족학적 큰 문제가 있다. 문제는 사할린 한인 모두가 "고려인"이란 것이다. 과거의 사람들이고 현재는 "고려"라는 국가는 존재하지 않는다는 것이다. 그러므로 북한과 남한 사람들의 현 동시대 사람들은 "조선사람"과 "한국사람" 에 따라 자신을 부른다. 그러나 이것은 사할린 한인들이 그 어떤 명칭의 국가 출신자들이라고 생각할 수 없다는 것을 의미한다. 따라서 그들은 즉시는 아니지만 그들 대부분일 수도 있지만 결코 한민족의 순수혈통이라고 여기는 대표들에 의해서 인정 받지 못할 것이다. 왜냐하면, 그들이 동족과 유사한 유일한 점은 인류학적 특징이기 때문이다.

1999년 6월에 유즈노사할린스크에 대한민국의 대표자들, 인천대학교 교수 노영돈과 변호사단체 회장 지익표의 참석으로 사할린 한인의 귀환문제에 관한 국제 심포지움이 열렸다. 결과가 적힌 문서에 정기적이고 이미 몇 번 한인의 역사 운명에 대한 일본의 책임이 인정되었고 "사할린 한인귀환" 특별법을 설립하고 "사할린 한인의 귀환펀드"를 설립하며 필요할 때 국제사법기관에 민사소송을 하라는 요구와 함께 대한민국 정부에 대한 호소가 받아들여졌다.[35]

120명에 달하는 중년 한인의 정기그룹은 2000년 2월 2일에 사할린을 등졌다. 작별하는 순간에 그들은 한편으로는 결국 그들의 꿈이 실현되었다는 것에 대한 기쁨의 감정을 느꼈고 다른 한편으로는 그들이 죽기 전에 생각하게 될 자신의 아이들과 손자들을 남겨두었다는 깊은 슬픔의 감정을 느꼈다. 그러나 마음이 끌렸던 이 일의 긍정적인 측면은 정돈된 주택, 매달 들어오는 보조금, 사할린 연금을 받을 권리의 유지, 남아 있는 친지들과의 정기적인 만남이 보장되었다는 것에 있었다.

2001년 4월에 77 한인가정도 사할린과 작별했다. 그들의 구성에는 1936년 전에 태어난 사람, 남사할린에 일본인에 의해서 강제로 이송되어 온 사람들만이 존재했다. 모든 귀환자를 위해 러시아 시민권을 유지할 권리, 필요하다면 사할린으로 언제든지 돌아갈 수 있는 권리가 유지되었다. 남한학자들의 연구결과에 따르면 사할린 귀환자들은 적응, 의료요양 시스템의 설립, 일상적이고 사회문화적 생활조건의 개선이라는 문제에서 국가의 원조를 필요로 했다.[36]

러시아 연방의 국경 너머에 있으면서 사할린 한인들은 복잡하고 특이한 생활상황과 충돌했고 물론, 다양한 측면에서의 원조에 대한 필요를 체험하고 있다. 러시아 연방의 전략적인 정책노선을 고려해서 남한사회의 정치적이고 사회경제적 문화생활로 사할린 한인이 자발적으로 통합하는 데 협력이 이루어졌고 동시에 사할린주에서 자신의 동포들의 집단적인 이탈을 방지하기 시작했다. 더구나 갈등적인 상황이 배제되지 않고 있으며 그런 경우에 러시아는 합법적으로 대한민국의 생활조건에 적응할 수 없거나 가능성이 없는 사람들, 도로 돌아올 결심을 한 사람들을 받아들일 필요가 있다고 생각하고 있다.

떠나기 전에 러시아 측은 한인들에게 앞으로 여섯 달 동안 노동 연금을 지불하고 있다. 즉 여권에 "외국에 존재하기 위해서"라는 기록이 존재할 경우 러시아 연방의 시민들에게, 자국여권의 제출, 출국이 기록된 외국의 주거와 비자 종류를 복사하고 외국 시민권자에게, 신청자가 떠나려고 하는 외국의 주거와 비자종류를 복사하고 무시민권자에게 지불한다. 출국날자에 따라 연금은 러시아 연방 국경 너머에 존재하는 시민들의 영구거주 장소에 이전될 수 있다. 연급의 전달은 거래가 이루어진 날의 루블환율에 따라 외환으로 실현된다. 연금은 다른 나라의 이동 기간에 상관없이 러시아 연방 영토에서도 지불될 수 있다.[37]

러시아 연방의 국경 너머로 이전할 의무가 있는 국가 연금의 총액은 더 높은 연금에 대한 권리를 주는 연방 법들의 채택 시 재검토되고 있다. 러시아 연방으로 시민들이 영구거주하러 돌아올 때 러시아 연방 국경 너머에 지내는 기간동안 받지 못했던 총액은 수령인들의 귀환에 쓰인다. 여기서 대한민국의 주민이 되었던 한인귀환자들에게 있는 러시아 연금의 권한은 5년동안만 유지된다는 것을 명시해야 한다.[38] 연금을 받지 못하는 사람들은 대한민국의 법에 따라 연금을 받을 권한은 러시아에서처럼 60세가 아니라 65세가 되어 받는다. 남한에서 받게 되는 연금과 보조금을 비교해볼 때 색인이 작성되지 않는다는 것을 언급하자. 이것은 인플레 진행이라는 조건에서 귀환자의 생활수준이 하락하는 원인이 되고 있다. 그러는 사이 공식적인 남한의 정보에 따르면 귀환한 사할린 한인들 약 80%가 대한민국의 생활에 만족해 하고 있다.[39]

2008년 10월부터 남한 측에 의해서 도입된 H-2 범주의 복수비자(외국 동포들을 위한 노동 비자)의 발급 법칙들은 세 사람 이하 대한민국으로 초대할 수 있다. 1949년10월 1일전에 태어난 사람들은 친지, 즉 대한민국 시민의 청원에 따른 일반적인 근거에서 형성되고 있다. 대한민국의 거주증과 시민권을 신청할 권리는 산업이나 농업을 하는 한 기업에서 4년 반 동안 일을 할 경우에만 발생한다. 직업인으로 거주등록을 한 사람들은 대한민국에서 자신의 거주 기간을 한번 연장할 수 있지만 2년 이상은 안 된다. 직업을 얻지 못했거나 정해진 절차에 따라 거주등록을 받지 않은 사람들은 일 년이 지나면 떠나야 하고 이 요구를 어길 시는 벌금이 지급된다.[40]

다른 국가에서처럼 러시아 연방에서도 러시아 연방 국경 밖으로 떠나는 것에 대한 제재법이 존재한다. 그런 법들은 다음과 같은 사람들에 대해서 한정된다.

1. 국가의 특별히 중요한 정보를 관리하는 자.
2. 범죄를 저질렀다고 의심되어 억류되어 있거나 기소된 자로서 고발당한 자, 또는 재판의 판결에 따라 형을 선고받은자.
3. 재판에 의해서 주어진 임무를 수행하는 것을 피한 자.
4. 법에 의해서 정해진 세금지불에 따른 임무를 수행하지 않은자.
5. 확실하게 자신에 대해 거짓 정보를 알리는 자.

유사한 경우로 외국 시민과 무시민권자의 러시아 연방입국 제한 법들도 이행되고 있다.

1. 관세나 공중위생규칙을 어기는 자.
2. 자신에 대해서 그리고 체류목적에 대해 거짓 정보를 말한 자.
3. 거주와 돌아가기 위한 자금 보장을 제출하지 않은자.
4. 끝나지 않았거나 효력이 살아 있는 전과를 가진자, 또는 3년 동안 두 번 이상 러시아 지역 내에서 법을 어겨서 행정책임에 고소를 당한자, 또는 이미 러시아 국경 밖으로 그런 또는 다른 이유로 추방당한 자.
5. 러시아 연방의 이전 체류 기간동안 조세와 행정 세금의 지불을

기피한 자.

6. 국가 안전을 위협한 근원이 될 수 있는자.[41]

제2차 세계대전 종전 시기부터 거의 70년이 지났지만 사할린 한인의 역사적 고향으로의 귀환과 이산가족의 재결합 문제는 여전히 예민한 사항이다. 귀환은 모두가 돌아가도록 허락되지 않았기 때문에 편파적인 성격을 지닌다는 것을 아직 검증해야 한다. 향수는 인간감정의 그 어떤 것도 넘어서는 것이며 많은 노인들은 아이들, 손자들, 자신의 집을 남겨두고서 사할린 주를 등지고 있다. 귀환자들은 남한에서 외로움을 겪었고 그들에게는 아이들의 기쁨의 웃음이 없었으며 그 어떤 조치들도 사할린 땅에 남겨둔 혈육에 대한 그리움을 제거하지 못했다. 그러나 러시아 친지들이 한국의 북쪽도 남쪽도 자유롭게 방문하는 사실은 오래된 국제관계의 형성에 긍정적인 영향을 준다고 해도 "새고려신문"에 게재된 그런 고백이 증명해준 것처럼 계속되고 있는 한인 이산가족 문제의 첨예함을 그 어떤 식으로도 완화시키지는 못한다.

강혜자 (65세): "나의 부모는 한국에서 이송되었습니다. 아버지는 두살 때 돌아가시고 엄마는 1963년에 돌아가셨습니다. 그래서 엄마도 한국으로 돌아갈 꿈도 꾸지 못했습니다. 물론 두 분이 이런 시간이 올 때까지 살아 있지 못했다는 것이 너무 마음 아프지만 저는 일이 성사되고 40-50년 동안 우리 부모님이 꿈꾸었던 길을 열어주신 사람들이 있다는 것이 기쁩니다. 그리고 당연히 우리 부모의 꿈을 실현시킬 가능성을 제공한 것에 대해 우리 정부에게 대단히 감사하고 있습니다. 저는 제가 태어나고 자란 그 곳이 제 조국이라고 생각합니다. 저는 러시아에서 철든 이후 쭉 살았고 여기서 양육도, 교육도 받았습니다. 그러나 저는 한국도 저의 조국이라고 생각합니다. 왜냐하면, 선조들의 조국은 저의 조국이기도 하니까요."

이구자(66세): "이산가족 문제는 저에게도 해당됩니다. 저는 한국에서 태어났으며 제가 세달 되었을 때 사할린으로 왔습니다. 여기서 저는 66년을 살았지만 어쨌든 제 조국은 한국이라고 생각합니다. 저는 한국을 너무 그리워했습니다. 올해 저는 대한민국으로 영구귀국합니다. "

최 알렉세이 (19세): "저의 할머니는 한국으로 떠나라는 제안을 받았습니다. 지금 할머니는 떠날지, 사할린에 남을지 아직 정확하게 결정을 못 내리고 있습니다. 제 자신도 한국으로 가고 싶지만 잠시만 한국 문화를 알고 한국의 관습을 알기 위한 것입니다. 아마 저는 영원히 그곳으로 떠나지는 않을 겁니다."[42]

매년 일본은 대한민국 적십자사에게 사할린 한인을 이 나라로 떠나는 데 드는 재정지원 12억 엔을 보내고 있다.[43] 그러나 차후에 몇몇 여행은 더욱더 유람목적의 순회공연을 연상시켰고 받아들이고 있는 남한의 회사들은 제일 먼저 사할린 한인의 생활이익에 손해를 입히는 상업적 계획들을 세우고 있다.

그런 식으로 전후 시기에 사할린 한인 이산가족의 문제는 국제관계 글로벌시스템에 통합된 것으로 여겨졌으며 정치·법적 반향을 얻었다. 그리고 만약 예고하지 않았다면 차후에 이 문제는 도덕적 정신적 첨예함을 유지하고 국제관계에서 정치 현상으로 남으면서 자신의 규모를 변화시킬 것이다. "문제는 사할린 한인이 한국이나 일본으로 떠나기 위해 어떤 움직임을 보이는 것이 아니라 사람들이 인간 공동체의 완전한 권한을 가진 일원으로 자신을 느낄 권리에 대한 것이다. 이런 경우 어떤 형태로든 사과하지 않고 손해를 보상하지 않는다면 불가능하다."라고 남한 교수 노영돈은 올바르게 지적한다.[44]

당연히 진보세력의 노력을 정당하게 평가해야 한다. 그러나 문제는 남사할린으로 통합된 한인 시민권자들의 망가진 운명에 대해 일본에게 모든 책임이 있다는 사실을 아직 인식하지 못하는 사회층도 있다는 것에 있다. 그리고 이에 관한 일본 정부를 향한 그 어떤 비난이 있어도 이런 비난은 결코 받아들여지지 않을 수 없다. 왜냐하면, 그들은 정당하기 때문이다.

1978년 3월에 일본 외무성 장관 시노다 노부루는 공식적으로 일본의 법적 관점에서 사할린 한인에 대한 도덕적 정치적 책임감을 가져야 한다고 선언했다.[45] 일본 외무성 장관 우노는 1988년 4월 14일에 의회회의에서 남사할린에 한인들을 남겨놓은 사실을 "역사적 불상사"로 불렀으며 동시에 일본 스스로 이에 대한 책임감을 시인했다.[46]

1990년 4월에 국회야당세력의 압력하에 일본 외무성 장관은 다음의 공식적 성명을 냈다. "한인들은 일본 정부에 의해서 사할린으로 강제 이주되었으며 거기에 남겨졌다. 그들은 조국으로 돌아갈 수 없었다. 이것은 비극이며 우리는 전시에 사할린 한인에 가해진 불행과 재난에 대해 사과한다."[47] 2004년 10월에 러시아 연방 주재 일본의 임시 전권대사인 이세이 노무라는 다음과 같이 인정했다. "일본 정부는 그 당시(전시) 한반도 본토배기들의 강제 노동착취를 포함해서 많은 사람들에게 불행을 안겨주었다는 사실을 부정하지 않는다. 일본 정부는 최대한 ... 참을 수 없는 고통이 ... 전쟁이라는 특별 조건에서 발생했다는 것에 대해 유감을 표한다."[48]

2005년 4월 22일자 유즈노사할린스크 시 주재 일본 총영사 나츠이의 편지에서:

"법적으로 일본정부는 사할린에 남겨진 한반도 출신자들에게 보상과 변상을 실현할 의무가 없다. 그러나 역사적 상황을 고려해서, ... 상응하는 예산을 나눠주며 ... 인도주의적 관점에 따라, 위에 언급한 인물들의 대한민국으로의 귀환에 협조하는 것을 포함해서 여러 조치들을 실현한다. 원조의 총액은 640억엔을 초과한다."[49]

2003년 12월에 지역 단체인 "이중징용"이 일본 정부에 대한 자신들의 불평을 표했다. 동시에 정부, 적십자사와 일본, 러시아, 미국과 대한민국의 사회단체들에게 모스크바 대회의 참여에 대한 요청이 뒤따랐다. 일본 정부에 의해 남사할린으로 이송된 한인들은 강제노역, 도덕적 괄시와 그들을 때리고 죽이며 이에 대한 그 어떤 책임도 지지 않았던 식민지 관리들과 헌병들의 비인간적 만행으로 인해 고통을 당했다는 것이 요청에서 인정되었다. 전쟁이 끝난 후 사할린 한인들이 조국, 남한으로 돌아갈 수 있도록 그 어떤 행위도 취해지지 않았다.

그러나 요청에 대한 시기적절한 대답도 따르지 않았으며 2004년 2월에 지금 다시 러시아 연방 대통령 푸틴 앞으로 청원서가 보내졌으며[50] 이 해 9월에 대한민국 노무현 대통령에게 서신이 전달되었다.[51]

사회적 항의를 표하는 영향력 있는 문서로서 공식서신교환을 보충하자.

> "제2차세계대전 동안 일본정부의 식민지정책으로부터 고통을 받은 사할린 한인 모두의 이름으로 2004년 9월 3일에 모스크바 주재 일본대사관에 모인 미팅 참가자들이며 지역간 사회단체 "사할린한인협회" (모스크바, 모스크바 주, 상트-페테르부르그, 트베리)와 지역사회단체 "이산가족회원 한인협회" (로스토프-나-도누 시)의 회원들인 우리는 또 한 번 일본정부에게 우리의 요구를 상기시킨다:
>
> 빠른 시일에 제2차 세계대전 당시에 한국에서 사할린 남쪽으로 강제 이주되었기 때문에 사할린에 남겨지게 된 사할린 한인에게 가해진 정신적 물질적 손해에 대한 보상 문제를 해결하는 것이다. ...
>
> 우리는 러시에서뿐만 아니라 일본, 대한민국, 세계 다른나라들에서도 유사한 조치들이 미래에 실행될 권리를 확보한다."[52]

2008년에 부부 중 한 사람이 1세대의 대표이고 다른 한 사람이 2세대의 대표인 (1945년 8월 15일 이후에 태어난 사람들) 한인 가족, 또한 그들의 장애인 아이들과 한인보다 이 가족들 중 다른 민족인 가족일원에게 귀환이 허락되었다. 그러나 그런 귀국에 드는 비용은 대한민국으로 도착 후 보상된다. 그런 조건들은 러시아 연방이나 독립국가연맹의 다른 지방들 중 사할린 주에 도착했던 한인들에게도 전파되고 있다. 그러나 2세대 대표들은 이주보조금을 받은 사람들이 되기 전까지 지속적인 직장을 가질 가능성이 상실된다는 것이 특징적이다. 그러나 대한민국에서 직장을 찾는 것이 복잡한 문제이고 게다가 전문가들의 러시아 학위증이 항상 고려되는 것은 아니라고 한다면 젊은 귀환자들 대부분은 그들을 위해 정해진 정부 특권[53]에 대한 실현을 요구한다. 이 특권은 직장에 고용이 될 경우 받게 되는 임금의 총액만큼 줄어들고 있다. 개인재산을 가지는 것이나 경차를 다른 형태로 이용하는 것은 국가 보조금의 수령 문제에서 복잡함을 야기할 수 있다.

오늘 날 대한민국의 정부 프로그램이 계속해서 실현되고 있다. 1세대 대표들의 귀환 순서는 부부의 나이 수를 배열하는 방법으로 정해진다고 예상된다. 만약 부부 중 누군가가 2세대에 속한다면, 즉 1945년 8월 15일 이후에 태어났다면 그의 나이는 "0"과 같으며 대체적으로 관심을 받지 못한다. 귀환허가를 받은 후 6달 동안 대한민국 시민권의 수령에 대해 신청하고 동시에 러시아 시민권의 거부가 필요하다.[54]

대한민국 도착에 따라 90일동안 출입국 관리소에 등록을 해야 한다. 남한 사회에서 거주등록은 신분증명서 기능을 하기 때문에 그것은 다른 문서의 수령과 은행 업무 형성, 기타 서비스의 형성을 위해 필요하다. 2세대 대표들과 장애가 있는 자녀들은 외국인으로서 특별 거주등록을 하며 1세대 한인과의 혈족 관계에 대한 문서를 제출해야 한다. 1세대의 직계 후손들도 특별 거주등록에 대한 허가증을 만들며 다만 그런 다음에야 남한 시민증의 수령에 대해 신청할 권리를 가진다. 이민자들의 모든 범주를 위해 개인도장의 소유, 은행통장개설, 특별의료원조를 받기 위한 등록설정이 의무이다.[55]

대한민국으로의 사할린 귀환자들에게 최소한의 생계수준이 보장되고 있다. 가족 당 보조금 규모는 대략 7백만원이며 1인 생활일 경우에는 405,000원이다. 그러나 이 총액의 지불은 지방 예산에서 실시되기 때문에 그것의 규모는 재정 가능성에 따라 수정되고 있다. 세대당 주택을 받을 경우 쌀 20킬로그램, 김치 5킬로그램, 마른 미역 15 팩, 설탕 500 그램, 다양한 종류의 양념을 포함한 26개 종류의 필요한 음식물의 선택과 일상가전제품, 즉 텔레비전, 냉장고, 세탁기, 청소기, 가스렌지, 밥솥, 서랍장, 주방가구, 세면대, 총액이 264,000원에 달하는 침실부속물도 제공된다.[56]

대한민국의 생활특징 중의 하나는 거의 원룸 아파트들이 아니라는 데 있다. 그런 주택이 없어서 노인의 집 입주가 모든 사람들에게 허락된 것은 아니기 때문에 둘 이상의 방이 있는 아파트에 부득이하게 동거하는 일이 벌어진다. 이런 환경은 다양한 성격과 생활방식을 가진 사람들의 개인적 상호관계의 심각한 문제를 발생시키며 결과적으로 공동생활의 심리적 불일치가 일어난다. 제시된 거주 지역은 여러 귀환자들과 그의 친지들을 받아들이지 못하는 있는 일도 발생한다. 이런 기반에서 대한민국으로 떠나기 전에 사할린 가정에서는 이혼소송과 재산 분할에까지 이르는 갈등들이 발생한다.

유익한 면적으로 40 평방미터의 아파트의 임대료는 한 달에 십만원에서 15만원에 이르고 있지만 시즌에 따라 모든 공공서비스는 5만원에서 10만원정도라는 것이 특징적이다. 주택과 공공서비스요금의 상각은 한 달에 개인 당 7만 5천원으로 계산해서 특별 자금이 분배된다. 그러나 비용은 1세대 한인과 부양자로 장애인 자녀를 둔 사람들에게만 배당된다. 생활비용은 수령자의 은행구좌로 입금된다. 그러나 대한민국에서 3달 이상 나가 있을 경우 모든 지불은 가정에 수입의 새로운 원천이 생길 경우와 동일하게 중단된다. 만약 대한민국에서 3년 거주하는 동안 보조금 수령자가 65세가 되지 않았다면 보조금 지급도 멈추게 되고 대한민국에서 연금 연령이 65세로 결정되어 있기 때문에 그의 일자리 알선에 대한 문제가 결정된다. 국가가 생활비를 보상해주는 상황에서 연금 지불이 발생하지 않는다. 그러나 만약 가족의 수입이 최저생계비보다 낮다면 65세 이상인 자에게 연금은 개인당 8만7천원이하의 규모로 지불되고 부부에게는 13만9천원이 지불된다. 장애인에 대한 국가보조금은 남한 시민권과 해당 의료체결 작성을 받은 후에 지불된다. 1급과 2급 장애인에게 매달 13만원이 지급되며 3급과 4급인 경우에는 3만원 이하가 지급된다. 무료 의료서비스는 노동능력이 없는 자에게만 해당되며 그들의 장례는 국가 비용으로 "슬픔의 산"을 이룬다.[57]

2007년 3월부터 새로운 법에 따라 대한민국으로 다음과 같은 일자리 알선으로 입국하는 또 다른 시스템이 작용하기 시작했다. 5년 기간으로 입국 비자를 발급받을 권리는 북한과 구소련 나라에서 거주하고 있는 25세 이상의 연령의 동포들이 받는다. 그러나 다음과 같은 경우에 해당하는 경우에 그렇다.

ㄱ) 호적에 이름이 기입되어 있거나 호적에서 제명되었으며 또한 그들의 직계 후손으로 출생에 따라 대한민국 시민인 자들

ㄴ) 국내에 지속적으로 거주하고 있는 대한민국 시민권자가 초대한 혈족이거나 결혼에 의한 친지(사촌까지)인 자

ㄷ) 2006년에 행해진 "동포를 위한 고향으로의 귀한 원조 정책"의 틀 안에서 떠난 동포들,

ㄹ) 조국에 대한 봉사를 하고 있는 자이며 그들의 가족,

ㅁ) 반년 이상 대한민국에서 공부하고 있는 자들의 부모와 D-2 형식의 특별 비자를 가지고 있는 자.

선발을 통과한 자들은 20시간 직업 교육에 가입되었고, 이후 일자리 알선이 있게 된다. 그러나 다만 "특별고용 실현에 대한 허가"와 "외국노동자고용" 법에 의해서 예견되는 할당액의 한계 안에서만이다.[58] 이민자들을 위해 한국어의 교육과정(400시간)과 한국사회 연구과정(50시간)이 조직되고 대한민국의 적응과 체류문제 특별컨설팅 센터가 만들어졌다.[59]

2007년 2월에 유즈노사할린스크에서는 양중모가 소장으로 있는 대한민국 주 블라디보스토크 총영사관의 출장소가 문을 열었다. 이것은 비자뿐만 아니라 여러 가지 종류의 위임장, 혼인신고서 서류작성, 시민권 접수, 여행 조직과 공동 비즈니스, 사할린 한인들의 이 시스템으로의 통합 절차를 많이 간소화시킨 것이었다. 이것은 이번에 대한민국과의 경제, 문화, 인도적 관계들의 강화를 촉진시켰다.

현 시기는 업무적인 측면이든 개인적인 측면이든 국제 관계의 현

저한 활성화가 특징적이다. 전쟁에 의해 이산된 사할린 주에 거주하는 한인가족들은 당연히 재결합을 위해 노력한다. 그런 요청들은 거의 항상 정부와 지역 차원에서 이해를 얻었다. 갈등은 일어나지 않았으며 사람들은 자신들의 개인적인 삶을 자신의 생각대로 꾸려갔다. 그렇게 해서 외국에서 벌어지고 있는 캠페인인 "러시아에서 민주주의와 인권의 수호"는 근거를 잃게 되었다. 국제 조약들에 의해서 정해진 것 외에 사할린 주를 떠나고자 하는 한인들에게는 그 어떤 장애도 없었다. 그러나 모든 거짓된 소문은 러시아 내정에 대해 간섭하려는 시도나 다름없다. 우리가 살펴본 역사적 개관은 사할린 한인들의 삶의 활동을 조정하는 적지 않은 정부와 국가의 문서들이 채택되었던 것을 분명히 보여준다. 그러나 전쟁의 결과와 연관된 그들의 이산가족 문제는 이전처럼 해결되지 않은 상태로 남아 있다.

바로 이것이 60년 이상 사할린 주가 한인(과거 일본국민이었고 그런 사람들의 후손들)의 전후 상황과 연관된 문제해결에 역사적으로 얽혀있는 러시아의 유일한 지역으로 남아 있는 이유인 것이다. 사회 발전이 민주주의 체제로 전환된 논리는 국제법 규정을 고려해서 생명과 관련된 문제들을 해결해야 할 필요성에 대한 인식을 이끌었다. 바로 이것이 우리가 러시아, 일본, 한국과 미국의 국가 간 상호연관 속에서 빚어지는 총체적인 문제들을 분석하는 이유인 것이다.

전후 국가간 접촉들은 과거 일본 국민이었던 사할린 한인의 운명을 다루는 기본 단계를 다음과 같이 나누게 한다.

첫 단계는 1946-1949년에 해당한다. 이 기간은 소련과 미국의 합의에 따라 일본인들 가운데 군포로와 시민의 귀환이 진행되었다.

1945년 8월 12일, 즉 군사행위가 시작된지 4일 후에 남사할린과 일본의 쿠릴 반도의 주민철수가 시작되었다. 철수되는 사람들 가운데 1500명의 한인들도 있었다. 그런 다음 극비 항해수단을 타고 한인의 일부가 호카이도 섬으로 건너갈 수 있었다. 허가받지 않은 이런 철수는 소련의 군지도부의 행위에 의해서 차단되었다. 1945년 12월에 소련과 미국의 합의가 체결되었다. 소련과 소련이 통치하는 영토에 있는 일본인들과 한반도 38선 이북에 태어난 약 천명에 이르는 한인들은 일본으로 귀환할 것이며 일본의 군사포로, 또한 희망을 드러냈던 평화로운 주민들은 한 달에 5,000명씩 계산해서 일본으로 보내질 것이라고 예상되었다.[60]

일본인의 귀환은 1946년 10월자 소련의 내각결정 № 2235-921을 근간으로해서 시작되었다. 귀환의 근간에는 자유의사의 원칙이 있었다. 가족의 가장들은 저마다 특별위원회 회의에 초대되었고 일본으로의 출국에 동의할 경우 서류들이 작성되었다. 귀환자들의 목록은 조직들에서 직접 구성되었고 경찰과 국가보안부의 기관들에서 검토되었다. 그 후 귀환위원회가 확정되었다. 지정된 기간까지 출발하는 사람들은 집합장소에 도착했다. 거기서 2-3천명씩 № 380 캠프(나호드카 만)로, 다음 운송지가 있는 통과 캠프 № 379인 홈스크에 도착했다. 귀환자들의 접수는 명단으로 진행되었고 해당 조서가 작성되었다. 소비에트 측은 귀환자들 가운데 병자들이 없는지에 대해 엄격하게 국제 조약을 준수했다. 이런 목적으로 두 개의 캠프가 조직되었다. 하나에는 일본인들이 영양가 높은 무료 급식을 받았고 다른 하나에서는 환자들의 위생점검과 치료가 이루어졌다. 쿠릴 열도의 지역에서 주민귀환은 일본 정부의 힘과 자본으로 실현되었다.

소련내각의 1947년 6월 17일자 결정 № 2086-549s에 따라 귀환자들에게는 일본과 소련지폐, 금을 제외하고 가장 100킬로그램, 가족 각각의 구성원 50킬로그램씩 가져가도록 허락되었다. 매달 3만명까지 떠날 것이 예상되었다. 그러나 이런 지시는 이행되지 않았다. 이 장소들에서는 일본주민의 신속한 출발에 관심이 없었다. 왜냐하면, 일본 주민은 기본적인 노동력을 구성했기 때문에 이 노동력을 잃으면 많은 생산이 멈출 수 있었기 때문이다. 주로 이런 이유로 배는 자주 다 채우지 못한 채로 출발했다.

처음에 기업주, 상인들, 관료들, 직장이 없는 주민, 자녀가 많은 가정들, 그다음에 기업, 목재창고, 회사의 노동자들이 떠났다. 수확 후 농민들이 이송되었다. 마지막에 의사, 교사, 기술자와 그 외의 전문직과 성직자들이 떠났다. 그러나 귀환되는 사람들의 목록에 실업자들로 등록되려고 애쓰는 대다수의 일본인들은 자발적으로 생산을 그만두었고 막대한 돈, 귀중품, 다양한 가재도구를 내놓았다. 일본 시민들에게는 출발준비를 위한 충분한 시간이 제공되었고 때때로 개인 재산을 파는 것이 허락되지 않았으며 버려진 재산은 도둑맞았다. 귀환을 금지한다는 협박 하에 일부 일본인들은 생산에서 초과근무를 강요받았다. 많은 기업들에서 임금지불을 지연시켰다. 종종 강제로, 돈의 보상없이 가축, 먹이, 농기구들을 몰수당했다. 일본인들이 집합장소까지 이송되는 데 막대한 금액을 강제로 빼앗겼던 그때의 사실들이 기록되었다. 때때로 귀환자들은 자비로 기차표를 얻거나 통과 캠프까지 도달하게 해달라는 뇌물을 주었다.

귀환시기에 건물과 산림지대의 화재 수가 급격히 증가했으며 적대행위, 특히 종이와 석탄 공장에서의 적대행위 사실이 잦아졌다. 인명의 피해를 일으키는 화물열차와 여객열차들의 일련의 사고들이 일어났다. 이 사건들은 일본인들의 파괴행위를 막고 그들의 신속한 출발에 따른 민활한 조치들이 실행되게 했다. 그들의 귀환 시기에 대해 캠프지점으로 출발하기 24시간 이내에 알려주기 시작했다. 의심이 일어나고 있는 인물들은 신속하게 귀환되었다.

1949년에 남사할린과 쿠릴 열도에 살고 있던 거의 대다수의 일본주민이 귀환했다. 시민국의 정보에 따르면 귀환자들의 수는 357,000명에 달했다.[61]

일본인 귀환은 한인들에게는 그들의 순서가 곧 다가 올것이라는 기대와 함께 적법한 과정으로 받아들여졌다. 이와 관련해서 1947년 10월 14일자 다음과 같은 내용의 사할린 주 소비에트 집행위원회의 지침 서한에 관심을 가지자.

> "통과 캠프 № 379로 가서 일본으로 귀환하기 위한 정원수(일본주민) 선발에 따른 각 위원회의 무관심하고 진지하지 않은 업무 사건들이 최근에 잦아졌다. 정부는 일본주민 귀환만 허락한다. 포로나이스크 지역집행위원회는 귀환에 대한 정부 결정을 어기는 것에 대한 그 어떤 근거도, 허락없이 일본으로의 출국을 위한 통과 캠프로 26명의 한인그룹을 보냈다."[62]

한인의 귀환 시도 중지 필요성에 대해 1948년 6월 25일자 사할린 주 소비에트집행위원회의 편지속에서도 지적되어 있었다. 그 편지에는 한인의 출국허가는 귀환위원회가 한인에게서 여러 종류의 뇌물들을 받는다는 조건으로 불법으로 발급한 것이라는 점을 밝히고 있다.

1948년 8월에 남쿠릴 지역의 소(小)쿠릴 열도에 살고 있는 50명의 한인은 한국으로의 귀환에 대한 요구를 한 것에 대해 사할린 지구 내무부 국경 부대 사령관 구빈의 보고가 이어졌다. 이와 관련해서 "일본으로 불법 이탈"하는 것을 막기 위해 사할린 섬으로 그들을 이동시키는데 승인해달라는 요구가 시작되었다.[64]

그 어떤 이성적인 설명도 없이 이런 역사적 비극이 어떻게 일어날 수 있었는지, 묻게 된다. 일본에 의해서 낯선 땅으로 옮겨진 수천 명의 한인 가족들이 운명의 만행에 내던져졌다는 것이 어떻게 일어날 수 있을까? 일본 군부의 압박을 받았던 사할린 한인들이 자신들의 친지들과 결합할 권리를 잃는 일이 어떻게 일어날 수 있을까? 결국 누가 고향과 시민권 없이 남겨진 사할린 한인이 전후세월동안 참아내야 했던 모든 것에 대해 대답할 수 있을까? 이 질문들은 전후 역사의 과정 자체가 되고 있다. 즉 사할린 한인의 비극적 운명에 대해 첫번째로 일본의 현 정부와 그들의 군부가 책임을 져야 한다는 것은 논란의 여지가 없다.

전후에 대립하는 국가들을 위한 국제 공법에 따라 의무적으로 군포로들의 귀환뿐만 아니라 일반 주민의 귀환도 예상되는 법적 결과가 도래한다. 일본은 사전에 필요한 귀환 조치들을 실현하지 않았다. 현 일본은 자신의 입장의 근거로 귀환이 연합국의 통제 하에 진행되었다고 했다. 사실 일본은 완전히 무너져서 무조건 항복에 대한 조항에 서명했다. 그러나 다른 것도 분명하다. 즉 일본의 새 정부는 맥아더 미국 장군의 지휘 하에 연합점령군의 사령부쪽에서 제시한 불평등조약으로 이루어졌다.

일본에서 국가 권력의 법적 계승은 성립되었다 할지라도 상층부의 권력 계승은 침략자와 군 범죄자로서의 이전 왕권이 유지되었기 때문에 일어났다. 사할린 한인을 포함해서 자국민의 운명에 대한 책임이 있는 일본왕은 그들에 대해 국가적 배려를 하고 선언된 인권공동선언(1948)의 유엔총회에 따라 연합 점령군의 사령부 앞에, 1945년 12월에 설립된 11국가 대표자들로 구성된 극동위원회 앞에, 연합국 대일이사회 앞에 질문을 던져야 할 의무가 있었다. 이 모든 기관들은 일본이 항복문서의 해당조항들에 따라 맡겨진 임무를 실현할 때 따라야 했던 정책, 원칙들과 규범들을 정했다. 더욱이 사할린 한인들이 그 시기에 일본 국민으로 계속 남아 있었기 때문이다.

일본인화된 사할린 한인들의 역사적 운명에 대한 책임은 승리한 연합국 전체에 놓여 있었다는 것 또한 분명하다. 연합 강대국들은 남사할린과 쿠릴 열도에 남아 있던 한인들의 향후 운명에 대한 자신들의 요구를 밝힐 권리를 지녔다. 그러나 미국과 소련은 일본 국민이었던 사할린 한인의 귀국에 대한 공동 합의의 효력을 전개하지도 못했으며 보복조치와 탄압조치들, 즉 일본에 대한 합법적이고 필요한 조치들에 대한 자신의 권리를 승자로서 이용하지 못했다. 그러는 사이 유엔헌장은 그들의 적이었던 국가들에 대해 제2차 세계대전동안 그들에 의해서 실행되었거나 승인된 연합국 정부들의 모든 행위의 법적 효력을 강화했다.[65]

구소련 입장은 기회를 엿보는 것이었는데 해방된 남사할린은 노동력이 필요했고 그런 힘을 한인들이 제공해주었다는 것으로 설명될 수 있다. 그들은 대부분 러시아 이주민의 운반에 소요되는 물질적 비용을 보상했다. 소련측에서 남사할린에 한인이 거주하는 것을 반대하는 공식적인 항의 통첩이 발표되지는 않았다.

소련 정부는 중개자로서 중립 국가들에게 한인 주민을 옮길 가능성을 포함하여 한인 주민의 귀환을 위한 조치들을 실행할 의무가 있었다. 더구나 국제법은 충분한 법률적 기반을 마련해 놓았다.

특히 1949년 8월에 제네바협정 "전시에 일반주민의 보호에 관하여"[66]가 조인되었다. 이를 근간으로 갈등하는 양측 사이에 "반대쪽 정부의 손아귀에 든 자들의 귀환에 대한 특별 합의"(36페이지)가 체결될 수 있었으며 그 무엇도 군사 행위가 종결된 후 전쟁 전 거주지의 국가로 그들을 돌려보내기 위한 장애가 될 수 없었다. 더구나 그들을 위해 정치적, 육체적 결과의 위험성이 존재했던 나라에 보호받는 자들을 이전시킬 가능성이 허락되지 않았다(45페이지). **그러나 승자인 강대국은 보호받는 자들의 시민적 상태를 변화시키고, 그들의 이전 시민권을 상실시키며 어떤 민족을 구성하는 것이 금지되었다.** (50페이지).

제네바 협정에 대해 우리가 관심을 기울일 필요가 있는 것은 소련이 협정의 참가자였으며 따라서 보편적으로 인정된 국제법에 따라 자신의 국내법을 인용할 의무가 있었던 것에 근거한 것이다.

그 당시에 국제 현장은 조약을 체결하는 양측들이 기간, 자본, 귀환자들의 출발 조건, 상호결제 절차를 설정하기 위한 전권을 가진 혼합된 귀환위원회를 설치했을 때 이미 유사한 문제들의 해결 경험이 있었다. 이탈리아와 핀란드, 이스라엘과 독일과 전후 조정의 경험에 따라 여러 방면의 것들도 가능해졌다.

본 문제에 따른 미소합의가 작용하기 때문에 소련이 일방적인 절차로 한인을 귀환시킬 수도, 남사할린에 그들을 억류할 수도 없었다는 다른 결론도 분명하다. 게다가 남한과 외교적 관계가 없었고 남한의 영토가 미국의 군사행정부의 통치 하에 있었기 때문에 모두의 소원에도 소련이 남한으로 한인들을 보낼 수 없었다. 더구나 변화된 국경에 따라 국가들의 민족 구성은 연합강대국, 즉 유엔 창건국의 특권이었던 것이다. 따라서 국제법 규정의 관점에서 귀환 조치의 실행을 위한 여타의 국가의 일방적인 행위는 위법으로 간주될 수 있으며 소련은 엄격히 이 규정들을 준수했다.

그러나 유엔, 극동위원회와 대일이사회의 회원으로서의 소련이 전권을 행사하지 않은 것에 대한 소련 정부의 책임을 묻는 것은 사리에 맞는 일일 수 있다. 국제 재판, 그리고 특별재판소에서도 일본 정부에게 향한 요구에 대한 검토에도 문제가 제기되지 않았다. 사할린 한인들의 운명에 대한 문제에서 소련의 일반적인 입장은 어떻게 해볼 도리가 없다는 것이다.

남한은 물론이고 일본의 대외정책을 통제했던 미국정부도 일부의 책임이 있다. 1945년 10월에 소련의 반대에도 불구하고 미국은 일방적으로 워싱턴에 사령부가 있는 극동위원회를 설치했으며 2달 후에 모스크바 3상회의에서 미국 정부는 인정을 받았다. "... 점령의 최종 목정은 "일본 측에서 미국에게 협박을 반복할" 가능성을 없애고, 그 속에서 "미국의 목적을 지지하는 평화책임 정부"를 형성하기 위한 것에 있다."[67] 다음 사건들은 이 정책이 남 사할린과 쿠릴열도에서 한인의 귀환을 불가능하게 만들었음을 입증했다.

비록 국제법의 근거가 충분하다고 해도 말이다. 즉 세계인권선언, 전쟁 희생자에 대한 비엔나협약, 국제인권법의 제네바협약, 유엔헌장, 마지막으로 유엔국제재판이 작용되었다하더라도 말이다. 미국의 관할 하에 군사정치적, 군사행정부 요원들이 있었다. 왜냐하면,

미국의 통제하에 연합 강대국의 점령군사령부, 일본 극동위원회가 작동하고 있었기 때문이다. 원했다면 일본 몫을 사할린 한인에게 지불하기 위한 재정자원들도 찾을 수 있었을 것이다.

그러나 모든 한인들이 역사적 고향으로 귀환하는 소망을 가졌던 것도 아니며 사할린에 살게 해달라고 부탁하는 신청서를 제출한 것도 아니었다. 그런 사실은 다음과 같이 설명할 수 있다. 첫째, 많은 사람들이 무기력해지고 황폐해진 선조들의 땅으로 귀환하는 것은 행복한 삶을 보장해 준다고 믿지 않았다. 둘째, 일본인들은 미래에 다시 한반도를 식민지로 삼을지도 모른다는 위기가 계속되고 있었다는 점이다. 셋째, 1945년 8월에 1,700명의 귀환자가 죽은 홋카이도의 루모이 정박지에서 일어났던 것처럼 한인이송선들이 가라앉을 것이라는 소문이 퍼졌다. 넷째, 소련의 정치선전의 이념적 설득도 언급되었다. 소련의 정치선전 영향 하에 한인의 일부는 소련이 가장 올바르고 인도적인 국가 체계라고 굳건히 믿었다. 그리고 사할린 땅에 남기 위해서 한인들은 전후의 어려움을 인내했다.

이런 식으로 내부적, 국제적 상황 모두 한인들이 일본인들과 함께 귀환하는 데 객관적으로 장애가 되었다. 그러자 이번에는 이것이 소련정부에 대한 신뢰를 깨뜨리게 되었다. 귀환을 거부한 것은 "러시아의 속임수"로 고찰되기도 한다. 한민족을 억압했으면서도 일본인들은 고향으로 돌아갔다는 사실도 적의를 불러 일으켰다. 더구나 아이누인 주민들도 귀환할 권리를 받았지만, 한인들은 갖은 수를 써서 홋카이도 섬으로 건너갔지만 사할린으로 도로 돌아오게 되었다.

여기서 한인들은 일본 국민으로서 남사할린에 남겨지게 되었다는 결론이 내려지는 것은 정당하다. 몇몇 연구자들이 생각하듯이 소련이 그들을 내보내지 않았다는 것이 이유가 아니라 미소 공동합의의 효력 때문이다. 비록 소련정부가 한인을 법에 맞는 노동력이라고 생각하고 한인을 서둘러 보내지 않았다 할지라도 말이다. 한인들은 이후에 그들의 차례가 올 것이라고 믿으면서 일본인의 귀환을 합법적 과정으로 이해했다. 그러나 기대는 이루어지지 않았다.

국제 접촉의 두번째 단계는 일본과 남한의 전후 구조를 결정짓는 것은 물론이고 사할린 한인의 운명도 결정할 가능성을 주었던 샌프란시스코 평화조약 (1951년)[68]의 조인과 연결된다.

평화조약에 대한 미국의 구상은 소련의 심각한 반대를 불러일으켰다.

첫째, 조약은 한편으로는 일본, 다른 한편으로는 소련과 중국 사이의 전쟁 상황을 중단시키지 않았기 때문에 평화적으로 될 수 없었다.

둘째, 조약은 일본의 자주권을 부활시키지 못했다. 왜냐하면, 미국군의 일본 영토의 점령은 계속되었기 때문이다.

셋째, 결과적으로 귀환과 영토 문제들이 해결되지 않았다. 일본은 모든 권리, 주장할 수 있는 자격과 한국, 쿠 열도, 사할린 일부와 군사력으로 일본이 손에 넣은 섬들에 대한 요구를 포기했다. 일본이 그와 같이 인정한 함으로써 사할린 한인도 더 이상 일본국민이 아니라는 상황을 만들었다. 이는 국제법의 규정에 위배되는 것이었다.

넷째, 조약은 마치 동시에 미국과 일본 간에 일부 체결된 집단안전보장에 대한 협정이 되는 것 같았다. 이 집단안전보장 협정은 본질적으로 향후 군사 점령에 법적 효력을 부여했다.

1951년 9월 8일에 샌프란시스코 조약은 소련, 체코슬로바키아, 폴

란드의 대표들이 서명하지 않으려 했고 중국, 북한, 몽골, 베트남의 대표들도 샌프란시스코 대회에 참석하지 않았음에도 체결되었다. 더구나 1952년 4월 28일에 샌프란시스코 조약의 효력이 발생한 후 미국은 일반적인 행위로 극동위원회와 연합대일이사회의 해산을 발표했다.

물론 그런 상황에서 소련이 일방적으로 남사할린과 쿠릴열도에서 한인의 귀환문제를 결정할 수 없었다. 더구나 사할린 한인 이주자 대부분의 출신지인 남한은 1945년 9월부터 미국의 군사체제 통제 하에 있었다. 그러므로 소련의 호의 속에서 미국, 일본, 대한민국은 국제법의 규정에 따라 카라푸트 한인의 귀환을 실현시키기 위한 모든 가능성을 가졌다.

원칙적으로 중요한 상황 하나에 대해 지적해야 한다. 즉 여타의 국가가 국민의 민족 구성을 결정하는 일은 유엔의 특권이었으며 유엔헌장은 "전시 동안 유엔헌장에 사인했던 국가들 중 그 어떤 국가의 적이었던 여타의 국가에 대해서 그런 행위에 대한 책임을 지는 정부에 의해서 제2차 세계대전의 결과로 받아들여지거나 승인되었던 행위의 법적 효력을 절대로 잃지 않았다."[69] 따라서 이전에 일본 국민이었던 한인들이 자신의 역사적 고향으로 귀환하지 못한 것에 대한 책임은 유엔의 일원인 모든 국가들과 샌프란시스코 조약에 서명했던 국가들의 대표들이 져야 한다고 말할 수 있다.

한인들의 귀환이 이루어지지 않은 것은 한반도의 전후 체제와도 연관된다. 소련사령부는 일본의 항복을 38도선 이북에서 받아들이고 미국은 38선 이남에서 받아들일 것이라고 예상되었는데 그렇게 되었다. 한국 전역에 1945년 8월15일 이후에 만들어진 민족위원회들이 노동자들의 지원 하에 일본 관리기관들을 폐지했으며 독립을 위한 민족전체의 투쟁을 전개했다. 5일 후에 북한으로 소련군대가 들어왔고 9월 11일에 남한의 영토를 미국 무장세력이 점령했다.

비록 미국이 10년동안 보호를 근간으로 한반도에서 미소공동 군사관리를 설정하기로 제안했다고 해도 1945년 12월에 소련, 미국, 영국의 외무부 장관의 모스크바 3상회의에서 소련측 제안에 따라 민주적 한국 임시정부를 구성하려는 결정이 채택되었다. 소련군사사령부는 인민위원회를 한민족의 국가권력의 합법적 기관들로 인정했으며 미국지도부는 이 권력구조들을 거부했다. 모스크바3상회의에 의해서 채택된 한반도에 대한 결정은 유엔총회의 논의에 한국의 문제를 넘겼던 미국정부에 의해서 차단되었다. 한국에서 소련과 미국 군대의 동시철수에 대한 소련의 제안은 거부당했다.

한국에서 선거를 실행하는 문제가 유엔위원회에 제안되었다. 다음 사건들은 남한에 친미정부를 형성하고 남한 영토에 미국 군대의 주둔을 합법화하려는 목적이 유엔의 깃발 아래에서 세워졌다는 것을 보여주었다. 폭넓은 인민저항운동이 전개되었다. 그러나 선거는 행해졌고 1948년 8월 15일에 "대한민국"이 선포되었다. 대한민국의 대통령은 미국에 망명해서 오랜 세월 머물렀던 이승만이 되었다. 1948년 9월 2-10일에 있었던 최고인민회의의 제1차 회의(572명의 대의원 가운데 360명이 남한의 대의원으로 선출되었다.)는 김일성을 선두로 하는 조선민주주의인민공화국을 선포했다. 그렇게 한국은 두 나라로 군사 정치 분열이 일어났다. 두 나라 간의 국경인 38선이 놓였다.

조선노동당이 북한에서 나라의 평화적 통일을 위한 투쟁을 지휘

했다. 그의 지도하에 남한의 조선노동당도 구성원으로 들어갔던 조국통일민주주의전선이 만들어졌다. 남한 통치자들이 "북쪽으로의 징벌 원정" 양성을 위한 군사력 증강으로 이에 대해 대응했다. 미국의 무장세력도 침략을 준비했다. 동족상잔의 전쟁이 1950년 6월 25일에 시작되었다. 전쟁갈등의 중단을 위해 사회주의 진영의 국가들과 무엇보다도 소련과 중국, 세계직업연맹, 세계평화옹호대회, 전미평화대회와 다른 급진세력들이 나섰다. 결과 1952년 여름 무렵에 정전이 이루어질 수 있었다. 회담은 적의를 가진 한국 국가들, 즉 북한과 대한민국 간의 평화가 성립되었던 1953년 7월 27일전까지 계속되었다. 한국 전쟁은 일본과의 단독평화회담을 미국 측이 준비하는 과정을 신속히 하면서 사할린 한인의 운명은 그 어떤 식으로든 사전에 결정짓지 못했다.

일어난 사건들에 대한 사할린 한인의 태도는 여러 가지였다. 한쪽은 소련과 중국이 북한을 지원하고 그때 제3차 세계대전이 일어날 것이며 미국은 일본에게 했듯이 북한에 핵폭탄을 투하할것이라고 생각했다. 다른 쪽은 한반도의 북쪽과 남쪽 간의 무장 갈등에서 북한을 침략자라고 생각하면서 북한을 비난했다. 또 다른 쪽은 중립을 유지하며 소련정부에 의한 체포나 시베리아로의 유형을 피하기 위해 침묵하는 쪽을 택했다. 전반적으로 사할린 한인 대중은 때때로 공개적인 사지절단과 심지어 대학살로 끝나는 자신의 상호관계의 해명을 피했다. 그러나 그 누구도 한반도에는 통일할 힘이 있으며 한국 땅에 돌아갈 수 있다는 새로운 가능성을 의심하지 않았다.

남한의 학자이며 연세대 정치국제관계학과 교수인 양승함이 인정했듯이, "소련은 일본과의 전쟁포고 이후에 즉시 한반도 전체를 완전히 장악할 수 있었다. 그러나 소련이 38선 분리선으로 미국과의 한국공동 점령에 대한 조약을 체결한 것은 소련이 한국을 분리하려는 의도를 가졌다기보다는 오히려 한국분열의 공범자라는 것을 입증한다."[70]

그러나 소련이 왜 국가안전과 물질적 비용이라는 심각한 문제들을 만들면서 수천만명의 한인의 운명에 대한 역사적 책임을 졌는가 하는 의문이 생긴다. 소련정부는 일본인의 귀환에 대한 지시를 수차례 받아들이면서 사할린 한인에 대한 지시의 효력을 가동시키지 않았고 유엔도, 극동위원회도, 연합대일본이사회도, 일본군사범죄에 대한 국제 군사재판소에서도, 이 의문을 논의에 올리자고 주창하지도 않았다. 샌프란시스코 평화조약에 대한 소련의 수정과 보충도 한인 귀환문제 해결 기미를 예고하지 않았다.

소련은 그들이 남한으로 건너갈수 있을지도 모르는 북한으로 한인들을 보내려고 했다는 것은 짐작할 수 있다. 그러나 이런 경우에 미국과의 사전합의 없이 진행될 수 없었다. 소련은 미국군사력에 대치한다는 것, 곧 미국이 자신의 핵무기를 이용해서 제3차세계대전을 일으킨다는 것을 타당성도 없고 정당화될 수 없는 것으로 생각했다. 그다음 도래했던 "냉전" 시기와 이와 관련된 미소 이데올로기적 대립은 수십년동안 사할린 한인의 귀환을 불가능하게 만들었다.

샌프란시스코 평화조약 이후에 소련과 일본은 자신들의 전후 관계를 조정할 방법을 모색하기 위한 회담을 시작했다. 회담은 1956년 10월에 공동선언에 서명으로 이루어졌으며 사할린 한인의 운명이 바뀔 가능성이 주어진 세번째 국제 접촉 단계가 이 공동선언과 연관되었다. 회담진행과정과 서명문서의 내용 일부를 상세하게 살펴

볼 필요는 없다. 서명 문서에 따라 소련과 일본 간에 전쟁 상황은 종결되었고 외교와 영사 관계가 회복되었다. 이런 경우 다른 것이 우리의 관심을 끈다. 즉 왜 사할린 한인에 대한 문제는 해결되지 못했을까? 소련은 일본이 유엔의 회원국으로 들어가는 데 지지해 달라는 일본의 요청을 의무로 받아들이고 1945년 8월 9일부터 전쟁의 결과로 발생했던 일본의 배상과 요구를 거부했으며 소련에 억류된 일본인들을 풀어주고 귀환시킬 것과 실종된 사람들의 운명을 밝힐 것을 약속한 후 동시에 사할린에 남아 있던 일본인화된 한인의 향후 운명에 대해서 그 어떤 성명도 내지 않았다.

다른 한편으로 일본의 대외정책 노선은 미국정부의 지원을 얻었다. 워싱턴과 도쿄는 공개적으로 소련을 필두로 하는 사회주의 진영과의 대립에서 단결할 것을 시사했다. 더구나 일본은 남사할린과 쿠릴열도 전부를 거부한다는 조건으로 소련과의 평화 조약에 서명할 경우 미국이 가장 거대한 미군사기지로 변화된 류큐(오키나와)의 섬을 자신들이 계속해서 점령할 것임을 예감했다. 미국의 압력 때문에 평화조약은 그 어떤 영토도 양보하지 않고 서명되었을 것이라는 것은 짐작할 수 있으며 그 당시 역사는 사할린 한인의 문제 해결을 위해 훨씬 나은 다른 방향에서 발전될 수 있었다.

1956년 10월 19일에 서명한 후 소일 선언은 소련과 북한의 시민권을 받아들인 자들을 제외한 무시민권자들이면서 한민족으로 소련에 남아 있던 일본인들의 귀환을 위한 조건을 마련했다. 1957-1960년 동안 성인 한인 442명과 그들에 딸린 1,260명의 아이들을 포함해서 2,294명의 귀환자가 배출되었다.

사할린 기자 한금섭은 일본 여자와 결혼하고 소일 선언이 받아들여진 후 귀국했던 한인들의 이야기를 전하면서 다음과 같이 썼다.

> "... 이미 귀환자들이 타고 갔던 배에서 한인들에 대한 태도는 차별적이었다. 만약 아내와 아이들에게 세끼의 식사가 제공되었다면 한인 남편들에게는 아무 것도 없었다. 일본에 도착하면서 정부는 매달 보조금을 지급했고 다시 일본인 아내와 아이들에게만 여비를 지불했다. 그러나 가장 무서운 것은 앞으로 일어날 일이었다. 그 어떤 회사도 한인들에게 직장을 제공하지 않았고 그들은 노동으로 일당을 벌었다. 그들에게는 매우 적게 지불되었다. 아내들도 아르바이트를 했음에도 불구하고 돈은 충분하지 않았고 그래서 귀환자들의 가정은 종종 굶주렸으며 공공 교통수단도 이용하지 못했다."[71]

1958년에 사할린을 떠난 한국여자인 이갑수와 그녀의 가장인 일본인 후사코 구라모토는 다음과 같이 회상했다. "우리가 얼마나 힘들었는지 상상하기조차 힘듭니다. 일본 정부는 우리에 대해 전혀 배려하지 않았습니다. 부모인 우리는 아이들이 굶어 죽지 않도록 모든 것을 주었습니다. 우리에게는 아이가 다섯 있었습니다. 우리는 일본에서의 삶에 매우 절망했고 온 것을 후회했습니다. 일본 외무부에서는 사할린으로 돌아가게 해달라는 우리 요청에 대해 일본에 왔으면 돌아갈 방법은 없다고 말하면서 거절했습니다. 그때 많은 귀환자들은 사할린으로 돌아가길 원했습니다. 학교에서 아이들은 멸시를 당했습니다. 그러나 부모인 우리는 아이들이 학업을 포기하지 않도록 힘겹게 설득했습니다. 한인 남편들은 가족을 먹일 수 없어서 자살로 생을 마감했던 경우들도 있었습니다. 그러면 아내들은 아이들을 굶겨죽이지 않으려고 야간 카바레나 다른 유흥업소로 나갔습니다. 많은 가정에서 아이들은 한인에게 시집갔다고 엄마를 비난했습니다. 그런 상황에서 일본인 아내들은 남편과 이혼하고 일본인 남자와 재혼했습니다. 아내에게 버림받은 한인들은 남한으로 떠났습니다."[72]

소련 정부의 타협행위는 일본이 전쟁 기간동안 소련에게 가했던 물질적 손해를 변상하지 않을 뿐만 아니라 과거 일본 국민이었던 사할린 한인들의 귀환이 불가능해진 문제를 해결된 것으로 생각하게 할 국제법적 근거를 주었다. 1959년 9월 28일자 일본의 사법부와 외무부의 지시 № 1692를 근간으로 일본 국민권은 한인, 즉 일본에서 거주할 가능성이 제공된 20세미만 연령의 아이들을 가진 일본인 가정의 일원들에 대해서만 유지되었다. 다른 모든 한인들은 일본 불법입국자들로 간주되었다.[73]

그런 식으로 1956년 10월 19일자 소일선언은 "한인문제"의 내용적 측면과 해결 메커니즘을 열어놓은 채로 남겨두었다. 일본국민으로서 사할린 아이누족에 대해 적용되었던 귀국금지는 1948년 10월에 일방적으로 소련 정부에 의해서 폐지되었음을 상기할 필요가 있다.[74] 일본 식민통치 시기에 소기업과 무역을 하던 약 200명의 한인들도 남사할린을 떠났다.

일본에서 북한으로 한인이 집단 귀국한 사실도 잘 알려졌다. 도쿄와 평양 간 외교적 관계가 없었기 때문에 귀국 과정은 국제적십자사의 협력으로 진행되었다. 그러나 일본 연구가 모리스-스즈키가 언급했듯이 이런 영향력의 주요 주창자는 일본 정부였다. 이에 두 가지 목적이 뒤따랐다. 첫째, 대외정치적 목적은 지나치게 정치화되었고 국제 좌익 세력을 지향해 온 "제5열(적과 내통하여 국내에서 파괴 행위를 하는 일단의 사람들)"과 같은 한인 공동체에서 영원히 벗어나는 것이다. 둘째, 대내적 목적은 일본 정부의 "러시아인, 중국인, 그 외의 일본의 적들과 가까워졌던" 한국 이민자들에게 함부로 할 것을 요구했던 민족 인종주의의 대표들과의 관계 첨예화를 완화하고자 하는 것이다. 일본에서 북한의 "공산주의 노예신분"으로 한인을 귀환시키는 것을 금지해 달라는 서울의 모든 공식항의는 그 어떤 영향도 끼치지 못했다. 결과적으로 일본화되었고 정치적으로 사상이 불온한 것으로 간주되었던 9만 5천명의 한인이 북한으로 이주되었다.[75]

일본에서 대한민국으로 한인이 귀환할 가능성이 바로 이런 이유로 사라졌다는 것을 언급하자. 일본에서 한인 공동체는 정치적 면에서 기본적으로 사회주의 이상을 참회했고 친김일성 경향을 드러냈다. 인정 받은 "붉은" 한인들은 대한민국도 일본도 필요로 하지 않았다. 일본은 샌프란시스코 조약에 따라 포기했던 중국, 타이완, 평후열도에서 자신의 예전 국민으로서의 한인이 귀환하는 데 이의가 없었다는 것도 지적하자.

사할린 한인의 현재 문제들은 원칙적으로 또 하나 중요한 양상, 즉 경제적인 양상을 지니고 있다. 공식적인 국가간 합의의 프리즘을 통해 그것을 살펴보자. 샌프란시스코 조약의 4페이지에 따라 일본인의 재산, 그리고 빚을 포함해서 일본인에게서 해방된 지역에서 관리를 맡고 있는 권력들에 대한 요구에 관한 결정들은 일본과 그런 정부들 간의 독특한 합의의 대상이 되어야만 했다.[76] 일본도 전쟁기간 동안 끼쳤던 손해와 고통에 대한 배상을 연합 강대국들에게 지불하는 것이 정당함을 인정했다.[77] 그 외에 일본은 일본에 있는 연합강대국 모두와 강대국의 시민들의 물질적인 재산, 또한 모든 권리나 여타의 이익들을 돌려줄 채무를 가졌다. 연합 강대국과 그 시민들은 일본에서 1941년 12월 7일과 1945년 9월 2일 사이 언제든지 머물 수 있었다. 만약 그런 재산이 반환될 수 없다면 그에 대해 해당하는 배상이 예상되었다.[78] 샌프란시스코 조약의 "C" 보고서에서 우리는 다음과 같은 기록도 밝힌다. "만약 어떤 인물이 전쟁 전이나 기간동안에 향후 적이 될 인물에 의해서 그에게 주어진 채무와 관련해서 어떤 유가증건에 따른 채무에 들어갔다면 후자는 전쟁의 발생과 달리 이런 채무에 대해서 전자에게 보상할 의무가 있다."[79]

"전쟁 상황의 발생은 전쟁 상황의 발생 전에 얻어진 권리들에서 나온 것과 마찬가지로 초기에 존재했던 채무와 계약들 (채권에 따른 부채를 포함해서)에서 나온 금전채무지불 의무에 영향을 미치지 못했다는 것을 인정하는 샌프란시스코 조약의 18 항목을 이유로 들 수 있다. 채무와 계약들은 일본 정부나 국민에게서 또는 연합 강대국들 중 하나의 국민들에게서 받아내야 하는 것이다."[80]

우리는 어떤 목적으로 샌프란시스코 평화조약에서 나온 인용문을 이렇게 상세하게 인용하고 있다. 다시 말해 연합 강대국으로서 구소련에게 일 년 동안 일본에게 전쟁전 양측 조약이나 협정 중에서 어떤 것이 효력이 남아 있을 수 있는지, 또는 어떤 필요한 수정이 첨가되어서 재개될 수 있는지에 대해서 알릴 권리가 주어졌다는 것을 강조해야 한다. 유엔 사무국에는 그런 수정의 등록을 위한 기간이 세 달 미만으로 정해졌다. 그런 수정으로 사할린 한인, 즉 예전 일본 국민들에게 부채와 배상 지불 문제들이 완전히 이루어질 수 있었다.

그러나 이 기간에 일본의 자원은 일본이 자신의 경제생활능력을 유지하면서 그런 모든 손실과 고통에 대한 완전히 배상을 지불하고 동시에 자신의 다른 부채를 이행할 수 있기에 충분하지 않았다는 것이 인정되었다. 미국이 매년 1억 5천 5백만 달러 지불하는 것과 모든 영토, 기업, 미군 유지를 위한 연락 수단들의 무상 이용에 대한 위임도 그 안에 들어갔다는 것이 특징적이다. 미군은 1951년 9월 9일자 집단 안전에 대한 미일 조약에 의해서 예견되었던 것처럼 일본법에 따라 상품, 에너지 자원과 운송에 대한 세금 징수로부터 자유로웠다.[81]

그러는 사이 1956년 10월에 소일공동선언의 조인에서 소련은 일본에 대한 모든 배상 요구를 거절했다. 중국도 그런 요구를 제시하지 않았다. 따라서 일본국가는 전쟁침략자로서 금전이나 다른 형태로 가해진 손실에 대한 배상으로 물질에 의한 국제법적 책임으로부터 어느 정도 피했다. 부채의 배상에 대해서 일본은 한인에게 그것들을 분배하고서 채권 수매의 방법과 다름없이 국가 재산을 얻을 수 있었다. 그러나 사할린 한인 가운데에는 그런 채권의 소유자들이 거의 없고 일본은 해당 서류 없이 그들의 상각을 거절했기 때문에 한인에 대한 전체적인 일본의 빚에 대한 부채 총액의 관여에 대한 문제를 제기하는 것이 적법하다.

남한 측의 입장은 더 원칙적이고 완강했다. 일본은 남한의 계산에 따라 식민지 기간(1910-1945년)의 손실에 대한 배상 절차에서 금괴 249톤과 은괴 89톤을 배상하고 일본 정부의 보험증서와 증권에 따른 채무, 한국 영토에 있는 일본우체국에서 한인들의 예금을 상각하며 일본으로 강제 이송된 사람들에게 임금, 총 약 8억 달러를 지불해

야만 했다.[82]

1965년 6월 22일 다년간의 회담 후에 도쿄에서 일본과 남한의 조약이 조인되었다. 이 조약에 따라 외교와 영사관계가 성립되었고 또한 상호 재산소유권을 조정했다. 미국의 압력 하에 대한민국은 일본측으로부터 배상 지불을 거부했다. 일본은 이번에 정치적 면에서 문제를 해결하고 “극동에서의 반 공산주의 요새”로서 서울 체제를 지원할 준비가 되어 있다고 밝혔다. 그러나 일본은 처음에 체시된 총액 대신에 10년동안 대한민국에게 끼친 손해에 대한 배상으로서 총 3억 달러에 해당하는 물건과 서비스의 제공이란 형태로 무상물질원조를 하고 20년동안 2억 달러의 특별정부 부채와 3억 달러에 해당하는 개인상업차관을 제공해야만 했다. 이 모든 것은 양측이 완전히 그리고 최종적으로 결정을 내렸기 때문에 양측의 재산소유권 주장은 더 이상 존재하지 않는다는 결론을 내렸다.[83]

나라간 협약의 이 네번째 단계에서 대한민국은 자신의 예전 사할린 동포들을 보호할 기회를 고려하지 않았다. 일본에게서 받은 배상의 일부를 그들에게 나눠주는 것에 대해서도 그들의 귀환에 대해서도 문제가 제기되지 않았다. 그러나 법적 차원에서 사할린 한인의 이에 대한 권리는 남한과 일본의 합의에 상관없이 유지되고 있다. 대한민국 정부는 받은 손실에 대한 완전한 배상지불을 거절한 후 사할린 한인을 포함해서 모든 한인들에 대해서 전후 물질적 채무를 받아들였다. 비록 일본이 대한민국과 상호결제를 성사시켰을 때 1965년 6월 22일에 체결된 합의에서도, 다른 독특한 국가간 합의에서도, 사할린 한인의 이익을 미리 염두에 두고 있었다는 것이 유일하게 올바른 것 같다고 해도 말이다. 그러나 역사적 논쟁해결의 이와 같은 변이형은 예상조차 못한 것이었다.

향후 일본은 자신의 도덕적 책임을 인정했다. 국제법은 이런 형태의 책임을 미리 명시해 놓지 못했다는 것을 지적해 두어야 한다. 우리의 문맥에서 일본은 국제법의 주체로서 국제법령들의 파기에 해당하는 행위의 결과로서 사할린 한인에게 끼친 손해배상에 따른 정치적이고 물질적인 책임, 따라서 법적인 책임도 져야 한다.

그러나 문제는 다른 측면도 지니고 있다. 1945년 9월 1일에 남사할린에 있는 일본 은행의 예금잔액들은 21억 6천 3백만 엔에 달했지만 현금은 4천 6백만엔 조금 넘었고 그 돈 모두는 전리품으로서 압수되었다. 1946년 2월 2일자 소련의 인민위원회의 결정 № 263에 따라 사할린 한인은 1946년 4월 1일 전에 각각의 예금통장에 전후 예금한 것에 따라 1엔=1루블과 동일하게 한 달에 500엔씩 지불되었을 때 부분적으로 일본 전리품과 소련 돈으로 자신의 저축을 받았다. 그러나 모든 사람들이 이런 혜택을 받지 못했으며 대체로 대부분은 자신의 예금을 재등록하길 거부했고 그렇게 해서 소련 은행에 있는 예금 일부라도 받을 권리를 상실했다. 총 8천5백만엔 예금이 들어있는 예금통장에서 일본인들을 계산해서 주민은 13만엔만 요구했다.[84] 분명히 예금을 유지하고 조국으로 귀환해서 그것들을 받기 위한 계산이 있었다.

일본매체에 알려진 대로 민족 은행에서는 총 58억 엔에 대한 59만엔이 계산되지 않았은 채로 남아있으며 인플레을 고려해서 총액은 대략 120배 증가해야 한다. 다른 정보에 따르면 사할린 한인에게는 보험의 지불은 고려되지도 않았고 수천만엔이 제공되는 것이 아니라 우편 연금과 다양한 지불에 따라 대략 7천만 엔이 제공되었다. 남한 연구가 노영돈의 계산에 따르면 1944-1945년 동안의 전시군수용으로 일본 국민 축적액에서 사할린 한인의 몫은 3억 5백만 엔에 달했다.[85] 다른 자료에 따르면 결제되지 않은 일본 몫의 총액은 1백 8십억 엔에 달한다.[86]

일본법에 따라 일본국민 각자는 손실이 어떤 공무원의 불법 행위에 의해서 가해진 경우에 손실 보상을 국가에게 또는 공공 권력 지방 기관들에게 요구할 수 있다. 일본헌법은 재산권이 파괴되지 않는 것을 분명히 하고 있다.[87]

따라서 일본은 사할린 한인이 일본국민이었던 시기에 그들에게 자신의 몫을 지불할 수 있었고 할 의무가 있었다. 그럴 가능성은 오늘날에도 있지만 다만 제출자나 보증인에게만 직접 해당된다. 비록 은행청구서의 소유자 대부분이 살아 있지 않다는 것이 잘 알려져 있다할지라도 다른 사람들의 예금통장들이 상실되었다는 것이다. 이 세기를 살아가는 문맹의 한인 노인들은 여러번 시민권도 모국어도 신분증도 바뀌었다. 더구나 일본의 여권을 임시 신분증으로, 그런 다음 소련 형식의 여권으로 교체할 때 대부분의 한인들에게는 번역자의 잘못에 의해서도, 독특한 민족적 전사 때문에도 진짜 성과 이름이 왜곡되었다.

1991년 8월에 모스크바 주재 일본 대사관은 소련외무부에 일본체신부의 저축국 유즈노사할린스크지점에 있었던 예금 문제해결협조에 대한 외교 각서를 보냈다.[88] 남사할린에는 우체부 산하에 여러 갈래로 갈라진 예금창구망이 운영되었다는 것이 밝혀졌다. 우체부의 서류들은 부분적으로 1945년 8월에 전시에 소멸되었고 부분적으로 소련 군의 전리품이 되었다. 후에 일본 서류 고문서보관서는 보관규정이 준수되지 않았기 때문에 쓸모없게 되었고 소련외무부가 일본측에 알려진 것을 소멸하라고 제안했다.

문제의 전사는 다음과 같다. 1957년 3월에 사할린 주 소비에트 집행위원회의 내무부서는 러시아 연방외무부 문서보관부에게 다음과 같은 내용의 사업기록부를 보냈다. "사할린 주 소비에트 집행위원회 산하 내무부서의 문서보관부가 막대한 양의 일본 서류 고문서를 발견했다. 실력 있는 번역가들의 결론에 따르면 이 고문서는 코이오하라 (현 유즈노사할린스크) 시에 있는 가라후토 주지사의 국가중앙예금소의 고문서였고 일본시민의 예금과 우체부를 통한 예금송금을 계산한 많은 양의 카드와 책자들로 이루어져 있다."

동시에 막대한 양의 서류들은 필요한 장소의 부재로 인해 사할린 주의 국가 고문서보관소에 들어갈 가능성이 없게 되었으며 문서들이 아무렇게나 소련공산당의 유즈노사할린스크 시위원회의 지하실에 있었고 보안이 되지 않았다는 것이 인정되었다. 그러므로 언급된 서류들을 어떻게 취급해야 할지에 대한 지시문이 요청되었다.

답으로 온 기록에는 다음과 같이 언급되었다:

> "관할 기관들의 이전의 결론에 따르면 일본어로 된 토이오하라 시의 가라후토 주지사의 중앙예금소의 문서 자료들은 일본과의 평화협정 체결전까지 보관되어야 한다. 이 문제는 소련재정부에 의해서도 연구되고 있다. 해당기관의 최종 결정을 받은 후 당신들에게 보충 지시가 주어질 것이다. 현재 보관을 잘 할 필요가 있다.
> 문서보관소 책임자

러시아소비에트사회주의연방공화국 내무부 일리인 대장"[89]

34년이 흘렀고 소련주재 일본대사관은 소련외무부에게 전쟁전 1943년 4월 1일부터 존재했던 코이오하라 시에 있던 일본체신부 예금성 지부에 있던 등록된 통장의 보관에 대한 문제 해명에 협조해달라는 요청을 했다. 등록된 이 예금통장은 소련정부기관들에 의해서 압수되었고 일본에 돌려보내지 않았다는 것도 알려졌다. 일본 정부에게 이런 질문에 대한 해명은 제2차 세계대전 종말까지 일본 사법권 하에 사할린 섬의 남쪽 절반에서 살았던 소련 시민권자이거나 무시민권자인 한인의 예금 지불 방법에 대해 일본 정부에 의해서 행해진 조사와 관련해서 바람직한 것이었다.

반응은 신속했으며 1991년 8월 9일에 모스크바에서 다음과 같은 내용의 문서가 전달되었다.

"사할린 주소비에트 집행위원회 대표 표도로브에게

존경하는 발렌틴 페트로비치! 소련주재 일본대사관은 소련 외무부에게 토요하라 시 (현 유즈노사할린스크) 시에 있는 일본체신부 저축부 지부에 1943-1945년에 등록된 예금통장의 보관에 대한 질문해명에 협조를 해 달라는 요청을 담은 외교각서를 보냈습니다.

요청서의 존재에 따라 일본측에게 어떤 대답을 줄 수 있을지 우리에게 알려주기를 부탁드립니다.

소련 외무부 태평양 국가와 남동 아시아 부서 책임자 포포프"[90]

알려진 바대로 위에서 언급한 문서는 습한 지하실에서 오랫동안 보관되었기 때문에 쓸모없게 되었고 사할린 주 소비에트 집행위원회의 특별 위원회의 지시에 따라 폐기되었다.[91]

일본정부는 해당 문제가 예금자가 고령의 나이에 있기 때문에 실무를 행하는 것이 가능할지를 결정해야 한다는 것을 강조하면서 다시 1998년 4월에 그들의 전쟁 전 저축을 사할린 한인들에게 보상해주는 자신들의 계획에 대해 발표했다. 그러나 사할린 주와 하바로프스크 지역의 은행과 재정기관의 국가문서보관서, 또한 기관문서보관서의 자금으로 특별히 실행된 크고 세밀한 탐사 작업에도 불구하고 일본측의 흥미를 끄는 그 어떤 문서들도 발견할 수 없었다. 유사한 대답은 소련재정부로부터 들어왔는데 이는 더욱더 상황을 복잡하게 만들었다.

그런 식으로 소련은 전리품으로 압수된 남사할린의 일본 은행에 있는 사할린 한인의 등록된 예금통장을 마음대로 처리했으며 샌프란시스코 평화 조약 14 조항을 근거로 이 문서들은 소련의 재산으로 넘어갔다. 그러나 국가이익을 명백히 하지 않고 일본은행의 전리품 문서들을 차후에 보관할 근거들이 없다고 간주했던 지도부 공무원들이 중앙에도 지방에도 있었다. 1946년 4월 1일 전에 남아 있는 예금 총액에 대한 자신들의 제안을 제출하라는 유즈노사할린스크 주시민 업무부서와 공동으로 소련재정부 인민위원회에게 정부명령도 있었다. 그를 위해 남사할린으로 소련 국가은행 대표의 대리자인 베스루코프를 필두로해서 해당위원회도 떠났다. 소련은 일본과의 외교적 관계가 없었기 때문에 희망한다면 정부위원회의 자료들은 1956년 10월 전에 해당 국제기관들로 보내질 수 있었다.

다른 측면에서 한인들은 자신의 의지로 사할린 타지로 온 것이 아니며 일본통치자들은 그들에게 동의도 구하지 않고 벌어들인 돈을 빼앗았다. 심지어 일본의 대주교 관할교구에 있는 은행 서류는 어딘가로 흔적도 없이 사라졌다는 것은 추측하기가 힘들다. 희망한다면 일본 정부는 오래 전에 자신의 민족 은행 시설의 서류를 근간으로 해서 해묵은 이 문제를 해결할 수 있었을 것이다.

이 테제는 다른 형태로 형성될 수 있다. 전쟁 후 소비에트 측으로 청산되지 않은 빚의 범위 내에서 과거 일본 국민으로서 한인의 소유권 관계 설정에 따른 일본 정부에 대한 모든 국제적 요구가 증명하고 있는 서류들의 공식적인 이전과 함께 넘어왔어야 했다. 일본정부에 대한 모든 국제적 요구가 넘어와야 했었다. 그러나 이런 일이 일어나지 않았기 때문에 샌프란시스코 조약에 따라 부채 탕감에 대한 모든 책임은 인플레 과정을 고려해서 모든 채무이행 조건에서 일본의 과거 정부와 개인의 재정 신용 기관에 들어갔던 자금, 저축, 저당과 그 외의 총액을 은행창구에 저축한 것을 포함해서 일본 측에 남아 있었다.

소위 뉴른베르그 재판소의 규약은 민족 또는 점령재판소에서 형사범죄에 속하는 범죄를 정한 항목을 포함하고 있다. 특히 그런 범죄에 사회 또는 개인 재산의 탈취가 해당된다. 유사한 행위에 대해서도 벌을 피하기는 어려운데 전쟁 시에 평화 주민의 보호에 대한 1949년 제네바 협정도 벌을 요구한다. 본 협정의 146 조항에 따라 협정 당사자들은 "다양한 국제법의 파기행위를 했거나 하도록 명령했던 자들에 대해 효과적으로 형사 처벌을 할 수 있는 입법 행위를 취할 의무를 지고 있다."[92]

국제법은 권리들이 파괴된 사람들 모두에게 불법으로 몰수된 재산의 배상, 반환, 시민 위상의 회복, 이 법들을 어긴 측의 비용으로 고향으로 귀환과 같은 방법으로 이 권리들의 복귀를 보장한다. 국제법의 이데올로기를 구성하는 이런 입장들은 유엔헌장, 유엔국제사법재판소, 인권선언(1948년), 시민적 및 정치적 권리에 관한 국제규약 (1966년)에 고정되어 있으며 1968년 11월 26일자 국제협약에 따라 시효기간 원칙이 인간에 대한 범죄에 적용될 수 없다.

1973년에 유엔총회의 특별 위원회에 의해서 형성된 원칙들이 명기하고 있다.

1. "국가의 모든 국제위법행위는 그 국가의 국제책임을 발생시킨다." 철저하게 이 원칙에 대한 전반적인 인정은 국제법의 주체로서의 일본에도 전파되고 있다. 사할린 한인에 대한 국제법의 위법행위는 아주 명확하다.
2. "여타의 국가는 국제책임을 발생시키는 국제위법행위를 한 것으로 고찰될 수 있다." 이것은 그 어떤 국가도 어떤 방법으로든 사적인 사정으로 불리는 여러 가지 참고의 방법으로 국제책임을 회피할 수 없다는 것을 의미한다.
3. "국제위법행위는 국제법에 따라 국가가 작위나 부작위를 구성하는 그런 경우에 존재한다." 일본의 책임 근거를 위한 조건들 가운데 일본이 한국 국민에 대해 진 책임을 파기했던 사실을 거론할 수 있다. 더구나 사법적 소송절차에 따라 작위나 부작위는 각 인물들이나 인물들의 집단적 시각이 아니라 국가체계에서 입법권과 행정권의 기관들의 지위에 상관없이 국가 행위로서 국제법 틀 안에서 고찰되어야 한다.

4. "국가행위의 국제위법성의 결정에는 국제법이 적용된다. 그러한 결정은 그 행위의 국내법상 적법성에 의하여 영향받지 않는다." 따라서, 국제법의 주체로서 일본은 한국국민에 대한 책임 불이행의 근거로서 국내법의 지위를 인용할 수 없다.

그런 식으로 그들이 실질적으로 일본국가의 이름으로 행동하는 한 국제법에 따라 국가행위로서 각각의 인물 또는 그룹행위가 고찰되어야 한다.[93]

국제법의 규정들은 민족(일본)적인 면에서도, 국제수준에서도 재판결정을 받아들이는 조건 하에서만 실현될 수 있다는 것을 지적해야 한다. 그러나 국가간 합의에 맞는 재판 외의 결정도 가능하다. 국제공법은 그런 가능성을 허용한다.

일본에 대해 러시아 연방과 대한민국의 재판에 개별민사소송을 제기하는 것에 대해서 국제법의 규칙에 따라 모든 국가들은 재판 특권을 얻는다. 그러므로 일본은 러시아나 다른 국가의 재판소에서 피고로서 기소될 수 없다. 그런 민사소송은 일본 자체의 내부에서만 발기될 수 있다. 일본의 재판기관이 국제법을 어기는 결정을 내리거나 재판심리가 부당하게 지연되는 경우에 일본재판을 거치면서 국제기관들에 사건을 넘기는 근거를 제공한다.

역사에는 예를 들어 미국의 경험이 있다. 미국은 11만 3천 명의 일본인들(그들 중의 3분의 2의 미국시민권자들)을 전시에 억류하고 국내재판소에서 행해진 소송과 1988년 8월에 특별히 채택된 "시민자유에 관한 법"에 따라 희생자들, 그리고 후자가 죽을 경우에 그들의 후계자들에게 10억 25천만 달러의 1회 변상과 다음에 또 각자에게 2만 달러씩 지불해야만 했다.[94] 더구나 미국의회는 국가 안전보장과 연관되지 않지만 "전시의 몰이해와 정치지도부의 손실에 의해서 만들어진 민족적 편견으로 야기된" 그들의 강압적인 이주 때문에 고통을 받은 자들에게 깊은 사과를 했다.[95] 독일연방공화국 정부도 제2차 세계대전 시기에 독일로 쫓겨난 구소련의 시민들에게 보상했다.[96]

그 누구도 유사한 일본법의 채택 가능성을 의심하지 않았다. 반대로 문제는 일방적으로 역사와 작용하고 있는 국제법적 행위를 해석하고 일방적으로 전시에 사할린 한인에게서 빼앗은 저축을 관리하는 일본의 시도를 저지하기위한 그런 식이 되고 있다.

그러나 다른 방법도 있다. 예를 들면 사할린 한인의 모든 재산을 국제적십자위원회로 넘길 수 있다. 국제적십자위원회는 자신들의 판단에 따라 가장 올바르다고 생각될 근거 위에서 사할린 한인을 위해 만들어진 자금의 분배방식을 실현할 권리를 제공받는다. 이런 방식의 실행은 일본군 포로로 있으면서 과도한 손실을 겪은 연합강대국의 군인들에게 손실배상할 때 샌프란시스코 조약에 따라 이미 적용되었다.[97]

그러나 일본내각은 해마다 사할린 한인들에게 사과를 하면서 다음과 같이 계속해서 단언하고 있다. "우체국예금출장소의 예금계좌에서 일본시민들의 예금계좌를 위한 특별 펀드 설정은 문제가 일본법에서 예고되고 있는 수령인들에게 지불하는 것이 아니라면 일본국내법이 국가에게 지불 실행을 위해 이런 예금의 이용을 허락하지 않는 한 법적으로 불가능하다. 사할린에 살고 있고 우체국예금출장소의 예금계좌를 소유하고 있는 사람들이 지니고 있는 저축에 대해서, ... 법에 정해진 퍼센트와 함께 기본 빚은 만약 일본의 국내 법이 그들의 권리를 증명하고 있다면 예금자 측에서 신청을 할 때 지불된다."[98] 바로 이것이 이야기의 전부이다. 즉 특별 펀드를 설정하는 것은 법적으로 불가능하며 금전적 부채를 돌려주는 것은 일본법에서 증명되지 않으면 결코 안 된다.

국제소송절차에서 가해진 물질적 손해가 배상형태로 변상되지만 정치적 결과는 속죄, 즉 공개적인 사과라는 수단으로 소멸되고 있다. 더구나 본질적인 절대책임은 손해가 여러 가지 측면에 의해서 가해진 증거를 요구하지 않는다. 여기서 가해진 손실사실자체이며 이런 손실을 야기한 행위와의 관련 이유가 책임 발생을 위해, 따라서 보상의 지불을 위한 근거가 된다. 지불에 부과되어야 할 최대 총액이 당사자들의 상호합의로 결정될 때 유한책임의 인정도 가능하다.

1945년 전에 일본은행에 보관된 1세대의 저축을 사할린 한인에게 보상하는 것에 대한 문제를 고찰하고자 하는 일본 측의 소망은 러시아 측의 요구에 대한 일정한 진전으로서 평가될 수 있다. 이런 계획들의 인도주의적 의미는 분명하며 이 계획들은 현재 국가간 갈등으로 심화된 정치적이고 법적인 양상으로 얽혀서 지연되고 있는 역사적 논쟁의 올바른 해결에 실제적인 첫 걸음이 될 수 있다.

비록 이미 승자도 패자도 존재하고 있을지라도 지금까지 끝나지 않은 "전투" 장면과 같은 형국이다. 지금 이미 국지전이 되버린 "전쟁"은 사할린 한인의 수 많은 요청이 이해받고자 하는 희망에서 러시아, 일본, 남한 정부 앞으로 항의 조치와 모든 가능한 청원의 방법으로 계속해서 진행되고 있다. 더구나 사할린 한인 공동체의 심리적 상황은 대체로 민족적 요구가 충족되는 방법에서 입장이 갈리는 사회기관들의 지도자들을 필두로 공동체의 다양한 층위 사이에 "시민 전쟁"도 벌이고 있음을 입증한다.

공식적인 관계당사자들은 일어나고 있는 일에 대한 다양한 그림을 아직 제시하지 못하고 있다. 그런데 유지되고 있는 정치적 공백이 사할린 한인들의 활동과 사회적 행위에서 민족심리적 긴장을 야기한다. 그 누구에게도 사회적 대중적 분위기를 무시할 권리는 없다. 바로 이것이 모스크바, 로스토프-나-도누, 오렌부르그, 에카테린부르그, 상트 페테르부르그, 트베리, 하바로프스크, 연해주, 캄차카 지역, 사할린 주의 사회단체, 한인의 전 러시아 연합, 연방 민족문화 자치구, 한인 연합의 국제 연방, 카자흐스탄의 한인 연합, 한인사회통합국제연맹 "통일"외의 대표들이 사할린 한인의 요구에 지지를 보냄으로써 정당한 노력이 관심을 받게 된 이유이다.

사할린 한인의 귀국 문제는 이미 뉴욕, 히로시마와 로스앤젤레스, 유즈노사할린스크에 있는 전세계 한인 포럼에서 논의의 대상이 되었다. 다양한 외국 기관이 사할린 한인의 친척 관계의 부활을 적극적으로 돕는다. 적십자사, 변호사협회, 사할린 동포들의 복귀협력위원회, 한인이산가족 단체들이다. 그러나 한번의 행위가 모든 문제를 해결할 수 없다. 대한민국 국회의원인 김영진이 밝힌 것처럼 "민족전통, 관습, 문화를 보존하기 위해서 우리는 사할린 한인들에게도 도움을 주어야 한다. 그들은 일본인들에게 가장 큰 고통을 받은 사람들로서 우리 문제에서 독특한 위치를 점하고 있다."[99]

복잡하고 단순하지 않은 상황에서 국제법의 모든 연구기관들을 가동시킬 필요가 있다. 이는 국제인권옹호자들의 실질적인 행위로 러시아 정부의 노력을 지지하면서 문제를 정치적으로 해결하려는 여정에 놓인 장애를 제거하기 위함이다. 사회적 견해는 왜 사할린 한인의 요구가 충족되지 않고 있는지 이해해야 한다.

사할린 한인의 운명에서 관심의 단계뿐만 아니라 문제에 대한 접근방법 자체도 다양하다. 구소련은 대한민국에 친미체제가 자리잡고 대한민국과 외교적 관계가 없기 때문에 사할린에 전쟁 후 남겨진 한인을 역사적 고향으로 돌려보낼 현실적 가능성도 부재했다는 전제 하에 행동했다. 오늘날 러시아 측은 국제법 차원에서 문제를 해결해야 하며 이전보다 더 좋은 조건들이 이를 위해 형성되고 있다는 점을 이해하고 있다. 물질적 원조가 그 어떤 법적인 책임 없이 인본적 행위, 정치적 도덕적 책임만을 인정하는 범위 내에서 문제해결의 기본 수단이 되어야 한다고 생각하는 일본 측의 입장은 대외적으로 호의적인 반응을 얻고 있다. 남한은 민족공통의 요구와 사할린 동포 자신들의 이익에서 출발해서 자신의 역사적 임무를 수행하고 산적한 문제들을 해결해야하는 국가로서 자신을 알리고 있다. 동시에 대한민국은 일본이 남 사할린으로 한인들을 데리고 갔으며 그 때문에 모든 책임이 일본에 있어야 한다고 믿으려는 경향이 있다. 북한의 입장에서는 문제가 지닌 국제적 특징을 인정하지 않는 국내 정책만의 문맥에서 고찰하는 것이 합리적이다.

1990년부터 시작해서 대외정책적 노력이 눈에 띄게 적극성을 띠고 있는데 이런 대외정치적 노력의 틀 안에서 러시아, 일본, 남한의 정상회담이 진행되었고 또한 전문가들의 접촉이 적지 않게 이루어졌다. 러시아 측은 사할린 한인의 귀환이 복잡하고 고질적이며 병적인 문제들이고 각자의 의사표시를 기초로 할 때만 가능하다고 인정한다. 더구나 러시아 연방 외무부는 보상이 1945년 8월 전에 사할린으로 이송되었던 사할린 한인 모두에게, 그리고 한국으로 떠나고자 하는 사람들, 사할린 주에서뿐만 아니라 국내의 여타 다른 지역의 러시아에 남기를 원하는 사람들에게 상대적으로 그들의 시민권, 생활노동구조, 연금, 러시아로의 복귀 또는 대한민국에서 다른 여타의 나라로 떠나려는 이주민들을 위한 보장의 확보와 함께 제공되어야 한다는 전제 하에 행동했다.[100)]

언급된 사실들이 여러 가지로 이해될 수 있다. 그러나 분명한 한 가지는 예전의 일본국민으로서 사할린 한인들이 구소련, 미국, 일본, 대한민국, 북한의 합의되지 않은 국가간 정책의 인질이었다는 사실이다.

결론

행해진 연구의 결과를 결산하면서 우리는 다음과 같은 결론에 이른다.

1. 사할린 주의 역사에서 한인 이민은 국제 이민의 흐름 중의 하나였으며 대부분의 규모를 보면 독특한 위치를 점한다. 이 사회적 현상의 구조, 내용과 방향성은 국제, 내부정치적, 사회경제적, 민족문화, 시민법과 자연지리적 요인들의 영향으로 예정되었다. 더구나 전통적이고 예외적인 자연재해의 상관관계는 진화과정으로도, 군사력으로도 변형된 것이다.

사할린에서 한인의 분산거주의 최초의 윤곽은 1970년대에 결정되었으며 몇 십년동안 기본적으로 자연기후면에서 비교적 좋은 섬의 남쪽 부분을 장악했다. 전반적으로 러시아 제국이 한편으로 호의적인 태도를 보이는 상황에서 다른 한편으로는 봉건 한국과 일본의 식민지배 상황에서 권력의 전횡과 노동민중의 극도의 가난한 상태가 생기는 경우에서 한인의 이민은 다시 시작하는 과정으로서 발전했다. 러시아 지방과 원주민 측에서 비호의적인 태도는 나타나지 않았다.

2. 1925년 5월에 일본 점령에서 북사할린이 해방된 후 북 사할린을 점령하는 과제는 매우 복잡한 조건에서 결정되어야 했다. 1930년대 초에 사회주의 초기에 급격한 발전을 위한 기반이 형성되었다. 그러나 소련 정부는 한인의 일부를 경계심을 가지고 감시했다. 한인의 사할린 역사는 1937년에 중앙아시아와 카자흐스탄의 지역으로 강제이주되는 것으로 중단되었다.

러일전쟁(1904-1905년)에서 러시아의 패배로 인해 사할린 섬의 남쪽 부분은 일본에게로 넘어갔다. 일본의 식민지화가 강화되기 시작되었는데 그 안에는 강제로 이송된 한인의 값싼 노동력도 계산되었다.

3. 1946년부터 시작해서 사할린 주에 노동고용에 따라 북한에서, 또는 1937년에 강제이주된 극동 한인을 포함해서 중앙 아시아와 카자흐스탄에서 노동자들이 도착하기 시작했다.

1950년대 중반까지 한인공동체 내부에는 자신의 법적 위상에 따라 다양한 그룹들이 형성되었다. 예를 들면 예전 일본 국민들, 즉 무시민권자 그룹, 소련 시민권을 받아들인 그룹, 사회경제적, 사회정치적 지위가 정해져 있던 북한 시민그룹이다. 자신의 사상적 애국민족적 신념에 따라 한국 대중도 여러 가지였다. 한쪽은 북한에 형성되고 있는 사회주의를 지지했고 다른쪽은 남한의 친미체제를 지지했다. 그러나 그들 가운데에 대부분은 소련 정부에 호감을 가졌고 일부는 친일 분위기가 남아 있었다. 따라서 한인의 법적, 사회경제적 지위는 비록 공식적으로 인정받지는 못했어도 심각한 민족 정치적 문제를 드러냈다.

다른 지역의 한인들과 사할린 한인이 섞이는 것은 허락되지 않았다. 그 이유는 다음과 같다.

– 첫째, 그들은 민족적인 면에서 다양한 출신이었고 북한과 남한, 일본, 연해주, 하바로프스크 지역, 중앙아시아와 카자흐스탄, 독립국가연합, 러시아화된 사할린 주 출신의 이주자이며 그들 모두는 자신의 외면적 민족적 인종적, 인식론적 특징, 언어적 방언에 따라 차이를 보인다.
– 둘째, 그들은 사회의식의 형성에서 특징을 지니며 다양한 역사적 힘의 영향이 있을 때 내부의 상호관계 영역은 완전한 조화를 이루지 못했으며 네 가지 방향, 즉 러시아, 남한, 북한, 일본을 지향했다.
– 셋째, 사할린 한인의 구세대는 한국, 일본국민, 북한과 소련의 시민으로 있으며 또한 망명자, 즉 그 어떤 시민권도 없는 자로 남으면서 자신의 시민적, 법적 위상을 네 번 바꿔야만 했으며 따라서 민족 간 소통 언어도 변했고 동화과정의 영향 하에 모국어가 대부분 상실되었다.
– 넷째, 그 어떤 한인 디아스포라는 본래의 신분에서 벗어난 자, 역

사적 고향으로 돌아갈 권리도 없는 자로서 남사할린으로 강제로 끌려오고 여기서 전쟁 후 남겨진 사할린(가라후토) 한인으로서 세계에서 그만큼 거대하게 표현되고 있는 일본 식민주의의 부정적 결과도 없을 것이다.

4. 사할린 한인의 문제는 일련의 심각한 변형을 겪었다.

만약 이전에 문제에 대한 접근방법이 특히 남사할린에 남아 있던 한인, 예전의 일본 국민들의 생활 조건이 충족되지 않는 특성이 나타나고 있던 각 지역적 현상을 조정한다는 관점에서 실현되었다면 지금은 모든 전후 세대의 이익에 대한 고려가 요구된다.

만약 이전에 한인 문제가 특히 일상생활적이며 시민법적으로서 고찰되었다면 지금은 영역이 넓어졌고 모든 문제는 정치법적 관점으로 옮겨갔다. 절박한 요구 안에는 전후 이산가족의 재결합, 자유의지의 원칙을 근간으로 선조들이 있는 역사적 고향으로의 귀환, 대한민국으로 가고자 원하는 사람들의 이주비용과 생활 보조금을 그들에게 지불하는 것, 사할린에 남아 있는 사람들에게 보상금 지불, 러시아와 남한의 이중 시민권에 대한 권리 제공, 귀환 후 러시아 연금수령, 전쟁 시에 일본 은행에 보관되어서 잠자고 있는 임금과 저축 총액의 반환이 있다. 정해지지 않은 법적 지위로 살고 있으며 종종 국제적 타산의 대상으로 이용되었던 무시민권자, 러시아 국가의 외교적 보호에 대한 헌법적 권리가 없는자의 지위로 계속해서 살아온 한인의 일부에 대한 조정도 이루어지지 않았다.

만약 이전에 대한민국과 일본이 구 소련의 내부문제로서 사할린 한인의 문제를 고찰했다면 한인의 현재 지위가 제2차 세계대전에서 승리한 연합, 또한 일본과 대한민국의 참여와 함께 전후 세계 구조의 결과였기 때문에 지금 이런 종류의 주장은 정말 잘못된 것이다. 사할린 "한인문제"는 러시아 내부의 문제가 더 이상 아니었으며 국제적 성격을 지녔고 전세계의 인권에 관한 문제의 일부가 되었다.

만약 이전에 사할린 한인의 전후 구조 문제 해결을 위한 객관적 조건의 부재에 대해 이야기했다면 지금 이런 견해는 올바르지 않으며 러시아, 대한민국과 일본의 국제 관계 전 시스템 속에서 그런 조건들이 실제함을 인정해야 한다. 더구나 만약 관심을 가진 국가들의 지도자들이 직접적으로 무르익은 객관적인 전제조건을 이행해야 할 필요성을 인식하고 있다면 외국 정치지도자의 각 그룹에서 어떤 다른 시각이 계속해서 드러나고 있는 것이 극복하지 못하는 장애가 될 수 없다.

5. 사할린 주의 수천 명의 한인의 현대 민족정치적 상황은 40년 일본 식민지와 전 국민의 생활평준화에 대한 소련정책의 유산, 또한 전후 국제 갈등의 심각한 결과들은 부정적으로 계속 언급되고 사할린 한인 운명의 모순적인, 특히 복잡한 상황을 야기했으며 수많은 집단 항의행위가 증명하고 있음을 특징지을 수 있다.

거의 70년동안 사할린 주는 역사적으로 전후 예전 일본 국민이었고 그들의 후손인 한인의 구조문제 해결에 관련된 러시아 유일한 지역으로 남았다. 이런 문제들이 계속해서 미해결 상태로 남아 있는 것은 한인의 정신상태와 사회행동에서 부정적으로 언급되며 민족정치적 상황을 불안정하게 만들고 민족인식에서 병적으로 반영되며 국가, 민족그룹, 개인적인 이익으로 축적된 대립을 첨예화시키고 있다.

6. 아래에서 진행되고 있는 민족적 자기확립에 대한 자발적 노력을 전반적으로 사할린 민족공동체의 활력을 부활시키는 일과 유기적으로 연결시키는 과제가 우리 시대에 제기되고 있다. 이런 조건들에서 사건의 가능한 발전방향을 예견할뿐만 아니라 예상되는 행위의 프로그램을 가지기도 하는 것이 중요하다. 문제의 학문적 전개는 결과론적인 개념적 목적, 즉 국가와 개인의 이익, 자유로운 이동, 정착과 거주지의 선택에 대한 국제 인권법의 실현을 고려해서, 또한 러시아, 한국, 일본의 관계 전망을 고려해서 사할린 한인의 현재 문제의 조정에서 기인한다.

보다 중요한 방향으로서 다음과 같은 것이 있을 수 있다.

- 대한민국으로 사할린 한인의 자발적 이주에 대한 국가적 협조.
- 대한민국측의 계획에 따라 지방인구통계학의 상황을 고려해서 분산거주의 조화로운 시스템, 인간자원에 대한 수요, 쾌적한 생활조건의 형성.
- 대한민국 사회의 사회정치적, 사회경계적, 문화생활에 사할린 귀환자들의 통합.

긍정적인 결과도출은 상호관계의 네 단계의 시스템에 기반을 둘 수 있다.

첫단계는 사할린 한인과 외국 에 거주하는 친지와 동포와의 다양한 관계를 포함하는 원시적 비공식외교이다.

두번째 단계는 관심을 끄는 지역적 사회적 기관들, 정치적 당, 노동조합과 젊은이의 행동, 여러 가지 직업 그룹들 간의 우호적인 관계를 지지하는 국민 외교이다.

세번째 단계는 러시아 연방의 주체로서 사할린 주와 아시아 태평양 지역에 인접한 나라의 의회, 정치가와 비즈니스 파트너와의 복잡한 국제, 대외경제, 문화적 관계이다.

네번째 단계는 동등한 신용이 있는 파트너쉽과 사할린 한인의 현재 문제들의 정치적 해결을 목적으로 외교의 최고의 형태로서 대한민국, 북한, 일본과의 전면적인 러시아 관계이다.

7. 지금 진행되는 한인 동일성의 부활은 다양한 방향으로 전개되고 있다. 한국어 공부가 이루어지고 일본 군사정부로부터의 해방기념행사들가 진행되며 지역이동의 한계가 제거되고 유효기간이 더 연장된 거주증의 발급에 대한 손쉬운 규정들이 설정되고 다양한 민족공동체적 기관들이 설립되며 무역경제적, 문화적 관계가 조성되고 확장되는 대한민국에서 친지들과의 만남이 주선된다. 한인 가족의 사회경제적 발전의 단계가 바로 잡히고 있다. 민족 공동체의 사회구조와 정신적인 면이 질적으로 변했다. 노동자, 과학 기술, 창조적 지식계층의 민족 요원들이 형성되었다. 이 모든 것은 권력과 민족간 관계조화의 확립에 대한 과거 불신의 청산을 근간으로 한다.

사할린 한인의 역사적 운명에서 한편으로는 민족 감정, 선조들의 역사적 조건에 대한 자연스러운 애착, 다른 한편으로는 점차 그들에게는 조국이 되어갔던 러시아에서의 긴 거주로 야기된 국제주의적 감정의 상호연관이 당연히 뒤따른다. 그러나 분명한 것은 대한민국으로 한인이 계속해서 흘러들어가는 것이 러시아도, 대한민국과 일본에도 현재도 앞으로도 이익에 맞지 않다는 것이다. 실제로 사할린 한인이 남한 사회에 통합하려는 시도는 사할린 주에서 형성된 경제,

문화적 관계들의 단절, 새로운 이산가족의 발생, 민족내부관계의 첨예화의 원인이 되며 여러 면에서 러시아 연방 내부문제에 대한 간섭의 자극제가 되고 있다.

8. 사할린 한인은 동요되는 국제 관심의 영역에 있는 듯 하다. 국제법의 각 주체는 공동의 역사적 과정의 참가자로서 자신의 민족적 이익의 틀 안에서 행동하는 것을 선호한다. 그 결과 사할린 한인의 요구충족에 대한 유일한 접근방법이 확보되지 않고 있다. 여러가지 정치적 시스템, 민족그룹, 사회연합의 이익들이 충돌하고 있다. 그러는 가운데 아시아 태평양지역에서의 국제협력구조는 다시 2010년 4월에 대한민국에서 진행된 사할린 주의 발표회가 확인했던 사할린 한인의 적극적인 참여에서 형성되고 있다.

사할린 한인은 진화의 복잡한 길을 지나가면서 이미 예전처럼 어떤 무기력한 민중을 대변하지 않으며 사회생활의 다양한 영역에서 괄목할 만한 성과를 얻을 수 있었다. 그들은 지방의 자연적인 전제조건을 현명하게 이용했고 섬의 지리적 공간과 민족간 연관을 자신의 경제적, 역사적, 사회문화적 필요에 적용시키고서 자신의 민족영역을 창조했다. 그와 함께 지역한인공동체를 폐쇄적 민족문화시스템으로서 이해할 필요는 없다. 그 공동체는 나름의 형식과 생활방식에서 전 러시아 현실과 따로 분리되어 있지 않다.

9. 전후 몇 십년동안 소련이 남사할린에 한인, 즉 예전 일본국민을 억류한 것에 대한 생각은 단호했으며 그들이 역사적 고향으로 귀환하도록 소련은 허락하지 않았다. 오늘날에도 유사한 목소리들이 러

시아를 향해 비난조로 터져나오고 있다. 비록 우리 생각으로 국제법적인 책임에 우선적으로 당연히 일본을 포함해서, 사할린 한인의 조국인 남한의 영토를 통제 하에 두었던 미국도 져야 함을 강조해야하지만 말이다. 말하자면 미국의 지시에 따라 맥아더 장군을 필두로 일본에 연합 점령군 사령부가 활동했다. 그러므로 미국군사정치적 압력 하에 전후 평화체제확립에 대한 샌프란시스코 평화협정(1951년)이 체결되었다.

독자에게 제시되고 있는 논문집은 구소련의 일방적인 책임에 대한 굳어진 시각을 극복하기 위한 걸음을 내딛고 사할린 한인의 현재 문제가 탄생하게 된 모든 복합적 원인에 관한 연구에 관심을 기울여 줄 것을 강조하고 있다. 일어나고 있는 문제를 놓고 작가적 개념을 다음과 같은 형태로 개괄해서 제시할 수 있다. 자신의 시민적, 정치적 권리들을 위한 일방적이고 다년간의 투쟁이 지배적인 방향이 되었을 때 사할린 한인의 역사적 운명의 단계는 완성되어 가며 민족문화 부활을 위해 러시아 대한민국, 일본의 정치적 힘과 국제법 관례들 포함시켜 이 투쟁의 새로운 단계가 질적으로 시작되고 있다.

일어나고 있는 민주적 변화의 논리, 삶 자체는 사할린 한인의 문제들이 러시아 시민사회 내부에서 형성되는 과정의 맥락에서 현존하는 사실과 국제법의 규범들에 의거해서 해결되어야만 한다는 결론에 도달한다.

참고문헌(bibliography)과 저자 주(endnote)

일러두기

1. 참고문헌에 나오는 문서보관소는 다음의 약어로 표기한다.

RGIA DV (РГИА ДВ, Российский государственный исторический архив дальнего востока, 러시아 국립 극동 문서보관소)

GASO (ГАСО, Государственный архив Свердловской области, 스베르들로프 주 국립문서보관소)

STsDNI (СЦДНИ, Сахалинский центр документации новейшей истории, 새로운 역사 문서화 사할린 센터)

GAKhK (ГАХК, Государственный архив Хабаровского края, 하바로프스크 주 국립문서보관소)

GAPK (ГАПК, Государственный архив Пермского края, 페름 주 국립문서보관소)

2. 문서보관소 문서의 분류 표기는 다음과 같다.

F (Фонд, 펀드)

F.P (Фонд Партийного архива, 당문서보관소 펀드)

Op (Опись, 목록)

D (Дело, 문서)

L (Лист, 리스트)

제1장 러시아 제국의 사할린 한인들

1) Советский энциклопедический словарь. М., 1984. С. 28, 977. (소련백과 사전. 모스크바, 1984. P. 28, 977.)

2) RGIA DV. F.701. Op.1. D.124. L.10.

3) Пржевальский Н.М. Путешествие в Уссурийском крае. 1867-1869 гг. М., 1947. С. 97. (프르제발스키 N.M. 우수리스크 지역 여행. 1867-1899년. 모스크바, 1947. P. 97)

4) Приамурье: Факты, цифры, наблюдения. М., 1909. С. 152. (프리아무르: 사실, 수치, 관찰. 모스크바, 1909. P. 152.) ; GAIO. F.24, Op.10. D.202. L.11-12.

5) Чехов А.П. Остров Сахалин. Южно-Сахалинск, 1980. С. 132 -133. (체홉 A.P. 사할린 섬. 유즈노-사할린스크, 1980. Pp. 132-133.)

6) Губернаторы Сахалина. Южно-Сахалинск, 2000. С. 11. (사할린의 총독들. 유즈노-사할린스크, 2000. P. 11.)

7) Архив внешней политики Российской империи(러시아제국 대외정책 고문서). (АВПРИ). F. Тихоокеанский стол(태평양 부). Op.487. Op.762. L.110.

8) RGIA DV. F.541. Op.1. D.111. L.23.

9) Первая всеобщая перепись населения Российской империи, 1897. СПб. 1904. Тетрадь вторая. С. 3, 7, 33, 37, 44-46, 64. (러시아 제국 최초의 전체 인구조사, 1897. 상트페테르부르그, 1904. 노트2. P. 3, 7, 33, 37, 44-46, 64.)

10) GASO. F.23 i. Op.1. D.26. L.98-100.

11) Сахалинский календарь на 1899 год. Остров Сахалин, 1899. С. 78. (1899년 사할린 달력. 사할린 섬, 1899. P. 78.).

12) RGIA DV. F.702. Op.4. D.121. L.1 а .

13) STsDNI. F.P.-2. Op.1. D.1d. L.215-218.

14) Аболтин В.Я. Остров сокровищ. Северный Сахалин. Хабаровск-Владивосток, 1928. С. 22,41. (아볼틴 V.Ya. 보물섬. 북사할린. 하바로프스크-블라디보스토크, 1928. P. 22, 41.)

15) GASO. F.23i. Op.1. D.20. L.28- 36, 53-68.

16) RGIA DV. F.87. Op.1. D.278. L.46-47.

17) Песоцкий В.Д. Корейский вопрос в Приамурье. Хабаровск, 1913. С. 2. (페소츠키 V.D. 프리아무르의 한인 문제. 하바로프스크, 1913. P. 2.)

18) Пак Б.Д. Корейцы в Российской империи. М., 1993. С. 72-75. (박 B.D. 러시아 제국의 한인. 모스크바, 1993. Pp. 72-75.)

19) RGIA DV. F.701. Op.1. D.134. L.66.

20) RGIA DV. F.702. Op.2. D.280. L.109 ob.

21) Нам С.Г. Российские корейцы: История и культура(1860-1925). С. 82. (남 S.G. 러시아 한인: 역사와 문화(1860-1925). P. 82.)

제2장 소비에트 북사할린의 한인

1) RGIA DV. F.2419. Op.1. D.54. L.10-11; D.9. L.23-25; F.2621. Op.1. D.25. L.177-180.

2) STsDNI. F.P-1. Op.1. D.4. L.15-16; Советский Сахалин, 1925. 14 мая. (소비에트 사할린, 1925년 5월14일.)

3) Советский Сахалин. 1926. 21 января. (소비에트 사할린, 1926년 1월 21일)

4) STsDNI. F.P-1. Op.2. D.4. L.46-48; GASO. F.3. Op.2. D.1 ots. L.22.

5) GASO. F. 514. Op.2. D.1. L.88-90.

6) STsDNI. F.P-2. Op.1. D.48. L.88.

7) STsDNI. F.P-1. Op.1. D.4. L.177.

8) Аболтин В.Я. Указ. соч. С. 24. (아볼틴 V.Ya. 같은 책. P. 24.)

9) STsDNI. F.P-2. Op.1. D.1. L. 215-218.

10) STsDNI. F.P-2. Op.1. D.1. L. 215-218.

11) GAKhK. F.R-58. Op.1. D.67. L.20-21. (Перевод с яп. яз.(일본어에서 번역))

12) GAKhK. F.R-58. Op.1. D.67. L.22-23.

13) STsDNI. F.P-1. Op.2. D.4. L.255.

14) STsDNI. F.P-1. Op.1. D.31. L.2-3.

15) STsDNI. F.P-2. Op.2. D.153. L.98.

16) GASO. F.54. Op.1. D.1. L.59.

17) GAKhK. F.P-2. Op.11. D.233. L.6.

18) STsDNI. F.P-2. Op.2. D.71. L.311

19) GASO. F.54. Op.1. D.1. L.59.

20) GASO. F.3. Op.1. D.2. L.21-22; GASO. F.54. Op.1. D.1. L.120.

21) GASO. F.144. Op.4. D.2. L.111.

22) STsDNI. F.P-4. Op.1. D.22. L.27.

23) STsDNI. F.P-4. Op.1. D.64. L.249-250.

24) STsDNI. F.P-2. Op.2. D.9. L.235; F.P-2. Op.1. D.109. L. 57.

25) STsDNI. F.P-14. Op.1. D. 1 а . L.73-75.

26) Сахалинская горно-геологическая экспедиция 1925 г. М., 1927. С. 323. (1925년 사할린 산악지질 탐험. 모스크바, 1927. P. 323.)

27) STsDNI. F.P-2. Op.1. D.10. L.5.

28) STsDNI. F.P-2. Op.2. D.50. L.30.

29) GASO. F.440. Op.1 D.5. L. 36.

30) STsDNI. F.P-2. Op.2. D.7. L.212.

31) Сборник узаконений и распоряжений рабоче-крестьянского правительства СССР от 30 апреля 1925 г. № 2. С. 134. (1925년 4월 30일자 소련 노동자, 농민정부의 지시와 명령 모음집. № 2. P. 134.)

32) GAKhK. F. 304. Op.1. D.31. L.168-170.

33) GAKhK. F.R-137. Op.1. D.24. L.529-530.

34) RGIA DV. F.3169. Op.1. D.13. L.240.

35) GAKhK. F.P-2. Op.1. D.189. L.352 ob.

36) STsDNI. F.P-2. Op.2. D.3. L.78

37) Бюллетень Дальревкома. 1923. № 45. С. 1443-1445 (극동혁명위원회 통보. 1923년. № 45. Pp. 1443-1445); GAKhK. F.P-58. Op.1. D.18. L.620.

38) GAKhK. F.P-137. Op.12. D.1. L.129.

39) GAKhK. F.P-58. Op.1. D.46. L.258-259.

40) GAPK. F.P-61. Op.1. D.336. L.36-37.

41) GAKhK. F.P-1848. Op.1. D.5. L.2-6; Известия ЦИК СССР и ВЦИК. 1927. 26 июня. (소련 중앙선거관리위원회와 전러시아중앙집행위원회 통보. 1927년 6월 26일)

42) Данные за 1928 год приведены без учета г. Александровска и п. Оха, где выборная кампания не проводилась. – Социалистическое строительство на Сахалине. Сборник документов (1925-1945гг.). Южно-Сахалинск, 1967. С. 129-131, 164 (1928년의 자료는 선거운동이 없었던 알렉산드로프크와 오하 시의 산출 없이 인용되었다. – 사할린에서 사회주의 건설. 문서모음집 (1925-1945년). 유즈노사할린스크, 1967.

Pp. 129-131, 164); STsDNI. F.P-2. Op.2. D.21. L.42, 85; F.P-2. Op.1. D.74. L.115-116.

43) GASO. F.514. Op.2. D.1. L.79-86.

44) STsDNI. F.P-2. Op.2. D.103. L.167.

45) STsDNI. F.P-2. Op.2. D.248. L.12-13.

46) GASO. F.3. Op.2. D.1. L.33.

47) GASO. F.3. Op.2. D.1. L.30, 33, 34.

48) STsDNI. F.P-2. Op.1. D.189. L.337.

49) Сборник законов СССР. 1932. № 84. (소련법전모음집. 1932. № 84)

50) GASO. F.53. Op.1s. D.26. L.25.

51) GASO. F.53. Op. 1s. D.26. L.26.

52) STsDNI. F.P-17. Op.1. D.19. L.103.

53) GASO. F.53. Op.1. D.15. L.22-24.

54) GASO. F.1174. Op.2. D.P-48281.

55) STsDNI. F.P-2. Op.2. D.96. L.112.

56) STsDNI. F.P-210. Op.1. D.3. L.42.

57) GASO. F.1174. Op.2. D.P-48145.

58) GASO. F.1174. Op.2. D.48158.

59) GASO. F.1174. Op.2. D.P-48252.

60) Корейцы на российском Дальнем Востоке. Вторая половина X1X-начало XX вв. Док-ты и мат-лы. Владивосток, 2001. С. 219. (러시아 극동의 한인들. 19세기 후반-20세기 초. 문서들과 자료들. 블라디보스토크, 2001. P. 219)

61) GASO. F.1174. Op.2. D.P-48266.

62) GASO. F.1174. Op.2. D.P-45541.

63) Кузин А.Т. Дальневосточные корейцы: жизнь и трагедия судьбы. Южно-Сахалинск, 1993. С 230-257. (쿠진 A.T. 극동의 한인들: 삶과 운명의 비극. 유즈노사할린스크, 1993. Pp. 230-257.)

64) Белая книга о депортации корейского населения России в 30—40-х годах. М., 1992. С. 68-70. (30-40년대 러시아 한인의 강제이주에 관한 백서. 모스크바, 1992. Pp. 68-70.)

65) STsDNI. F.P-2. Op.1. D.1345. L. 1195.

66) GAPK. F.P-1. Op.1. D.682. L.54.

67) STsDNI. F.P-4. Op.1. D.70.

68) GASO. F.3. Op.1. D.2. L.29, 33; STsDNI. F.P-2. Op.2. D.103. L.167; GAKhK. F.P-2. Op.11. D.223. L.6, 9-11; F.P-2. Op.2. D.29. L.20-37; F.P-2. Op.2. D.103. L.167; Первая всеобщая перепись населения Российской империи… С. 7. (러시아 제국 최초의 전체 인구조사… P. 7.)

제3장 일본 식민지 시기의 사할린 한인들

1) Минто. Токио, 1998. № 5. С. 15. (На яп. яз.). (민토. 도쿄, 1998. № 5. P. 15. 일본어)

2) Бок Зи Коу. Корейцы на Сахалине. Южно-Сахалинск, 1993. С. 35. (박수호. 사할린의 한인들. 유즈노사할린스크, 1993. P. 35)

3) Бок Зи Коу. Сахалинские корейцы: проблемы и перспективы. Южно-Сахалинск, 1989. С. 38-40. (박수호. 사할린의 한인들: 문제와 전망. 유즈노사할린스크, 1989. Pp. 38-40)

4) Ло Ен Дон. Проблема сахалинских корейцев: история и перспективы.

M., 1995. C. 48. (노영돈. 사할린 한인 문제: 역사와 전망. 모스크바, 1995. P. 48)

5) Такаги Кэнити. Старухи в тревожном ожидании… С. 11, 128. (На яп. яз.) (다카기 겐이치. 초초하게 기다리는 노파들… P. 11, 128. 일본어); Асахи. Токио. 1987. 5 декабря. С. 97. (На яп. яз.). (아사히. 도쿄. 1987. 12월 5일. P. 97. 일본어)

6) Кузин А.Т. Дальневосточные корейцы: жизнь и трагедия судьбы. Южно-Сахалинск, 1993. С. 199. (쿠진 A.T. 극동의 한인들: 삶과 운명의 비극. 유즈노사할린스크, 1993. P. 199)

7) Бок Зи Коу. Сахалинские корейцы… С. 35. (박수호. 사할린의 한인들… P. 35)

8) Кузин А.Т. Дальневосточные корейцы:... С. 202. (쿠진 A.T. 극동의 한인들: … P. 202)

9) Там же. С. 202-203. (위의 책. P. 202-203)

10) Чой Р. Сахалинские корейцы: однажды забытые // Советский Сахалин. 1995. 21 июля. (최 R. 사할린 한인들: 어느 날 잊혀진 사람들 // 소비에트 사할린. 1995년. 7월 21일)

11) Бок Зи Коу. Корейцы на Сахалине… С. 50-52. (박수호. 사할린의 한인들... P. 50-52)

12) GASO. F.P-35. Op. 1. D. 1855. L. 30.

13) Архив региональной общественной организации корейцев «Двойная вербовка» (한인 지역사회단체 «이중징용» 고문서)

14) Пак Сын Ы. Жестокая судьба сахалинских корейцев: кто виноват? Южно-Сахалинск, 20 Сахалинские корейцы… С. 53. (박승의. 사할린 한인의 잔인한 운명: 누구의 잘못인가? 유즈노사할린스크, 20 사할린 한인들… P. 53)

15) GASO. F. 171. Op. 1. D. 6. L. 20; Бок Зи Коу. Сахалинские корейцы...С.53. (박수호. 사할린의 한인들… P. 53.)

16) GASO. F. 171. Op. 1. D. 4. L. 4, 7-9; Ли Бен Дю. Южный Сахалин и Курильские острова в годы японского господства. (1905-1945 гг.) : автореферат диссертации кандидата исторических наук. М., 1975. С. 23- 24. (이병주. 일본통치시기의 남사할린과 쿠일열도 (1905-1945년). 역사학박사논문 저자 축약본. P. 23-24.)

17) GASO. F. 1 i. Op. 1. D. 30.

18) GASO. F. 1 i. Op. 1. D. 39.

19) Шабшина Ф.И. Южная Корея. 1945-1946. Записки очевидца. М., 1974. С. 18. (샤브시나 F.I. 남한. 1945-1946. 목격자의 기록. 모스크바, 1974. P. 18)

20) Гапоненко К. Трагедия деревни Мидзухо. Южно-Сахалинск, 1993. (가포넨코 K. 미주호 마을의 비극. 유즈노사할린스크, 1993)

21) Советский Сахалин. 1995. 27 октября. (소비에트 사할린. 1995년 10월 27일)

22) Пак Сын Ы. Корейцы Сахалина до и после Чехова // А.П. Чехов в историко-культурном пространстве Азиатско-Тихоокеанского региона. Южно-Сахалинск, 2006. С. 166-167. (박승의. 체홉 이전과 이후의 사할린 한인 // 아시아태평양지역 역사문화 공간에서의 체홉. 유즈노사할린스크, 2006. Pp. 166-167.

23) Ведомости Верховного Совета СССР. 1980. № 44. Ст. 909. (소련최고소비에트 공보. 1980. № 44. St. 909)

24) Стефан Д. Сахалин. История // Краеведческий бюллетень. Южно-Сахалинск. 1992. № 4. С. 72. (스테판 D. 사할린. 역사 // 지구연구 공보. 유즈노사할린스크, 1992. № 4. P. 72)

제4장 한인들의 소련 사회로의 통합

1) Сборник документов (Каирская декларация, Крымское соглашение, Потсдамская декларация, решения Московского совещания и другие документы, связанные с капитуляцией Японии. 1943-1946 гг.). М., 1947. С. 23-24. (문서집 (카이로선언, 크림협정, 포츠담선언, 모스크바회의의 결의, 일본항복과 연관된 그 외의 문서들. 1943-1946년. 모스크바, 1947. Pp. 23-24)

2) История дипломатии. Т. IV. Дипломатия в годы второй мировой войны. М., 1975. С. 573 (외교사. 4권. 제2차세계대전 동안의 외교. 모스크바, 1975. P. 573); Сборник действующих договоров, соглашений и конвенций, заключенных СССР с иностранными государствами. Вып. XI. М., 1955. С. 81-82. (소련과 외국 간에 체결된 현행 조약들, 협약, 협정 모음집. 11권. 모스크바, 1955. Pp. 81-82)

3) Внешняя политика Советского Союза в период Отечественной войны. М., 1947. С. 480-481. (조국전쟁 동안의 소련 대외정책. 모스크바, 1947. Pp. 480-481)

4) Сахалин и Курилы: история и современность: Материалы региональной научно-практической конференции (27-28 марта 2007 г.). Южно-Сахалинск, 2008. С. 54. (사할린과 쿠릴열도: 역사와 현대성: 지역의 학문과 실무적 학술대회 자료집(2007년 3월 27-28). 유즈노사할린스크, 2008. P. 54)

5) Сталин И. О Великой Отечественной войне Советского Союза. М., 1946. С. 182. (스탈린 I.O. 소련의 대조국전쟁. 모스크바, 1946. P. 182)

6) Колесников Н.И. В одном строю с рабочими и крестьянами. Южно-Сахалинск, 1974. С. 108. (콜레스니코프 N.I. 노동자와 농민과 같은 대열에서. 유즈노사할린스크, 1974. P. 108)

7) Бок Зи Коу. Сахалинские корейцы… С. 22. (박수호. 사할린의 한인들... P. 22)

8) Стефан Д. Сахалин. История // Краеведческий бюллетень. Южно-Сахалинск, 1992. № 4. С. 81 (스테판 D. 사할린. 역사 // 지역연구 공보. 유즈노사할린스크, 1992. № 4. P. 81); Чо Зай Джутсу. Остров-тюрьма. Токио, 1966. С. 18-20. (На яп. яз.). (초 자이 줏수. 감옥 섬. 도쿄, 1966. Pp. 18-20. 일본어)

9) Бугай Н.Ф. Социальная натурализация и этническая мобилизация (опыт корейцев России). М., 1998. С. 208. (부가이 N.F. 사회적 귀화와 민족 동원 (러시아 한인의 경험). 모스크바, 1998. P. 208)

10) GASO. F. 171. Op. 3. D. 2. L. 24.

11) GASO. F. 171. Op. 3. D. 7. L. 259.

12) GASO. F. 53. Op. 1. D. 109. L. 48.

13) Кузин А.Т. Дальневосточные корейцы: жизнь и трагедия судьбы. Южно-Сахалинск, 1993. С. 201. (쿠진 A.T. 극동의 한인들: 삶과 운명의 비극. 유즈노사할린스크, 1993. P. 201)

14) GASO. F. 171. Op. 3. D. 7. L. 122.

15) GASO. F. 171. Op. 1. D. 6. L. 20.

16) GASO. F. 171. Op. 3. D. 7. L. 122.

17) GASO. F. 171. Op. 3. D. 7. L. 123.

18) GAKhK. A.P-35. Op. 1. D. 1855. L. 29. STsDNI. F.P-20. Op. 1. D. 59. L. 4.

19) GASO. F. 53. Op. 1. D. 86. L. 3; STsDNI. F.P-4. Op. 1. D. 364. L. 106-107; D. 361. L. 53 56.

20) GASO. F. 53. Op. 5. D. 86. L. 24-27.

21) GASO. F. 53. Op. 5. D. 86. L. 22.

22) GASO. F. 53. Op. 5. D. 86. L. 27.

23) GASO. F. 171. Op. 1. D. 5; D. 2. L. 5-6.

24) GASO. F. 53. Op. 5. D. 92. L. 120-127.

25) GAKhK. F.P-35. Op. 1. D. 1855. L. 31.

26) Краеведческий бюллетень. Южно-Сахалинск, 1993. № 3. С. 11-12. (지역연구 공보. 유즈노사할린스크, 1993. № 3. P. 11-12)

27) GASO. F. 171. Op. 1. D. 4. L. 162-163; STsDNI. F.P-20. Op. 1. D. 59. L. 8.

28) GASO. F. 171. Op. 3. D. 4. L. 2-4.

29) GASO. F. 171. Op. 3. D. 1. L. 54.

30) GASO. F. 171. Op. 1. D. 2. L. 1; F. 171. Op. 1. D. 3. L. 14.

31) GASO. F. 171. Op. 1. D. 2. L. 25-26.

32) Кузин А.Т. Южно-Сахалинск: с вершины века. Южно-Сахалинск, 1996. С. 75. (쿠진 A.T. 유즈노사할린스크: 세기의 정상에서. 유즈노사할린스크, 1996. P. 75)

33) GAKhK. A.P-35. Op. 1. D. 1896. L. 113.

34) GASO. F. 171. Op. 1. D. 30. L. 17.

35) GASO. F. 695. Op. 1. D. 1. L. 56, 146; GAKhK. F.P-35. Op. 1. D. 2018. L. 43-44.

36) STsDNI. F.P-4. Op. 1. D. 252. L. 7.

37) GASO. F. 171. Op. 3. D. 7. L. 174-175.

38) GASO. F. 171. Op. 1. D. 4. L. 160.

39) GASO. F. 171. Op. 1. D. 24. L. 15.

40) STsDNI. F.P-20. Op. 1. D. 59. L. 5.; F. 171. Op. 1. D. 4. L. 160.

41) GASO. F. 171. Op. 3. D. 7. L. 290; STsDNI. F.P-20. Op. 1. D. 3. L. 7; F.P-20. Op. 1. D. 60. L. 37; GAKhK. F.P-35. Op. 1. D. 1854. L. 14.

42) STsDNI. F.P-20. Op. 1. D. 59. L. 6; STsDNI. F.P-4. Op. 1. D. 339. L. 47.

43) GASO. F. 171. Op. 1. D. 3. L. 19-20.

44) GASO. F. 171. Op. 1. D. 27. L. 120.

45) STsDNI. F.P-20. Op. 1. D. 13 а . L. 21.

46) Там же. Л. 19-20.

47) GASO. F. 53. Op. 3. D. 6. L. 67.

48) GASO. F. 943. Op. 1. D. 1. L. 158; GASO. F. 171. Op. 3. D. 4. L. 2-4.

49) STsDNI. F.P-4. Op. 1. D. 438. L. 91, 153.

50) История дипломатии. Т. V. Книга первая… М., 1974. С. 168. (외교사. 5권. 모스크바, 1974. P. 168)

51) Стефан Д. Указ. соч. С. 73-74. (스테판 D. 위의 책. P. 73-74)

52) GASO. F. 171. Op. 3. D. 7. L. 407.

53) GASO. F. 53. Op. 1. D. 7. L. 43.

54) GASO. F. 53. Op. 1. D. 7. L. 48.

55) GASO. F. 53. Op. 1. D. 109. L. 27.

56) GASO. F. 54. Op. 1. D. 1. L. 208.

57) STsDNI. F.P-4. Op. 1. D. 556. L. 61.

58) STsDNI. F.P-4. Op. 1. D. 556. L. 60-61.

59) STsDNI. F.P-4. Op. 1. D. 556. L. 60-61.

60) GASO. F. 53. Op. 1. D. 8. L. 25-26.

61) GASO. F. 53. Op. 5. D. 67. L. 13-14.

62) GASO. F. 53. Op. 1. D. 109. L. 30-31; D. 10. L. 51.

63) GASO. F. 53. Op. 1. D. 7. L. 43-48; F. 53. Op. 1. D. 8. L. 26.

64) STsDNI. F.P-4. Op. 1. D. 250. L. 185.

65) GASO. F. 53. Op. 1. D. 77. L. 48; D. 282. L. 45, 52.

66) GASO. F. 53. Op. 1. D. 77. L. 48.

67) GASO. F. 131. Op. 1. D. 3. L. 7; STsDNI. F.P-4. Op. 63. D. 37. L. 116-137.

68) GASO. F. 53. Op. 1. D. 110. L. 189-191; D. 109. L. 48-49.

69) GASO. F. 53. Op. 7. D. 106. L. 187-188.

70) GASO. F. 242. Op. 1. D. 76. L. 52-54.

71) GASO. F. 53. Op. 2. D. 18. L. 13; F. 53. Op. 7. D. 237. L. 12-14; GASO. F. 523. Op. 3. D. 1. L. 5; GASO. F. 53. Op. 25. D. 2453. L. 51-53, 78.

72) STsDNI. F.P-4. Op. 2. D. 67. L. 60, 82-83; F.P-4. Op. 80. D. 18. L. 89.

73) GASO. F. 53. Op. 1. D. 6. L. 14.

74) Ведомости Верховного Совета СССР. 10 апреля 1954 г. № 7. Ст. 214. (소련최고소비에트 공보. 1954년 4월 10일. № 7. St. 214)

75) STsDNI. F.P-4. Op. 44. D. 14. L. 58-61; F.P-4. Op. 40. D. 32. L. 23-32; F.P-4. Op. 158. D. 28. L. 58-62.

76) GASO. F. 523. Op. 3. D. 1. L. 2.

77) GASO. F. 53. Op. 1. D. 23. L. 31; F. 53. Op. 7. D. 181. L. 28.

78) GASO. F. 53. Op. 3. D. 2. L. 3-5.

79) GASO. F. 53. Op. 2. D. 19. L. 40.

80) GASO. F. 53. Op. 2. D. 18. L. 10.

81) GASO. F. 53. Op. 25. D. 2453. L. 45.

82) GASO. F. 523. Op. 3. D. 3. L. 7.

83) GASO. F. 53. Op. 25. D. 2453. L. 104.

84) GASO. F. 53. Op. 25. D. 2453. L. 124.

85) GASO. F. 524. Op. 1. D. 2. L. 9.

86) GASO. F. 524. Op. 1. D. 68. L. 1, 3.

87) STsDNI. F.P-4. Op. 40. D. 38. L. 23-32.

88) STsDNI. F.P-4. Op. 40. D. 38. L. 15.

89) STsDNI. F.P-4. Op. 40. D. 38. L. 23-32.

90) Ведомости Верховного Совета СССР. 1960. № 7 (소련최고소비에트 공보. 1960. № 7); Сб. Законов СССР. 1938-1967. Т. 2. М., 1968. С. 197-201 (소련법전모음집. 1938-1967. 2권. 모스크바, 1968. P. 197-201); GASO. F. 53. Op. 5. D. 966. L. 227-228; STsDNI. F.P-4. Op. 62. D. 5.

91) GASO. F. 53. Op. 2. D. 34. L. 79-85; F. 53. Op. 7. D. 255. L. 79-85.

92) Ведомости Верховного Совета СССР. 1967. № 39. (소련최고소비에트 공보. 1967. № 39)

93) Известия Советов депутатов трудящихся СССР. 1949. 22 марта. № 67. (근로자대의원회의 통보. 1949년 3월 22일. № 67.

94) Ведомости Верховного Совета СССР. 1961. № 38. (소련최고소비에트 공보. 1961. № 38)

95) GASO. F. 3. Op. 2. D. 208. L. 20; D. 215. L. 19.

96) GASO. F. 171. Op. 3. D. 2. L. 28-29; F. 171. Op. 3. D. 6. L. 45-53.

97) История войны на Тихом океане. Т. V. Мирный договор. М., 1958. С. 119. (태평양 전쟁사. 5권. 평화조약. 모스크바, 1958. P. 119); Колосов Ю.М. Международное право. М., 2000. С. 151. (콜로소프 Yu.M. 국제법. 모스크바, 2000. P. 151)

98) Действующее международное право. М., 1999. С. 7. (현행 국제법. 모스

크바, 1999. P. 7)

99) История войны на Тихом океане. Т. V. Мирный договор. М., 1958. С. 361. (태평양 전쟁사. 5권. 평화조약. 모스크바, 1958. P. 361)

100) Там же. С. 368-399. (위의 책. P. 368-399)

101) Политика Японии и проблема корейцев, оставленных после войны на Южном Сахалине. Токио, 1994. С. 521-523. (На яп.яз.). (일본의 정책과 전후 남사할린에 남겨진 한인 문제. 도쿄, 1994. Pp. 521-523. 일본어)

102) STsDNI. F.P-4. Op. 158.D. 28. L. 69.

103) GASO. F. 53. Op. 1. D. 37. L. 218; GASO. F. 53. Op. 1 dop. D. 23. L. 4-5.

104) Собрание постановлений СССР. 1974. № 19. Ст. 109 (소련 결의문집. 1974. № 19. St. 109); Свод законов СССР. Т.10. М., 1990. С. 315 (소련 법전. 10권. 모스크바, 1990. P. 315); История войны на Тихом океане. С. 338. (태평양 전쟁사. P. 338)

105) Действующее международное право. Т. I. М., 1999. С. 230-243. (현행 국제법. 1권. 모스크바, 1999. P. 230-243)

106) Боярс, Ю. Р. Вопросы гражданства в международном праве. М., 1986. С. 35. (보야르스 Yu.R. 국제법에서의 시민권 문제들. 모스크바, 1986. P. 35)

107) STsDNI. F.P-4. Op. 36. D. 36. L. 263-264; F.P-4.Op. 36. D. 26. L. 52.

108) GASO. F. 53. Op. 5. D. 416.

109) GASO. F. 514. Op. 2. D. 16. L. 143.

110) Ведомости Верховного Совета СССР. 1958. № 4 (소련최고소비에트 공보. 1958. № 4); GASO. F. 53. Op. 5. D. 498. L. 208.

111) Архив региональной общественной организации “Сахалинские

корейцы" (지역사회조직 "사할린 한인들"의 고문서); Ло Ен Дон. Проблема российских корейцев: … С. 95. (노영돈. 고려인문제: ... P. 95)

112) Ведомости Верховного Совета СССР. 1958. № 3, № 4. (소련최고소비에트 공보. 1958. № 3, № 4.)

113) GASO. F. 53. Op. 1. D. 37. L. 218; F. 53. Op. 7. D. 4. L. 53-54; STsDNI. F.P-4.Op. 59. D. 1. L. 8-10.

114) GASO. F. 53. Op. 1 dop. D. 23. L. 30; F. 53. Op. 7. D. 181. L. 25-27.

115) GASO. F. 53. Op. 1 dop. D. 23. L. 19, 30, 31; STsDNI. F.P-4. Op. 59. D. 1. L. 8-10.

116) Сборник законов СССР и указов Президиума Верховного Совета СССР. 1938-1967. Т. I. М., 1968. С. 359-670 (소련법전모음집과 소련최고소비에트 상임위원회 결의집. 1938-1967. 1권. 모스크바, 1968. P. 359-670); Ведомости Верховного Совета СССР. 1960. № 34. (소련최고소비에트 공보. 1960. № 34)

117) STsDNI. F.P-4.Op. 80. D. 18. L. 116 119; F.P-4. Op. 80. D. 26. L. 156 159; F.P-4. Op. 80. D. 15. L. 108-111.

118) GASO. F. 53. Op. 7. D. 255. L. 87.

119) GASO. F. 53. Op. 1. D. 42. L. 70-78; F. 53. Op. 7. D. 245. L. 234; Сборник действующих договоров, соглашений и конвенций, заключенных СССР с иностранными государствами. Вып. XXIV. М., 1971. С. 559. (소련과 외국 간에 체결된 현행 조약, 협약, 협정 모음집. 24권. 모스크바, 1971. P. 559)

120) GASO. F. 53. Op. 2. D. 92. L. 119.

121) GASO. F. 53. Op. 1 dop. D. 23. L. 50.

122) GASO. F. 53. Op. 7. D. 255. L. 87.

123) GASO. F. 53. Op. 7. D. 255. L. 87-88.

124) GASO. F. 53. Op. 1. D. 43. L. 1-3; F. 53. Op. 1. D. 46. L. 28.

125) GASO. F. 53. Op. 7. D. 268. L. 134.

126) GASO. F. 53. Op. 7. D. 268. L. 132-137.

127) STsDNI. F.P-4. Op. 83. D. 3. L. 27.

128) STsDNI. F.P-4. Op. 83. D. 3. L. 27-34, 36-38.

129) GASO. F. 53. Op. 1. D. 208. L. 31; GASO. F. 1183. Op. 1. D. 29. L. 88-91; F. 1183. Op. 1. D. 35. L. 92, 97.

130) Кузин, А. Т. Дальневосточные корейцы: жизнь и трагедия судьбы. Южно-Сахалинск, 1993. С. 253-256. (쿠진 A.T. 극동의 한인들: 삶과 운명의 비극. 유즈노사할린스크, 1993. P. 253-256)

131) GASO. F. 1183. Op. 1. D. 29. L. 90.

132) Ведомости Верховного Совета СССР. 1978. № 49. С. 816. (소련최고소비에트 공보. 1978. № 49. P. 816)

133) Собрание постановлений правительства СССР. 1991. № 12-13. Ст. 55. (소련정부 결의 모음집. 1991. № 12-13. St. 55)

134) GAKhK. F.P-35. Op. 1. D. 1854. L. 107; GASO. F. 171. Op. 3. D. 7. L. 293 ob.

135) GASO. F. 53. Op. 1. D. 4. L. 168-169.

136) Политический собеседник. № 1. Южно-Сахалинск, 1989. С. 5. (정치적 대화자. № 1. 유즈노사할린스크, 1989. P. 5)

137) GASO. F. 53. Op. 1. D. 8. L. 21.

138) GASO. F. 3. Op. 2. D. 19. L. 48.

139) GASO. F. 53. Op. 25. D. 2629. L. 65.

140) GASO. F. 53. Op. 1. D. 2519. L. 63-65; F. 53.Op. 25. D. 2497. L. 23, 26, 30.

141) Сборник действующих договоров, соглашений и конвенций, заключенных СССР с иностранными государствами. Вып. XXII. М., 1967. С. 497-499. (소련과 외국 간에 체결된 현행 조약들, 협약, 협정 모음집. 22권. 모스크바, 1967. P. 497-499)

142) STsDNI. F.P -4. Op. 83. D. 3. L. 30.

143) GASO. F. 53. Op. 1. D. 365. L. 50.

144) GASO. F. 262. Op. 1. D. 151. L. 148.

145) Ключевский В.О. Курс русской истории. М., 1988. Т . 3. С. 241. (클류체프스키 V.O. 러시아사강의. 모스크바, 1988. 3권. P. 241)

146) Пак Хен Чжу. Репортаж с Сахалина. Южно-Сахалинск, 2004. С.106. (박형주. 사할린에서의 르포르타주. 유즈노사할린스크, 2004. P. 106)

147) GASO. F. 53. Op. 2. D. 92. L. 6, 116-117.

148) Ланьков А.Н. Корея. Будни и праздники. М., 2000. С. 235. (란코프 A.N. 한국. 평일과 명절. 모스크바, 2000. P. 235)

제5장 20-21세기 경계에서의 사할린 한인들

1)Собрание законодательства РФ. 2004. № 47. С. 4656. (러시아연방법전. 2004. № 47. P. 4656)

2) Ведомости съезда народных депутатов РСФСР и Верховного Совета РСФСР. 1991. № 44. С. 1428. (러시아소비에트사회주의연방공화국의 인민대의원대회와 최고회의 공보. 1991. № 44. P. 1428)

3) Реабилитация народов и граждан. 1954-1994 годы. Документы. М., 1994. С. 260. (민중과 시민의 복권. 1954-1994년. 문서들. 모스크바, 1994. P. 260)

4) Постановление администрации Сахалинской области «О переводе натуральных льгот реабилитированных лиц и лиц, признанных

пострадавшими от политических репрессий, участников трудового фронта, ветеранов труда, проживающих в Сахалинской области, на денежные выплаты в 2005 году» от 9 августа 2005 г. № 139-па. (사할린 주 행정부의 결정 № 139-па "사할린 주에 거주하고 있는 복권된 자와 정치적 억압으로 인해 고통을 받은자, 노동전선의 참가자, 노동 베테랑의 자연적 특혜의 2005년 금전적 지불 이행에 관하여")

5) Ведомости съезда народных депутатов РФ и Верховного Совета РФ. 1992. 6 февраля. №. 6, С. 243. (러시아소비에트사회주의연방공화국의 인민대의원대회와 최고회의 공보. 1992년 2월 6일. № 6, P. 243)

6) Собрание законодательства. 2002. 3 июня. № 22, С. 2031. (법전. 2002년 6월 3일. № 22, P. 2031)

7) Труд и право. М., 2008. № 7. С. 39. (노동과 권리. 모스크바, 2008. № 7. P. 39)

8) Закон и право. 2003. № 5. С. 60. (법과 권리. 2003. № 5. P. 60)

9) Собрание законодательства РФ. 2002 г. 3 июня. № 22. С. 2031. (러시아연방법전. 2002년 6월 3일. № 22. P. 2031)

10) Смородин Н.М. Основания и порядок приобретения гражданства Российской Федерации // Закон и право, 2003. № 5. С. 61. (스모로딘 N.M. 러시아연방 시민권 취득 절차와 근거, 법과 권리. 2003. № 5. P. 61.)

11) Собрание законодательства РФ. 2002. № 30. С. 3032. (러시아연방법전. 2001. № 30. P. 3032)

12) Российские и международные акты. М., 2003. С. 543. (러시아와 국제법령들. 모스크바, 2003. P. 543)

13) Гражданство. Сборник правовых документов. М., 2003. С. 50. (시민권. 법률문서모음집. 모스크바, 2003. P. 50)

14) Государство и право. 2001. № 6. С. 26. (국가와 권리. 2001. № 6. P. 26)

15) Там же. (위의 책)

16) Итоги Всероссийской переписи населения 2002 года. Т. 4. Кн. 2. М., 2004. С. 2068-2069. (2002년 전러시아 인구조사결과. 4권. 2책. 모스크바, 2004. P. 2068-2069)

17) Итоги Всероссийской переписи населения 2002 года. Т. 4. Кн. 2. М., 2004. С. 1886. (2002년 전러시아 인구조사결과. 4권 2책. 모스크바, 2004. P. 1886)

18) Краеведческий бюллетень. № 4. Южно-Сахалинск, 1999. С. 96. (지역 연구 공보. № 4. 유즈노사할린스크, 1999. P. 96)

19) Кузин А.Т. Дальневосточные корейцы: жизнь и трагедия судьбы. Южно-Сахалинск, 1993. С. 266. (쿠진 A.T. 극동의 한인들: 삶과 운명의 비극. 유즈노사할린스크, 1993. P. 266)

20) Советский Сахалин. 1988. 10 июля. (소비에트 사할린. 1988년 7월 10일)

21) Бок Зи Коу. Корейцы на Сахалине. Южно-Сахалинск, 1993. С. 193. (박수호. 사할린의 한인들. 유즈노사할린스크, 1993. P. 193)

22) Там же. С. 118. (위의 책. P. 118)

23) Советский Сахалин. 1990. 10 февраля. (소비에트 사할린. 1990년 2월 10일)

24) Советский Сахалин. 1999. 7 августа. (소비에트 사할린. 1999년 8월 7일)

25) Сахалин и Курилы: история и современность. Южно-Сахалинск, 2008. С. 282. (사할린과 쿠릴열도: 역사와 현대성. 유즈노사할린스크, 2008. P. 282)

26) Кузин А.Т. Сахалинские корейцы: история и современность. 1880-2005. Сборник документов и материалов. Южно-Сахалинск, 2006. С. 337. (쿠진 A.T. 사할린 한인들: 역사와 현대성. 1880-2005. 문서와 자료집. 유즈노사할린스크, 2006. P. 337)

27) Советский Сахалин. 1995. 29 марта. (소비에트 사할린. 1995년 3월 29일)

28) Советский Сахалин. 1994. 19 января. (소비에트 사할린. 1994년 1월 19일)

29) Советский Сахалин. 1994. 22 ноября. (소비에트 사할린. 1994년 11월 22일).

30) Советский Сахалин. 1994. 24 марта. (소비에트 사할린. 1994년 3월 24일).

31) GASO. F. 1198. Op. 1. D. 471. L. 15.

32) Советский Сахалин. 1994. 10 ноября. (소비에트 사할린. 1994년 11월 10일)

33) Советский Сахалин. 1997. 22 января. (소비에트 사할린. 1997년 1월 22일)

34) Советский Сахалин. 1999. 9 февраля. (소비에트 사할린. 1999년 2월 9일)

35) Регион. 1999. 2 июля. (지역. 1999년 7월 2일)

36) Сэ коре синмун. 2001. 23 ноября. (새고려신문. 2001년 11월 23일). 45. Пак Б.Д., Бугай Н.Ф. 140 лет в России. Очерк истории российских корейцев. М., 2004. С. 406. (박 B.D., 부가이 N.F. 러시아에서의 140년. 고려인사개요. 모스크바, 2004. P. 406)

37) Собрание законодательства РФ. 2001. 12 марта. № 11. (러시아연방법전. 2001년 3월 12일. № 11.)

38) Советский Сахалин. 2001. 9 июня. (소비에트 사할린. 2001년 6월 9일)

39) Сэ коре синмун. 2009. 24 июля. (새고려신문. 2009년 7월 24일)

40) Архив региональной общественной организации «Сахалинские корейцы». (지역사회조직 "사할린 한인들"의 고문서)

41) Собрание законодательства РФ. 2003. 13 января. № 2. Ст. 159 (러시아연방법전. 2003년 1월 13일. № 2. St. 159); Сборник нормативных актов. М., 1996. С. 22-23. (법조항집. 모스크바, 1996. P. 22-23)

42) Сэ коре синмун. 2009. 26 июня. (새고려신문. 2009년 6월 26일).

43) Советский Сахалин. 2005. 19 ноября. (소비에트 사할린. 2005년 11월 19일).

44) Ло Ен Дон. Указ. соч. С. 58. (노영돈. 위의 책. P. 58)

45) Южно-Сахалинск сегодня. 2004. 25 мая. (오늘날의 유즈노사할린스크. 2004년 5월 25일)

46) Архив региональной общественной организации «Сахалинские корейцы». (지역사회조직 "사할린 한인들"의 고문서)

47) Южно-Сахалинск сегодня. 2004. 25 мая. (오늘날의 유즈노사할린스크. 2004년 5월 25일)

48) Кузин А.Т. Сахалинские корейцы: история и современность... С. 336. (쿠진 A.T. 사할린의 한인들: 역사와 현대성… P. 336)

49) Там же. С. 356-358. (위의 책. P. 356-358)

50) Там же. С. 340-341. (위의 책. P. 340-341)

51) Там же. С. 348-350. (위의 책. P. 348-350)

52) Там же. С. 347-348. (위의 책. P. 347-348)

53) Сэ коре синмун. 2009. 24 июля. (새고려신문. 2009. 7월 24일)

54) Специальная программа реабилитации сахалинских корейцев. Сеул, 2009. С. 1-10. (사할린 한인의 복권을 위한 특별 프로그램. 서울, 2009. P. 1-10)

55) Там же. (위의 책)

56) Там же. (위의 책)

57) Там же. (위의 책)

58) Информация о системе выезда с последующим трудоустройством. Сеул, 2007. (차후의 일자리 알선과 출국 시스템에 대한 정보. 서울, 2007)

59) Корея. Для иммигрантов в браке. Сеул, б/г. (한국. 결혼이민자를 위해. 서울, 연도불명)

60) Сахалин и Курилы: история и современность. Южно-Сахалинск, 2008.

C. 59. (사할린과 쿠릴: 역사와 현대성. 유즈노사할린스크, 2008. P. 59)

61) Краеведческий бюллетень. Южно-Сахалинск, 1993. С. 29. (지역연구 공보. 유즈노사할린스크, 1993. P. 29)

62) GASO. F. 557. Op. 1. D. 4. L. 36.

63) GASO. F. 557. Op. 1. D. 4. L. 57.

64) STsDNI. F.P -4. Op. 1. D.355. L. 27-28.

65) Кузин А.Т. Дальневосточные корейцы: жизнь и трагедия судьбы. Южно-Сахалинск, 1993. С. 230. (쿠진 A.T. 극동의 한인들: 삶과 운명의 비극. 유즈노사할린스크, 1993. P. 230)

66) Женевские Конвенции от 12 августа 1949 г. и дополнительные протоколы к ним. М., 1949. С. 137-211. (1949년 8월 12일자 제네바협정과 부가 의정서. 모스크바, 1949. P. 137-211)

67) История войны на Тихом океане… С. 87. (태평양전쟁사… P. 87)

68) Там же. С.337-359. (위의 책. P. 337-359)

69) Русская Тихоокеанская эпопея. Хабаровск, 1979. С. 562. (러시아 태평양 서사시. 하바로프스크, 1979. P. 562)

70) Сеульский вестник. 2000. 1-30 июня. (서울 통보. 2000. 6월 1일-30일)

71) Кузин А.Т. Дальневосточные корейцы: жизнь и трагедия судьбы…С. 230. (쿠진 A.T. 극동의 한인들: 삶과 운명의 비극… P. 230)

72) Советский Сахалин. 1987. 24 ноября. (소비에트 사할린. 1987년 11월 24일)

73) Политика Японии и проблема корейцев, оставленных после войны на Южном Сахалине. Токио, 1994. С. 533. (На яп. яз.) (일본의 정책과 전후 남사할린에 남겨진 한인 문제. 도쿄, 1994. P. 533. 일본어)

74) GASO. F. 557. Op. 1. D. 4. L. 85.

75) Сеульский вестник. 2007. Сентябрь. № 114. (서울통보. 2007. 9월. № 114)

76) История войны на Тихом океане… С. 339-340. (태평양전쟁사… P. 339-340)

77) Там же. С. 347. (위의 책. P. 347)

78) Там же. С. 350. (위의 책. P. 350)

79) Там же. С. 364. (위의 책. P. 364)

80) Там же. С. 353. (위의 책. P. 353)

81) Там же. С. 381, 382, 397. (위의 책. P. 381, 382, 397)

82) История международных отношений на Дальнем Востоке. 1945-1977. Хабаровск, 1978. С. 339. (극동에서의 국제관계사. 1945-1977. 하바로프스크, 1978. P. 339)

83) История международных отношений на Дальнем Востоке… С. 339 (극동에서의 국제관계사… P. 339); История дипломатии. Т. V. Книга первая. М., 1974. С. 405-406. (외교사. 5권. 1책. 모스크바, 1974. P. 405-406)

84) GaKhK. F. P-35. Op. 1. D. 1854. L. 14; STsDNI. F.P -20. Op. 1. D. 59. L. 6.

85) Ло Ен Дон. Указ. соч. С. 71. (노영돈. 위의 책. P. 71)

86) Советский Сахалин. 2002. 21 июня. (소비에트 사할린. 2002년 6월 21일)

87) Конституции государств Юго-Восточной Азии и Тихого океана. М., 1960. С. 717, 719. (남동아시아와 태평양 국가들의 헌법. 모스크바, 1960. P. 717, 719)

88) Советский Сахалин. 1991. 2 октября. (소비에트 사할린. 1991년 10월 2일).

89) GASO. F. 1038. Op. 1. D. 104.

90) GASO. F. 1038. Op. 1. D. 104.

91) GASO. F. 589. Op. 3. D. 105. L. 5. ; F. 1038. Op. 1. D. 104. L. 18.

92) Ушаков Н.А. Основания международной ответственности государств. М., 1983. С. 28. (우샤코프 N.A. 국가의 국제적 책임 근거. 모스크바, 1983. P. 28)

93) Мазов В.А. Ответственность в международном праве. М., 1979. С. 38-45. (마조프 V.A. 국제법에서의 책임. 모스크바, 1979. P. 38-45)

94) Ло Ен Дон. Указ. соч. С. 33. (노영돈. 위의 책. P. 33)

95) Там же. С. 34. (위의 책. P. 34)

96) Международное публичное право. М., 2005. С. 198. (국제공법. 모스크바, 2005. P. 198)

97) История войны на Тихом океане… С. 351-352. (태평양전사… P. 351-352)

98) Кузин А.Т. Сахалинские корейцы: история и современность. 1880-2005. Сборник документов и материалов. Южно-Сахалинск, 2006. С. 358. (쿠진 A.T. 사할린의 한인들: 역사와 현대성. 1880-2005. 문서와 자료집. 유즈노사할린스크, 2006. P. 358)

99) Губернские ведомости. 2009. 29 мая. (현 공보. 2009년 5월 29일)

100) Советский Сахалин. 1995. 26 мая. (소비에트 사할린. 1995년 5월 26일)

연보

1864년	한인의 러시아 연해주로의 자발적 망명이 시작되다.
1878년	코르사코프 지구의 마우카 마을에 러시아 상인 세묘노프가 한인들도 일했던 해조류 공장을 세웠다. 사할린 아이누인들은 지역의 중국인들과 한인들이 그들을 파산시키려 하는 것을 막아달라는 요청을 섬의 통치자에게 하였다.
1880년	특별 황제법에 따라 한인을 포함해서 사할린 주민에게 유형수의 작업 기간의 복역후 사할린 섬에 남아서 영구거주의 의무가 맡겨졌다.
1884년	러시아와 한국 간에 최초의 국가간 조약이 체결되다. 이 조약에 따라 한인 망명자들은 러시아 국민이 될 권리를 부여받았다. 조선정부가 러시아 국경 너머로 가는 한인들에게 해외신분증 발급을 시작하였다.
1895년	한인에게 러시아 황제에 대한 충성선서를 시키기 시작했다. 공식적으로 중국으로부터의 한국독립을 인정받은 시모노세키조약이 체결되다.
1897년	최초의 러시아 주민 총인구조사가 실시되고 이 조사에 따르면 사할린 섬에는 67명의 한인이 살고 있었다.
1905년	일본은 조선에 대한 자신의 보호통치를 설립했다.
1906년	사할린 섬의 군사령관지사 A.M. 발루예프의 지도하에 협의회는 한인을 포함해서 외국인을 석탄산업에 고용해서 일하도록 하는 것을 허락했다.
1910년 8월 9일	서울에서 한일합방에 대한 조약이 체결되다. 알렉산드로프스크 주둔지에 한국 정치망명자들로 «공제조합»이 조직되었으며 이들은 민족부락의 건설을 위한 땅을 구

	매했다.
1911년	사할린 총독 그리고리예프를 필두로 한 특별위원회는 중국인과 한인에게 사할린 섬의 석탄을 허락하지 않는다는 러시아 법을 준수하는 것을 가장 엄격한 필요한 방식이라고 인정했다.
1919년 3월 1일	식민지 지배를 받는 한국에는 한인의 전국적 민족 봉기가 일어났고 한인의 일부는 일본의 추적을 피해 북 사할린으로 도망갔다.
1924년 7월 25일	극동혁명위원회는 한인이 소련시민권을 받는 단순한 절차에 대한 지시를 채택했다.
1925년 2월 2일	소련의 전러시아집행위원회와 인민위원회는 «농업이민에 대한» 법령을 채택했다. 이 법령에 따라 한인들은 소련 시민권을 가지고 대등하게 땅을 경작할 수 있도록 받게 되었다.
5월 14일	북사할린에서 일본점령군의 철수가 이루어졌고 여기에 소련 지도부가 설립되었다.
8월	리브노프스크 지역에서 214명의 한인이 살고 있었던 두 마을, 즉 나우모브카와 케피 지역을 통합한 최초의 한민족 마을회가 선출되었다.
9월	알렉산드로프스크-나-사할린 시의 한인들은 일본영사 시마다를 보이콧한다고 밝혔으며 자신들의 회의에서 일본의 식민지정책을 비난했다.
10월 19일	한인들도 포함해서 북 사할린에 남아 있던 일본 외교관들은 긴급식량 원조에 대한 각서를 들고 소련정부기관들로 향했다.
10월 30일	알렉산드로브스크 시의 한인회가 구성되었고 거기서 소련정부를 지지한다는 결의가 채택되었다.
10월	리브노프스크 지역의 케피 마을에서 북 사할린 최초의 한인 초등학교가 문을 열었다.

11월	사할린혁명군사위원회는 극동혁명군사위원회에 지방 한인의 가난에 대해 묻는 편지를 보냈다.
1926년 5월	오하에 있는 일본석유이권 기업에서 임금 상승을 요구하면서 중국인과 한인들의 동맹파업이 일어났다.
1928년 1월 30일	리브노프스크 지역집행위원회의 집행부는 땜질을 하고 원주민을 속이는 것을 이유로 모든 한인 상인들의 추방에 대한 결의를 채택했다.
9월	오하에 한인 야간학교가 문을 열었다.
1929년 2월 18일	오하지역당사무국은 정해진 통행증 없이 지역내에 들어온 한인 노동자의 추방에 대한 결정을 채택했다.
4월12 일	북사할린에 있는 러시아소비에트 사회주의 연방공화국의 외무부인민위원회의 대표부는 공식적으로 섬에 한인이 거주하는 것이 정치적으로 타당하지 않다는 문제를 제기했다.
1931년.	사할린 주민의 인구조사가 실시되다. 이 결과에 따라 한인의 수는 1,767명이었다.
1932년	소련시민권을 집단적으로 받아들였던 한인을 포함해서 북사할린 주민의 주민증제도가 시작되었다.
1934년 2월 17일	극동지역집행위원회는 원칙을 정했다. 이 원칙들에 따라 1910년전에 들어온 한인들은 소련시민으로 인정받았고 외국인들에게 거주증을 발급하기 시작했다.
12월	일본의 카라푸토 총독부의 데이터에 따르면 남사할린에 58,000명의 한인이 살았다.
1937년 8월 21일	소련인민위원회와 전연맹공산당 중앙위원회는 한인을 극동의 국경지역들에서 중앙아시아와 카자흐스탄으로 추방한다는 결정을 채택했다.
9월 28일	전연맹공산당 사할린 구위원회사무국은 사할린 섬에서 한인

의 추방과 관련된 조치들을 논의했다.

10월	사할린 한인 15,000명 이상의 수가 강제이주되었다.
1939년 6월	일본정부는 한반도에서 남사할린으로 노동력고용에 따른 조치들을 실현시키기 시작했다.
1942년 2월	일본과 남사할린에서 일을 위한 한인의 강압적인 전면 고용이 시작되었다.
1944년 9월	«민중의 노동의무에 관한» 법을 근거로 일본은 식민지 하에 있는 남사할린 지역에서 강제노동을 위한 전체 동원, 남사할린에서 큐슈섬의 탄광으로 한인 노동자들의 일부를 이동시켰다.
1945년 8월	일본식민지배자들은 미주호 마을에서 27명의 한인과 카미시수카(레오니도보) 초소의 한인 그룹을 잔인하게 죽였다.
	소련 군사지도부는 남사할린의 주민이 일본으로 자유롭게 나가는 것을 방지하기 위해 통제했다.
9월	유즈노사할린스크주시민업무관리부는 남사할린의 정치, 경제상태에 대한 보고서를 전연맹공산당 중앙위원회로 보냈다. 그 보고서에는 한인의 수가 235,000명이라고 언급되어 있었다.
	소련행정부는 시민에게 전쟁전 기간의 법칙에 따라 음식물을 제공하고 생산과 산업물품들에 대해 카드와 제한거주증을 재등록하도록 지시했다.
10월	남사할린과 쿠릴열도의 주민을 위해 군사체제가 도입되다.
	우그렐고르스크와 마카로프 시에 최초의 한인 초등학교가 문을 열었다.
11월	한국과 일본 주민의 저축 재등록이 진행되었다.
1946년 2월 2일	남사할린 행정구조와 소련법령의 도입에 대한 소련인민위원회의 결정이 채택되었다.

2월 남사할린과 쿠릴열도에서 일본화폐 사용이 금지되다

3월 일본인과 한인들을 위해 생산과 노동지불에 대한 소련 법령이 도입되다.

4월 일본의 재정과 조세법이 폐지되다. 일본은행, 예금소, 보험회사가 더 이상 운영되지 않았다.

일본과 한국주민은 전쟁 전 시기에 계산된 조세와 징수에 따른 모든 미납금으로부터 자유롭게 되다.

남사할린과 쿠릴열도에 남아 있던 일본 국민들에게 임시증명서발급이 시작되었다.

한인에 대한 세심한 검사 후에 국가적 의미의 인민경제대상들의 보호를 허락하기 시작했다.

경제지도자들에게 해당서류가 없는 일본인과 한인에게 일을 주는 것을 금지시켰으며 무단결근에 대해 군재판소의 재판에서 검토하기 위한 작업이 이루어지기 시작했다.

5월 국가 간 합의를 근간으로 해서 어업산업에서 고용된 노동자들이 북한에서 남사할린으로 도착하기 시작했다.

6월 26일 전연맹공산당의 사할린 주위원회는 모스크바로 북한 고용 노동자들과 그들의 가족의 물질적 생활적 안정 문제에 대한 편지를 보냈다.

8월 28일 유즈노사할린스크주시민업무관리국은 한인학교의 추가개설에 대한 지시를 발표했다.

8월 유즈노사할린스크주시민업무관리국의 지시로 모든 외국어로 된 책, 잡지, 교과서의 개인 매매가 금지되다.

9월 주시민관리국지시에 따른 행정절차로 유즈노사할린스크에서 지방으로 산업인, 상인, 실직자들로 이루어진 1,600명의 일본인과 한인이 이주되다.

11월 유즈노사할린스크주시민업무관리국의 정치부는 한인 가운데 집단정치, 문화계몽 업무의 실행에 대한 결정을 채택했다.

한인농민들은 감자 씨앗을 장만하는 것과 자신의 밭에서 나오는 물건이 수확된 것에 대해 면관리국의 증명서가 있다면 시장에서 야채와 감자를 판매할 수 있었다.

12월 소련과 미국 간에 남사할린과 쿠릴열도에서 한인을 제외한 일본국민의 귀환절차에 대한 합의가 이루어지다.

1947년 1월 17일 사할린주시민업무관리국은 한인학교를 소련교육시스템으로 운영한다는 지시를 내렸다.

3월 3일 소련내무부는 소련영토에서 이동할 수 있는 자유를 한인에게서 박탈한다는 지시를 내렸다.

3월 16일 소련각료회의는 사할린주를 포함해서 극동의 어업수요를 위해 1947년에 한국에서 22,000명의 노동자를 고용하기로 결정했다.

4월 22일 사할린주집행위원회는 일본인과 한인의 배우집단에 대한 문제를 결정했다.

7월 사할린전연맹공산당주위원회와 주집행위원회는 일본과 한국 노동자들에 대한 회사대표들의 올바르지 않은 태도에 대한 비공개 편지를 지방에 보냈다.

사할린주의 지도자들은 일본과 한인 노동자들이 나쁜 음식과 연관해서 직장에 나가는 것을 거부한다는 소식을 정부에 보냈다.

8월 28일 소련각료회의는 임금과 봉급, 노동임금 시스템과 생산과 산업물품의 공급 규칙을 전파시킴과 동시에 소련노동자들을 위해 설립된 소련의 기업들에서 일하고자 하는 했던 일본인과 한인의 노동조약을 체결하도록 허락하는 결정 № 3014을 채택했다.

10월 14일 사할린주집행위원회는 소련정부의 결정 이행에서 한인들을 일본에 보내는 것을 허락하지 않는다는 지침서를 지방에 보냈다.

12월 17일 사할린전연맹공산당의 주위원회는 한국주민 사이에서 대중적이고 정치적인 움직임이 강화되는 것에 대한 조치들을 결정했다.

12월 20일 사할린주 지도자들은 소련정부에 지방의 일본인과 한인 주민의 생활보장 필요성에 대한 전보를 보냈다.

12월 소련정부의 결정에 따라 도처에서 화폐개혁이 일어나고 카드시스템이 폐지되고 있다.

사할린주의 필하모니 부속 한인 콘서트 에스트라다 앙상블과 연극단이 창설되다.

1948년 1월 27일 소련각료회의는 명령 № 890-p를 채택했다. 이 명령에 따라 2-3년 동안 북한에서 고용된 노동자들에게 총 500루블의 반환되지 않는 자금을, 선불금을 1,000루블까지 내주었으며 계절노동자들에게는 300루블 규모의 무상으로 자금을 지불했고 그 외에 3년간 계약을 체결한 노동자들에게는 크라이니 세베르 지역에서 일하고 있는 자들을 위한 특혜가 제공되었다.

1948년 5월 18일 사할린전연맹공산당 주위원회는 한인의 정치적 문화계몽적 업무에 대한 결정을 채택했다.

5월 유즈노사할린스크에 주의 이동한인드라마극장이 문을 열었다.

6월 25일 사할린전연맹공산당 주위원회는 한인의 귀환불허에 대한 편지를 지방에 보냈다.

6월 아니브스크 지역의 스타로루스키 초소에 한국 집단농장 «태평양의 별»이 구성된다.

8월 15일 대한민국이 선포되다.

9월 9일 조선민주주의인민공화국이 형성되다.

9월 29일 조약 기간 만료 후 일하러 온 6,000명의 한인을 사할린 주 어업에서 해방시켜 정부가 특혜를 유지해 주면서 산림산업으로 이동시키는 것에 대한 소련각료회의 결정 № 3600이 채택되었다.

10월 27일 사할린주 집행위원회는 한인의 방랑과 자유로운 이동을 중단하는 것에 대한 결정을 받아들였다.

11월 12일 사할린 주 한인학교 작업조직에 대한 러시아소비에트사회주의 연방공화국의 각료회의명령이 채택되었다.

전연맹공산당의 사할린 주위원회에 한인주민과의 작업 섹터가 조직되다.

1949년 3월 25일 소련각료회의는 소련의 건설과 동쪽 지역의 산업 작업을 위해 북한에서 노동자를 고용하는 것에 대한 결정을 받아들였다.

4월 26일 소련각료회의는 사할린 주의 한인학교 학생들을 위한 교과서 발행에 대한 결정을 받아들였다.

5월 5일 사할린 주의 한인주민의 편의 문제에 대한 러시아소비에트 사회주의연방공화국의 각료회의명령이 채택되었다.

6월 1일 «조선노동자» 신문의 창간호가 나왔다. 이 신문의 편집부는 하바롭스크에 있었고 2,700부가 사할린 주에 배포되었다.

8월 사할린 지구의 국경부대 사령부는 전연맹공산당의 사할린 주위원회에 한인들을 쿠릴열도에서 남사할린으로 이주시키는 것에 대한 편지를 보냈다.

10월 19일 전연맹공산당의 사할린주위원회는 한인이 참여하는 대중스포츠 행사의 자유로운 실행에 대한 금지를 덧붙였다.

1950년 6월 15일 사할린 주집행위원회는 사회적으로 유익한 노동에 종사하지 않고 의심이 되는 생활방식을 행하며 여권을 지니고 있지 않은 한인들에 의해서 행해지고 있는 형사범죄와의 싸움에 따른 조치들을 결정했다.

6월 25일 한국전쟁이 시작되었다.

9월 15일 러시아소비에트사회주의연방공화국의 각료회의는 하바롭스크에서 유즈노사할린스크로 «조선노동자» 신문의 편집부와 인쇄소의 이전에 대한 명령을 채택했다.

1951년 9월 8일 소련의 참여 없이 샌프란시스코 평화조약이 체결되다. 이 조약의 근간에는 일본이 전쟁 후에 남사할린에 남겨둔 한인에게 자신들의 국민신분을 후에 상실하게 했다.

9월 20일 사할린주 집행위원회는 노동조직과 한인의 의식주 조건의 개선에 대한 조치를 확정했다.

9월 1일 소련각료회의는 농업협동조합과 수산협동조합에 가입하고 텃밭과 주택과 살림구조물의 건설에 대한 융자를 얻을 권리를 한인들에게 제공하면서 사할린 주에 살고 있는 한인의 배치에 대한 결정을 채택했다.

1952년 1월 15일 전연맹공산당의 사할린주위원회는 전연맹공산당 중앙위원회에 이 문제 대한 편지를 보내고 나서 한국 주민에 대한 정치적 영향 강화와 한인의 문화생활 개선 문제에 대한 결정을 채택했다.

1월 30일 소련각료회의의 명령 № 459-pc 으로 사할린 주의 도시들에 살고 있는 한인들에게 집단농장의 일원, 농업협동조합과 수산협동조합에 들어갈 권리를 경제 정비에 대한 특권과 함께 제공했다.

3월 4일 전연맹공산당 중앙위원회는 결정을 채택했다. 결정에 따라 100명 이상의 한인 노동자가 있는 기업들에 정치적, 문화계몽적 일을 맡는 부지배인 직위를 설정하는 것이 허락되었다.

3월 29일 전연맹공산당 사할린주위원회의 사무국은 «조선노동자» 신문의 편집부에 일주일에 5번 정기발행과 함께 12,000부까지 신문부수를 증가하도록 허락했다.

4월 일본 사법부는 한인에게 일본 국민신분의 상실에 대한 결정을 발표했다.

5월 6일 소련각료회의의 결정이 채택되었다. 이 결정에 따라 한인들에게 소련 시민권을 받아들이는 것이 허락되었다.

5월 사할린 주집행위원회는 한인 주민의 편의를 위한 도서관 개설 결정을 받아들였다.

8월 고용된 북한 노동자와 시민권이 없는 한인에게 임시 신분증이 교부되었다.

9월 포로나이스크 사범학교에 한국어과가 개설되었다.

1954년 3월 26일 10명의 자녀를 낳고 양육한 가정주부 김 유리코(유즈노사할린스크 시)에게 명예칭호 «어머니 영웅»을 수여하는 것에 대한 소련의 최고회의의 명령이 채택되었다.

8월 사할린 주에 살고 있는 북한시민들과 시민권이 없는 자에게 친지들과의 만남을 위해 북한으로 떠나는 것이 허락되었다.

1955년 1월 28일 «조선노동자» 신문의 편집부에 문화생활부가 창설되고 문학, 학교와 문화계몽업무 부서들이 폐지되었다.

1956년 7월 14일 소련공산당 사할린주위원회는 러시아소비에트사회주의연방공화국 소련공산당 중앙위원회 사무국에 한인 주민과의 작업 개선에 도움을 주는 문제에 대한 기록을 보냈다.

7월 31일 포로나이스크 사범학교의 폐쇄에 대한 소련각료회의 결정 № 523이 채택되었다. 이 학교의 한국어과는 유즈노사할린스크 시의 사범학교에 넘어갔다.

8월 4일 무시민권자인 한인과 그 가족에게 직위와 소련시민으로서 일반적인 근거에서 국가 연금 지불에 대한 정부 결정이 채택되었다.

8월 13일 소련내무부는 한인, 즉 남사할린의 예전 주민이고 북한의 시민인 한인이 소련시민권을 받아들이는 데 서식을 간편화하라는 명령을 확정했다.

8월 31일 소련시민이 아닌 한인에게 유즈노사할린스크사범대학에서 교육을 받고 거주증에 일본식의 성과 이름을 한국식으로 교체하는 것을 허락하는 러시아소비에트사회주의연방공화국 각료회의 명령이 채택되었다.

9월 21일 소련각료회의의 명령 № 5723-pc으로 구금지역에서 기간 전에 석방된 무시민권자에게 그들이 소련재판기관에서 판결을 받기 전 살았던 해당 국가로 가기를 원할 때 떠나도록 허락했다.

9월 9일 소일공동선언이 조인되다. 이 선언을 근간으로 한인, 일본 가족의 일원들은 일본으로 귀환할 권리를 얻었다.

10월 사할린 주에 한국어 방송이 시작되었다.

11월 9일 소련각료회의는 명령을 내렸다. 명령에 따라 사할린 주에 살고 있으며 소련 시민이 아닌 한인들은 국가 생활보험, 고등특별기관과 중등특별기관, 직업학교에 들어갈 권리로 분리되었고 한인여성들은 임신한 여성, 자녀가 많고 홀어머니를 위한 국가 보조금을 받기 시작했다.

1957년 12월 16일 이중시민권을 가진 자의 시민권 문제 조정에 대한 소련과 북한 국가들 간의 협정이 조인되다.

1958년 3월22일 유즈노사할린스크사범학교 부속 한국어과의 개설에 대한 사할린 주집행위원회의 결정이 채택되다.

5월 12일 소련최고회의 집행부의 법령에 의해서 아니바 시 출신의 가정주부 임두네에게 명예칭호 «어머니 영웅»이 수여되다.

6월 1일 무시민권 사할린 한인들은 농업 조세 납부에서 면제되다.

1959년 7월 1일 한인 지역 이동 드라마극장은 한국 노래와 춤 앙상블로 재조직되다.

8월 한인 주민을 위해 유즈노사할린스크시립문화의 집이 건설되다.

1960년 2월 10일 크라이니 세베르 지역에서 일하고 있는 자들의 특혜에 대한 소련최고소비에트 상임위원회의 법령이 채택되다. 이 특혜 효력은 노동조약 체결과 상관 없이 무시민권 한인들에게 퍼졌다.

2월 26일 소련공산당 사할린 주위원회는 한인 주민의 정치적 교육 업무 강화에 따른 조치들을 결정했다.

8월 5일 소련최고소비에트 상임위원회는 국경수호에 대한 규정을 확정했다. 이 규정에 따라 무시민권자들과 한인을 포함한 외국인들은 세 달에 한번 경찰 기관에 재등록을 하러 나와야 하고 그들로부터 사할린 주 영토에서의 이동에 대한 서면 허가증을 받아야 했다.

10월 21일 소련 재정부의 명령을 근간으로 무시민권 사할린 주의 한인들은 무자식에 대한 세금 납부에서 면제된다.

1961년 5월 14일 «조선노동자» 신문은 «레닌의 길로» 신문으로 개명되다.

11월 25일 사할린 주집행위원회는 외국인과 무시민권자들과 소련시민의 결혼 절차에 대한 통지를 지방에 보냈다.

1962년 5월 6일 소련각료회의는 무시민권자들이 내무부기관들에서 연4회 재등록을 해야 했던 절차를 폐지했으나 그들에게 발급되는 거주증의 효력 기간은 2년까지로 늘렸다.

4월 사할린 주에서 고용된 북한노동자들의 마지막 그룹이 떠났다.

8월 유즈노사할린스크 시에 한국 문화의 집 운영이 중단되다.

1963년 5월 13일 정부 명령에 근거하여 사할린 주집행위원회는 한인학교가 러시아어 교육으로 이전할 것을 명령했다.

1964년 5월 9일 소련최고특별교육과 중등특별교육부 장관의 명령 № 78에 의해서 소련에 살고 있는 외국국가 시민들의 장학금 보장이 대등하게 허락되다.

8월 18일 소련공산당의 사할린주위원회는 주에 거주하는 한인주민의 이데올로기 작업강화 조치들에 관한» 결정이 채택했다.

8월	유즈노사할린스크, 홈스크, 돌린스크, 네벨스크, 우그레고르스크에 한인 클럽과 도서관이 해체되다.
1965년 6월 22일	전후 문제들 조정에 대한 일본과 남한의 합의가 조인되다.
1966년 3월	소련시민권의 한인들에게 친지들과의 만남을 위해 북한으로 일시적으로 출국하도록 허락되기 시작했다.
1968년 12월	대한민국에서 후에 중국과 소련에서 이산가족협회로 재조직되는 «사할린한인 귀국을 위한» 사회 조직이 결성되다.
1974년 4월 9일	건설분야에서 공로를 인정받아 명예칭호 «러시아소비에트사회주의 연방공화국 공훈건축가»가 트레스트 «사할린공업건설» 종합작업반의 작업반장 이정우에게 수여되다.
5월 29일	소련출판분야에서의 공을 인정받아 명예칭호 «러시아소비에트사회주의연방공화국의 공훈문화노동자»가 비서 김덕중과 한국신문 «레닌의 길로»의 부서를 이끌고 있는 김 그리고리 표도로비치에게 수여되다. 노동자들의 공산주의 교육, 경제, 문화건설 과제수행을 위해 그들을 동원하는 유익한 작업을 했다는 의미에서 한국신문 «레닌의 길로»는 러시아소비에트사회주의연방공화국의 최고위원회 집행부의 표창장을 수여받는다.
1976년 9월 10일	표현예술분야에 공을 인정받아 명예칭호 «러시아소비에트사회주의연방공화국의 공훈예술가»가 사할린 예술생산 장인의 예술가 니 아나톨리 니콜라예비치에게 수여된다.
1977년 1월 26일	코르사코프에 살고 있는 무시민권자인 도만상의 한인가족이 소련국경 너머로(북한으로) 이주되다.
11월	유스노사할린스크에서 온 판태련과 유길수, 포로나이스크 출신의 김일수, 홈스크 출신의 이창남의 한인 4가정, 총 31명이 북한으로 이주되다.
1977년	소련에서 한국과 일본으로의 출국허가증 발급이 한인들에게

중단되다.

1981년 11월 20일 일본에서 남한 친지들과 사할린 한인들의 첫번째 만남이 이루어졌다.

1983년 7월 일본의원인 쿠사카바 세죠가 일본에서의 한인 이산가족의 만남을 조직하는 문제를 연구할 목적으로 사할린에 왔다.

1987년 3월 25일 소련문화분야의 공을 인정받아 명예칭호 «러시아소비에트사회주의연방공화국 공훈문화노동자»가 «레닌의 길로» 한인신문 편집자 김 콘스탄틴에게 수여되다.

7월 일본의회에서 사할린 한인의 문제 조정위원회가 창설되다.

8월 일본의원 붐베이 하라가 사할린 한인의 문제연구를 목적으로 사할린에 왔다.

9월 유즈노사할린스크 시의 학교 № 9가 한국어 수업을 시작했다.

1988년 8월 유즈노사할린스크에 최초로 북한에서 온 배우그룹이 참여한 일본 군국주의로부터의 한인해방기념행사가 열렸다.

9월 유즈노사할린스크 사범대학에 한국어과가 개설되다.

사할린에 영주하고 있는 무시민권 한인에게 주거증의 효력기간 내내 섬의 경계 안에서 다닐 수 있는 멀티허가증이 주어지기 시작했다.

1989년 1월 사할린 주지도자들과 한인의 만남이 이루어졌다.

사할린 주 향토박물관에 한인예술과 민족에 관한 첫 전시가 이루어졌다.

2월 사할린 섬의 한인 이동에 대한 모든 행정적 금지들이 폐지되다.

4월 유즈노사할린스크에서 사할린한인문제연구를 목적으로 이가라시 코죠를 필두로 일본 의회사절단이 왔다.

6월 3일 사할린한인이산가족협회가 설립되다.

6월 유즈노사할린스크에서 업무 방문차 대한민국의원 김훈욱이 왔다.

9월 사할린 한인그룹이 남한의 친지들과 최초로 만났다.

12월 28일 소련문화분야에서 공을 인정받아 명예칭호 «러시아소비에트 사회주의연방공화국의 공훈문화노동자»가 한국신문 «레닌의 길로» 편집자 순준모에게 수여되다.

12월 사할린 주한인사회문화센터가 창설되다.

소련한인우정협회 사할린과가 창설되다.

사할린 섬에서의 무시민권 한인의 이동 제한이 모두 폐지되고 본질적으로 이동은 장애가 없게 되었다. 이동권에 대한 비자효력기간은 일 년에서 이년으로 증가되다.

1990년 2월 2일 사할린 한인 이산가족문제에 대해 «유즈노사할린스크-서울-대구» 인공위성텔리비젼 연결이 최초로 이루어졌다.

2월 8일 유즈노사할린스크 공항에서 대형여객기 «보잉 727»를 타고 남한의 친지와의 만남을 위해 남한적십자사 대표 중순경이 인솔한 120명의 사할린 한인의 첫 그룹이 떠났다.

2월 일반학교에서 한국어교육에 도움을 줄 목적으로 황해북도(북한)의 계몽직원그룹이 유즈노사할린스크에 왔다.

3월 24일 대표로 김민웅이 선발된 사할린 한인협회 창립대회가 진행되었다.

4월 일본정부는 전쟁 시에 사할린 한인에 가해진 물질적, 정신적 피해에 대한 공식 사과를 했다.

5월 한인이산가족에게 도움을 줄 목적으로 일본과 대한민국의 의원그룹이 유즈노사할린스크에 왔다.

대한민국과의 사할린주우정협회가 설립되다.

8월 남한 배우들의 콘서트공연이 유즈노사할린스크 시 «스파르

타크» 경기장에서 열렸다.

9월 한국평화협회협력사할린 주 위원회가 형성되다.

러시아연방과 대한민국 사이의 외교 관계가 체결되다.

10월 대한민국에서 일시 또는 영구 거주를 위한 사할린 한인의 자유로운 출국 금지가 모두 폐지되다.

1991년 1월 1일 소련공산당의 사할린 주위원회와 주집행위원회의 기관인 한국신문 «레닌의 길로»는 «새고려신문»이라는 명칭 하에 사회정치적 신문의 위상을 일주일에 3번 정기적인 발간과 함께 얻었다.

4월 26일 소련각료회의는 외국 시민들의 소련체류에 대한 새로운 법칙들을 확정했다. 무시민권자들은 5년간의 거주증을 받을 권리로 나눠졌으며 45세에 이른 사람들은 기간이 없었다.

4월 26일 러시아소비에트사회주의연방공화국의 법 «억압된 민중의 복권»이 채택되다.

7월 대한민국의 배우그룹이 유즈노사할린스크 시에서 공연했다.

9월 남한 비행기 «보잉 747»의 격추와 연관해서 대한민국에서 사절단이 사할린에 왔다.

10월 18일 러시아소비에트사회주의연방공화국 법 «정치적 억압 희생자 복권»이 채택되다.

11월 28일 «러시아소비에트연방공화국 시민권» 법이 효력을 발생했다.

12월 사할린 한인노인회가 창설되다.

12월 한국 역사와 문화연구 동방학부가 유즈노사할린스크 국립교육대학에 개설되다.

1992년 일본수상이 민족의회회의에서 한국국민에 대해 일본정부의 위법 행위에 대한 공식 사과를 했다.

총독 표도로프를 필두로 사할린 사절단의 대한민국 첫 공식 방문이 이루어졌다.

«새고려신문»의 페이지에 한국어 «수업»이 발표되기 시작했다.

8월 한국의 민족평화연합문제 제1차 국제 심포지움이 유즈노사할린스크에서 진행되었다.

포로나이스크 지역의 레오니도보 초소에 서울 주민 김경숙의 자금으로 1945년 8월에 일본 군인의 손에 죽음을 당한 한인들의 기념비가 세워졌다.

11월 17일 일본 군국주의의 희생자인 한인 기념비가 유즈노사할린스크에 세워지다.

한인아동사회단체인 «미래»가 창설되다.

1993년 4월 1일 러시아 연방 최고소비에트의 결정 «러시아한인복권»이 채택되다.

12월 유즈노사할린스크에서 대한민국의 원조로 대한민국한인계몽과 문화 센터가 설립되다.

대한민국의 보호아래 사립지방대학인 «삼육»이 유즈노사할린스크에 문을 열었다.

모스크바, 끼예프 역에서 «사할린한인» 사회단체 대표 김홍지와 «사할린 한인노인회» 대표 박해동의 단식항의시위가 일어났다.

쿠진의 책 «극동 한인들: 삶과 운명의 비극»과 박수호의 책 «사할린 한인들»이 출판되었다.

1994년 8월 15일 대한민국 경상북도에 사할린 한인 귀환자와 고령자들을 위한 집이 문을 열었다.

1995년 «새고려신문»은 «학교페이지»와 러시아어로 된 페이지 «한국과 한인들에 관하여»를 게재하기 시작했다.

1996년 사할린 주의 총독 마르후트지노프는 서울에 있으면서 사할린 한인의 문제해결에 대한 공식 성명을 냈다.

1997년 3월 «사할린 한인» 지역사회단체가 결성되다.

9월 대한민국에 영구거주하러 떠나려고 하는 그들의 계획을 밝힐 목적으로 사할린 한인의 조사가 실시되다.

1998년 1월 사회단체 «귀환»의 활동이 시작되었다.

3월 17일 사할린 한인의 지역 민족 문화 자치가 등록되다.

12월 사회단체 «사할린 한인의 문화센터» («청중»)가 창설되다.

1999년 3월 대한민국 인천시에 이 나라에 영구 거주하러 옮겨 간 100명의 고령 사할린 한인을 위한 요양소가 문을 열었다.

6월 유즈노사할린스크에 사할린 한인의 귀환문제 국제 심포지움이 개최되었다.

12월 사할린 한인 클럽이 조직되다.

2000년 2월 1일 유즈노사할린스크에 블라디보스톡 시 주재 대한민국 총영사와 함께 마르후트지노프 주지사의 만남이 이루어졌다.

2월 사할린 주지사를 선두로 한 사절단이 역사적 고향에 돌아온 사할린 한인을 위한 대한민국 안산시 주재 복합주택개설에 참여했다.

4월 파쉬코프와 포드페치니코프가 준비한 정치적 억압과 강제이주로 고통을 받은 사할린 주 한인에 대한 기억이라는 책의 5권이 발간되다.

2001년 유즈노사할린스크에서 3월1일에 일본 정부정책에 반대하고 보상지불과 역사적 고향으로의 귀환에 대한 자신의 민족적 요구수호를 위한 사할린 한인 집단항의시위가 일어났다.

2002년 5월 31일 새로운 연방법 «러시아 연방 시민권»이 채택되다.

9월 13일 사할린 한인의 전후 요구에 대한 연구노동그룹창설에 대한 사할린 주지사의 명령이 발표되다.

9월 서울에서 열린 국제페스티발에서 유즈노사할린스크 어린이 예술학교 «민족»의 사할린 앙상블 «사물놀이»가 대상을 받았다.

12월 «사할린 한인 광부가족의 이중징용»이라는 서진길의 책이 발간되었다.

지역사회한인 단체 «이중징용»이 창설되다.

2003년 2월 국내 여러 지역에서 살고 있는 사할린 한인의 사회단체 대표자대회가 모스크바에서 개최되었다.

8월 유즈노사할린스크 시장 시도렌코와 안산시장 송진섭이 우정과 협력조약에 조인했다.

2004년 2월 12일 지역사회단체 «사할린 한인»이 러시아연방 대통령 푸틴에게 원조와 전후 문제해결에 대한 편지를 보냈다.

6월 Состоялась встреча губернатора Сахалинской области И.П. Малахова с Генеральным консулом РК в г. Владивостоке Че Де Гыном.

사할린 주지자 말라호프와 주블라디보스톡 대한민국총영사 최재근과의 만남이 이루어졌다.

7월 사할린국립대학교에 남한 동서대학 (부산시)와 일본 측의 참여로 국제 심포지엄 «러시아, 한국, 일본: 고향으로의 귀환»이 열렸다.

8월 15일 유즈노사할린스크에 최초로 한국어 텔레비전 채널 «우리말방송 KTV»가 운영되기 시작했다.

8월 사할린 주향토박물관에 «사할린 한인: 역사와 현대성» 전시회가 열렸다.

9월 지역사회단체 «사할린 한인»은 귀환문제에 대한 편지를 대한민국 대통령에 보냈다.

10월 일본정부는 사할린 한인에게 전후고통에 대해 공식사과했다.

유즈노사할린스크 실내악단의 순회공연이 열렸다.

11월 19일 유즈노사할린스크에서 일본영사관 피켓시위가 열렸다. 이 시위의 참여자들은 역사적으로 사할린 한인의 요구를 옹호하고 나섰다.

12월 사할린 한인의 사회단체의 제2차 모스크바 대회가 개최되었다. 이 대회의 사절단이 일본정부에게 전하는 전후 조정 문제에 대한 그들의 요구를 지지하고 나섰다.

2005년 6월 14일 6월 14일에 사회단체 «이중징용»은 1944년 남사할린에서 일본의 규슈 섬으로 한국광부들이 강제 동원된 사회적 결과문제에 대해서 일본의 수상에 호소했다.

7월 남한불교 승려들의 참석으로 유즈노사할린스크에 고인이 된 사할린 한인의 천도제가 열렸다.

8월 25일 지역사회단체 «사할린 한인» 대표들이 러시아 연방회의, 또 일본과 대한민국의 정부에게 사할린 한인 전후 상태문제에 대해 편지를 보냈다.

12월 한인 여성의 지역 사회단체가 창설되다.

서울에 국제대회 «재외동포단합»이 진행되었으며 이 대회 작업에서 사할린 주의 한인 사회조직 대표들이 참석했다.

2006년 7월 대한민국에서 온 한의사들이 유즈노사할린스크에서 사할린 한인을 위한 의료봉사를 했다.

11월 4일 유즈노사할린스크에 대한민국과 일본의 협조 하에 문화한인센터가 문을 열었다.

문서와 자료집 «사할린 한인들: 역사와 현대성. 1880-2005»이 출판되었다. (쿠진이 구성)

2007년 3월 한국 노래 콩쿠르 «노래하는 섬»이 조직되다.

7월 3일 유즈노사할린스크에 외교대표부, 즉 주블라보스톡 대한민국 총영상관의 사무부 창립대회가 열렸다.

7월 4일 유즈노사할린스크에 한인, 일본 군국주의의 희생자 기념관 « 우리는 잊지 않는다»가 설립되다.

8월 이옥자의 지도 하에 앙상블 «사할린»이 창설되다.

대한민국의 배우순회공연이 열렸다.

9월 남한 의사들이 네벨스크 지역에 지진으로 고통받은 사람들에게 의료원조를 주었다.

포로나이스크 향토박물관에 «사할린 한인의 문화생활» 전시회가 열렸다.

10월 한글자모 축제가 열린다.

11월 남한단체 «한강포럼»의 협조 하에 코르사코프 시에 제2차 세계대전 후에 역사적 고향으로 귀환하지 못한 한인을 기리는 기념관이 문을 열었다. 개회식에 주블라디보스톡 대한민국의 총영사 전대완이 참석했다.

한국 신문 «새고려신문»의 편집단이 명명 «역사, 문화, 예술»에 노미네이트되어서 러시아의 «2007 황금출판 폰드» 의 명예 훈장을 받았다.

2008년 2월 사할린 주지사 호로샤빈과 주블라디보스톡 대한민국 총영사 김무영과의 만남이 이루어졌다.

7월 유스노사할린스크에 사할린 한인에 대한 일본 전후 책임문제 «원탁» 회의가 이루어졌다.

유즈노사할린스크에 대한민국에서 온 불교승려들의 참여로 고인이 된 한인 천도제가 행해졌다.

10월 사할린 한인노인회 대표 전상주는 민주평화통일자문회의에 참석했던 서울에 업무방문으로 머물렀다.

12월 부부 중 한 사람이 전쟁전 1세대의 대표이며 두번째는 1세대의 직계후손, 또한 장애인 아이들, 한국인과 다른 민족의 가족 일원인 사할린 한인 가족이 대한민국으로의 귀환이 허락되다.

박의 «대가족»이라는 책이 출판되다.

유즈노사할린스크에서 제5차 비정부기구(NGO)인 지구촌동포연대(KIN)의 국제 대회 작업이 진행되었다.

2009년 2월 유즈노사할린스크 경제, 법, 정보대학과 대한민국의 제주도에 있는 탐라 대학교이 자매결연에 대한 합의에 조인하다.

사할린 주 사회단체 «이중징용» 회장인 서진길은 훈장 «조국 명예의 별»을 조국에 다년간 봉사한 점과 러한관계발전에 개인적으로 커다란 기여를 한 점으로 인해 수여받는다.

사할린 주 예술박문관에 국제전시회 «편지 예술»이 열렸다. 이 전시회에 중국, 대한민국, 일본, 사할린 주의 서예장인들의 그림들이 전시되었다.

3월 24일 러시아와 독립국가연합 국가들의 한인이산가족의 사회단체들의 지도자 회의가 열렸다.

5월 사할린주 예술박물관에 사할린 사진보도기자 이예식과 일본 사진예술가 카타야마 미찌오의 참여로 사진 전시 «슬픔과 기쁨의 노래»가 운영되기 시작했다.

7월 유즈노사할린스크 시의 시장 로브킨은 대한민국의 한러 경제협력연구소의 대표단을 맞았다.

8월 22일 유즈노사할린스크 «코스모스» 경기장에 대한민국의 프로배우들과 «민족통일» 청년단체의 참여로 한국의 해방 64주년과 연관해서 행사들이 열렸다.

8월 사할린주에 대한민국 군용선 승무원이 우정방문했다.

9월 사할린 주와 대한민국 청년종합선수단 축구친선만남이 이루어졌다.

유즈노사할린스크에 전세계적으로 유명한 한국학 학자이며 국민대학교 교수인 란코프의 참여로 다음과 같은 것이 열리고 있다. «라운드 테이블» «한국 평화통일을 위한» 회의; «오스탄키노 만남»; «사할린 한인들: 과거, 현재, 미래» 프로젝트의 과학토론회-프레젠테이션; «지구상의 이웃들»의 세미나; 한국사회정치클럽, 대학생, 한인사회운동지도자들과의 만남.

10월 사할린 주에 대한민국 문화예술위원회 회장 오광수를 선두로 한 사절단이 있었다.

2010년 1월 15일 사할린 한인문화센터에 체스경기가 진행되었다.

1월 24일 태권도 주 경기가 진행되었다.

2월 4일 대한민국과의 외교관계설정 20년과 연관해서 남한배우가 참여한 기념콘서트가 열렸다.

3월 사할린에 적십자사와 대한민국 삼천시 사절단이 왔다.

사할린 한인 이산가족 문제로 인해 대한민국 적십자사, 모스크바, 카자흐스탄, 로스토프-나-도누, 하바롭스크, 블라디보스톡과 유즈노사할린스크의 대표들의 만남이 한국 문화센터에서 이루어졌다.

유즈노사할린스크에 남한 안산시 사절단이 왔다.

4월 서울에 사할린 주 소개행사가 최초로 진행되었다. 사할린 주지사 호로샤빈과 대한민국 국무총리 정운창과의 만남이 이루어졌다.

7월 3일 유즈노사할린스크에서 대한민국 의원 박송영, 임영호, 박진의, 이주영, 김정, 황우예, 주블라디보스톡 대한민국 총영사 김무영의 참여로 국제 심포지움 «사할린에 강제 동원된 한인의 어제, 오늘, 내일»이 열렸다. 남한에서 온 손님들이 포자르스코예 초소(일본명 미주호)에 일본 군국주의의 희생자인 한인

기념비에 화환을 올렸다.

7월 25일 유즈노사할린스크 시장 로브킨은 남한 안산시 시장과 그 사절단을 맞았다.

7월 사할린 주에 대한민국 의원들이 업무차 방문했다.

유즈노사할린스크에 남한 측의 참여로 사할린 한인의 현재 문제 국제 심포지움이 열리고 있다.

8월 21일 한민족이 일본군국주의에서 해방된지 65주년 기념과 관련한 행사들이 진행되었다.

대한민국 대통령 이명박과 사할린 한인의 대표자들, 민주평화통일자문회의 참여자 이수진, 박혜령, 서진길, 천상두, 유가이, 김춘자, V. M. 전과의 만남이 이루어졌다.

2011년 5월 유즈노사할린스크에 대한민국 의원들이 왔다.

6월 사할린에 주블리디보스톡 대한민국 총영사 이양구가 업무차 방문했다. 사할린 주지사 호로샤빈과 한국 방송 «우리말 방송 KTV» 단체와의 만남이 이루어졌다.

유즈노사할린스크에 국제 의료관광(부산시, 대한민국)의 소개가 진행되었다.

8월 국영방송국 «사할린»과 남한 방송국 KBS (부산시)의 협력에 대한 각서가 조인되다.

유즈노사할린스크에 사할린 주, 즉 임영훈, 김홍지, 오진하, B.M. 전, 김춘자, 박순옥, V.Ju. 바, 박혜령, 손병덕, 최상태로부터 민주평화통일자문회의 회원들의 신임장 위임 축제가 이루어졌다.

9월 대한민국에서 «재외동포단결» 사절단이 유즈노사할린스크에 묘지를 시찰했다.

유즈노사할린스크에 국제대회 «사할린의 석유와 가스»가 주블라디보스톡 대한민국 총영사 이양구의 참석으로 열렸다.

사회단체 «사할린주 한인여성회»의 대표자들이 한국여성재단 «코비너» (서울) 심포지움에 참석했다.

유즈노사할린스크에 제7차 한국노래 페스티발이 열렸다.

사할린에 대한민국 대전시 사절단이 도착했다.

유즈노사할린스크에 사할린 한인, 일본 군국주의 희생자들을 돕는 대한민국 정부위원회가 운영되었다.

10월 대한민국 공사업무 일환으로 사할린 주 정부지도자들과의 만남이 이루어졌으며 석유가스, 에너지, 건설, 어업, 농업 분야에서의 협력문제가 논의되었다.

11월 사할린국립대학교에서 국제대회 «러시아와 한반도 대학교: 문화대담»이 이루어졌다.

대한민국의 국방부 고문서보관서의 협력단이 전시에 남사할린으로 일본에 의해서 강제 동원된 한인에 대한 자료연구를 목적으로 유즈노사할린스크에 왔다.

12월 대한민국 교육부와 과학기술부 사절단이 사할린 주의 한국어교육조건을 접하다.

사할린 주에 비즈니스 차 대한민국 문화예술위원회의 회원인 왕지선이 왔다.

2012년 1월 남한단체 «세계동포단합»의 활동가들이 사할린 한인의 묘지 탐색과 조사를 목적으로 사할린을 방문했다.

2월 주블라디보스톡 대한민국 총영사관의 유즈노사할린스크 사무국을 김정수의 자리를 대신해서 이호영이 되었다.

3월 대표자로 김춘자가 선출된 «사할린 한인여성회»의 연차총회가 열렸다.

4월 모스크바에 사할린 주지사 호로샤빈과 주러시아 대한민국 대사 위성락과의 만남이 이루어졌다.

박순옥이 대표자로 선출된 사회단체 «사할린주한인이산가족협회» 연차총회가 열렸다.

유즈노사할린스크에 대한민국 적십자사 대표들의 참석으로 사할린 한인이산가족의 재결합 문제가 회의에서 논의되었다.

남사할린으로 이송된 한인, 즉 일본 군국주의의 희생자의 잔해들을 조상의 고향으로 돌려보내는 대한민국 정부의 문제연구위원회가 유즈노사할린스크에서 운영되었다.

5월 사할린 도시 코르사코프와 2010년에 자매결연을 맺은 남한 삼척 시 사절단이 사할린에 도착했다.

사할린에 대한민국 대통령 산하 민주평화통일자문회의 극동부 대표 전광근이 업무차 다녀갔다.

6월 사할린 주지사이면서 사할린 주 정부 대표 호로샤빈이 남한 부산시에 업무차 방문해서 상호협력계획에 대한 의정서에 사인했다.

7월 부산시장 허남식이 사할린에 공식방문했으며 사할린 주의 정부 부위원장 호토치킨이 남한 사절단을 맞았다.

극동학자들의 참여로 «역사문화분야의 학문적 교류와 협력»이라는 테마의 이론과 실제 학술대회가 서울에서 열렸다.

10월 23일 사할린 정부 부위원장 호토치킨은 주블라디보스톡 대한민국 총영사 이양구와 만났다.

10월 사할린 주 보건부와 남한한양의대 간의 상호협력에 대한 합의가 조인되다.

사할린 주 부위원장 호토치킨을 선두로 사할린 사절단이 제2차 러시아와 남한 경제 포름 «부산-극동» 작업에 참여했다.

사할린 주 문화부 지원 하에 사할린에 최초로 국제페스티발 «한국의 훈풍»이 이루어졌다.

사할린 한인사

초판 인쇄 2014년 11월 17일
초판 발행 2014년 11월 25일

지은이 아나톨리 쿠진
옮긴이 문준일 · 강정하
발행인 김인철
발행처 한국외국어대학교 지식출판원
130-791 서울특별시 동대문구 이문로 107
전화 02)2173-2495~7
팩스 02)2173-3363
홈페이지 http://press.hufs.ac.kr
전자우편 press@hufs.ac.kr
출판등록 제6-6호(1969. 4. 30)
디자인 · 편집 (주)이환디앤비 02)2254-4301
인쇄 · 제본 네오프린텍(주) 02)718-3111

ISBN 978-89-7464-946-3 93910 정가 18,000원

*잘못된 책은 교환하여 드립니다.

HUEBOOKs는 한국외국어대학교 지식출판원의 인문학도서 Sub Brand이다. 한국외대의 영문명인 HUFS, 사람을 위하는 Humanism, 교육의 Education, 색조의 Hue의 다의적인 뜻으로 해석할 수 있으며, 인문학도서 출판에 대한 의지가 담겨있다.